简明税收知识问答

【第八版】

刘佐 / 著

東方出版社

图书在版编目（CIP）数据

简明税收知识问答／刘佐 著. —8 版. —北京：东方出版社，2013.1
ISBN 978-7-5060-5910-7

Ⅰ.①简… Ⅱ.①刘… Ⅲ.①税收管理-中国-问题解答 Ⅳ.①F812.42-44

中国版本图书馆 CIP 数据核字（2012）第 282676 号

简明税收知识问答 第八版
(JIANMING SHUISHOU ZHISHI WENDA DIBABAN)

作　　者：刘 佐
责任编辑：徐 玲 龚 雪
出　　版：东方出版社
发　　行：人民东方出版传媒有限公司
地　　址：北京市东城区朝阳门内大街 166 号
邮政编码：100706
印　　刷：北京市文林印务有限公司
版　　次：2013 年 1 月第 1 版
印　　次：2013 年 1 月第 1 次印刷
印　　数：1—5000 册
开　　本：880 毫米×1230 毫米 1/32
印　　张：16.75
字　　数：450 千字
书　　号：ISBN 978-7-5060-5910-7
定　　价：42.00 元
发行电话：(010) 65210056 65210060 65210062 65210063

前言

税收是中国财政收入最主要的来源，也是国家用以加强宏观调控的重要经济杠杆，对于中国的经济、社会发展具有十分重要的影响，与每个企业、每个公民的利益密切相关。

为了帮助读者了解中国现行税收制度的基本情况，我撰写了这本小册子。它以我国全国人民代表大会及其常务委员会、国务院、财政部、国家税务总局、海关总署和国务院关税税则委员会发布的现行有效的税收法律、行政法规、部门规章、规范性文件和有关权威性资料为依据，以问答的形式和简洁的语言全面、概要地介绍了中国的现行税制，包括各种税收的纳税人、税目、税率、计税方法、减免税规定、纳税期限、纳税地点、征收管理制度、税务机构等内容，并有计算举例，力求简明扼要，通俗易懂。愿它能够为大家增加一些关于中国税收的基础知识。

本书自1996年首次出版以来，受到了东方出版社等出版单位的大力支持和广大读者的热烈欢迎，故得以不断修订再版（本版为第八版）。在此，我谨再次向他们表示衷心的感谢！

由于本人的能力、水平和某些客观条件所限，书中必然存在一些不足之处，恳请读者原谅，并批评指正。

刘佐

2012年12月1日

目 录

一、税收基本概念

1. 什么是税收?

税收，又称为赋税、捐税、租税，是国家凭借政治权力，运用法律手段，对一部分社会产品进行强制性的分配，无偿地取得财政收入的一种形式。

税收的基本职能有下列三项：

第一，为政府筹集财政收入。税收收入是中国财政收入最主要的来源，近年来占中国财政收入的比重都在 86% 以上。2011 年，中国的税收收入达到 89 738.4 亿元，占当年中国财政收入的比重为 86.4%。国家将通过税收等手段取得的财政收入用于国家的经济建设，发展科学、技术、教育、文化、卫生、环境保护和社会保障等事业，改善人民生活，加强国防，为国家的经济发展、社会稳定和人民生活提供了强大的物质保障。所以说，中国的税收取之于民，用之于民。

第二，调节经济。税收在贯彻国家产业政策，调节产业结构、产品结构，调节地区、行业发展差距，调节社会成员收入分配等方面，都具有重要的宏观调控作用。例如：国家为了更好地发展高新技术产业，开发落后地区，促进就业，保护资源和环境，采取了许多免税、减税措施。为了适当调节社会成员的收入差距，按照低收入者不纳税，中等收入者适当纳税，高收入者多纳税的原则征收累进的个人所得税。所以说，税收是国家用以加强宏观经济调控的重要杠杆。

第三，监督经济。税收涉及社会生产、流通、分配、消费各个领域和环节，是国家经济状况的综合反映。政府通过税收收入的增减、税源的变化，可以及时了解国民经济发展的状况和趋势，并采取相应的调控措施，促进国民经济健康发展。

此外，在对外交往中，税收是国家主权的重要体现。合理的税收有利于在平等互利的基础上维护中国政府、企业和公民的权益，促进中国的对外经济、技术合作和人员交流。

2. 税收的基本特征是什么？

税收与其他形式的财政收入相比，具有三项基本特征，即强制性、无偿性和固定性，这是税收区别于其他形式的财政收入的最重要的标志。

税收的强制性，指税法是通过一定的立法程序制定的，纳税人有依法纳税的义务，不能想缴就缴，不想缴就不缴。如果纳税人不依法履行纳税义务，国家就要依法强制征收，并对纳税人予以必要的处罚。这与企业和个人自愿为国家和社会公益事业而做出的捐赠是不同的，与企业和个人自愿购买国债也是不同的。

税收的无偿性，指税收是国家向纳税人无偿征收的资金，税款一经征收，即转归国家所有，不再直接归还给纳税人。这与等价交换的商品买卖关系是不同的，与国家为了筹集资金而发行的定期还本付息的国债、向特定的服务对象提供特定的公共服务时收取的费用（如向出入境人员收取的护照、签证费用）也是不同的。

税收的固定性，指税收是国家按照法律规定的标准向纳税人征收的，任何纳税人和征收机关都无权改变法律规定的征税标准，不能想收多少收多少，想缴多少缴多少。这与企业和个人量力而行地为国家、社会公益事业做出的捐赠和购买的国债是不同的。

3. 税与费有什么区别？

有人把一些政府部门收取的规费等收费也称作税，这是不对的。

因为，税与费是有很大区别的。

费是政府有关部门为单位和居民个人提供特定的服务，或者授予国家资源和资金的使用权而收取的代价。例如：中国的公安、民政、卫生和工商行政管理等部门，因发放各种证照、簿册，通常要收取工本费、手续费、化验费和商标注册费等费用；采矿的企业应当按照规定缴纳矿产资源补偿费；城市居民应当按照规定缴纳污水处理费和垃圾处理费，等等。

收费遵循有偿原则；收税遵循无偿原则。有偿收取的是费，无偿征收的是税，两者在性质上是根本不同的。因此，把某些税称作费，或者把某些费称作税，都是不对的。

中国历史上有不少反动统治者在正税以外征收种种苛捐杂税，往往以收“费”为名，行征税之实，完全属于有意混淆概念，肆意敛财之举。至于目前中国的有些费已经具备税的性质，有些费因为其用途转移实际上已经演变为税，则应当由国家通过完善财政、税收制度加以规范。

此外，对于某些比较特殊的税和费，也可以从不同的角度有不同的理解。例如：中国的车辆购置税收入有规定用途，从这个意义上也可以理解为一种政府收费；政府征收的社会保险资金在一些国家称为税，在另一些国家则称为费。

4. 什么是税法？

税法是国家立法机关公布的征税人与纳税人应当遵循的法律规范的总称。税法是国家向纳税人征税和纳税人向国家纳税的法律依据，纳税人和征税人都必须遵守，不遵守就是违法，要受到法律制裁，这是税收强制性的具体表现。原则上说，任何税收都要经过立法机关批准或者认可以后才能公布施行。有一些税法属于试行阶段，可以以法规的形式发布施行，这种法规也具有一定的法律效力。

税法的基本要素包括：税种、纳税人、扣缴义务人、征税对象、税目、计税依据、税率、税收加征、税收减免、起征点、免征额、纳税义务发生时间、纳税期限、纳税地点和税收法律责任等。

根据全国人民代表大会制定的《中华人民共和国宪法》、《中华人民共和国立法法》和国务院制定的《规章制定程序条例》等法律和行政法规，中国的税收立法由下列层次和形式构成：

一、法律。税收的基本制度由法律规定。税收法律由全国人民代表大会制定，如《中华人民共和国个人所得税法》；或者由全国人民代表大会常务委员会制定，如《中华人民共和国税收征收管理法》。

二、行政法规。有关税收的行政法规由国务院根据有关法律的规定制定，如《中华人民共和国税收征收管理法实施细则》；或者根据全国人民代表大会及其常务委员会的授权制定，如《中华人民共和国增值税暂行条例》。

此外，中国政府与外国政府签订的各类税收协定、协议（如关于避免对所得税双重征税和防止偷漏税的协定、关于国际运输收入的税收协议），也是中国税法体系的重要组成部分。

三、部门规章。有关税收的部门规章由财政部、国家税务总局、海关总署和国务院关税税则委员会等部门、机构根据有关法律、行政法规制定，如财政部、国家税务总局制定的《中华人民共和国增值税暂行条例实施细则》、国家税务总局制定的《税务登记管理办法》和海关总署制定的《中华人民共和国海关进出口货物征税管理办法》。

四、地方性法规。省、自治区和直辖市的人民代表大会及其常务委员会根据本行政区域的具体情况和实际需要，在不同宪法、法律和行政法规相抵触的前提下，可以制定地方性法规，如山东省人民代表大会常务委员会根据《中华人民共和国税收征收管理法》等法律、行政法规制定的《山东省地方税收保障条例》。

省、自治区的人民政府所在地的市，经济特区所在地的市，经国务院批准的较大的市（以下统称较大的市）的人民代表大会及其常务委员会根据本市的具体情况和实际需要，在不同宪法、法律、行政法规和本省（自治区）的地方性法规相抵触的前提下，可以制定地方性法规，报本省（自治区）的人民代表大会常务委员会批准以后施行。

五、自治条例和单行条例。民族自治地方（包括自治区、自治州和自治县，下同）的人民代表大会有权依照当地民族的政治、经济和文化的特点，制定自治条例和单行条例，按照规定报批以后实施。上述条例可以对法律和行政法规作出变通规定，但是不得违背法律、行政法规的基本原则，不得对宪法、民族区域自治法的规定和其他有关法律、行政法规专门就民族自治地方所作的规定作出变通规定。

六、地方政府规章。省、自治区、直辖市和较大的市的人民政府，可以根据法律、行政法规和本省（自治区、直辖市）的地方性法规，制定地方政府规章。例如：根据国务院发布的《中华人民共和国城镇土地使用税暂行条例》，各省、自治区和直辖市人民政府可以制定本地区实施该条例的具体办法（如北京市人民政府公布的《北京市实施<中华人民共和国城镇土地使用税暂行条例>办法》）。

上述法律、地方性法规、自治条例和单行条例的制定要经过提出立法议案、审议、表决通过和公布四道程序，行政法规、部门规章和地方政府规章的制定要经过立项、起草、审查、决定和发布五道程序。

此外，根据中国法律的规定，中央政府不在香港和澳门两个特别行政区征税，这两个特别行政区实行独立的税收制度。

5. 什么是税收制度？

税收制度简称税制，指一个国家在税收管理方面所建立的一整套制度，包括税种设置、征收管理制度和税收管理体制等内容。

税种设置，指国家按照一定的立法程序设立的各种税收，目前各国通常设有增值税、消费税、营业税、关税、企业（法人）所得税、个人所得税、社会保障税、房地产税等税种。

征收管理制度，指在税收征收管理方面制定的税务登记、账簿和凭证管理、纳税申报、税款征纳、税务检查和法律责任等制度。

税收管理体制，指在中央和地方各级政权之间划分税收管理权限（主要包括税收的立法权、征收管理权和收入归属权等）的规范。

具体的税收制度由法律、法规、规章和规范性文件规定，这是税收征收机关和纳税人据以分别办理征税、纳税事项，中央和地方各级政权之间划分税收管理权限的法律依据。

6. 什么是税制结构？

税制结构又称税制体系，指税收制度中不同税类、税种和税制要素之间相互组合、相互制约而构成的有机体系，包括三个层次的内容：

一、税制中不同税类及其相互关系，如货物和劳务税、所得税、财产税等。不同的税类在税制中具有不同的作用和地位，由此可以将税类及其所包括的税种称为主体税和辅助税。主体税的选择及其与辅助税的组合关系称为税制模式，这是狭义的税制结构概念。

二、同一税类内部和不同税类之间各个税种之间的组合关系。同一税类内部各税种之间有主辅之分。例如，在中国现行税制体系中，货物和劳务税包括增值税、消费税、车辆购置税、营业税和关税，其中增值税是主体税种，同时它与消费税、车辆购置税和关税交叉征收。

三、税制要素的组合关系。税制要素主要有征税对象、纳税人、税目、税率、计税依据、纳税环节、纳税期限、纳税地点、税收加征、减税和免税等。在同一税类的内部，课税要素的不同选择会影响该税类的格局和功能配置，同一税种内部税制要素的设计决定着该税种的功能。

7. 什么是税类？

税类是税收类别的简称。一个国家的税收制度通常是由若干个的税种构成的，每个税种都具有自身的特点和功能。但是，用某一个特定的标准衡量，有些税种具有共同的性质、特点和相近的功能，能够区别于其他税种而形成一类。根据研究的目的不同，可以采用不同的标准对各种税收加以分类，从而形成不同的税类。

税类划分的方法主要有：以征税对象为标准分类，可以分为货物和劳务税、所得税、财产税等；以税负能否转嫁为标准分类，可以分为直接税和间接税；以计税依据为标准分类，可以分为从价税、从量税和复合税；以税收在税制结构中的地位为标准分类，可以分为主体税和辅助税；以税收征收形态为标准分类，可以分为实物税和货币税；以税收管理和使用权限为标准分类，可以分为中央税、地方税和中央与地方共享税；以税收收入的用途为标准分类，可以分为一般税和目的税；以税收存在有无连续性为标准分类，可以分为经常税和临时税，等等。通过对税收的科学分类，不仅能够揭示各类税收的性质、特点、功能和各类税收之间的区别与联系，有利于建立合理的税制结构，充分发挥各类税收的功能和作用，而且对于研究税收发展的历史、税源的分布、税收负担的归宿和中央政府与地方政府之间的税收关系，具有重要的意义。

8. 什么是货物和劳务税?

货物和劳务税又称流通税，指在生产、流通和服务领域中，以货物和劳务为征税对象的一类税收，如增值税、消费税、营业税（销售税）和关税等。这里所说的货物，既包括生产资料，如钢材、机床；也包括生活用品，如食品、服装。劳务，通常指经营者所提供的服务（如餐馆向顾客提供的餐饮服务，运输公司向顾客提供的客运、货运服务等），不包括被雇佣者向雇佣者提供的劳务和自我提供的劳务（如职员为本单位提供的劳务、家务劳动等）。

货物和劳务税是商品生产和商品交换的产物，已经有了几千年的历史，也是当今各国政府税收收入的重要来源。目前绝大多数发展中国家的税制以货物和劳务税为主体。尽管目前发达国家的税制普遍以所得税为主体，但是货物和劳务税仍然占有重要的地位。

货物和劳务税的主要特点是：第一，以货物生产、流通和提供商业性劳务为征税前提，征税范围较为广泛，既包括第一产业和第二产业的产品销售收入，也包括第三产业的营业收入；既对国内生产的货物征税，也对进口的货物征税，税源比较充足。第二，以货物、劳务的销售额、进口额和营业收入为计税依据，一般不受生产、经营成本和费用变化的影响，可以保证国家能够及时、稳定、可靠地取得财政收入。第三，绝大多数税种属于间接税，特别是在从价征税的情况下，税收与价格密切相关，便于国家通过征税体现产业政策、消费政策和进出口政策。第四，同所得税、财产税等税类相比，货物和劳务税在计算征收上较为简便易行，也容易为纳税人所接受。

自新中国成立以来，货物和劳务税在中国税制结构中一直处于主导地位，是中国政府税收收入、财政收入的主要来源。中国现行税制中的货物和劳务税包括增值税、消费税、车辆购置税、营业税和关税5个税种。2011年，上述5种税收的收入合计54226.1亿元，占当年中国税收总额的58.3%。

9. 什么是所得税？

所得税又称收益税，指以法人、自然人和其他纳税人的所得为征税对象的一类税收，如法人所得税、企业（公司）所得税和个人所得税等。这里所说的所得，通常指纳税人由于提供劳务，从事生产、经营、投资（包括资金、物资、技术等各种有形投入和无形投入）而取得的收入扣除为取得收入所支付的成本、费用、损失和税金以后的盈余。

所得税1799年创始于英国。由于这种税以所得的多少为负担能力的标准，比较符合公平、普遍的原则，并具有经济调节功能，所以被许多西方经济学家视为良税，得以在各国迅速推广。进入19世纪以后，大多数资本主义国家相继开征了所得税。20世纪以后，各国普遍开征了所得税。目前，所得税，特别是个人所得税，已经成为绝大多数发达国家税收收入的主要来源。

所得税的特点主要是：第一，通常以纯所得为征税对象，税基比较广泛而且稳定，可以作为税收的主要来源之一。第二，通常以经过计算得出的应纳税所得额为计税依据。第三，纳税人和税款的实际负担人通常是一致的，因而可以直接调节纳税人的收入。特别是在采用累进税率的情况下，所得税在调节个人收入差距方面具有比较明显的作用。对企业征收所得税，则可以直接发挥贯彻国家特定政策，调节经济的杠杆作用。第四，应纳税额的计算涉及纳税人的财务管理，有利于加强税务监督，促使纳税人建立、健全财务、会计制度和改善经营管理。

在新中国成立以后的很长一段时间里，由于经济发展水平和管理体制的原因，所得税收入很少，在税收收入中所占的比重很小，作用微乎其微，这种状况直到改革开放，特别是 20 世纪 80 年代中期国营企业“利改税”和工商税制改革以后才得以改变。中国现行税制中的所得税包括企业所得税、个人所得税和具有所得税性质的土地增值税 3 个税种。2011 年，上述 3 种税收的收入合计 27 719. 7 亿元，占当年中国税收总额的 29. 8%。

10. 什么是财产税？

财产税，指以法人、自然人和其他纳税人拥有或者支配的财产为征税对象的一类税收。这里所说的财产，通常指物质财产。财产税的征税对象通常可以分为不动产和动产两大类，不动产包括土地和土地上建筑物，动产包括有形资产（如耐用消费品、家具和车辆等）和无形资产（如股票、债券、现金和银行存款等）。目前各国对财产征收的税收主要有：房地产税、遗产和赠与税、固定资产税、流动资产税、财富税等。

财产税的主要特点是：第一，土地、房产等不动产的位置固定，标志明显，作为征税对象具有收入的稳定性，税收不易逃漏。第二，可以通过征税调节财富的分配，抑制财产过度集中于少数人的趋势，体现社会分配的公正性。第三，纳税人的财产（特别是房地产）大多分散于全国各地，当地政府易于了解，便于因地制宜地实施征收管理。因此，许多国家都将财产税作为税制中的辅助税，划入地方税（遗产税除外）。

中国现行税制中的财产税包括房产税、城镇土地使用税、耕地占用税、契税、资源税、车船税和船舶吨税 7 个税种，但是收入很少，在中国税收收入中的比重很小，作用也比较弱。2011 年，上述 7 种税收的收入合计 7 096. 4 亿元，仅占当年中国税收总额的 7. 6%。

11. 什么是从价税？

从价税指以征税对象的价格或者金额为计税依据，按照一定比例计征的税收。

从价税和从量税是以征税对象的计量标准为依据的一种税收分类。目前各国税制中的大部分税种都属于从价税，中国现行税制中的增值税、营业税、房产税等税种即属于从价税。

中国的从价税采用的计税价格大体可以分为四种类型：第一类是实际的交易价格，可以分为含税价格和不含税价格；第二类是关税完税价格；第三类是组成计税价格，即按照含税价格应当包含的因素组成的计税价格；第四类是特殊计税价格，即税务机关为了保证税收和便于征收管理所使用的计税价格。

从价税的主要优点是：第一，纳税人的税负较为公平。在税率等其他条件不变的情况下，价格上涨，收入增加，税额相应增加；价格下降，收入减少，税额相应减少。第二，有利于保证财政收入。即便在发生通货膨胀的情况下，税收收入也会随着价格的上涨而增加。

12. 什么是从量税？

从量税指以征税对象的重量、件数、容量和面积等为计税依据，按照固定税额标准计征的税收，如中国现行税制中的城镇土地使用税、耕地占用税、车船税和船舶吨税等税种。消费税中的黄酒、啤酒、汽油、柴油等应税消费品以销售数量为计税依据，资源税中原油、天然气以外的税目以应税产品的销售数量为计税依据，也属于从量税。

从量税不受征税对象价格变动的影响，只与征税对象的数量有直接的关系。从量税配合以差别税额标准，可以达到调节级差收益、体现特定政策的目的，对自然资源的合理配置和特定行为的调节等具有重要意义。但是，在同类征税对象价格差别较大和同一征税对象价格波动较大的情况下，从量税容易导致税负失衡。所以，从量税通常只适用于征税对象比较单一、价格相对稳定的税种和税目。

13. 什么是复合税?

复合税指从价税与从量税相结合的税收，其特点是计征时同时以征税对象的价格和重量、件数、容量、面积等为计税依据，同时采用比例税率和固定税额标准。例如，目前中国对粮食白酒和薯类白酒征收的消费税就是复合税：在征税的时候，既要以销售额为计税依据，按照20%的税率征收从价税；又要以销售量为计税依据，按照每斤酒0.5元的固定税额标准征收从量税。复合税兼有从价税和从量税的优点，缺点是比较复杂，所以不宜经常使用。

14. 什么是价内税?

价内税是价外税的对称，指税金包含在价格之内，以含税价格为计税依据的间接税。中国现行税制中的营业税、零售环节的增值税等和消费税、资源税的部分税目都属于价内税。

价内税可以与价格相配合，对于实现收入的分配，及时、足额、稳妥地取得财政收入，具有重要意义。此外，由于税金是构成货物和劳务价格的组成部分，税率的高低可以直接影响货物和劳务的价格、利润，国家可以根据不同时期的经济政策对不同的货物和劳务规定不同的税率，通过影响货物和劳务的价格、利润来调节生产、经营、消费、投资，发挥税收的经济杠杆作用。

15. 什么是价外税？

价外税是价内税的对称，指税金不包含在价格之内，以不含税价格为计税依据的间接税。外国实行的增值税、消费税、销售税等，大多属于价外税。中国现行的增值税除了零售环节以外也采取了价外税的办法，实行在销售发票上分别注明价款和税款的制度。

价外税与市场机制相配合，将应纳税金置于货物和劳务的价格以外，这样，由货物销售者和劳务提供者在销售环节缴纳的税收就表现为购买者负担，从而可以使消费者直接感受到税收对其经济利益的调节，促使其控制自己的消费需求，从而实现政府对消费的控制和调节。

16. 什么是主体税？

主体税是辅助税的对称，指一国税制结构中处于主导地位，在实现税收职能中起核心作用的税种。

主体税与辅助税是以税收在税制体系中的地位与作用为标准的一种税收分类。主体税的基本特征是：在税收总额中所占的比重比较大，是国家税收的主要来源；调节范围宽，作用广泛，在实现税收调节职能中起主要作用，是体现国家税收政策的主要载体；税收制度相对稳定，征税制度的变化会影响整个税制体系的变化。

各国税制结构中的主体税由各国的生产力发展水平、经济结构和经济制度决定，在经济发展过程中逐步形成，不同国家和同一国家不同发展阶段的主体税不同。在封建社会，由于自然经济占统治地位，国家的主体税是土地税和人丁税。在资本主义社会发展初期，随着商品经济的发展，货物和劳务税成为主体税。随着商品经济的高度发展和资本的积累与集中，所得税逐渐取代了货物和劳务税的主体税地位。目前经济发达国家（如美国、日本和英国等）的税制结构大多以所得税（主要为个人所得税）为主体税；发展中国家（如中国、印度和巴西等）的税制结构则大多以货物和劳务税（主要为增值税、消费税、营业税和关税等）为主体税。

新中国建立以后，曾经长期实行以货物和劳务税为主体的税收制度。20 世纪 80 年代中期实行国营企业“利改税”和全面改革工商税制以后，所得税制度的建设有了突破性的进展，并且逐步完善，从而使所得税收入在税收收入中所占的比重有了很大提高，所得税的地位日益重要。

17. 什么是辅助税?

辅助税是主体税的对称，指一国税制结构中居于次要地位，配合主体税种起辅助作用的税种。

辅助税的特点是：以特定收入或者个别调节为目的，在某一经济领域内征收，可以弥补主体税种无法替代的功能；征收范围比较窄，可以根据经济发展的需要因地制宜地设置；税收负担比较直接，一般不能转嫁，从而便于发挥调节作用；收入比较少，在税收总额中所占的比重比较小。

辅助税的配置取决于国家某一时期对特定收入的需要和特定的经济政策决定的调节任务。在中国现行税制结构中，属于辅助税的有房产税、城镇土地使用税、契税、资源税、车船税、印花税和城市建设维护税等税种。

辅助税在调节经济，促进经济效益的提高和组织财政收入方面具有积极的作用。例如：开征房产税有利于加强对房产的管理，增加地方财政收入；开征资源税可以把由于自然条件优越而形成的级差收入部分收归国家，减少由于自然因素造成的利润分配上的苦乐不均，促进企业合理利用资源，加强经济核算，提高经济效益。

18. 什么是正税?

正税又称主税，是附加税的对称，指具有特定的征税对象和独立的计税依据，收入纳入政府财政收入的税收。正税收入是政府财政收入的主要来源。例如，中国现行税制中的增值税、消费税、营业税、关税、企业所得税、个人所得税、房产税和城镇土地使用税等，都属于正税。

19．什么是附加税？

附加税是正税的对称，指没有特定的征税对象和独立的计税依据，随正税按照一定比例附加征收的税收。由于附加税一般不构成独立的税种，其收入一般划归地方政府支配使用，所以又称地方附加。新中国成立以来，先后征收过工商业税附加、工商统一税附加、城市房地产税附加、工商所得税附加、工商税附加、农业税附加和牧业税附加等附加税。中国现行税制中的附加税是以增值税、消费税和营业税的应纳税额为计税依据的城市维护建设税。

20．什么是分税制？

分税制是在各级政府之间，根据各自的事权、财权范围划分税源，并以此为基础确定各自的税收权限、税制体系、税务机构和协调财政收入关系的财政管理制度。分税制最早出现在19世纪中叶的一些欧洲国家，目前已经被各国广泛采用。

为了进一步理顺中央与地方的财政分配关系，适应建立社会主义市场经济体制的需要，中国自1994年1月1日起实行了分税制财政管理体制，其主要内容是：按照中央政府与地方政府的事权划分，合理确定各级财政的支出范围；根据事权与财权相结合原则，将税种统一划分为中央税、地方税、中央与地方共享税；科学核定地方财政收支数额，逐步实现比较规范的中央财政对地方财政的税收返还和转移支付制度；建立和健全分级预算制度，硬化各级预算约束。实行分税制以后，原则上实行一级政府一级预算（即中央、省、市、县和乡五级）。

由于种种原因，中国目前所实行的分税制还属于不彻底的分税制类型，需要继续改进。

21. 什么是中央税?

中央税又称国家税，指由中央政府征收、管理和支配的税收。中央税、地方税和共享税是以税收管理和税收收入支配权限为标准的一种税收分类。实行分税制的国家通常将一些税基流动性强，收入充足、稳定的税种作为中央税。

由于各国的税收管理体制不同，中央税的划分方法和规模各有不同的特点。中国在1984年以前，除了关税明确为中央税以外，其他税种的收入多实行中央政府和地方政府按照比例分成。自1985年起，中国开始实行“划分税种、核定收支、分级包干”的财政管理体制。1994年实行分税制财政管理体制以后，按照税种划分中央政府与地方政府的财政收入，将维护国家权益、实施宏观调控必需的税种划为中央税；将与经济发展直接相关的主要税种划分为中央与地方共享税；将适合地方征收管理的税种划为地方税。中国现行税制中的中央税包括关税、消费税、车辆购置税和船舶吨税4种。

22. 什么是地方税?

地方税指由地方政府负责征收、管理和支配的税收。各国的地方税收入占本国税收总额的比重一般不高，其中多数税种收入零星且不很稳定。

各国对于地方税管理权限的划分大体有三种类型：第一种是税收立法权和管理权属于地方，地方可以决定是否征收和怎样征收地方税收。第二种是税收立法权属于中央，但是地方有较大的机动权限（如调整税目和税率）。第三种是税收立法权和基本管理权属于中央，地方只负责征收管理。

1984年以前，中国的地方税收入占全国税收总额的比重很小，且税源分散，收入零星。1984年、1985年税制和财政管理体制改革以后，陆续增设了一些地方税种。1994年税制改革，实行分税制财政管理体制，对地方税做了新的调整。中国现行税制中的地方税包括房产税、城镇土地使用税、耕地占用税、契税、土地增值税、车船税和烟叶税 7 种，上述税种的立法权都属于中央。

23. 什么是共享税？

共享税又称中央与地方共享税，指中央政府和地方政府按照一定方式分享收入的税收。共享税通常由中央政府管理，税种的开征、停征，税目、税率的调整，减税、免税和加征等权限由中央政府决定。

各国共享税的分享方式主要有三种：第一种是分征法，即对同一税源，由中央政府和地方政府分别按照不同的税率征税，如美国联邦、州和地方三级政府分别征收的个人所得税。第二种是附加法，即随中央税征收的附加税归地方政府，或者随地方税征收的附加税归中央政府，或者随共享税征收的附加税由中央政府和地方政府共享，等等，如中国的城市维护建设税。第三种是分配法，即对同一税源，由中央政府征收以后按照一定规则分配给地方政府，或者由地方政府征收以后按照一定规则分配给中央政府，如中国的个人所得税。

自 1985 年以来，中国税制中除了明确规定的中央税和地方税以外，其他税种都属于共享税，其收入按照一定规则在中央政府和地方政府之间分配。中国现行税制中的中央与地方共享税包括增值税、营业税、企业所得税、个人所得税、资源税、印花税和城市维护建设税 7 种。

24. 什么是税种？

税种是税收种类的简称，基本的征税单元。根据征税对象的不同，可以将税收划分成不同的种类。因此，不同的征税对象是一个税种区别于另一个税种的主要标志。

税种的名称通常以征税对象来命名，如对增值额征收的税种称为增值税，对个人所得征收的税种称为个人所得税，对房产征收的税种称为房产税。

构成一个税种的主要因素有：征税对象、纳税人、税目、计税依据、税率、税收加征、免税、减税、起征点、免征额、纳税义务发生时间、纳税期限和纳税地点等。

通常每个税种都要制定一部实体税法，规定其具体的税制要素，由税务机关和纳税人双方遵照执行，如中国的增值税暂行条例、企业所得税法、个人所得税法和房产税暂行条例等。

每个税种都有其特定的功能和作用，其产生、发展乃至消亡都依赖于一定的政治、经济和社会条件。随着时代的发展，一些新的税种会产生，一些旧的税种会变化或者消亡。在一个时期内，具体税种的选择与配置，主要取决于该国家当时的政治、经济和社会情况。例如：中国在20世纪80年代以后逐步引进了世界上大多数国家实行的增值税制度，在21世纪初期逐步取消了本国实行了4 000多年的农业税制度。

中国现行税制由18个税种组成，它们是：增值税、消费税、车辆购置税、营业税、关税、企业所得税、个人所得税、土地增值税、房产税、城镇土地使用税、耕地占用税、契税、资源税、车船税、船舶吨税、印花税、城市维护建设税和烟叶税。其中，固定资产投资方向调节税自2000年起停止征收。

25. 什么是征税对象？

征税对象又称课税对象、课税客体，税制要素之首，指税法规定的征税的目的物，表明国家对什么征税。征税对象的种类很多，如货物、劳务、所得（收益）、财产、资源、特定目的和行为，乃至人身，等等。

根据征税对象的不同，税种可以分为货物和劳务税（如增值税、消费税、营业税和关税），所得税（如企业所得税、个人所得税），财产税（如房地产税、遗产税）等类别。征税对象只能表明课税客体的一般外延，在税法中还必须作出相应的具体规定，即设计税目。

征税对象随社会生产力的发展而变化。在自然经济中，土地和人口是主要的征税对象。在商品经济中，货物、劳务和企业利润、个人所得等成为主要的征税对象。

26. 什么是税目?

税目又称课税品目，税制要素之一，指税法规定的征税对象范围以内的具体征税项目。例如：中国现行的营业税设有交通运输业、建筑业、金融保险业、邮电通信业、文化体育业、娱乐业、服务业、转让无形资产和销售不动产9个税目。

设置税目具有两方面的作用：一是明确某一种税的征收范围，体现征税的广度，凡属于列举税目以内的项目即为征税对象，否则即为非征税对象；二是对具体征税项目加以归类和界定，以便针对不同的税目确定适用的税率和征收方法。

确定税目的方法主要有两种：

一、列举法。即将征税对象逐一列出，如按照征税对象的经营项目或者收入项目等分别设置税目，必要时还可以在税目之下划分若干个子目。列举法的优点是界限清楚，便于掌握；缺点是税目过多时不便查找，有些税目不容易归类。

二、概括法。即按照征税对象的类别设计税目，如按照货物类别和经营行业设计税目。概括法的优点是税目比较少，查找方便；缺点是税目过粗，不利于体现国家的特定政策。

在实际工作中，上述两种方法可以同时运用。例如：中国现行的消费税按照应税消费品类别设置烟、酒和酒精、化妆品、贵重首饰和珠宝玉石、鞭炮和焰火、成品油、汽车轮胎、摩托车、小汽车、高尔夫球和球具、高档手表、游艇、木制一次性筷子、实木地板14个税目，其中部分税目下设若干子目（如在烟的税目之下设置卷烟、雪茄烟和烟丝3个子目）。

27. 什么是征税环节？

征税环节又称课税环节，税制要素之一，指税法规定的征税对象从生产、流通、分配到消费的过程中应当征税的环节。征税环节有广义和狭义之分：广义的征税环节指全部征税对象在社会再生产过程中的分布，如货物和劳务税分布在生产、流通环节，所得税分布在分配环节等。这种分布制约着税制结构，对取得财政收入和调节经济具有重要影响。狭义的征税环节指应税货物在流转过程中应当征税的环节。在商品经济条件下，货物从生产到消费通常要经过工业生产、商业批发和商业零售等多个环节，征税环节应当选择在货物流转过程中的必经环节。按照征税环节的多少，可以将税收征收制度划分为一次征收制（如在应税消费品出厂环节征收的消费税）和多次征收制（如在工业生产、商业批发和商业零售环节征收的增值税）。

28. 什么是纳税人？

纳税人又称纳税主体，税制要素之一，指税法规定的直接负有纳税义务的单位和个人，表明国家对谁征税，或者由谁纳税。不同的税种有不同的纳税人，如中国增值税的纳税人是在中国境内销售、进口货物，提供加工、修理、修配劳务的单位和个人，企业所得税的纳税人是企业和取得所得的其他组织，个人所得税的纳税人是取得所得的个人，房产税的纳税人是房屋产权的所有人和房产的经营管理单位、承典人、代管人、使用人。

依法纳税是每个单位和个人应尽的义务，纳税人必须依法履行纳税义务，否则要受到法律的制裁。

29. 什么是扣缴义务人？

扣缴义务人是税制要素之一，指依照法律、行政法规的规定负有代扣代缴、代收代缴税款义务的单位和个人，是税制要素之一。例如，中国的个人所得税法第八条中规定：“个人所得税，以所得人为纳税义务人，以支付所得的单位或者个人为扣缴义务人。”中国的企业所得税法、增值税暂行条例等税收法律、行政法规中，也有关于扣缴义务人的规定。扣缴义务人必须依照法律、行政法规的规定代扣代缴、代收代缴税款，否则也要受到法律的制裁。

确定扣缴义务人，有利于加强税收的源泉控制，简化征税手续，降低征税成本，减少税款流失。

从源扣缴税款，也是目前各国税收管理特别是所得税管理中通行的做法。

30. 什么是计税依据?

计税依据是税制要素之一，指计算应纳税额的根据，征税对象的数量表现。在采用比例税率或者税额标准固定的情况下，计税依据的数额与应纳税额成正比例。

计税依据通常可以分为三种类型：第一类是从价计征的税收，以征税对象的金额（如销售额、营业额和所得额等）为计税依据，如增值税、营业税、企业所得税和个人所得税等。第二类是从量计征的税收，以征税对象的实物量为计税依据，实物量以税法规定的计量标准（如重量、面积、体积和容积等）计算，如中国的城镇土地使用税、车船税等。第三类是从价计征与从量计征相结合的税种，既以征税对象的金额作为计税依据从价计税，又以征税对象的实物量作为计税依据从量计税，然后以两者的合计数为应纳税额，如中国对卷烟和白酒征收的消费税。

31. 什么是计税价格?

计税价格，指从价税和复合税在计算应纳税额的时候使用的价格。对于从价税来说，在税目、税率和征税对象的实物量确定以后，计税价格就是应纳税额大小的决定性因素，关系到国家的财政收入、纳税人的税收负担和税收政策实施的效果。

计税价格按照是否包含税款区分，可以分为含税价格和不含税价格；按照价格确定的方式区分，可以分为实际交易价格、组成计税价格和由税务机关确定的计税价格。

含税价格，指包括间接税（如增值税、消费税、营业税等）在内的价格，由成本、利润和间接税三个部分组成。在中国现行税收制度中，计税价格大多采用含税价格。

不含税价格，指不包含间接税在内的价格，由成本和利润两个部分组成。含税价格和不含税价格可以互相换算，换算公式如下：

含税价格＝不含税价格÷(1－税率)

不含税价格＝含税价格÷(1＋税率)

实际交易价格，指货物、劳务交易成交时的实际价格，如货物的销售价格。

组成计税价格，指按照一定的计算公式将若干因素组合而成的计税价格，如纳税人进口货物计征增值税时的组成计税价格计算公式通常为：

组成计税价格＝关税完税价格＋关税

由税务机关确定的计税价格，指在某些特定的情况下直接由税务机关确定的计税价格。例如，中国的消费税暂行条例第十条中规定：“纳税人应税消费品的计税价格明显偏低并无正当理由的，由主管税务机关核定其计税价格。”

32. 什么是计税标准？

计税标准是计税依据的法定计量标准，可以分为货币计税标准和实物计税标准两种类型。货币计税标准通常指各国（地区）的货币基本单位（如人民币、美元、欧元、日元等），实物计税标准指税法规定的实物计量单位（如吨、平方米、立方米等）。例如：中国的营业税以营业额为计税依据，以人民币为计税标准；城镇土地使用税以纳税人实际使用的土地为计税依据，以平方米为计税标准；对煤炭征收的资源税以煤炭的销售量为计税依据，以吨为计税标准。

33．什么是销售额？

销售额又称销售收入，指纳税人在一定时期以内由于销售货物和提供劳务取得的收入金额。在税收法规中，销售额通常指计税销售额，与企业财务核算的销售收入不尽相同。例如：中国增值税的销售额指纳税人销售货物、应税劳务向购买方收取的全部价款和价外费用。

34．什么是营业额？

营业额又称营业收入，指纳税人在一定时期以内从事营业活动取得的收入金额。例如：中国的营业税以营业额为计税依据。这里所说的营业额，指纳税人提供应税劳务、转让无形资产、销售不动产向购买方收取的全部价款和价外费用。在特定的情况下，可以以总收入减除某些支出以后的余额作为营业额。

35．什么是所得？

所得是法人、自然人和其他经济组织在一定时期以内从事生产、经营、投资和提供劳务等活动所获取的净收益。这里所说的所得包括两层含义：一是净所得而不是总所得，即纳税人在一定时间增加的资产（总所得）减去消耗的资产以后的余额。不过，也有一些项目可能按照总所得征税（如中国对于个人取得的利息、中奖所得按照全部所得征收个人所得税）。二是有连续来源的所得，如工资、利润、利息和租金收入等，而不是指某些特殊的偶然所得，如继承财产、接受捐款等收入。虽然某些特殊的偶然所得也是所得，应当纳税，但是它们不是经常性的、连续性的收入，不应当征收所得税而应当征收其他的税收（如遗产税、赠与税等）。不过，也有一些国家对某些偶然所得征收所得税（如中国对于企业取得的捐赠收入征收企业所得税，对于个人取得的偶然所得征收个人所得税）。

目前各国普遍以所得作为征税对象征收所得税，征税的所得通常可以分为三种类型：第一种是劳务所得，如工资、薪金和劳务报酬等收入；第二种是营业所得，如从事工业、商业和服务业等生产、经营取得的利润；第三种是财产所得，如利息、股息、红利、租金和特许权使用费等收入。

36. 什么是应纳税所得额?

应纳税所得额又称课税所得额或者计税所得额，指按照税法规定计算得出的应当缴纳所得税的所得额，即所得税的计税依据。

应纳税所得额通常为所得额减除为取得所得而发生的成本、费用、损失和税金以后的余额。各种所得税法对应纳税所得额的计算范围、标准和方法都有具体的规定。例如：根据中国的企业所得税法，企业本纳税年度的收入总额，减除不征税收入、免税收入、各项扣除和允许弥补的以前年度亏损后的余额，为应纳税所得额。根据中国的个人所得税法，工资、薪金所得以每月收入额减除规定的费用以后的余额为应纳税所得额。

37. 什么是起征点?

起征点又称征税起点，税制要素之一，指税法规定的计税依据应当征税的数量界限（起点）。计税依据数额达不到起征点的，免予征税；达到起征点的，按照计税依据全额征税。例如：中国现行营业税的起征点，按期纳税的，为月营业额 5 000 ~ 20 000 元；按次（日）纳税的，为每次（日）营业额 300 ~ 500 元。纳税人的营业额没有达到上述起征点的，免予征收营业税；达到上述起征点的，按照其全部营业额征收营业税。

规定起征点主要是为了适当照顾收入、所得和财产等较少的纳税人，贯彻合理负担的原则。同时，可以适当缩小征税面，降低税务机关的征税成本和纳税人的纳税成本。

38. 什么是免征额?

免征额是税制要素之一，指税法规定准予从计税依据中扣除，免予征税的固定数额。在实行免征额制度的情况下，纳税人可以先从计税依据中扣除规定的免征额，然后就其余额计算纳税。

规定免征额主要是为了适当照顾收入、所得和财产等较少的纳税人，贯彻合理负担的原则。同时，可以适当缩小征税面，降低税收征纳成本。

与起征点制度相比，免征额制度更为合理，因为后者可以避免前者在临界点附近税负陡升陡降的现象。例如：某纳税人适用的起征点为营业额20000元，当其营业额为19999元时，不用缴纳营业税；营业额为21000元时，就需要按照21000元缴纳营业税。如果将上述起征点改为免征额，当纳税人的营业额为21000元时，只需要按照超过2万元的1000元缴纳营业税。

39. 什么是税率？

税率是税制要素之一，指税法规定的应征税额与计税依据之间的比例。在计税依据确定的前提下，国家征税的数量和纳税人的税收负担水平就取决于税率，国家一定时期的税收政策也体现在税率方面。科学、合理地设计税率是正确处理国家和纳税人之间的分配关系，充分发挥税收组织财政收入和经济调节作用的重要因素。

税率通常有三种主要形式：第一种是以相对量的形式规定的征收比例，即比例税率和累进税率，适用于从价计征的税种。第二种是以绝对量的形式规定的固定征收额，即定额税率（又称税额标准），适用于从量计征的税种。第三种是复合税率，即比例税率与定额税率相结合的税率。

40. 什么是比例税率？

比例税率，指从价计税的时候按照计税依据计算应纳税额的法定比例，通常采用固定的百分比的形式，适用于货物和劳务税。

比例税率的特点是：在税率确定的情况下，应征税额与计税依据（如营业税的营业额）之间始终保持同一比例，计算简便。在财政上，可以使税收收入随经济情况变化而变化，具有一定的弹性。

在经济上，比例税率对同一类征税对象和同一类纳税人实行等比负担，从而有利于鼓励规模经营、平等竞争，体现税收负担的横向公平（水平公平）原则。同时，应纳税额的计算比较简便。但是，这种税率在调节收入、财产分配等方面的作用不如累进税率。

在实际运用中，比例税率主要分为统一比例税率和差别比例税率。统一比例税率指一种税只设一个比例的税率，所有纳税人都按照同一个税率纳税。例如：中国的车辆购置税暂行条例中规定车辆购置税的税率为10%，适用于所有的应税车辆。实行统一比例税率有利于贯彻公平税负的原则。差别比例税率指一个税种设有两个以上的比例税率，税率是根据不同的征税项目分别设计的。例如：中国营业税暂行条例规定的不同税目的适用税率分别为3%、5%和5%~20%。实行差别比例税率有利于贯彻国家的特定经济和社会政策，但是有时候操作起来比较复杂。

在中国现行税制中，差别比例税率分为四种类型：第一类是产品差别比例税率，即按照产品大类或者品种分别设计税率，如消费税就采用了这种税率。第二类是行业差别比例税率，即按照经营项目所属的行业分别设计税率，如营业税就采用了这种税率。第三类是地区差别比例税率，即对同一征税对象按照其所在地区分别设计税率，如城市维护建设税就采用了这种税率。第四类是幅度差别比例税率，即在税法规定的统一比例幅度以内，由财税部门或者地方政府根据实际情况确定具体的适用税率，如契税就采用了这种税率。

41. 什么是定额税率？

定额税率，指从量计税的时候按照计税依据的计量单位直接规定的应纳税额，又称税额标准。

定额税率由计税依据的计量单位和每个计量单位的应纳税额两个要素构成。计税依据的计量单位可以是自然单位（如煤炭按吨计，汽车按辆计）；也可以是复合单位（如电力按千度计，天然气按千立方米计）。

定额税率的特点是：在税率确定的情况下，应征税额与计税依据之间始终保持同一比例，计算简便，且不受价格变化的影响，适用于品种比较单一、价格相对稳定的大宗货物。但是，在货物品种比较多的情况下，使用这种税率计算应纳税额比较复杂；在价格起伏比较大的情况下，使用这种税率计算应纳税额容易造成税负畦轻畦重。

在中国现行税制中，定额税率主要有四种表现形式：第一种是地区差别定额税率，即对同一征税对象按照不同地区的具体情况规定征税数额，如南方海盐与北方海盐实行不同的资源税税额标准。第二种是分类分级定额税率，即把征税对象按照一定的标准分为类、项或者级别，然后按照不同的类、项或者级别分别规定征税数额，如车船税就采用这种税率。第三种是幅度定额税率，即在统一规定的定额税率幅度以内根据征税对象的具体情况确定其适用的定额税率，如煤炭的资源税税额标准为每吨 0.3 ~ 20 元。第四种是地区差别、分类分级和幅度相结合的定额税率，即对同一征税对象按照地区差别或者分类分级实行有幅度的定额税率，如城镇土地使用税和耕地占用税都采用这种税率。

42. 什么是复合税率?

复合税率，指比例税率与定额税率相结合的税率。适用于复合税，即同时以征税对象的价格、重量、件数、容量、面积等为计税依据，同时采用比例税率和定额税率计税。例如，目前中国对卷烟征收的消费税就使用这种税率：在征税的时候，既要以销售额为计税依据，按照规定的比例税率（分为 45%、30% 两档）征收从价税；又要以销售量为计税依据，按照每支卷烟 0.003 元的定额税率征收从量税。复合税率兼有比例税率和定额税率的优点，缺点是比较复杂，所以不宜广泛使用。

43. 什么是累进税率?

累进税率，指征收比例随着计税依据数额的增加而逐级提高的税率，即根据计税依据的数额或者相对比例，设置若干个征税级距，分别适用由低到高的不同的税率。这种税率通常适用于所得税和财产税。

累进税率的主要特点是：税收负担随着计税依据数额的增加而递增，能够较好地体现纳税人的税负水平与负税能力相适应的原则，从而有利于调节纳税人的收入、财产等，体现税收负担的纵向公平（垂直公平）原则。

按照税率的累进依据，累进税率可以分为“额累”和“率累”两类：“额累”，指按照计税依据数量的绝对额分级累进，如个人所得税通常随着应纳税所得额的增加分级累进；“率累”指按照与计税依据有关的某一比率分级累进，如中国的土地增值税随着房地产增值比率的增加分级累进。累进税率在实际运用中主要采用超额累进税率形式，另有全额累进税率和超率累进税率两种形式。

44. 什么是全额累进税率?

全额累进税率是累进税率的一种，指按照计税依据的全部数额累进征税的累进税率。即将计税依据（如所得税的应纳税所得额）分为若干个征税级距，相应规定若干个由低到高的不同的税率，当计税依据数额由一个征税级距上升到另一个征税级距的时候，全部计税依据都要按照上升以后的征税级距的适用税率计算征税。过去中国的所得税制度曾经采用过这种税率。

全额累进税率的优点是计算方法简单，累进幅度大，能够大幅度地调节纳税人的收入、财产。缺点是由于累进急剧，在累进分界点上下税负悬殊，甚至会出现增加的税额大大超过增加的计税依据数额的现象，不利于鼓励纳税人增加收入和财产。因此，目前这种税率已经很少使用。

45. 什么是超额累进税率?

超额累进税率是累进税率的一种，指按照计税依据的不同部分分别征税的累进税率。即将计税依据（如个人所得税的应纳税所得额）分为若干个征税级距，相应规定若干个由低到高的适用税率，当计税依据数额由一个征税级距上升到另一个征税级距时，仅就达到另一个级距的部分按照上升以后的征税级距的适用税率计算征税。这种税率通常用于个人所得税、遗产税等税种。例如，中国的个人所得税法中规定：工资、薪金所得适用5%～45%的9级超额累进税率。

超额累进税率的优点是累进幅度比较缓和，税收负担较为合理；缺点是计算方法比较复杂，税收负担的透明度不太强。

46．什么是超率累进税率？

超率累进税率是累进税率的一种，指按照计税依据的相对比例划分征税级距的累进税率。即将计税依据的相对比例（如中国的土地增值税中的房地产增值率）分为若干个不同的征税级距，相应规定若干个由低到高的不同的税率，当计税依据的相对比例由一个征税级距上升到另一个征税级距时，仅就达到另一个级距的部分按照上升以后的征税级距的适用税率计算征税。

超率累进税率的优点是累进幅度比较缓和，税收负担较为合理。缺点是计算方法比较复杂，所以很少使用。

47．什么是零税率？

零税率，指以零表示的税率，免税的一种方式，表示虽然纳税人负有某种纳税义务，但是并不需要实际缴纳该项税收。

零税率通常适用于两种情况：一是在所得课税中，规定应纳税所得额中的免税部分适用税率为零，目的是保证低收入者的生活和生产的需要；二是在货物课税中，规定出口货物的适用税率为零，即退还出口货物在生产和销售各个环节已经缴纳的间接税（主要是增值税），使货物以不含间接税的价格进入国际市场，以增强本国货物在国际市场上的竞争力。例如，中国的增值税暂行条例中规定：

纳税人出口货物，税率为零（国务院另有规定的除外）。

48. 什么是名义税率?

名义税率，指税法规定的税率，又称法定税率、法定税负。

在计税依据和税率确定，法定应纳税额与实纳税额相等的情况下，名义税率与实际税率相等。

在实施税收优惠（如少计计税依据、免税和减税等），法定应纳税额多于实纳税额的情况下，名义税率就会高于实际税率，这种情况在所得税中比较常见。

在实施税收加征，法定应纳税额少于实纳税额的情况下，名义税率就会低于实际税率。

名义税率通常比较透明，便于纳税人、公众了解和国际比较，但是很可能与实际税率有一定的差异。

49. 什么是实际税率?

实际税率，指实纳税额与计税依据的比率，又称实际税负。

在计税依据和税率确定，实纳税额与法定应纳税额相等的情况下，实际税率与名义税率相等。

在实施税收优惠（如少计计税依据、免税和减税等），实纳税额少于法定应纳税额的情况下，实际税率就会低于名义税率，这种情况在所得税中比较常见。例如：中国的个人所得税法规定稿酬适用的个人所得税法定税率（名义税率）为 20%，但是可以减税 30%，所以实际税率为 14%，比法定税率（名义税率）低 6 个百分点。

在实施税收加征，实纳税额多于法定应纳税额的情况下，实际税率就会高于名义税率。

实际税率是衡量纳税人实际税收负担水平的主要标志，也是研究和制定税收政策制度的重要依据之一，但是通常不够透明，不便于纳税人、公众了解和国际比较。

50. 什么是征收率?

征收率又称“换算率”，税制要素之一，指把税法规定的税率换算成另一计税依据的比例。其换算程序是：先按照法定税率和计税依据计算出应纳税额，再将应纳税额换算成另一计税依据的比例，即征收率。例如，中国增值税小规模纳税人销售货物和应税劳务的征收率为3%，这个征收率就是增值税税率的转化形式。

规定征收率的目的是简化应纳税额的计算和税收的征收管理，降低征纳成本，提高工作效率。

51. 什么是税收减免?

税收减免又称减税、免税，税制要素之一，指对纳税人的应纳税款给予减征、免征。

税收减免是税收优惠的重要形式之一，是国家根据经济发展的需要，以法律、法规等形式规定的对某些征税对象和纳税人的税收优惠措施。非经法律、法规等规定，任何单位和个人都不能擅自减免税收。

税收减免从性质上可以划分为政策减免、困难减免和一般减免。政策减免，指配合国家的有关政策（如鼓励投资、促进消费等）给予的减税、免税。困难减免，指纳税人因特殊情况（如遭遇自然灾害）纳税有困难而给予的减税、免税。一般减免，指除了上述两种情况以外的减税、免税。

此外，税收减免从时间上可以划分为定期减免和不定期减免，前者限于在规定的期限以内减税、免税；后者则没有减税、免税的时间限制。

52. 什么是税收加征?

税收加征是税制要素之一，指在按照法定计税依据和税率计算的应纳税额的基础上加征一定比例的税收。中国的税收加征主要采取加成征收和加倍征收两种形式，前者是在按照法定计税依据和税率计算的应纳税额的基础上加征一定成数的税额（一成即应纳税额的10%），后者是在按照法定计税依据和税率计算的应纳税额的基础上加征一定倍数的税额（一倍即应纳税额的100%）。

税收加征实质上是税率的延伸，是在法定税率不变的情况下加重纳税人税收负担的一种措施，通常适用于所得税，并仅在应纳税所得额超过一定数额的时候使用。例如，中国的个人所得税法中规定：对于劳务报酬所得一次收入畸高的，可以加成征收个人所得税。

53. 什么是纳税义务发生时间?

纳税义务发生时间是税制要素之一，指税法规定的纳税人应当承担纳税义务的起始时间。不同税种的纳税义务发生时间不尽相同。例如，中国的增值税暂行条例中规定：增值税的纳税义务发生时间，销售货物、应税劳务，为收讫销售款或者取得索取销售款凭据的当天；进口货物，为报关进口的当天。所有纳税人都应当依法履行纳税义务，及时缴纳税款。

规定纳税义务发生时间，一是为了明确纳税人承担纳税义务的具体日期；二是有利于税务机关实施税务管理，合理规定申报期限和纳税期限，监督纳税人依法履行纳税义务，保证国家财政收入。

54. 什么是纳税期限?

纳税期限是税制要素之一，指税法规定的纳税人发生纳税义务以后缴纳税款和扣缴义务人发生扣缴税款义务以后解缴税款的期限。纳税期限是根据纳税人的经营规模、应纳税额的多少和各个税种的不同特点确定的，包括纳税计算期和税款缴库期。

纳税计算期一般有两种情况：一是按期计算，即以纳税人发生纳税义务和扣缴义务人发生扣缴税款义务的一定期间作为纳税计算期。例如，中国的消费税暂行条例中规定：消费税的纳税期限分别为1天、3天、5天、10天、15天、1个月和1个季度。纳税计算期届满以后，纳税人、扣缴义务人即应缴纳应当缴纳的税款。二是按次计算，即以纳税人从事生产、经营活动的次数作为纳税计算期，一般适用于对某些特定行为的征税或者对临时经营者的征税，如印花税、契税等税种多在纳税人发生纳税义务以后按次计算应纳税额。

由于纳税人、扣缴义务人对纳税计算期内所取得的应税收入、应纳税款、代扣代收税款需要一定的时间办理结算和缴税手续，所以，税法规定了税款的入库期限，即税款缴库期。税款缴库期指纳税计算期届满以后纳税人、扣缴义务人报缴税款的法定期限。例如，中国的消费税暂行条例中规定：纳税人以 1 个月和 1 个季度为一期纳税的，自期满之日起 15 天以内申报纳税。

规定纳税期限，对于促进纳税人加强生产、经营管理，认真履行依法纳税义务，保证国家财政收入的稳定、及时，具有重要的意义。

55. 什么是纳税年度?

纳税年度是税制要素之一，指税法对于按年计算征收的税种规定的计算征税的起止日期。中国现行税制中的纳税年度一律采用历年制，即以公历每年 1 月 1 日至 12 月 31 日为一个纳税年度。例如：企业所得税、个人所得税、城镇土地使用税、房产税、车船税等税种，都有按照纳税年度计算征税的规定。

56. 什么是汇算清缴?

汇算清缴又称年终汇算清缴，是纳税人缴纳税款的方式之一。指某些税种的纳税期限采取按年计征、分期预缴、年终汇算、多退少补的做法，主要适用于所得税。例如：中国的企业所得税实行按年计算，分月或者分季预缴，年终汇算清缴，多退少补。

汇算清缴可以保证国家能够及时、均衡地取得财政收入，也有利于纳税人合理地安排自己的资金。

57. 什么是纳税地点?

纳税地点是税制要素之一，指税法规定的纳税人申报缴纳税款、扣缴义务人申报解缴税款的具体地点。国家根据各个税种的征税环节和有利于税源控制的要求规定具体的纳税地点，总的原则是纳税人、扣缴义务人在其所在地申报纳税，同时考虑到某些纳税人、扣缴义务人的生产、经营和财务核算的特殊情况，通常有就地纳税、口岸纳税、集中纳税、营业行为所在地纳税和汇总纳税等。例如：根据中国的营业税暂行条例，纳税人提供应税劳务，在一般情况下应当向其机构所在地或者居住地的税务机关申报缴纳营业税。但是，纳税人提供的建筑业劳务和财政部、国家税务总局规定的其他应税劳务，应当向应税劳务发生地的税务机关申报缴纳营业税。

合理规定纳税人申报纳税的地点，可以便利纳税人缴纳税款，也有利于税务机关加强税源控管，防止税收流失。

58. 中国现行的税收基本法律、法规和规章有哪些?

中国现行的税收基本法律、法规和规章如下：

《中华人民共和国增值税暂行条例》，1993 年 12 月 13 日中华人民共和国国务院令第 134 号发布，自 1994 年 1 月 1 日起施行；2008 年 11 月 10 日中华人民共和国国务院令第 538 号修订并公布，自 2009 年 1 月 1 日起施行。

《中华人民共和国增值税暂行条例实施细则》，1993 年 12 月 25 日财政部文件（93）财法字第 38 号发布，2011 年 10 月 28 日中华人民共和国财政部令第 65 号第二次修改并公布。

《中华人民共和国消费税暂行条例》，1993 年 12 月 13 日中华人民共和国国务院令第 135 号发布，自 1994 年 1 月 1 日起施行；2008 年 11 月 10 日中华人民共和国国务院令第 539 号修订并公布，自 2009 年 1 月 1 日起施行。

《中华人民共和国消费税暂行条例实施细则》，1993 年 12 月 25 日财政部文件（93）财法字第 39 号发布，2008 年 12 月 15 日中华人民共和国财政部、国家税务总局令第 51 号修订并公布。

《中华人民共和国车辆购置税暂行条例》，2000 年 10 月 22 日中华人民共和国国务院令第294号公布，自2001年1月1日起施行。

《中华人民共和国营业税暂行条例》，1993年12月13日中华人民共和国国务院令第136号发布，自1994年1月1日起施行；2008年11月10日中华人民共和国国务院令第540号修订并公布，自2009年1月1日起施行。

《中华人民共和国营业税暂行条例实施细则》，1993年12月25日财政部文件（93）财法字第40号发布，2011年10月28日中华人民共和国财政部令第65号第二次修改并公布。

《中华人民共和国进出口关税条例》，2003年11月23日中华人民共和国国务院令第392号公布，自2004年1月1日起施行，2011年1月8日中华人民共和国国务院令第588号修改。

《中华人民共和国企业所得税法》，2007年3月16日第十届全国人民代表大会第五次会议通过，当日中华人民共和国主席令第63号公布，自2008年1月1日起施行。

《中华人民共和国企业所得税法实施条例》，2007年12月1日中华人民共和国国务院令第512号公布，2012年11月9日中华人民共和国国务院令第628号修改。

《中华人民共和国个人所得税法》，1980年9月10日第五届全国人民代表大会第三次会议通过，当日全国人民代表大会常务委员会委员长令第11号公布，自当日起施行；2011年6月30日第十一届全国人民代表大会常务委员会第二十一次会议第六次修改，当日中华人民共和国主席令第48号公布，自当年9月1日起施行。

《中华人民共和国个人所得税法实施条例》，1994年1月28日中华人民共和国国务院令第142号发布，2011年7月19日中华人民共和国国务院令第600号第三次修改并公布。

《中华人民共和国土地增值税暂行条例》，1993年12月13日中华人民共和国国务院令第138号发布，自1994年1月1日起施行，2011年1月8日中华人民共和国国务院令第588号修改。

《中华人民共和国土地增值税暂行条例实施细则》，1995年1月

27 日财政部文件财法字〔1995〕6 号发布。

《中华人民共和国房产税暂行条例》，1986 年 9 月 15 日国务院文件国发〔1986〕90 号发布，自当年 10 月 1 日起施行，2011 年 1 月 8 日中华人民共和国国务院令第 588 号修改。

《关于房产税若干具体问题的解释和暂行规定》，1986 年 9 月 25 日财政部税务总局文件（86）财税地字第 008 号发布。

《中华人民共和国城镇土地使用税暂行条例》，1988 年 9 月 27 日中华人民共和国国务院令第 17 号发布，自当年 11 月 1 日起施行；2011 年 1 月 8 日中华人民共和国国务院令第 588 号第二次修改。

《关于土地使用税若干具体问题的解释和暂行规定》，1988 年 10 月 24 日国家税务局文件（88）国税地字第 015 号发布。

《中华人民共和国耕地占用税暂行条例》，1987 年 4 月 1 日国务院文件国发〔1987〕27 号发布，自当日起施行；2007 年 12 月 1 日中华人民共和国国务院令第 511 号修改并公布，自 2007 年 1 月 1 日起施行。

《中华人民共和国耕地占用税暂行条例实施细则》，2008 年 2 月 26 日中华人民共和国财政部、国家税务总局令第 49 号公布。

《中华人民共和国契税暂行条例》，1997 年 7 月 7 日中华人民共和国国务院令第 224 号发布，自当年 10 月 1 日起施行。

《中华人民共和国契税暂行条例细则》，1997 年 10 月 28 日财政部文件财法字〔1997〕52 号发布。

《中华人民共和国资源税暂行条例》，1993 年 12 月 25 日中华人民共和国国务院令第 139 号发布，自 1994 年 1 月 1 日起施行；2011 年 9 月 30 日中华人民共和国国务院令第 605 号修改并公布，自当年 11 月 1 日起施行。

《中华人民共和国资源税暂行条例实施细则》，1993 年 12 月 30 日财政部文件（93）财法字第 43 号发布，2011 年 10 月 28 日中华人民共和国财政部令第 66 号修改并公布。

《中华人民共和国车船税法》，2011 年 2 月 25 日第十一届全国人民代表大会常务委员会第十九次会议通过，当日中华人民共和国主席令第 43 号公布，自 2012 年 1 月 1 日起施行。

《中华人民共和国车船税法实施条例》，2011 年 12 月 5 日中华人民共和国国务院令第 611 号公布。

《中华人民共和国船舶吨税暂行条例》，2011 年 12 月 5 日中华人民共和国国务院令第 610 号公布，自 2012 年 1 月 1 日起施行。

《中华人民共和国印花税暂行条例》，1988 年 8 月 6 日中华人民共和国国务院令第 11 号发布，自当年 10 月 1 日起施行，2011 年 1 月 8 日中华人民共和国国务院令第 588 号修改。

《中华人民共和国印花税暂行条例施行细则》，1988 年 9 月 29 日财政部文件（88）财税字第 255 号发布。

《中华人民共和国城市维护建设税暂行条例》，1985 年 2 月 8 日国务院文件国发〔1985〕19 号发布，自当年 1 月 1 日起施行，2011 年 1 月 8 日中华人民共和国国务院令第 588 号修改。

《中华人民共和国烟叶税暂行条例》，2006 年 4 月 28 日中华人民共和国国务院令第 464 号发布，自当日起施行。

《全国人民代表大会常务委员会关于外商投资企业和外国企业适用增值税、消费税、营业税等税收暂行条例的决定》，1993 年 12 月 29 日第八届全国人民代表大会常务委员会第五次会议通过，当日中华人民共和国主席令第 18 号公布，自当日起施行。

《国务院关于外商投资企业和外国企业适用增值税、消费税、营业税等税收暂行条例有关问题的通知》，1994 年 2 月 22 日国务院文件国发〔1994〕10 号发布，自当年 1 月 1 日起施行。

《中华人民共和国税收征收管理法》，1992 年 9 月 4 日第七届全国人民代表大会常务委员会第二十七次会议通过，当日中华人民共和国主席令第 60 号公布，自 1993 年 1 月 1 日起施行；1995 年 2 月 28 日第八届全国人民代表大会常务委员会第十二次会议修改，当日中华人民共和国主席令第 42 号公布，自当日起施行；2001 年 4 月 28 日第九届全国人民代表大会常务委员会第二十一次会议修订，当日中华人民共和国主席令第49号公布，自当年5月1日起施行。

《中华人民共和国税收征收管理法实施细则》，2002年9月7日中华人民共和国国务院令第362号公布。

《中华人民共和国发票管理办法》，1993年12月12日国务院批准，当年12月23日中华人民共和国财政部令第6号发布，自当日起施行；2010年12月20日中华人民共和国国务院令第587号修改并公布，自2011年2月1日起施行。

《中华人民共和国发票管理办法实施细则》，2011年2月14日国家税务总局令第25号公布。

《全国人民代表大会常务委员会关于惩治虚开、伪造和非法出售增值税专用发票的决定》，1995年10月30日第八届全国人民代表大会常务委员会第十六次会议通过，当日中华人民共和国主席令第57号公布，自当日起施行。

《税务行政复议规则》，2010年2月10日国家税务总局令第21号公布，自当年4月1日起施行。

《中华人民共和国海关进出口货物征税管理办法》，2005年1月4日中华人民共和国海关总署令第124号公布，自当年3月1日起施行。

二、增值税

1．什么是增值税？

增值税是对销售货物、提供劳务过程中增加的价值和进口货物的价值征收的，是目前各国普遍征收的一种税收。1993 年 12 月 13 日，国务院发布《中华人民共和国增值税暂行条例》，自 1994 年 1 月 1 日起施行。2008 年 11 月 10 日，国务院对该条例作了修订，当日公布，自 2009 年 1 月 1 日起施行。1993 年 12 月 25 日，财政部发布《中华人民共和国增值税暂行条例实施细则》；2011 年 10 月 28 日，财政部、国家税务总局对该细则作了第二次修改。自 2012 年起，经国务院批准，财政部、国家税务总局开始在部分省、直辖市选择部分行业实施营业税改征增值税试点。

增值税由国家税务局负责征收管理（进口环节的增值税由海关代为征收管理），所得收入由中央政府与地方政府共享，是中央政府财政收入最主要的来源，也是地方政府税收收入的主要来源之一。2011 年，增值税收入为 28 017.4 亿元，占当年我国税收总额的 30.1%，居各税之首。

2．增值税的纳税人有哪些？

增值税的纳税人包括在中国境内销售、进口货物，提供加工、修理和修配劳务（以下简称应税劳务）的企业、行政单位、事业单位、军事单位、社会团体、其他单位、个体工商户和其他个人。

单位租赁、承包给其他单位、个人经营的，以承租人、承包人为纳税人。

中国境外的单位、个人在中国境内提供应税劳务，没有在中国境内设立经营机构的，其应纳增值税以其中国境内的代理人为扣缴义务人；在中国境内没有代理人的，以购买方为扣缴义务人。

目前，中国的增值税收入主要来自制造业（其中主要为食品制造业，饮料制造业，烟草制品业，纺织业，纺织服装、鞋帽制造业，造纸及纸制品业，石油加工业、炼焦及核燃料业，化学原料及化学制品业，医药制造业，塑料制造业，非金属矿物制品业，黑色金属冶炼及压延加工业，有色金属冶炼及压延加工业，通用设备制造业，专用设备制造业，交通运输设备制造业，电气机械及器材制造业，通信设备、计算机及其他电子设备制造业）；采矿业（其中主要为煤炭、石油、天然气、黑色金属、有色金属开采等）；电力生产和供应业；批发和零售业等行业的国有企业、集体企业、私营企业、股份制企业、外商投资企业、个体工商户和进口货物。

3. 哪些行为视同销售货物？怎样征税？

单位、个体工商户的下列行为，视同销售货物，并且按照销售货物征收增值税：将货物交付其他单位、个人代销；销售代销货物；设有两个机构并实行统一核算的纳税人，将货物从一个机构移送其他机构用于销售（相关机构设在同一县、市的除外）；将自己生产、委托加工的货物用于非增值税应税项目、集体福利和个人消费；将自产、委托加工和购买的货物作为投资，提供给其他单位、个体工商户，分配给股东、投资者，无偿赠送其他单位、个人。

4. 什么是混合销售行为？怎样征税？

如果一项销售行为既涉及货物又涉及非应税劳务（如销售货物并负责运输），称为混合销售行为。从事货物生产、批发、零售的企业、企业性单位和个体工商户（包括以货物生产、批发、零售为主，兼营非增值税应税劳务的单位和个体工商户）的混合销售行为，视为销售货物，应当征收增值税；其他单位、个人的混合销售行为（不包括这些单位、个人设立的经营货物销售并独立核算的单独机构的混合销售行为），视为销售非增值税应税劳务（指属于应当缴纳营业税的交通运输业、建筑业、金融保险业、邮电通信业、文化体育业、娱乐业、服务业税目征收范围的劳务），不征收增值税，征收营业税。

纳税人的以下混合销售行为，应当分别核算货物的销售额和非增值税应税劳务的营业额，并根据其销售货物的销售额计算缴纳增值税，非增值税应税劳务的营业额不缴纳增值税；没有分别核算的，由税务机关核定其货物的销售额：销售自产货物并同时提供建筑业劳务的行为，财政部、国家税务总局规定的其他情形。

纳税人兼营非增值税应税项目的，应当分别核算货物、应税劳务的销售额和非增值税应税项目的营业额；纳税人没有分别核算的，由税务机关核定货物、应税劳务的销售额。

5. 增值税的税率有几档？征税的货物、劳务有哪些？

增值税的税率分为0、13%和17%共三个档次。

一、出口货物适用0税率，但是国家禁止出口的货物（如天然牛黄、麝香、铜和铜基合金等）和国家限制出口的部分货物（如矿砂及精矿、钢铁初级产品、原油、车用汽油、煤炭、原木、尿素产品、山羊绒、鳗鱼苗和某些援外货物等）除外。

二、下列货物适用13%的税率：

（一）农业产品，包括粮食、蔬菜、烟叶（不包括复烤烟叶）、茶叶、园艺植物、油料植物、纤维植物、糖料植物和其他植物，林业产品，水产品，畜牧产品，动物皮张、动物毛绒和其他动物组织；

（二）食用植物油、粮食复制品；

（三）自来水、暖气、冷气、热气、热水、煤气、石油液化气、天然气、沼气和居民用煤炭制品；

（四）图书、报刊（不包括邮政部门发行的报刊）、音像制品和电子出版物；

（五）饲料、化肥、农药、农业机械和农用塑料薄膜；

（六）食用盐；

（七）二甲醚。

三、原油、井矿盐和上述货物以外的货物，加工、修理和修配劳务，适用17%的税率。

增值税税率的调整，由国务院决定。

如果纳税人兼营适用不同增值税税率的货物和应税劳务，应当分别核算适用税率不同的货物和应税劳务的销售额。如果纳税人不分别核算上述不同货物和应税劳务的销售额，税务机关在征收增值税的时候适用税率从高。

6. 一般纳税人的标准是怎样规定的？

增值税一般纳税人的标准是：生产货物、提供应税劳务的纳税人，以生产货物、提供应税劳务为主（指纳税人的年货物生产、提供应税劳务的销售额占年应税销售额的比重在50%以上），并兼营货物批发、零售的纳税人，年应征增值税销售额（以下简称应税销售额）超过50万元的；其他纳税人，年应税销售额超过80万元的。

此外，符合规定条件的小规模纳税人也可以按照一般纳税人的计税方法计算缴纳增值税。

一般纳税人应当向其所在地的税务机关申请办理一般纳税人认定手续。

新开业的符合一般纳税人条件的企业，应当在办理税务登记的同时申请办理一般纳税人认定手续。对于预计年应税销售额达到一般纳税人标准的，税务机关暂认定为一般纳税人；如果开业以后实际年应税销售额没有达到一般纳税人标准，则应当重新申办一般纳税人认定手续。对于已经开业的小规模纳税人，其年应税销售额达到一般纳税人标准的，应当在次年1月底以前申办一般纳税人认定手续。

新办的小型商贸批发企业必须从税务登记之日起1年以内实际销售额达到180万元，才可以申请一般纳税人资格认定。但是，具有一定经营规模，拥有固定的经营场所，有相应的经营管理人员，有货物购销合同或者书面意向，有明确的货物购销渠道（供货企业证明），预计年销售额可以达到180万元以上的新办小型商贸批发企业，经过税务机关审核，也可以认定其为一般纳税人，实行为期一般不少于6个月的辅导期一般纳税人管理。设有固定经营场所和拥有货物实物的新办商贸零售企业以及注册资金在500万元以上、人员在50人以上的新办大中型商贸企业在办理税务登记时提出一般纳税人资格认定申请的，可以认定为一般纳税人，实行辅导期一般纳税人管理。辅导期结束以后，经税务机关审核同意，就可以按照正常的一般纳税人管理。注册资金在500万元以上、人员在50人以上的新办大中型商贸企业提出一般纳税人资格认定申请的，经过税务机关案头审核、法定代表人约谈和实地查验，确认符合规定条件的；经营规模较大、拥有固定的经营场所、固定的货物购销渠道、完善的管理和核算体系的大中型商贸企业，可以直接按照正常的一般纳税人管理。

对新办工业企业增值税一般纳税人的认定，税务机关也应当及时组织对纳税人的实地查验，核实其是否拥有必要的厂房、机器设备和生产人员，是否具备一般纳税人的财务核算条件。

企业申请办理一般纳税人认定手续，应当向税务机关提出申请，并提供营业执照，有关合同、章程、协议书，银行账号证明以及税务机关要求提供的其他有关证明、资料。县级以上国家税务局对企业的申请和有关资料审核以后，对于符合一般纳税人条件的企业，在其《税务登记证》副本首页上方加盖“增值税一般纳税人”确认专章。

7. 一般纳税人怎样计算应纳增值税税额？

一般纳税人在计算应纳增值税税额的时候，应当先分别计算其当期销项税额和进项税额，然后以销项税额抵扣进项税额以后的余额为实际应纳税额。

应纳税额计算公式：

应纳税额=当期销项税额-当期进项税额

例：某工厂本月增值税销项税额为200万元，进项税额为100万元，该工厂本月应纳增值税税额的计算方法为：

应纳税额=200万元-100万元

=100万元

纳税人在计算其应纳增值税税额时，如果当期销项税额小于当期进项税额，不足抵扣，其不足部分可以结转下期继续抵扣；如果纳税人同时欠缴增值税，则应当以期末留抵税额抵减欠缴的增值税税额。

纳税人由于销售货物退回、折让而退还给购买方的增值税税额，应当从发生销售货物退回、折让当期的销项税额中扣减；由于购进货物退出、折让而收回的增值税税额，应当从发生购进货物退出、折让当期的进项税额中扣减。

纳税人销售货物、应税劳务，开具增值税专用发票以后，发生销售货物退回或者折让、开票有误等情形的时候，应当按照国家税务总局的规定开具红字增值税专用发票。没有按照规定开具红字增值税专用发票的，不能从销项税额中扣减增值税税额。

8. 什么是销项税额？怎样计算销项税额？

增值税纳税人销售货物和应税劳务，按照销售额和适用税率计算并向购买方收取的增值税税额，称为销项税额。销项税额计算公式为：

当期销项税额=当期销售额×适用税率

例：某钢铁公司向某机械公司出售一批钢材，出厂价格为500万元，增值税适用税率为17%，该钢铁公司应当向机械公司收取的销项税额的计算方法为：

销项税额＝500 万元×17%

＝85 万元

9．怎样确定当期销售额？

当期销售额包括纳税人当期销售货物和应税劳务从购买方取得的全部价款和价外费用，纳税人按此计算当期销项税额，在向买方收取货款、劳务收入以外同时收取。

上述价外费用包括价外向购买方收取的手续费、补贴、基金、集资费、返还利润、奖励费、违约金、滞纳金、延期付款利息、赔偿金、代收款项、代垫款项、包装费、包装物租金、储备费、优质费、运输装卸费和其他价外收费，但是不包括以下项目：

一、受托加工应征消费税的消费品代收代缴的消费税。

二、同时符合以下条件的代垫运输费用：承运单位的运输费用发票开具给购买方的，纳税人将该发票转交给购买方的。

三、同时符合以下条件代为收取的政府性基金和行政事业性收费：由国务院或者财政部批准设立的政府性基金，由国务院或者省级人民政府及其财政、价格主管部门批准设立的行政事业性收费；收取时开具省级以上财政部门印制的财政票据；所收款项全额上缴财政。

四、销售货物的同时代办保险向购买方收取的保险费，向购买方收取的代购买方缴纳的车辆购置税、车辆牌照费。

混合销售行为按照规定应当缴纳增值税的，其销售额为货物的销售额与非增值税应税劳务营业额的合计数。

纳税人发生固定资产视同销售行为，使用过的固定资产无法确定销售额的，以固定资产净值为销售额。

纳税人销售货物和应税劳务，采用销售额与销项税额合并定价方法的，应当按照以下公式计算不含增值税的销售额：

不含增值税的销售额＝含增值税的销售额÷(1+增值税适用税率)

例：某图书城本月的图书销售收入为113万元（含增值税税额），增值税适用税率为13%，该图书城不含税销售额和销项税额的计算方法为：

不含税销售额＝113万元÷(1+13%)

＝100万元

销项税额＝100万元×13%

＝13万元

货物和应税劳务的销售额均以人民币计算。纳税人以人民币以外的货币结算销售额的，可以选择销售额发生当天或者当月1日的汇价折算成人民币，然后计算缴纳增值税。纳税人应当事先确定以什么时候的汇价折算，而且确定以后1年之内不能变更。

如果纳税人销售货物和应税劳务的价格明显偏低，又没有正当的理由；或者有规定的视同销售货物行为而没有销售额，按照以下顺序确定其销售额，据以征收增值税：

一、按照纳税人最近时期同类货物的平均销售价格确定。

二、按照其他纳税人最近时期同类货物的平均销售价格确定。

三、按照组成计税价格确定。

组成计税价格计算公式：

组成计税价格＝成本×(1+成本利润率)

对于应当征收消费税的货物，其组成计税价格中还应当加计应纳消费税税额。

上述公式中的成本，销售自产货物的为实际生产成本，销售外购货物的为实际采购成本；成本利润率由国家税务总局确定。

10. 什么是进项税额？哪些进项税额可以抵扣？

增值税纳税人购进货物和应税劳务所支付或者负担的增值税税额，称为进项税额。

下列进项税额可以从销项税额中抵扣：

一、纳税人购进货物和应税劳务，从销售方取得的增值税专用发票上注明的增值税税额。

二、纳税人进口货物，从海关取得的海关进口增值税专用缴款书上注明的增值税税额。

三、纳税人购进农产品，除了取得增值税专用发票和海关进口增值税专用缴款书以外，按照农产品收购发票、销售发票上注明的农产品买价和13%的扣除率计算的进项税额。

进项税额计算公式：

进项税额=买价×13%

上述公式中的买价包括纳税人购进农产品在农产品收购发票、销售发票上注明的价款和按照规定缴纳的烟叶税。

以购进农产品为原料生产销售液体乳和乳制品、酒和酒精、植物油的增值税一般纳税人，试行进项税额核定扣除。

四、纳税人购进、销售货物和在生产、经营过程中支付运输费用的，按照运输费用结算单据上注明的运输费用金额和7%的扣除率计算的进项税额。

进项税额计算公式：

进项税额=运输费用金额×7%

上述公式中的运输费用金额包括运输费用结算单据上注明的运输费用和建设基金，不包括装卸费、保险费等杂费。

混合销售行为按照规定应当缴纳增值税的，所涉及的非增值税应税劳务所用购进货物的进项税额，符合上述规定的，也可以从销项税额中抵扣。

抵扣的项目和扣除率的调整，由国务院决定。

11. 进项税额在什么时候可以申报抵扣？

增值税纳税人购进货物和应税劳务以后，申请抵扣防伪税控系统开具的增值税专用发票，应当自该发票开具之日起180天以内到税务机关认证。认证通过的防伪税控系统开具的增值税专用发票，应当在认证通过当月按照规定核算当期进项税额并申报抵扣，否则不能抵扣进项税额。

增值税纳税人购进货物和应税劳务以后，申请抵扣非防伪税控系统开具的增值税专用发票，其进项税额申报抵扣的时间，工业生产企业为购进货物验收入库以后，商业企业为购进货物付款以后，购进应税劳务为劳务费用支付以后。

增值税一般纳税人发生真实交易，由于客观原因造成增值税扣税凭证（包括增值税专用发票、海关进口增值税专用缴款书和公路内河货物运输业统一发票）逾期的，经主管税务机关审核，逐级上报，由国家税务总局认证、稽核比对以后，比对相符的，允许纳税人继续抵扣其进项税额。上述客观原因包括下列情形：

一、因自然灾害、社会突发事件等不可抗力，造成增值税扣税凭证逾期。

二、增值税扣税凭证被盗窃、抢劫，或者因邮寄丢失、误递导致逾期。

三、有关司法、行政机关在办理业务或者检查中，扣押增值税扣税凭证，纳税人不能正常履行申报义务；或者税务机关信息系统、网络故障，没有及时处理纳税人网上认证数据等，导致增值税扣税凭证逾期。

四、买卖双方因经济纠纷，没有及时传递增值税扣税凭证；或者纳税人变更纳税地点，注销旧户和重新办理税务登记的时间过长，导致增值税扣税凭证逾期。

五、由于企业办税人员伤亡、突发危重疾病或者擅自离职，没有办理交接手续，导致增值税扣税凭证逾期。

六、国家税务总局规定的其他情形。

12. 在哪些情况下进项税额不能抵扣？

如果纳税人符合一般纳税人的标准，但是没有按照规定到税务机关申请办理一般纳税人认定手续；一般纳税人会计核算不健全，或者不能提供准确的税务资料，税务机关将按照纳税人的销售额和增值税适用税率计算应纳增值税税额，不允许其抵扣进项税额，也不允许其使用增值税专用发票。

纳税人购进货物和应税劳务，取得的增值税专用发票、海关进口增值税专用缴款书、农产品收购发票、农产品销售发票和运输费用结算单据不符合法律、行政法规和国家税务总局有关规定的，其进项税额不能从销项税额中抵扣。

下列项目的进项税额不能从销项税额中抵扣：

一、用于非增值税应税项目、免征增值税项目、集体福利、个人消费的购进货物和应税劳务。

上述购进货物，不包括既用于增值税应税项目（不包括免征增值税的项目）也用于非增值税应税项目、免征增值税项目、集体福利和个人消费的固定资产。上述固定资产，指使用期限超过 12 个月的机器、机械、运输工具和其他与生产、经营有关的设备、工具、器具等。

上述个人消费，消费包括纳税人的交际应酬消费。

上述非增值税应税项目，指提供非增值税应税劳务、转让无形资产、销售不动产和不动产在建工程。

上述不动产，指不能移动或者移动以后会引起性质、形状改变的财产，包括建筑物、构筑物（包括以建筑物、构筑物为载体的附属设备和配套设施，即给排水、采暖、卫生、通风、照明、通讯、煤气、消防、中央空调、电梯、电气、智能化楼宇设备和配套设施）和其他土地附着物；不动产在建工程，指纳税人新建、改建、扩建、修缮和装饰不动产。

二、非正常损失的购进货物和相关的应税劳务。

上述非正常损失，指由于管理不善造成被盗、丢失和霉烂变质的损失。

三、非正常损失的在产品、产成品所耗用的购进货物和应税劳务。

四、财政部、国家税务总局规定的纳税人自用消费品。

五、上述货物的运输费用和销售免税货物的运输费用。

已经抵扣进项税额的购进货物、应税劳务发生上述情形的（免税项目、非增值税应税劳务除外），应当将该项购进货物、应税劳务的进项税额从当期的进项税额中扣减；无法确定该项购进货物、应税劳务的进项税额的，按照当期实际成本计算应当扣减的进项税额。

六、纳税人自用的应征消费税的摩托车、汽车和游艇。

纳税人已经抵扣进项税额的固定资产发生上述一至三项所列情形的，应当在当月按照下列公式计算不得抵扣的进项税额：

$$\text{不得抵扣的进项税额}=\text{固定资产净值}\times\text{适用税率}$$

纳税人兼营免税项目、非增值税应税劳务而无法划分不能抵扣的进项税额的，按照以下公式计算不能抵扣的进项税额：

$$\begin{matrix}\text{不能抵扣的}\\\text{进项税额}\end{matrix}=\begin{matrix}\text{当月无法划分的}\\\text{全部进项税额}\end{matrix}\times\begin{matrix}\text{当月免税项目销售额、非}\\\text{增值税应税劳务营业额合计}\end{matrix}\div\begin{matrix}\text{当月全部销售}\\\text{额、营业额合计}\end{matrix}$$

13. 生产、经营过程中的应纳增值税税额怎样计算？

现以钢材生产、经营过程为例，简单地说明一下应纳增值税税额的计算方法：

一、甲矿山向乙炼铁厂销售一批铁矿石，售价1 000万元（不含增值税，下同），增值税适用税率为13%，销项税额为130万元（1 000万元×13%＝130万元），价税合计为1 130万元；允许扣除的进项税额为100万元；该矿山应纳增值税税额为30万元（130万元－100万元＝30万元）。

二、乙炼铁厂用从甲矿山购入的铁矿石炼制成生铁以后销售给丙炼钢厂，售价2 000万元，增值税适用税率为17%，销项税额为340万元（2 000万元×17%＝340万元），价税合计为2 340万元

（2 000 万元+340 万元=2 340 万元）；允许扣除的进项税额为 130 万元（即甲矿山的销项税额）；该炼铁厂应纳增值税税额为 210 万元（340 万元-130 万元=210 万元）。

三、丙炼钢厂用从乙炼铁厂购入的生铁炼制成钢坯以后销售给丁轧钢厂，售价 8 000 万元，增值税适用税率为 17%，销项税额为 1 360 万元（8 000 万元×17%＝1 360 万元），价税合计为 9 360 万元（8000 万元+1 360 万元=9 360 万元）；允许扣除的进项税额为 340 万元（即乙炼铁厂的销项税额）；该炼钢厂应纳增值税税额为 1 020 万元（1 360 万元-340 万元=1 020 万元）。

四、丁轧钢厂将从丙炼钢厂购入的钢坯制成钢材以后售出，售价 10 000 万元，增值税适用税率为 17%，销项税额为 1 700 万元（10 000 万元×17%＝1 700 万元），价税合计为 11 700 万元（10 000 万元+1 700 万元=11 700 万元）；允许扣除的进项税额为 1 360 万元（即丙炼钢厂的销项税额）；该轧钢厂应纳增值税税额为 340 万元（1 700 万元-1 360 万元=340 万元）。

上述计算举例可以参看下表：

增值税计算举例

企业	商品	不含税销售价格（万元）	适用税率（%）	增值税（万元）		
				销项税额	进项税额	应纳税额
甲矿山	铁矿石	1 000	13	130	100	30
乙炼铁厂	生铁	2 000	17	340	130	210
丙炼钢厂	钢坯	8 000	17	1 360	340	1 020
丁轧钢厂	钢材	10 000	17	1 700	1 360	340

销项税额=不含税销售价格×税率

应纳税额=销项税额-进项税额

14. 货物期货交易怎样缴纳增值税？

货物期货交易应当在实物交割的时候缴纳增值税，计税依据为实物交割时不含增值税的实际成交价格。

货物期货交易增值税的纳税人分为两种情况：

一、实物交割时由期货交易所开具发票的，以期货交易所为纳税人，按照每次交易计算纳税，其进项税额为实物交割时供货会员单位开具的增值税专用发票上注明的销项税额。

二、实物交割时由供货会员单位直接将发票开给购货会员单位的，以供货会员单位为纳税人。

15. 小规模纳税人的标准是怎样规定的？

增值税小规模纳税人的标准是：从事货物生产、提供应税劳务的纳税人，以从事货物生产、提供应税劳务为主（指纳税人的年货物生产、提供应税劳务的销售额占年应税销售额的比重在50%以上），并兼营货物批发、零售的纳税人，年应征增值税销售额（以下简称应税销售额）在50万元以下的；其他纳税人，年应税销售额在80万元以下的。

年应税销售额超过小规模纳税人标准的其他个人，按照小规模纳税人缴纳增值税；非企业性单位、不经常发生应税行为的企业可以选择按照小规模纳税人缴纳增值税。

小规模纳税人能够按照国家统一的会计制度规定设置账簿，根据合法、有效凭证核算，提供准确税务资料的，可以向税务机关申请资格认定，不作为小规模纳税人。

除了国家税务总局另有规定以外，纳税人被认定为一般纳税人以后，不得转为小规模纳税人。

16. 小规模纳税人怎样计算应纳增值税税额？

小规模纳税人销售货物和应税劳务，按照简易办法计算应纳增值税税额，即以销售货物和应税劳务取得的销售额为计税依据，按照3%的征收率计税，连同销售价款一并向买方收取，然后上缴税务机关。

应纳税额计算公式：

应纳税额=销售额×3%

小规模纳税人销售货物、应税劳务，销售额中不包括应纳增值税税额。采用销售额与应纳增值税税额合并定价方法的，应当按照以下公式计算不含增值税的销售额：

不含增值税的销售额=含增值税的销售额÷(1+3%)

小规模纳税人增值税征收率的调整由国务院决定。

小规模纳税人由于销售货物退回、折让退还给购买方的销售额，应当从发生销售货物退回、折让当期的销售额中扣减。

例：个体经营者张某经营的商店本月销售额为11000元（含增值税），退货700元，张某本月不含税销售额和应纳增值税税额的计算方法为：

不含税销售额=(11000元-700元)÷(1+3%)

=10000元

应纳税额=10000元×3%

=300元

17. 哪些一般纳税人可以采用简易办法计算缴纳增值税？

一般纳税人采用简易办法计算缴纳增值税主要有以下四类情况：

一、纳税人销售自产的下列货物，可以采用简易办法，按照销售额和6%的征收率计算缴纳增值税，但是不能抵扣进项税额，而且计税方法选定以后3年之内不能改变：

（一）县以下小型水力发电单位生产的电力；

（二）建筑用和生产建筑材料所用的砂、土、石料；

（三）以自己采掘的砂、土、石料和其他矿物连续生产的砖、瓦、石灰（不包括粘土实心砖、瓦）；

（四）用微生物，微生物代谢产物，动物毒素，人、动物的血液、组织制成的生物制品；

（五）自来水（征税时可以抵扣纳税人购进独立核算水厂销售的自来水时取得的增值税专用发票上注明的、按照6%征收率开具的增值税税款）；

（六）商品混凝土（仅限于以水泥为原料生产的水泥混凝土）。

二、药品经营企业销售生物制品，可以选择简易办法，按照销售额和3%的征收率计算缴纳增值税，而且计税方法选定以后3年之内不能改变。

三、纳税人销售货物属于下列情形之一的，暂时可以采用简易办法，按照4%的征收率计算缴纳增值税，但是不能抵扣进项税额：

（一）寄售商店代销寄售物品；

（二）典当业销售死当物品。

四、属于一般纳税人的自来水公司销售自来水，可以采用简易办法，按照6%的征收率征收增值税，但是不能抵扣其购进自来水取得增值税扣税凭证上注明的增值税税款。

18. 增值税纳税人怎样开具销售发票？

增值税纳税人销售货物和应税劳务，应当向购买者开具增值税专用发票，并在上面分别注明销售额和销项税额。买方可以凭发票上所注明的增值税税额在计算其应纳增值税税额时抵扣。但是，销售货物和应税劳务给消费者的，销售免税项目的，小规模纳税人销售货物和应税劳务的，只开具不分别注明销售额和增值税税额的普通发票。

19. 进口货物怎样计算缴纳增值税？

纳税人进口应税货物，应当以组成计税价格为计税依据，按照适用税率计算应纳增值税税额，不能抵扣任何进项税额。

应纳税额＝组成计税价格×增值税适用税率

组成计税价格=关税完税价格+关税

如果纳税人进口应当缴纳消费税的货物，在组成计税价格中还应当加上应纳消费税税额。

组成计税价格=关税完税价格+关税+消费税

例： 某外贸公司进口一批农用化肥，组成计税价格为200万元，增值税适用税率为13%，该公司应纳增值税税额的计算方法为：

应纳税额=200万元×13%

=26万元

20. 出口货物怎样办理增值税退（免）税?

纳税人出口货物增值税退（免）税、免税规定如下：

一、适用增值税退（免）税规定的出口货物、劳务

（一）出口企业出口货物，包括自营出口货物、委托出口货物。

（二）出口企业和其他单位视同出口货物：出口企业对外援助、对外承包和中国境外投资的出口货物；出口企业经海关报关进入国家批准的出口加工区、保税物流园区、保税港区、综合保税区等特殊区域并销售给特殊区域单位和中国境外单位、个人的货物；免税品经营企业销售的货物，国家规定不允许经营、限制出口的货物等除外；出口企业和其他单位销售给用于国际金融组织、外国政府贷款国际招标建设项目的中标机电产品；生产企业向海上石油、天然气开采企业销售的自产的海洋工程结构物；出口企业和其他单位销售给国际运输企业用于国际运输工具上的货物，暂仅适用于外轮供应公司、远洋运输供应公司销售给外轮、远洋国轮的货物，国内航空供应公司销售给国内和国外航空公司国际航班的航空食品；出口企业和其他单位销售给特殊区域生产企业生产耗用且不向海关报关而输入特殊区域的水（包括蒸汽）、电力和燃气（以下简称输入特殊区域的水、电、气）。

（三）出口企业对外提供加工、修理和修配劳务，指对进境复

出口货物、从事国际运输的运输工具进行的加工、修理和修配。

二、增值税退（免）税办法

适用增值税退（免）税规定的出口货物、劳务，按照下列规定实行免抵退税或者免退税办法：

（一）免抵退税办法。生产企业出口自产货物、视同自产货物，对外提供加工、修理和修配劳务，列名生产企业出口非自产货物，免征增值税，相应的进项税额抵减应纳增值税税额（不包括适用增值税即征即退、先征后退规定的应纳增值税税额），抵减不完的部分予以退还。

（二）免退税办法。不具有生产能力的出口企业（以下简称外贸企业）和其他单位出口货物、劳务，免征增值税，相应的进项税额予以退还。

三、增值税退税率

（一）除了财政部、国家税务总局根据国务院的决定明确的增值税退税率以外，出口货物的增值税退税率为其增值税适用税率。国家税务总局根据上述规定将增值税退税率通过出口货物、劳务退税率文库发布，供征纳双方执行。上述退税率调整的，除了另有规定者以外，其执行时间以出口货物报关单（出口退税专用）上注明的出口日期为准。

（二）增值税退税率的主要特殊规定

1. 外贸企业购进按简易办法征税的出口货物、从小规模纳税人购进的出口货物，其增值税退税率分别为简易办法实际执行的征收率、小规模纳税人征收率。上述出口货物取得增值税专用发票的，增值税退税率按照增值税专用发票上的税率和出口货物增值税退税率孰低的原则确定。

2. 出口企业委托加工、修理和修配货物，其加工、修理和修配费用的增值税退税率为出口货物的增值税退税率。

3. 中标机电产品，出口企业向海关报关进入特殊区域销售给特殊区域内生产企业生产耗用的列名原材料，输入特殊区域的水、电、气，其增值税退税率为增值税适用税率。

适用不同退税率的货物、劳务应当分开报关、核算并申报退（免）税。没有分开报关、核算或者划分不清的，从低适用退税率。

四、增值税退（免）税的主要计税依据

出口货物、劳务的增值税退（免）税的计税依据，分别按照出口货物、劳务的出口发票（外销发票），其他普通发票，购进出口货物、劳务的增值税专用发票，海关进口增值税专用缴款书确定。

（一）生产企业出口货物、劳务（不包括进料加工复出口货物）增值税退（免）税的计税依据为出口货物、劳务的实际离岸价。实际离岸价应当以出口发票上的离岸价为准。如果出口发票不能反映实际离岸价，税务机关有权核定。

（二）生产企业进料加工复出口货物增值税退（免）税的计税依据，按照出口货物的离岸价扣除出口货物所含的海关保税进口料件的金额以后确定。

（三）生产企业国内购进无进项税额且不计提进项税额的免税原材料加工以后出口的货物的计税依据，按照出口货物的离岸价扣除出口货物所含的上述原材料的金额以后确定。

（四）外贸企业出口货物（不包括委托加工、修理和修配货物）增值税退（免）税的计税依据，为购进出口货物的增值税专用发票注明的金额或者海关进口增值税专用缴款书注明的完税价格。

（五）外贸企业出口委托加工、修理和修配货物增值税退（免）税的计税依据，为加工、修理和修配费用增值税专用发票注明的金额。

（六）免税品经营企业销售的货物增值税退（免）税的计税依据，为购进货物的增值税专用发票注明的金额或者海关进口增值税专用缴款书注明的完税价格。

（七）中标机电产品增值税退（免）税的计税依据，生产企业为销售机电产品的普通发票注明的金额，外贸企业为购进货物的增值税专用发票注明的金额或者海关进口增值税专用缴款书注明的完税价格。

（八）输入特殊区域的水、电、气增值税退（免）税的计税依据，为作为购买方的特殊区域内生产企业购进水、电、气的增值税专用发票注明的金额。

五、增值税免抵退税和免退税的计算

（一）生产企业出口货物、劳务增值税免抵退税，按照下列公式计算：

1. 当期应纳税额

$$当期应纳税额=当期销项税额-(当期进项税额-当期不得免征和抵扣税额)$$

2. 当期免抵退税额

$$\frac{当期免抵}{退税额}=\frac{当期出口货}{物离岸价}\times\frac{外汇人民}{币折合率}\times\frac{出口货物}{退税率}-\frac{当期免抵退}{税额抵减额}$$

3. 当期应退税额和免抵税额

如果当期期末留抵税额不超过当期免抵退税额，则当期应退税额等于当期期末留抵税额，当期免抵税额为当期免抵退税额与当期应退税额之差。如果当期期末留抵税额超过当期免抵退税额，则当期应退税额等于当期免抵退税额，当期免抵税额为0。

（二）外贸企业出口货物、劳务增值税免退税，按照下列公式计算：

1. 外贸企业出口委托加工、修理和修配货物：

$$应退税额=\frac{委托加工、修理和修配货物}{的退（免）税计税依据}\times出口货物退税率$$

2. 外贸企业出口的其他货物：

$$应退税额=退（免）税计税依据\times出口货物退税率$$

（三）增值税退税率低于增值税适用税率的，相应计算出的差额部分的税款计入出口货物、劳务成本。

（四）出口企业既有适用增值税免抵退项目，也有增值税即征即退、先征后退项目的，增值税即征即退、先征后退项目不参与出口项目免抵退税计算。

六、适用增值税免税规定的出口货物、劳务

（一）适用范围

1. 出口企业和其他单位出口规定的货物，包括增值税小规模纳税人出口的货物；避孕药品、用具，古旧图书；软件产品；含黄金、铂金成分的货物，钻石及其饰品；国家计划内出口的卷烟；使用过的设备；非出口企业委托出口的货物；非列名生产企业出口的非视同自产货物；农业生产者自产农产品；油画、花生果仁和黑大豆等财政部、国家税务总局规定的出口免税的货物；外贸企业取得普通发票、废旧物资收购凭证、农产品收购发票和政府非税收入票据的货物；来料加工复出口的货物；特殊区域的企业出口的特殊区域的货物；以人民币现金作为结算方式的边境地区出口企业从所在省（自治区）的边境口岸出口到接壤国家的一般贸易和边境小额贸易出口货物；以旅游购物贸易方式报关出口的货物。

2. 出口企业和其他单位视同出口的下列货物、劳务：国家批准设立的免税店销售的免税货物，特殊区域的企业为中国境外的单位、个人提供的加工、修理和修配劳务，同一特殊区域、不同特殊区域的企业之间销售特殊区域的货物。

3. 出口企业和其他单位没有按照规定申报或者未补齐退（免）税凭证的出口货物、劳务。

对于适用增值税免税规定的出口货物、劳务，出口企业和其他单位可以按照有关规定放弃免税，并按照规定缴纳增值税。

（二）进项税额的处理

除了出口卷烟另有规定以外，适用增值税免税规定的出口货物、劳务，其进项税额不得抵扣和退税，应当转入成本。

适用上述增值税退（免）税、免税规定的出口企业和其他单位应当办理增值税退（免）税认定。

经过上述认定的出口企业和其他单位应当在规定的增值税纳税

申报期以内向税务机关申报增值税退（免）税、免税。委托出口的货物，由委托方申报增值税退（免）税、免税。

出口企业和其他单位骗取国家出口退税的，经省级以上税务机关批准，可以停止其退（免）税资格。

发生不应当退税、免税但是已经退税、免税的，出口企业和其他单位应当补缴已经退还、免征的税款。

21. 增值税的主要免税、减税规定有哪些?

增值税的免税、减税项目由国务院规定。可以免征增值税的主要项目如下：

一、种子、种苗、农用塑料薄膜、有机肥产品和规定的农业机械、化肥、农药、饲料等农业生产资料，农业（包括种植业、养殖业、林业、牧业和水产业）生产单位和个人销售的自产初级农业产品。

农民专业合作社销售本社成员生产的农业产品，可以视同农业生产者销售自产农业产品免征增值税。

农民专业合作社向本社成员销售的种子、种苗、化肥、农药、农用塑料薄膜、农业机械，可以免征增值税。

从事蔬菜和部分鲜活肉蛋产品批发、零售的纳税人销售的蔬菜和部分鲜活肉蛋产品，也可以免征增值税。

二、来料加工复出口的货物。

三、企业为生产中国科学技术部制定的《国家高新技术产品目录》中所列的产品而进口的规定的自用设备和按照合同随同设备进口的配套技术、配件和备件。

四、外国政府和国际金融组织贷款项目进口的自用设备，《外商投资项目不予免税的进口商品目录》所列的商品除外。

五、企业为引进中国科学技术部制定的《国家高新技术产品目录》中所列的先进技术而向境外支付的软件费。

六、避孕药品和用具。

七、向社会收购的古旧图书。

八、国家规定的科学研究机构和学校（主要指省、部级单位所属的专门科研机构和国家承认学历的实施专科以上高等学历教育的高等院校），以科学研究和教学为目的，在合理数量范围以内进口国内不能生产或者性能不能满足需要的科学研究和教学用品。

九、直接用于农业科研、试验的进口仪器、设备。

十、外国政府、国际组织无偿援助、赠送的进口物资和设备，外国政府、国际组织无偿援助项目在中国境内采购的货物。

十一、中国境外的自然人、法人和其他组织按照规定无偿向受赠人捐赠进口的直接用于扶贫、慈善事业的物资。

十二、中国境外的捐赠人按照规定无偿捐赠的直接用于各类职业学校、高中、初中、小学和幼儿园教育的教学仪器、图书、资料和一般学习用品。

十三、符合国家规定的进口供残疾人专用的物品。

十四、国家批准的免税品经营企业销售给免税店的进口免税货物。

十五、个人销售自己使用过的物品。

十六、承担粮食收储任务的国有粮食购销企业销售的粮食，其他粮食企业经营的军队用粮、救灾救济粮和水库移民口粮，销售政府储备食用植物油。

十七、军事工业企业、军队、公安、司法等部门所属企业和一般企业生产的规定的军、警用品。

十八、专供残疾人使用的假肢、轮椅和矫形器。

十九、个体残疾劳动者提供的加工、修理和修配劳务。

二十、规定的资源综合利用产品，包括纳税人自产的再生水、以废旧轮胎为全部生产原料生产的胶粉、翻新轮胎和生产原料中掺兑废渣比例不低于30%的特定建材产品（包括烧结普通砖以外的砖、砌块、陶粒、墙板、管材、混凝土、砂浆、道路井盖、道路护栏、防火材料、耐火材料、保温材料、矿棉和岩棉）。

二十一、规定的垃圾、污泥和污水处理劳务。

二十二、血站供给医疗机构的临床用血。

二十三、非营利性医疗机构自产自用的制剂。营利性医疗机构取得的收入直接用于改善医疗卫生条件的，自其取得执业登记之日起3年以内，自产自用的制剂也可以免征增值税。

二十四、小规模纳税人出口的货物，国家规定不予退（免）增值税的货物除外。

二十五、边境居民通过互市贸易进口规定范围以内的生活用品，每人每日价值人民币8 000元以下的部分，可以免征进口环节的增值税。

自2011年12月1日起，增值税纳税人初次购买增值税税控系统专用设备支付的费用，缴纳的技术维护费，可以分别凭购买增值税税控系统专用设备取得的增值税专用发票、技术维护服务单位开具的技术维护费发票，在增值税应纳税额中全额抵减，不足抵减的部分可以结转下期继续抵减。

此外，中国共产党和民主党派、人民代表大会、人民政治协商会议、人民政府、工会、共产主义青年团、妇女联合会、科学技术协会、新华社和军事部门的机关报刊，专为少年儿童、老年人出版发行的报刊，中学、小学学生课本，少数民族文字出版物，盲文图书、期刊，经批准在内蒙古、广西、西藏、宁夏和新疆5个自治区注册的出版单位出版的出版物，其他规定的图书、报刊，音像制品，少数民族文字出版物的印刷、制作业务，县以下新华书店、农村供销社在本地销售的出版物，新华书店组建的发行集团、原新华书店改制而成的连锁经营企业的县以下网点在本地销售的出版物，电影企业销售的电影拷贝，黄金、铂金，纳税人销售自行开发生产的软件产品、本地化改造以后的进口软件产品，抗艾滋病病毒药品，安置残疾人就业的单位，定点企业生产、经销单位经销的边销茶，资源综合利用产品，再生资源，旧货，等等，在增值税方面也可以享受一定的优惠（如先征后退、免税、减税和即征即退等）。

如果纳税人兼营免征、减征增值税的项目，应当分别核算免税、减税项目的销售额。如果纳税人不分别核算其免税、减税项目的销售额，税务机关将不予办理免税、减税。

22．增值税的起征点是怎样规定的？

个人纳税人销售额没有达到财政部、国家税务总局规定的起征点的，可以免征增值税。目前销售货物、应税劳务的，起征点为月销售额5000～20000元；按次（日）纳税的，起征点为每次（日）销售额300～500元。各地的起征点由各省、自治区和直辖市财政厅(局)、国家税务局根据本地区的实际情况在上述规定的幅度以内确定，并报财政部、国家税务总局备案。例如，北京市、云南省都规定：销售货物、应税劳务的，起征点为月销售额20000元；按次（日）纳税的，起征点为每次（日）销售额500元。

23．纳税人能否放弃增值税免税权？

纳税人销售货物、应税劳务适用免征增值税规定的，可以选择放弃增值税免税权。要求放弃增值税免税权的时候，纳税人应当以书面形式提交放弃增值税免税权声明，报税务机关备案，并自提交备案资料的次月起依法缴纳增值税。

放弃增值税免税权的纳税人符合增值税一般纳税人认定条件，尚未认定为增值税一般纳税人的，应当按照规定认定为增值税一般纳税人。

放弃增值税免税权的纳税人自税务机关受理其放弃增值税免税权声明的次月起，3年以内不得再申请免征增值税。

24．增值税的纳税义务发生时间是怎样规定的？

纳税人销售货物和应税劳务，其增值税纳税义务发生时间为收讫销售款或者取得索取销售款凭据的当天；先开具发票的，为开具发票的当天。主要有下列几种情况：

一、采取直接收款方式销售货物的，不论货物是否发出，均为收到销售款或者取得索取销售款的凭据的当天。

纳税人已经将货物移送对方，并暂估销售收入入账，但是既没有取得销售款或者取得索取销售款的凭据，也没有先开具发票的，其增值税纳税义务发生时间也为取得销售款或者取得索取销售款凭据的当天。

二、采取托收承付和委托银行收款方式销售货物的，为发出货物并办妥托收手续的当天。

三、采取赊销和分期收款方式销售货物的，为书面合同约定的收款日期的当天；无书面合同或者书面合同没有约定收款日期的，为货物发出的当天。

四、采取预收货款方式销售货物的，为货物发出的当天；销售生产工期超过12个月的大型机械设备、船舶、飞机等货物，为收到预收款或者书面合同约定的收款日期的当天。

五、委托他人代销货物的，为收到代销单位的代销清单的或者货款的当天；没有收到代销清单和货款的，为发出代销货物满180天的当天。

六、销售应税劳务的，为提供劳务同时收讫销售款或者索取销售款凭据的当天。

七、纳税人发生视同销售货物行为的，除了将货物交付其他单位、个人代销和销售代销货物以外，为货物移送的当天。

纳税人进口货物，其增值税纳税义务发生时间为报关进口的当天。

增值税扣缴义务发生时间为纳税人增值税纳税义务发生的当天。

25. 增值税的纳税期限是怎样规定的？

增值税的纳税期限，由税务机关根据纳税人应纳增值税税额的大小，分别核定为1天、3天、5天、10天、15天、1个月和1个季度（1个季度的规定仅适用于小规模纳税人）。

纳税人不能按照固定期限缴纳增值税的，可以按次计算纳税。

以1个月和1个季度为1个纳税期的纳税人，应当自期满之日起15天以内申报缴纳增值税；以1天、3天、5天、10天和15天为1个纳税期的纳税人，应当自期满之日起5天以内预缴增值税，于次月1日起15天以内申报纳税，并结清上月应纳税额。

扣缴义务人解缴增值税的期限同上。

纳税人进口货物，应当自海关填发海关进口增值税专用缴款书之日起15天以内缴纳增值税。

26. 增值税的纳税地点是怎样规定的?

增值税的纳税地点分为四种情况：

一、固定业户应当向其机构所在地的税务机关申报缴纳增值税。总机构与分支机构在同一省（自治区、直辖市），但是不在同一县（市）的，经本省财政厅（局）、国家税务局批准，可以由总机构汇总向总机构所在地的税务机关申报缴纳增值税；不在同一省（自治区、直辖市）的，上述汇总纳税事项应当报财政部、国家税务总局审批。

二、固定业户到外县（市）销售货物和应税劳务，应当向其机构所在地的税务机关申请开具外出经营活动税收管理证明，并向该税务机关申报缴纳增值税。需要向购货方开具增值税专用发票的，也应当回其机构所在地补开。没有开具上述证明到外县（市）销售货物和应税劳务的，应当向销售地的税务机关申报缴纳增值税；没有向销售地的税务机关申报缴纳增值税的，由其机构所在地的税务机关补征增值税。

三、非固定业户销售货物和应税劳务，应当向销售地的税务机关申报缴纳增值税；没有向销售地的税务机关申报缴纳增值税的，由其机构所在地或者居住地的税务机关补征增值税。

四、进口货物应当由进口人或其代理人向报关地海关申报缴纳增值税。

扣缴义务人应当向其机构所在地或者居住地的税务机关申报缴

纳其扣缴的增值税。

27．连锁经营企业在哪里申报缴纳增值税？

跨地区经营的直营连锁企业，即连锁店的门店均由总部全资或者控股开设，在总部领导下统一经营的连锁企业，凡是按照规定采取计算机联网，统一采购配送商品，统一核算，统一规范化管理和经营，并符合以下条件的，可以由总店向其所在地的税务机关统一申报缴纳增值税：

一、在本省（自治区、直辖市、计划单列市）范围以内连锁经营的企业，报经本省（自治区、直辖市、计划单列市）国家税务局会同同级财政部门审批同意；

二、在本县（市）范围以内连锁经营的企业，报经本县（市）国家税务局会同同级财政局审批同意。

自愿连锁企业，即连锁店的门店均为独立法人，各自的资产所有权不变的连锁企业，特许连锁企业，即连锁店的门店同总部签订合同，取得使用总部的商标、商号、经营技术和销售总部开发商品的特许权的企业，由各独立核算门店分别向其所在地的税务机关申报缴纳增值税。

三、消费税

1. 什么是消费税?

消费税是对规定的消费品征收的，是目前各国普遍征收的一种税收。1993 年 12 月 13 日，国务院发布《中华人民共和国消费税暂行条例》，自 1994 年 1 月 1 日起施行。2008 年 11 月 10 日，国务院对该条例作了修订，当日公布，自 2009 年 1 月 1 日起施行。1993 年 12 月 25 日，财政部发布《中华人民共和国消费税暂行条例实施细则》，2008 年 12 月 15 日，财政部、国家税务总局对该细则作了修订。

消费税由国家税务局负责征收管理（进口环节的消费税由海关代为征收管理），所得收入归中央政府所有，是中央政府财政收入的主要来源之一。2011 年，消费税收入为 7 924. 8 亿元，占当年中国税收总额的 8. 5% 。

2. 消费税的纳税人有哪些?

消费税的纳税人包括在中国境内生产和进口应税消费品的企业、行政单位、事业单位、军事单位、社会团体、其他单位、个体工商户和其他个人，国务院确定的销售规定消费品的其他单位和个人。

目前，中国的消费税收入主要来自酒、烟、成品油和小汽车等消费品制造行业的国有企业、股份制企业和外商投资企业。

3. 消费税的税目、税率（税额标准）是怎样规定的?

消费税一共设有 14 个税目，分别采用比例税率、固定税额标准和复合税率：

一、烟。卷烟采取复合税率：首先从量定额征税，每支卷烟的适用税额标准为0.003元；再按照销售额从价征税。在从价征税的时候，甲类卷烟即每标准条（200支）调拨价格在70元（不包括增值税，下同）以上的卷烟、进口卷烟和国家规定的其他若干类卷烟，适用税率为56%；乙类卷烟即每标准条调拨价格不足70元的卷烟，适用税率为36%。卷烟批发的适用税率为5%。雪茄烟的适用税率为36%，烟丝（包括斗烟、莫合烟、烟末、水烟和黄红烟丝等）的适用税率为30%。

二、酒、酒精。白酒（包括粮食白酒、薯类白酒）采取复合税率：首先从量定额征税，每斤或者每500毫升白酒的适用税额标准为0.5元；再按照白酒的出厂价格和20%的适用税率征税。黄酒的适用税额标准为每吨税额240元。甲类啤酒即每吨出厂价格在3 000元（不包括增值税，下同）以上的啤酒，娱乐业、饮食业自制的啤酒，适用税额标准为每吨250元；乙类啤酒即每吨出厂价格不足3 000元的啤酒，适用税额标准为每吨220元。其他酒（包括糠麸白酒、其他原料白酒、土甜酒、复制酒、果木酒、汽酒和药酒等）的适用税率为10%，酒精（包括工业酒精、医用酒精和食用酒精）的适用税率为5%。

三、化妆品。包括香水、香水精、香粉、口红、指甲油、胭脂、眉笔、唇笔、蓝眼油和眼睫毛，高档护肤类化妆品，成套化妆品，适用税率为30%。

四、贵重首饰、珠宝玉石。金、银首饰，铂金首饰，钻石、钻石饰品的适用税率为5%，其他贵重首饰、珠宝玉石的适用税率为10%。

五、鞭炮、焰火。适用税率为15%。

六、成品油

（一）汽油。包括车用汽油、航空汽油和起动汽油，其中无铅汽油的适用税额标准为每升税额1元，含铅汽油的适用税额标准为每升1.4元。

（二）柴油。包括轻柴油、重柴油、农用柴油和军用柴油，适用税额标准为每升税额0.8元。

（三）航空煤油。适用税额标准为每升税额0.8元。

（四）石脑油。包括汽油、柴油、煤油、溶剂油以外的各种轻质油，适用税额标准为每升税额1元。

（五）溶剂油。适用税额标准为每升税额1元。

（六）润滑油。包括以石油为原料加工的矿物性润滑油、矿物性润滑油基础油，适用税额标准为每升税额1元。

（七）燃料油。包括用于电厂、船舶锅炉、加热炉、冶金和其他工业炉的燃料油，适用税额标准为每升税额0.8元。

七、汽车轮胎。包括各种汽车、挂车、专用车和其他机动车使用的内胎、外胎（不包括子午线轮胎和翻新轮胎），适用税率为3%。

八、摩托车。排气量不超过250毫升的，适用税率为3%；排气量超过250毫升的，适用税率为10%。

九、小汽车

（一）乘用车（不超过9个座位）

1. 排气量不超过1升的，税率为1%。

2. 排气量超过1升，不超过1.5升的，税率为3%。

3. 排气量超过1.5升，不超过2升的，税率为5%。

4. 排气量超过2升，不超过2.5的，税率为9%。

5. 排气量超过2.5升，不超过3升的，税率为12%。

6. 排气量超过3升，不超过4升的，税率为25%。

7. 排气量超过4升的，税率为40%。

（二）中轻型商用客车（10个座位至23个座位）

适用税率为5%。

十、高尔夫球和球具。包括高尔夫球、高尔夫球杆和高尔夫球包（袋），适用税率为10%。

十一、高档手表。包括销售价格（不包括增值税）在1万元以上的各类手表，适用税率为20%。

十二、游艇。适用税率为10%。

十三、木制一次性筷子。适用税率为5%。

十四、实木地板。包括各类规格的实木地板、实木指接地板、实木复合地板和用于装饰墙壁、天棚的侧端面为榫、槽的实木装饰板，适用税率为5%。

消费税税目、税率（税额标准）的调整，由国务院决定。《消费税税目、税率（税额标准）表》中所列应税消费品的具体征税范围，由财政部、国家税务总局确定。

如果纳税人兼营适用不同消费税税率（税额标准）的应税消费品，应当分别核算其销售额、销售数量。如果纳税人不分别核算上述不同的应税消费品的销售额、销售数量，或者将适用不同税率（税额标准）的应税消费品组成成套消费品销售，税务机关在征收消费税的时候适用税率（税额标准）从高。

4. 消费税的应纳税额怎样计算？

消费税一般采用从价计税和从量计税两种方法计算应纳税额，前者应当以应税消费品的销售额为计税依据，按照适用税率计算应纳税额（如化妆品、小汽车）；后者应当以应税消费品的销售数量为计税依据，按照适用税额标准计算应纳税额（如啤酒、汽油）。

应纳税额计算公式：

$$\text{应纳税额}=\text{应税消费品销售额}\times\text{适用税率}$$

$$\text{应纳税额}=\text{应税消费品销售数量}\times\text{适用税额标准}$$

采用复合计税方法计算应纳消费税税额的，将以上两个计算公式结合使用即可。应纳税额计算公式为：

$$\text{应纳税额}=\text{应税消费品销售额}\times\text{适用税率}+\begin{matrix}\text{应税消费品}\\\text{销售数量}\end{matrix}\times\begin{matrix}\text{适用税}\\\text{额标准}\end{matrix}$$

例1：某酒厂本月销售白酒10000箱，每箱内装12瓶白酒，每瓶白酒的容积为500毫升，每瓶白酒的价格为50元（不包括增值税），消费税适用税额标准为每500毫升0.5元，适用税率为20%，该厂本月应纳消费税税额的计算方法为：

应纳税额=10000×12×0.5+10000×50×20%

=160000（元）

例2：某炼油厂本月销售无铅汽油3亿升，消费税适用税额标准为每升1元，该厂本月应纳消费税税额的计算方法为：

应纳税额=3亿升×1元/升

=3亿元

例3：某汽车制造厂本月销售销售排气量为2.0升的小汽车5000辆，每辆的出厂价格为8万元（不包括增值税），消费税适用税率为5%，该厂本月应纳消费税税额的计算方法为：

应纳税额=5000辆×8万元/辆×5%

=2000万元

对于纳税人用外购、委托加工的已税消费品连续生产的某些应税消费品（如以外购、委托加工的已税烟丝为原料生产的卷烟，以外购、委托加工的已税化妆品为原料生产的化妆品，以外购、委托加工的已税润滑油为原料生产的润滑油，以外购、委托加工的已税汽油为原料生产的甲醇汽油，以外购、委托加工的已税柴油为原料生产的生物柴油等），在计征消费税的时候，可以扣除外购、委托加工的应税消费品已经缴纳的消费税。

纳税人销售的应税消费品由于质量等原因被买方退回的时候，经过税务机关审核批准，可以退还已经征收的消费税。

5. 怎样确定应税消费品的销售额、销售数量？

应税消费品的销售额，指纳税人销售应税消费品向购买方收取的全部价款和价外费用，不包括向购买方收取的增值税税款。

上述价外费用包括价外收取的手续费、补贴、基金、集资费、返还利润、奖励费、违约金、滞纳金、延期付款利息、赔偿金、代收款项、代垫款项、包装费、包装物租金、储备费、优质费、运输装卸费和其他价外收费，但是不包括以下项目：

一、同时符合以下条件的代垫运输费用：承运单位的运输费用发票开具给购买方的，纳税人将该发票转交给购买方的。

二、同时符合以下条件代为收取的政府性基金和行政事业性收费：由国务院或者财政部批准设立的政府性基金，由国务院或者省级人民政府及其财政、价格主管部门批准设立的行政事业性收费；收取时开具省级以上财政部门印制的财政票据；所收款项全额上缴财政。

采用从量定额计税和复合计税方法计算应纳消费税税额的应税消费品连同包装物销售的，无论包装物是否单独计价和会计上如何核算，都应当并入应税消费品的销售额中计算缴纳消费税。

如果包装物不作价随同产品销售，而是收取押金，则此项押金可以不并入应税消费品的销售额中计算缴纳消费税。由于逾期没有收回包装物不再退还的押金和已经收取的时间超过12个月的押金，应当并入应税消费品的销售额中计算缴纳消费税。

既作价随同应税消费品销售，又收取押金的包装物的押金，凡纳税人在规定的期限以内没有退还的，都应当并入应税消费品的销售额中计算缴纳消费税。

纳税人将自产的应税消费品与外购、自产的非应税消费品组成套装销售的，以套装产品的销售额（不包括向买方收取的增值税税款）为计税依据。

如果应税消费品的销售额中没有扣除向购买方收取的增值税，或者由于不能开具增值税专用发票而将价款和增值税合并收取的，应当按照以下公式计算不含增值税的销售额：

$$\text{不含增值税的销售额}=\text{含增值税的销售额}\div(1+\frac{\text{适用增值税税}}{\text{率或者征收率}})$$

应税消费品的销售额以人民币计算。纳税人以人民币以外的货币结算销售额的，可以选择销售额发生当天或者当月1日的汇价折算成人民币，然后计算缴纳消费税。纳税人应当事先确定以什么时候的汇价折算，而且确定以后1年之内不能变更。

消费税应税消费品的销售数量也是消费税的计税依据，指应税消费品的数量。其中：销售应税消费品的，为应税消费品的销售数量。自产自用应税消费品的，用于连续生产应税消费品的，不缴纳消费税；用于其他方面的，为应税消费品的移送使用数量。委托加工应税消费品的，为纳税人收回的应税消费品数量。进口的应税消费品，为海关核定的应税消费品征税数量。

实行从量定额计税办法计算消费税应纳税额的应税消费品，计量单位的换算标准如下：

一、黄酒1吨=962升

二、啤酒1吨=988升

三、汽油1吨=1 388升

四、柴油1吨=1 176升

五、航空煤油1吨=1 246升

六、石脑油1吨=1 385升

七、溶剂油1吨=1 282升

八、润滑油1吨=1 126升

九、燃料油1吨=1 015升

6. 自产自用的应税消费品怎样计算缴纳消费税?

生产者自产自用的应税消费品，用于连续生产应税消费品的（指纳税人将自产自用的应税消费品作为直接材料生产最终应税消费品，自产自用应税消费品构成最终应税消费品的实体），通常不缴纳消费税（但是，用自产汽油生产的乙醇汽油，按照生产乙醇汽油耗用的汽油数量申报缴纳消费税）；用于其他方面的（包括生产非应税消费品、在建工程、管理部门、非生产机构、提供劳务、馈赠、赞助、集资、广告、样品、职工福利和奖励等)，在移送使用的时候缴纳消费税。

采用从价定率计税方法计算应纳消费税税额的，应当以纳税人生产的同类消费品的销售价格为计税依据，按照适用税率计算应纳税额；没有同类产品销售价格的，应当以组成计税价格为计税依据，按照适用税率计算应纳税额。

应纳税额计算公式：

应纳税额=组成计税价格×适用税率

组成计税价格=(成本+利润)÷(1-适用税率)

上述同类消费品的销售价格，指纳税人、代收代缴义务人当月销售的同类消费品的销售价格。如果当月同类消费品各期销售价格不同，应当按照销售数量加权平均计算。但是，销售的应税消费品销售价格明显偏低并无正当理由的，无销售价格的，不得加权平均计算。如果当月没有销售或者当月没有完结，应当按照同类消费品上月或者最近月份的销售价格计算纳税。

上述计算公式中的“成本”，指应税消费品的产品生产成本；“利润”，指根据国家税务总局确定的应税消费品全国平均成本利润率计算的利润（例如，化妆品为5%，小汽车中的乘用车为8%，粮食白酒为10%，高档手表为20%）。

例：某葡萄酒厂本月将本厂生产的1000瓶葡萄酒发给职工作为福利，该厂本月销售这种葡萄酒的价格为每瓶50元（不包括增值税），消费税适用税率为10%，该厂这部分葡萄酒应纳消费税税额的计算方法为：

应纳税额=1000瓶×50元/瓶×10%

=5000元

采用复合计税方法计算应纳消费税税额的，组成计税价格计算公式如下：

组成计税价格=(成本+利润+自产自用数量×适用税额标准)÷(1-适用税率)

采用从量定额计税方法计算应纳消费税税额的，应当以应税消费品的移送使用数量为计税依据，按照适用税额标准计算应纳税额。

7. 委托加工的应税消费品怎样计算缴纳消费税？

委托加工的应税消费品，指由委托方提供原料和主要材料，受托方只收取加工费和代垫部分辅助材料加工的应税消费品。除了委托方为个人以外，这类应税消费品均由受托方在向委托方交货的时候代收代缴消费税。委托方将委托加工的应税消费品用于连续生产应税消费品的，已经缴纳的消费税可以按照规定抵扣。

委托方将收回的应税消费品以不高于受托方的计税价格出售的，不再缴纳消费税；以高于受托方的计税价格出售的，应当申报缴纳消费税，并且在计税的时候可以扣除受托方已经代收代缴的消费税。

委托个人加工的应税消费品，由委托方收回以后缴纳消费税。

采用从价定率计税方法计算应纳消费税税额的，应当以受托方同类消费品的销售价格为计税依据，按照规定的税率计算应纳税额；没有同类消费品销售价格的，应当以组成计税价格为计税依据，按照规定的税率计算应纳税额。

应纳税额计算公式：

$$应纳税额=组成计税价格\times适用税率$$

$$组成计税价格=(材料成本+加工费)\div(1-适用税率)$$

上述同类消费品的销售价格，指纳税人、代收代缴义务人当月销售的同类消费品的销售价格。如果当月同类消费品各期销售价格不同，应当按照销售数量加权平均计算。但是，销售的应税消费品销售价格明显偏低并无正当理由的，无销售价格的，不得加权平均计算。如果当月没有销售或者当月没有完结，应当按照同类消费品上月或者最近月份的销售价格计算纳税。

上述计算公式中的“材料成本”，指委托方所提供加工材料的实际成本（委托加工应税消费品的纳税人必须在委托加工合同上注明或者以其他方式提供材料成本，否则受托方主管税务机关可以核定其材料成本）；“加工费”，指受托方加工应税消费品向委托方所收取的全部费用（包括代垫辅助材料的实际成本）。

采用复合计税方法计算应纳消费税税额的，除了按照上述方法确定计税价格以外，还应当以委托方收回应税消费品的数量为计税依据，按照适用税率和税额标准计算应纳税额。

采用从量定额计税方法计算应纳消费税税额的，应当以委托方收回应税消费品的数量为计税依据，按照适用税额标准计算应纳税额。

此外，消费者个人委托加工的金银首饰和珠宝玉石，可以暂按加工费计算缴纳消费税。

8. 进口的应税消费品怎样计算缴纳消费税？

进口的应税消费品，采用从价定率计税方法计算应纳消费税税额的，应当以组成计税价格为计税依据，按照适用税率计算应纳税额。

应纳税额计算公式：

应纳税额＝组成计税价格×消费税适用税率

组成计税价格＝（关税完税价格＋关税）÷（1－消费税适用税率）

例：某公司进口排气量为 3 升的小轿车 100 辆，关税完税价格为每辆 10 万元，关税适用税率为 25%，消费税适用税率为 12%，该公司这批进口小轿车应纳消费税税额的计算方法为：

组成计税价格＝（10 万元＋10 万元×25%）÷（1－12%）

≈14.20 万元

应纳税额＝14.20 万元/辆×12%×100 辆

＝170.40 万元

进口的应税消费品，采用从量定额计税计算应纳消费税税额的，应当以海关核定的应税消费品进口数量为计税依据，按照规定的税额标准计算纳税。

进口的应税消费品，采用复合计税方法计算应纳消费税税额的，组成计税价格计算公式如下：

$$\text{组成计税价格} = (\text{关税完税价格} + \text{关税} + \text{应税消费品进口数量} \times \text{消费税适用税额标准}) \div (1 - \text{消费税适用税率})$$

9. 在什么情况下税务机关、海关可以核定征收消费税？

如果纳税人申报的应税消费品的计税价格明显偏低，又没有正当的理由，税务机关和海关可以按照核定的计税价格征收消费税：

一、卷烟、白酒和小汽车的计税价格由国家税务总局核定，送财政部备案。

二、其他应税消费品的计税价格由省级国家税务局核定。

三、进口的应税消费品的计税价格由海关核定。

10. 哪些应税消费品可以免征、减征和退还消费税？

除了出口的应税消费品可以退（免）消费税以外，消费税的主要免税、减税和退税规定如下：

一、下列项目可以免征进口环节的消费税：

（一）国家规定的科学研究机构、学校（主要指省、部级单位所属的专门科研机构和国家承认学历的实施专科以上高等学历教育的高等院校）和科技类民办非企业单位，以科学研究和教学为目的，在合理数量范围以内进口国内不能生产或者性能不能满足需要的科学研究和教学用品；

（二）外国政府、国际组织无偿赠送的进口物资；

（三）边境居民通过互市贸易进口规定范围以内的生活用品，每人每日价值人民币8000元以下的部分。

二、下列项目可以免征消费税：

（一）成品油生产企业在生产成品油过程中作为燃料、动力和原料消耗的自产成品油，用外购和委托加工收回的已税汽油生产的乙醇汽油，利用废弃动植物油脂生产的纯生物柴油；

（二）子午线轮胎；

（三）外国驻华使馆、领事馆及其有关人员购买的列名的中国生产的应税消费品。

三、航空煤油暂缓征收消费税。

四、纳税人销售的应税消费品，由于质量等原因由购买者退回的时候，经机构所在地或者居住地税务机关审核批准，可以退还已经缴纳的消费税。

11．出口应税消费品怎样办理消费税退（免）税？

除了国家限制出口的产品以外，纳税人出口的应税消费品可以退（免）消费税。

一、适用范围

（一）出口企业出口、视同出口适用增值税退（免）税规定的货物，可以免征消费税；购进出口的货物，可以退还上一个环节已经征收的消费税。

（二）出口企业出口、视同出口适用增值税免税规定的货物，可以免征消费税，但是不退还其以前环节征收的消费税，也不能抵扣内销应税消费品应纳的消费税。

二、退税的计税依据、退税率

出口货物消费税退税的计税依据，按照购进出口货物的消费税专用缴款书和海关进口消费税专用缴款书确定。

从价定率计征消费税的出口货物，退税的计税依据为已经征收且没有在内销应税消费品应纳税额中抵扣的购进出口货物金额；从量定额计征消费税的出口货物，退税的计税依据为已经征收且没有在内销应税消费品应纳税额中抵扣的购进出口货物数量；复合计征消费税的出口货物，退税的计税依据按照从价定率和从量定额的计税依据分别确定。

出口退还消费税的应税消费品的退税率，按照《消费税税目税率(税额标准)表》规定的适用税率、税额标准执行。

办理出口退（免）消费税的企业，应当将其适用税率、税额标准不同的应税消费品分别核算。否则，税务机关将从低适用税率、税额标准计算应当退（免）的消费税税额。

三、退税的计算

应退税额=从价定率计征消费税的退税计税依据×适用税率
+从量定额计征消费税的退税计税依据×适用税额标准

适用上述退（免）税、免税规定的出口企业和其他单位应当办理退（免）税认定。

经过认定的出口企业和其他单位应当在规定的增值税纳税申报期以内向税务机关申报消费税退（免）税、免税。委托出口的货物，由委托方申报消费税退（免）税、免税。

出口企业和其他单位骗取国家出口退税的，经省级以上税务机关批准，可以停止其退（免）税资格。

发生不应当退税、免税但是已经退税、免税的，出口企业和其他单位应当补缴已经退还、免征的税款。

12. 消费税的纳税义务发生时间是怎样规定的?

消费税一般以应税消费品的生产者和进口者为纳税人，在销售环节和进口环节缴纳；金、银首饰和钻石、钻石饰品在零售环节纳税。

纳税人销售应税消费品，其消费税纳税义务发生时间根据结算方式的不同分为下列几种情况：

一、采取赊销和分期收款结算方式的，为销售合同规定的收款日期的当天；

二、采取预收货款结算方式的，为发出应税消费品的当天；

三、采取托收承付和委托银行收款结算方式的，为发出应税消费品并办妥托收手续的当天；

四、采取其他结算方式的，为收讫销售款或者取得索取销售款凭据的当天。

纳税人自产自用应税消费品，其消费税纳税义务发生时间为移送使用的当天。

纳税人委托加工应税消费品，其消费税纳税义务发生时间为纳税人提货的当天。

纳税人进口应税消费品，其消费税纳税义务发生时间为报关进口的当天。

13．消费税的纳税期限是怎样规定的？

消费税的纳税期限，由税务机关根据纳税人应纳消费税税额的大小，分别核定为1天、3天、5天、10天、15天、1个月和1个季度。

纳税人不能按照固定期限缴纳消费税的，可以按次计算纳税。

以1个月和1个季度为1个纳税期的纳税人，应当自期满之日起15天以内申报缴纳消费税；以1天、3天、5天、10天和15天为1个纳税期的，应当自期满之日起5天以内预缴税款，于次月1日起15天以内申报缴纳消费税，并结清上月应纳税款。

纳税人进口应税消费品，应当自海关填发海关进口消费税专用缴款书之日起15天以内缴纳消费税。

14．消费税的纳税地点是怎样规定的？

消费税的纳税地点分为三种情况：

一、纳税人销售的应税消费品和自产自用的应税消费品，除了财政部、国家税务总局另有规定以外，应当向纳税人机构所在地或者居住地的税务机关申报缴纳消费税。总机构与分支机构在同一省（自治区、直辖市），但是不在同一县（市）的，经本省（自治区、直辖市）财政厅（局）、国家税务局审批同意，报财政部、国家税务总局备案，可以由总机构汇总向总机构所在地的国家税务局申报缴纳消费税。

纳税人到外县（市）销售自产应税消费品或者委托外县（市）代销自产应税消费品的，应当在应税消费品销售以后向机构所在地或者居住地的税务机关申报缴纳消费税。

纳税人的总机构与分支机构不在同一县（市）的，应当分别向各自机构所在地的税务机关申报缴纳消费税。经财政部、国家税务总局或者其授权的财政、税务机关批准，可以由总机构汇总向总机构所在地的税务机关申报缴纳消费税。

二、委托加工的应税消费品，由受托方向机构所在地或者居住地的税务机关解缴消费税。委托个人加工的应税消费品，由委托方向其机构所在地或者居住地的税务机关申报缴纳消费税。

三、进口的应税消费品，由进口人或者其代理人向报关地海关申报缴纳消费税。

四、车辆购置税

1. 什么是车辆购置税?

中国的车辆购置税是对购置的车辆征收的一种税收。2000 年 10 月 22 日，国务院公布《中华人民共和国车辆购置税暂行条例》，自 2001 年 1 月 1 日起施行。

车辆购置税由国家税务局负责征收管理，所得收入归中央政府所有，专门用于交通事业建设。2011 年，车辆购置税收入为 2 044.9 亿元，占当年中国税收总额的 2.2%。

2. 车辆购置税的纳税人、征收范围是怎样规定的?

车辆购置税的纳税人包括在中国境内购置规定的车辆（以下简称应税车辆）的企业、行政单位、事业单位、军事单位、社会团体、其他单位、个体工商户和其他个人。

车辆购置税的征收范围包括汽车、摩托车、电车、挂车和农用运输车。车辆购置税征收范围的调整，由国务院决定并公布。

上述车辆购置，包括纳税人购买、进口、自产、受赠、获奖和以其他方式（如拍卖、抵债、罚没等）取得并自用应税车辆的行为。

3. 车辆购置税的计税依据、税率是怎样规定的?

车辆购置税以规定的应税车辆的计税价格为计税依据，计税价格按照以下规定确定：

一、纳税人购买自用的应税车辆的计税价格，为纳税人购买应税车辆的时候支付给销售者的全部价款和价外费用（包括销售方在车价以外向购买方收取的基金、集资费、返还利润、补贴、违约金、手续费、包装费、储存费、优质费、运输装卸费、保管费、代收款项、代垫款项和其他价外收费），但是不包括增值税税款。

二、纳税人进口自用的应税车辆的计税价格的计算公式为：

计税价格=关税完税价格+关税+消费税

三、纳税人自产、受赠、获奖和以其他方式取得并自用的应税车辆的计税价格，由主管税务机关参照国家税务总局核定的最低计税价格核定。

纳税人购买、进口自用应税车辆，申报的计税价格低于同类型（指国别、排气量、车长、吨位相同，配置近似等）应税车辆的出厂价格或者进口自用车辆的计税价格的，应当按照最低计税价格计算缴纳车辆购置税。

应税车辆的最低计税价格由国家税务总局根据车辆生产企业提供的车辆价格信息，并参照市场平均交易价格核定。

四、特殊规定

（一）底盘更换的应税车辆，计税依据为最新核发的同类型应税车辆最低计税价格的70%。

（二）免税条件消失的应税车辆，从初次办理纳税申报之日起，使用年限不超过10年的，计税依据为最新核发的同类型应税车辆最低计税价格扣除一定比例以后的余额（每满1年扣除10%）。

（三）已使用未完税车辆转让、补税的，计税依据为最新核发的同类型应税车辆最低计税价格。

（四）国家税务总局没有核定最低计税价格的应税车辆，纳税人申报的计税价格低于同类型应税车辆最低计税价格，无正当理由的，可以比照已经核定的同类型应税车辆的最低计税价格征税。

（五）进口旧车、由于不可抗力损坏的车辆、库存超过3年的车辆、行驶8万公里以上的试验车辆和国家税务总局规定的其他车辆，计税依据为纳税人提供的有效凭证注明的价格。

纳税人以人民币以外的货币结算应税车辆价款的，应当先按照申报纳税之日的汇价折算成人民币，然后计算缴纳车辆购置税。

车辆购置税的税率为10%。车辆购置税税率的调整，由国务院决定并公布。

车辆购置税的应纳税额的计算保留到元，元以下舍去。

4. 车辆购置税的应纳税额怎样计算？

车辆购置税按照规定的应税车辆计税价格和10%的税率计算应纳税额。

应纳税额计算公式：

$$应纳税额=计税价格\times10\%$$

例：某企业购买1辆价格为20万元的轿车和1辆价格为30万元的货车（上述价格均为不含增值税的价格），该企业应纳车辆购置税税额的计算方法为：

应纳税额=(20万元+30万元)×10%

=5万元

车辆购置税实行一次缴纳制度。购置已经缴纳车辆购置税的车辆，不再缴纳车辆购置税。

5. 车辆购置税的主要免税、减税规定有哪些？

下列车辆可以免征车辆购置税：

一、外国驻华使馆和外交代表、外国驻华领事馆和领事官员、国际组织驻华机构及其官员自用的车辆；

二、中国人民解放军和中国人民武装警察部队列入军队武器装备订货计划的车辆；

三、设有固定装置的非运输车辆（如挖掘机、平地机、推土机、叉车、装载车、起重机、混凝土泵车、高空作业车、扫路车、洒水车、清洗车、垃圾车和消防车等）；

四、防汛专用车、森林消防专用车；

五、三轮农用运输车；

六、出国留学和在香港、澳门地区学习，回国、回内地服务的人员购买的国产小汽车（限1辆）；

七、来华定居的外国专家进口自用的小汽车（限1辆）；

八、2012年至2015年期间城市公交企业购置的公共汽电车辆。

车辆购置税的其他免税、减税项目由国务院规定。

6. 在什么情况下纳税人可以办理车辆购置税退税？

纳税人已经缴纳车辆购置税，发生下列情形之一的，可以到税务机关申请办理退税：

一、由于质量原因，纳税人将所购车辆退回生产企业或者经销商的，从纳税人办理纳税申报之日起，可以按照已经缴纳的税款每满1年扣减10%计算退税额。

二、公安机关车辆管理机构不予办理车辆登记注册的，可以退还已经缴纳的全部税款。

7. 车辆购置税的纳税期限、纳税地点是怎样规定的？

纳税人购置应税车辆，应当向车辆登记注册地的税务机关申报缴纳车辆购置税。购置不需要办理车辆登记注册的应税车辆，应当向纳税人所在地的税务机关申报纳税。

纳税人购买自用应税车辆的，应当自购买之日起60天以内申报缴纳车辆购置税；进口自用应税车辆的，应当自进口之日起60天以内申报纳税；自产、受赠、获奖和以其他方式取得并自用应税车辆的，应当自取得之日起60天以内申报纳税。

车辆购置税税款应当一次缴清。

纳税人应当在向公安机关车辆管理机构办理车辆登记注册以前缴纳车辆购置税。

纳税人应当持税务机关出具的车辆购置税完税证明或者免税证

明，向公安机关车辆管理机构办理车辆登记注册。没有上述完税证明或者免税证明的，公安机关车辆管理机构不得办理车辆登记注册。

税务机关发现纳税人没有按照规定缴纳车辆购置税的，有权责令其补缴；纳税人拒绝缴纳的，税务机关可以通知公安机关车辆管理机构暂扣纳税人的车辆牌照。

在购买二手车的时候，购买者应当向原车主索要车辆购置税完税证明。在购买已经办理车辆购置税免税手续的二手车的时候，购买者应当到税务机关重新办理申报纳税或者免税的手续。

五、营业税

1．什么是营业税？

中国的营业税是对规定的营利事业和经营行为征收的一种税收。1993 年 12 月 13 日，国务院发布《中华人民共和国营业税暂行条例》，自 1994 年 1 月 1 日起施行。2008 年 11 月 10 日，国务院对该条例作了修订，当日公布，自 2009 年 1 月 1 日起施行。1993 年 12 月 25 日，财政部发布《中华人民共和国营业税暂行条例实施细则》；2011 年 10 月 28 日，财政部、国家税务总局对该细则作了第二次修改。自 2012 年起，经国务院批准，财政部、国家税务总局开始在部分省、直辖市选择部分行业实施营业税改征增值税试点。

营业税分别由国家税务局和地方税务局负责征收管理，所得收入由中央政府与地方政府共享。营业税是地方政府税收收入最主要的来源。2011 年，营业税收入为 13 679. 9 亿元，占当年中国税收总额的 14. 7%。

2．营业税的纳税人有哪些？

营业税的纳税人包括在中国境内提供应税劳务、转让无形资产和销售不动产的企业、行政单位、事业单位、军事单位、社会团体、其他单位、个体工商户和其他个人。

纳税人有下列情形之一的，视同发生应税行为：单位、个人将不动产、土地使用权无偿赠送其他单位、个人；单位、个人自己新建（以下简称自建）建筑物以后销售，发生的自建行为；财政部、国家税务总局规定的其他情形。

如果一项销售行为既涉及应税劳务，又涉及货物，为混合销售行为。从事货物生产、批发和零售的企业、企业性单位和个体工商户（包括以货物生产、批发和零售为主，兼营应税劳务者）的混合销售行为，视为销售货物，不缴纳营业税；其他单位和个人的混合销售行为（不包括这些企业、单位和个人设立的经营货物销售并独立核算的单独机构的混合销售行为），视为提供应税劳务，缴纳营业税。

纳税人的下列混合销售行为，应当分别核算应税劳务的营业额和货物的销售额，其应税劳务的营业额缴纳营业税，货物销售额不缴纳营业税；没有分别核算的，由税务机关核定其应税劳务的营业额：

一、在提供建筑业劳务的同时销售自产货物（除此以外，纳税人提供装饰劳务以外的建筑业劳务的，其营业额应当包括工程所用原材料、设备、其他物资和动力价款在内，但是不包括建设方提供的设备的价款）；

二、财政部、国家税务总局规定的其他情形。

如果纳税人兼营应税劳务、货物和非应税劳务，应当分别核算其应税行为的营业额和货物、非应税劳务的销售额。如果纳税人没有分别核算其应税行为的营业额和货物、非应税劳务的销售额，由税务机关核定其应税行为的营业额。

负有营业税纳税义务的单位为发生应税行为并收取货币、货物和其他经济利益的单位，但是不包括单位依法不需要办理税务登记的内设机构，以下情况例外：

一、单位以承包、承租、挂靠方式经营的，承包人、承租人、挂靠人（以下统称承包人）发生应税行为，承包人以发包人、出租人、被挂靠人（以下统称发包人）名义对外经营并由发包人承担相关法律责任的，以发包人为纳税人；否则以承包人为纳税人。

二、中央铁路运营业务的纳税人为铁道部，合资铁路运营业务的纳税人为合资铁路公司，地方铁路运营业务的纳税人为地方铁路管理机构，基建临管线运营业务的纳税人为基建临管线管理机构。

目前，中国的营业税收入主要来自建筑业、交通运输业、电信业、餐饮业、银行业、房地产业、商务服务业、居民服务和其他服务业等行业的国有企业、集体企业、私营企业、股份制企业、外商投资企业和个体工商户。

3. 营业税的扣缴义务人有哪些？

营业税的扣缴义务人主要有以下几类：

一、中国境外的单位、个人在中国境内提供应税劳务、转让无形资产和销售不动产，没有在中国境内设立经营机构的，以其中国境内的代理人为扣缴义务人；在中国境内没有代理人的，以受让方或者购买方为扣缴义务人。

二、委托金融机构发放贷款的，其应纳营业税税款以受托发放贷款的金融机构为扣缴义务人。

三、建筑安装业务实行分包、转包的，其应纳营业税税款以总承包人为扣缴义务人。

四、单位、个人举行演出，由他人售票的，其应纳营业税税款以售票者为扣缴义务人。

五、个人转让专利权、非专利技术、商标权、著作权和商誉的，其应纳营业税税款以受让者为扣缴义务人。

六、财政部、国家税务总局规定的其他营业税扣缴义务人。

4. 营业税的税目、税率是怎样规定的？

营业税一共设有9个税目，一律采用比例税率：

一、交通运输业，包括陆路运输、水路运输、航空运输、管道运输和装卸搬运，税率为3%。

二、建筑业，包括建筑、安装、修缮、装饰和其他工程作业，税率为3%。

三、金融保险业，包括贷款、融资租赁、金融商品转让、金融经纪业、其他金融业务和保险，税率为5%。

四、邮电通信业，包括邮政、电信和快递，税率为3%。

五、文化体育业，包括表演、播映、其他文化业、经营游览场所、举办体育比赛和为体育活动提供场所等，税率为3%。

六、娱乐业，包括歌厅，舞厅，卡拉OK歌舞厅、夜总会，音乐茶座、酒吧，台球、保龄球和高尔夫球场，游艺场、网吧等，税率为5%～20%。

七、服务业，包括代理业、旅店业、饮食业、旅游业、仓储业、租赁业、广告业和其他服务业，税率为5%。

八、转让无形资产，包括转让土地使用权、自然资源使用权、商标权、专利权、非专利技术、著作权、商誉和电影拷贝播映权，税率为5%。

九、销售不动产，包括销售建筑物、其他土地附着物，税率为5%。

营业税税目、税率的调整，由国务院决定。

纳税人经营娱乐业具体适用的税率，由省级人民政府在营业税暂行条例规定的5%～20%的幅度以内决定。例如，北京市规定：歌厅、舞厅、卡拉OK歌舞厅、音乐茶座、酒吧、高尔夫球、游艺和游戏网吧等项目的适用税率为20%，嬉水、水上滑梯、碰碰船、滑索、飞降、滑道、四轮摩托越野、滚轴滑冰和综合游乐场等项目的适用税率为10%，台球、保龄球和少年儿童游乐场等项目的适用税率为5%；天津市、宁夏回族自治区规定：娱乐业的适用税率一律为5%。

如果纳税人兼有不同营业税税目的应税收入，应当分别核算不同税目的营业额、转让额和销售额（以下均简称为营业额）。如果纳税人不分别核算其不同税目的营业额，税务机关在征收营业税的时候适用税率从高。

5. 营业税的应纳税额怎样计算?

纳税人提供应税劳务、转让无形资产和销售不动产，应当以其营业额为计税依据，按照适用税率计算应纳营业税税额。

应纳税额计算公式：

应纳税额=营业额×适用税率

例1：某饭店本月营业收入为300万元，营业税适用税率为5%，该饭店本月应纳营业税税额的计算方法为：

应纳税额=300万元×5%

=15万元

例2：某歌舞厅本月营业收入为60万元，营业税适用税率为20%，该歌舞厅本月应纳营业税税额的计算方法为：

应纳税额=60万元×20%

=12万元

6. 怎样确定营业额?

在一般情况下，营业额为纳税人提供应税劳务、转让无形资产和销售不动产向对方收取的全部价款与价外费用。

上述价外费用包括手续费、补贴、基金、集资费、返还利润、奖励费、违约金、滞纳金、延期付款利息、赔偿金、代收款项、代垫款项、罚息和其他价外收费，但是不包括同时符合下列条件代为收取的政府性基金和行政事业性收费：

一、由国务院或者财政部批准设立的政府性基金，由国务院或者省级人民政府及其财政、价格主管部门批准设立的行政事业性收费；

二、收取的时候开具省级以上财政部门印制的财政票据；

三、所收款项全额上缴财政。

营业额以人民币计算。纳税人以人民币以外的货币结算营业额的，应当先按照营业额发生当天或者当月1日的汇价折算成人民币，然后计算缴纳营业税。纳税人应当事先确定以什么时候的汇价折算，而且确定以后1年之内不能变更。

如果纳税人提供应税劳务、转让无形资产和销售不动产的价格明显偏低，又没有正当的理由；或者有视同发生应税行为而无营业额，应当按照以下顺序确定其营业额：

一、按照纳税人最近时期发生同类应税行为的平均价格核定。

二、按照其他纳税人最近时期发生同类应税行为的平均价格核定。

三、按照以下公式核定：

营业额=营业成本或者工程成本×(1+成本利润率)÷(1-营业税税率)

上述公式中的“成本利润率”，由省级地方税务局确定（西藏自治区由国家税务局确定，下同）。例如，北京市地方税务局规定：娱乐业、转让无形资产、销售不动产等3个税目范围内的业务的成本利润率为20%，其他税目范围内的业务的成本利润率为5%。

纳税人缴纳营业税以后发生退款减除营业额的，应当退还已经缴纳的营业税，或者从纳税人以后的应纳营业税中减除。

纳税人发生应税行为，将价款与折扣在同一张发票上注明的，应当以价款扣除折扣以后的余额为营业额；将折扣另开发票的，不论在财务上如何处理，都不能从营业额中扣除。

7. 在哪些情况下计算营业额的时候可以扣除某些费用？

如果发生下列情况，纳税人在计算营业额的时候可以扣除一定的费用：

一、纳税人将承揽的运输业务分给其他单位、个人的，以其取得的全部价款和价外费用扣除其支付给其他单位、个人的运输费用以后的余额为计税营业额。

二、合资铁路运输公司、股改铁路运输企业和其他铁路运输企业合作完成运输业务，以承运人取得的全部价款和价外费用扣除支付给其他合作运输方的运输费用以后的余额为计税营业额。

三、纳税人从事旅游业务的，以其取得的全部价款、价外费用扣除替旅游者支付给其他单位、个人的住宿费、餐费、交通费、旅游景点门票和支付给其他接团旅游企业的旅游费以后的余额为计税营业额。

四、纳税人将建筑工程分包给其他单位的，以其取得的全部价款和价外费用扣除其支付给其他单位的分包款以后的余额为计税营业额。

五、外汇、有价证券、非货物期货和其他金融商品买卖业务，以卖出价扣除买入价以后的余额为计税营业额。

金融企业买卖股票、债券的买入价，按照财务会计制度的规定，以股票、债券的购入价格扣除股票、债券持有期间取得的红利收入以后的余额确定。

金融企业买卖股票、债券、外汇和其他金融商品，可以在本会计年度末将不同纳税期出现的正差和负差按照年度汇总的方式计算缴纳营业税。如果汇总计算应纳的营业税税额少于本年度已经缴纳的营业税税额，可以向税务机关申请办理退税，但是不得将本年度汇总以后为负差的部分结转下一个年度。

六、中国境内的保险人将其承保的以中国境内标的物为保险标的的保险业务向中国境外再保险人办理分保的，以其全部保费收入扣除分保保费以后的余额为计税营业额；中国境外再保险人应当就其取得的分保保费缴纳营业税，税款由中国境内保险人扣缴。

七、单位、个人举行演出，以全部票价收入或者包场收入扣除付给有关单位、经纪人的费用以后的余额为计税营业额。

八、经中国人民银行等国家有关主管部门批准经营融资租赁业务的单位从事融资租赁业务的，以其向承租者收取的全部价款和价外费用（包括残值）扣除出租方承担的出租货物的实际成本（包括货物的购入价、关税、增值税、消费税、运杂费、安装费、保险费和贷款利息等）以后的余额为计税营业额。

九、代理业以纳税人从事代理业务向委托方实际收取的报酬为计税营业额。

从事广告代理业务的，以其全部收入扣除支付给其他广告公司或者广告发布者的广告发布费以后的余额为计税营业额。

十、金融企业从事受托收款业务（如代收电话费、水费、电费、燃气费、学杂费、保险费和税款等），以其受托收取的全部款项扣除支付给委托方的款项以后的余额为计税营业额。

财政部、国家税务总局规定的证券交易所、期货交易所代收的有关监管费和证券公司、期货经纪公司代收的有关费用可以从其计税营业额中扣除。

十一、劳务公司接受用工单位的委托，为其安排劳动力，用工单位将其应当支付给劳动力的工资和为劳动力缴纳的社会保险费、住房公积金统一交给劳务公司代为发放、办理的，以劳务公司从用工单位收取的全部款项扣除代收转付给劳动力的工资和为劳动力缴纳的社会保险费、住房公积金以后的余额为计税营业额。

十二、邮政电信单位与其他单位合作，为用户提供邮政电信服务和其他服务，并由邮政电信单位统一收取价款的，以邮政电信单位收取的全部价款扣除支付给合作方的价款以后的余额为计税营业额。

十三、从事物业管理的单位，以其与物业管理有关的全部收入扣除代业主支付的水、电、燃气费用，代承租者支付的水、电、燃气费用和房租以后的余额为计税营业额。

十四、单位、个人销售其购置的不动产（个人购置不足5年的住房除外）和转让其受让的土地使用权，以其全部销售收入、转让收入扣除不动产购置原价、土地使用权受让原价以后的余额为计税营业额。

单位、个人销售抵债所得的不动产、转让抵债所得的土地使用权，以全部销售收入、转让收入扣除不动产、土地使用权抵债时作价以后的余额为计税营业额。

十五、物流企业将承揽的运输、仓储等业务分包给其他单位并由物流企业统一收取价款的，以物流企业取得的全部收入扣除其他项目支出以后的余额为计税营业额。

十六、勘察设计单位将承担的勘察设计劳务分包、转包给其他单位、个人，并由其统一收取价款的，以其取得的勘察设计总包收入扣除支付给其他勘察设计单位、个人的勘察设计费以后的余额为计税营业额。

十七、财政部规定的其他情形。

纳税人按照规定扣除有关项目，取得的凭证不符合法律、行政法规和下列规定的，该项目金额不得扣除：

一、支付给中国境内单位、个人的款项，且该单位、个人发生的行为属于营业税、增值税征收范围的，以该单位、个人开具的发票为合法有效凭证。

二、支付的行政事业性收费和政府性基金，以开具的财政票据为合法有效凭证。

三、支付给中国境外单位、个人的款项，以该单位、个人的签收单据为合法有效凭证。税务机关对签收单据有疑义的，可以要求其提供中国境外公证机构的确认证明。

四、国家税务总局规定的其他合法有效凭证。

此外，保险企业开展无赔偿奖励业务的，以向投保人实际收取的保费为计税营业额。

8．营业税的主要免税、减税规定有哪些？

营业税的免税、减税项目由国务院规定。

一、可以免征营业税的主要项目如下：

（一）托儿所、幼儿园、养老院和残疾人福利机构提供的育养服务，婚姻介绍，殡葬服务。

（二）残疾人员个人为社会提供的劳务。

（三）医院、诊所和其他医疗机构提供的医疗服务。

（四）普通学校和经地（市）级以上人民政府或者同级政府的教育行政部门批准成立、国家承认其学员学历的其他学校提供的教育劳务，学生勤工俭学提供的劳务。

（五）农业机耕、排灌、病虫害防治、植物保护、农牧业保险和相关的技术培训业务，家禽、牲畜、水生动物的配种和疾病防治。

（六）纪念馆、博物馆、文化馆、文物保护单位管理机构、美术馆、展览馆、书画院和图书馆举办文化活动的门票收入（指第一道门票销售收入）；宗教场所举办文化、宗教活动的门票收入。

（七）保险公司开展的一年期以上、到期返还本利的普通人寿保险、养老年金保险，一年期以上健康保险，个人投资分红保险，经过财政部、国家税务总局批准免税的其他普通人寿保险、养老年金保险和健康保险业务的保费收入。

（八）中国境内的保险机构为出口货物提供的出口货物保险和出口信用保险。

（九）单位、个人从事技术开发、技术转让业务和相关的技术咨询、技术服务业务取得的收入，外国企业、外国人从中国境外向中国境内转让技术取得的收入。

（十）个人转让著作权取得的收入。

（十一）将土地使用权转让给农业生产者用于农业生产的。

（十二）经中央和省级财政部门批准，纳入财政预算管理或者财政专户管理的行政事业性收费和基金。

（十三）专项国债转贷和国家助学贷款利息。

（十四）中国境内的单位和个人提供的国际运输劳务（包括在中国境内载运旅客和货物出境、在中国境外载运旅客和货物入境、在中国境外发生载运旅客和货物的行为）。

（十五）国家邮政局及其所属邮政单位提供邮政普遍服务和特殊服务业务（包括函件、包裹、汇票、机要通信、党报和党刊发行）取得的收入。享受免税的党报和党刊发行收入按照邮政企业报刊发行收入的70%计算。

（十六）个人自建自用的住房和购买5年以上的普通住房，销售的时候可以免征营业税；廉租住房经营管理单位按照政府规定的价格向规定的对象出租廉租住房的收入、按照政府规定的价格出租公有住房和其他廉租住房的收入，可以免征营业税；企业、事业单位、国家机关按照房改成本价、标准价出售住房的收入，军队空余房产租赁收入，可以暂免征收营业税。

（十七）中国境内单位提供的下列境外劳务：标的物在中国境外的建设工程监理，外派海员劳务，以对外劳务合作方式向中国境外单位提供的完全发生在中国境外的人员管理劳务。

（十八）符合规定条件的中小企业信用担保机构可以免征营业税3年；免税期满以后仍然符合规定条件的，可以继续申请减免营业税。

（十九）商贸企业、服务型企业、劳动就业服务企业中的加工型企业和街道社区具有加工性质的小型企业实体，在新增加的岗位中当年新招用持《就业失业登记证》人员的；持《就业失业登记证》人员从事个体经营的，3年以内可以按照规定免征、减征营业税。上述税收优惠政策的审批期限为2011年1月1日至2013年12月31日。

此外，中国人民银行对金融机构的贷款业务，金融机构之间相互占用、拆借资金取得的利息收入，单位、个人将资金存入金融机构取得的利息收入，中国境内的保险机构为出口货物提供的保险，经批准的金融、保险企业办理的出口信用保险，保险公司取得的追偿款，非金融机构买卖外汇、有价证券和非货物期货，以发行证券投资基金方式募集资金，福利彩票机构发行销售福利彩票取得的收入，房地产主管部门及其指定机构、公积金管理中心、开发企业和物业管理单位代收的住房专项维修基金，单位、个人处置垃圾取得的垃圾处置费，中国境外的单位、个人在中国境外向中国境内的单位、个人提供的完全发生在中国境外的营业税暂行条例规定的劳务，等等，不征收营业税。

二、可以暂免征收营业税的主要项目如下：

（一）个人从事外汇、有价证券、非货物期货和其他金融商品买卖业务取得的收入。

（二）个人无偿赠与不动产、土地使用权，属于下列情形之一的：离婚财产分割；无偿赠与配偶、父母、子女、祖父母、外祖父母、孙子女、外孙子女、兄弟姐妹；无偿赠与对其承担直接抚养或者赡养义务的抚养人或者赡养人；房屋产权所有人死亡，依法取得房屋产权的法定继承人、遗嘱继承人或者受遗赠人。

（三）中国境内的单位、个人在中国境外提供建筑业、文化体育业（不包括播映）劳务。

（四）同时满足下列条件的行政事业性收费和政府性基金：由国务院或者财政部批准设立的政府性基金，由国务院或者省级人民政府及其财政、价格主管部门批准设立的行政事业性收费和政府性基金；收取的时候开具省级以上财政部门统一印制或者监制的财政票据；所收款项全额上缴财政。

（五）自2009年至2013年，金融机构农户小额贷款（指单笔且该户贷款余额总额在5万元以下的贷款）的利息可以免征营业税。

（六）自2010年9月27日起3年以内，公共租赁住房的租金可以免征营业税。

（七）自2011年至2012年，科普单位的门票收入，县以上党政部门、科协开展的科普活动的门票收入，中国境外单位向中国境内科普单位转让科普影视作品播映权取得的收入，可以免征营业税。

三、可以减征营业税的主要项目如下：

（一）安置残疾人就业的单位，由税务机关按照单位实际安置残疾人的人数限额减征营业税。

（二）公路经营企业取得的高速公路车辆通行费收入，可以减按3%的税率征收营业税。

（三）个人出租住房取得的租金收入，可以减按1.5%的税率征收营业税。

（四）自2009年至2015年，农村信用社、村镇银行、农村资金互助社、由银行业机构全资发起设立的贷款公司、法人机构所在地在县以下地区的农村合作银行和农村商业银行的金融保险业收入，可以减按3%的税率征收营业税。

此外，对民航机场管理建设费征收的营业税可以先征后返，用于机场建设。

如果纳税人兼营免征、减征营业税的项目，应当分别核算免税、减税项目的营业额。如果纳税人不分别核算其免税、减税项目的营业额，税务机关将不予办理免税、减税。

9. 营业税的起征点是怎样规定的？

个人纳税人的营业额没有达到财政部、国家税务总局规定的起征点的，可以免征营业税。目前，按期纳税的，起征点为月营业额5000～20000元；按次（日）纳税的，起征点为每次（日）营业额300～500元。各省、自治区、直辖市财政厅（局）、地方税务局应当在规定的幅度以内，根据本地区的情况确定当地适用的营业税起征点，并报财政部、国家税务总局备案。例如，北京市、云南省都规定：按期纳税的，起征点为月营业额20000元；按次（日）纳税的，起征点为每次（日）营业额500元。

10. 营业税的纳税义务发生时间是怎样规定的？

营业税的纳税义务发生时间，除了财政部、国家税务总局另有规定的以外，有以下两种情况：

一、纳税人提供应税劳务、转让无形资产和销售不动产，并收讫营业收入款额（即纳税人应税行为发生过程中或者完成以后收取的款项）的当天。

二、纳税人提供应税劳务、转让无形资产和销售不动产，取得索取营业收入款项凭据的当天，即书面合同确定的付款日期的当天；没有签订书面合同或者书面合同没有确定付款日期的，为应税行为完成的当天。

纳税人转让土地使用权，销售不动产，采取预收款方式的，其营业税纳税义务发生时间为收到预收款的当天。

纳税人提供建筑业、租赁业劳务，采取预收款方式的，其营业税纳税义务发生时间为收到预收款的当天。

纳税人将不动产、土地使用权无偿赠送其他单位、个人的，其营业税纳税义务发生时间为不动产所有权、土地使用权转移的当天。

纳税人发生自建行为的，其营业税纳税义务发生时间为销售自建建筑物的营业税纳税义务发生时间。

营业税的扣缴义务发生时间，为纳税人营业税纳税义务发生的当天。

11. 营业税的纳税期限是怎样规定的？

营业税的纳税期限，一般由税务机关根据纳税人应纳营业税税额的大小，分别核定为5天、10天、15天、1个月和1个季度。

银行、财务公司、信托投资公司、信用社和外国企业常驻代表机构的纳税期限为1个季度。

纳税人不能按照固定期限缴纳营业税的，可以按次纳税。

以1个月、1个季度为一个纳税期的纳税人，应当自期满之日起15天以内申报缴纳营业税；以5天、10天和15天为一个纳税期的纳税人，应当自期满之日起5天以内预缴营业税，于次月1日起15天以内申报纳税，并结清上月应纳税款。

扣缴义务人解缴营业税税款的期限同上。

12. 营业税的纳税地点是怎样规定的？

纳税人提供应税劳务，应当向其机构所在地或者居住地的税务机关申报缴纳营业税。但是，纳税人提供的建筑业劳务和财政部、国家税务总局规定的其他应税劳务，应当向应税劳务发生地的税务机关申报缴纳营业税。

纳税人转让无形资产，应当向其机构所在地或者居住地的主管税务机关申报缴纳营业税。但是，纳税人转让、出租土地使用权，应当向土地所在地的税务机关申报缴纳营业税。

纳税人销售、出租不动产，应当向不动产所在地的税务机关申报缴纳营业税。

纳税人应当向应税劳务发生地、土地和不动产所在地的税务机关申报缴纳营业税而自应当申报纳税之月起超过6个月没有申报纳税的，由其机构所在地或者居住地的税务机关补征其应缴未缴的税款。

扣缴义务人应当向其机构所在地或者居住地的税务机关申报缴纳其扣缴的营业税。

六、关税

1. 什么是关税？

关税是对进出国境或者关境的货物、物品征收的，是目前各国普遍征收的一种税收。中国现行的《中华人民共和国进出口关税条例》是国务院于2003年11月23日公布，自2004年1月1日起施行，2011年1月8日中华人民共和国国务院令第588号修改的。关税由海关总署负责征收管理，所得收入归中央政府所有，是中央政府财政收入的主要来源之一。2011年，关税收入为2 559.1亿元，占当年中国税收总额的2.8%。

2. 关税的纳税人有哪些？

关税的纳税人包括进口中国准许进口的货物的收货人、出口中国准许出口的货物的发货人和中国准许进境物品的所有人，他们分别应当依法缴纳进口关税和出口关税。

从中国境外采购进口的原产于中国境内的货物，也应当缴纳进口关税。

进出口货物，除了另有规定的以外，可以由进出口货物收发货人自行办理报关纳税手续，也可以由进出口货物收发货人委托海关准予注册登记的报关企业办理报关纳税手续。

进境物品的所有人可以自行办理报关纳税手续，也可以委托他人办理报关纳税手续。

3. 关税的税率有哪些种类？

关税的税率分为进口税率、出口税率两个部分：

一、进口关税设置最惠国税率、协定税率、特惠税率、普通税率和关税配额税率等多种税率。对于进口货物在一定期限以内可以实行暂定税率。

（一）原产于共同适用最惠国待遇条款的世界贸易组织成员的进口货物，原产于与中国签订含有相互给予最惠国待遇条款的双边贸易协定的国家（地区）的进口货物，原产于中国境内的进口货物，适用最惠国税率。

（二）原产于与中国签订含有关税优惠条款的区域性贸易协定的国家（地区）的进口货物，适用协定税率。

（三）原产于与中国签订含有特殊关税优惠条款的贸易协定的国家（地区）的进口货物，适用特惠税率。

如果某种进口货物同时适用于特惠税率、协定税率和最惠国税率中一种以上的税率形式，税率从低执行。

（四）原产于上述国家和地区以外的国家（地区）的进口货物，原产地不明的进口货物，适用普通税率。

（五）适用最惠国税率的进口货物有暂定税率的，应当适用暂定税率；适用协定税率、特惠税率的进口货物有暂定税率的，应当从低适用税率；适用普通税率的进口货物，不适用暂定税率。

在执行国家有关进口关税减征政策的时候，应当先在最惠国税率的基础上计算有关税目的减征税率，然后根据进口货物的原产地和各种税率形式的适用范围，将这一税率与同一税目的特惠税率、协定税率和暂定税率比较，税率从低执行。

（六）按照国家规定实行关税配额管理的进口货物，在关税配额以内的，适用关税配额税率；在关税配额以外的，其税率的适用按照上述最惠国税率、协定税率、特惠税率、普通税率和暂定税率的规定执行。

二、出口关税设置出口税率。对于出口货物在一定期限以内也可以实行暂定税率。

适用出口税率的出口货物有暂定税率的，应当适用暂定税率。

此外，依法对进口货物采取反倾销、反补贴和保障措施的，其税率的适用按照国务院发布的《中华人民共和国反倾销条例》、《中华人民共和国反补贴条例》和《中华人民共和国保障措施条例》的有关规定执行。

任何国家（地区）违反与中国签订或者共同参加的贸易协定和相关协定，对中国在贸易方面采取禁止、限制、加征关税和其他影响正常贸易的措施的，对原产于该国家（地区）的进口货物可以征收报复性关税，适用报复性关税税率。征收报复性关税的货物、适用国别、税率、期限和征收办法，由国务院关税税则委员会决定并公布。

国务院制定《中华人民共和国进出口税则》和《中华人民共和国进境物品进口税税率表》，规定关税的税目、税则号列和税率，作为进出口关税条例的组成部分。

国务院设立关税税则委员会，负责进出口税则和进境物品进口税税率表的税目、税则号列和税率的调整和解释，报国务院批准以后执行；决定实行暂定税率的货物、税率和期限；决定关税配额税率；决定征收反倾销税、反补贴税、保障措施关税、报复性关税和实施其他关税措施；决定特殊情况下税率的适用，以及履行国务院规定的其他职责。

4. 关税的税号、税率是怎样规定的？

2012 年，中国进口税则规定的进口货物的税号有 8 194 个，其中绝大部分采用比例税率（最惠国税率从 0 至 65% 不等，普通税率从 0 至 270% 不等）；少量采用定额税率和复合税率。

目前中国的进口关税税率主要使用最惠国税率，并通过差别税率体现国家的经济、外贸政策。以 2012 年为例，柑橘的最惠国税率为12%，普通税率为100%；小麦的最惠国税率为65%，普通税率分别为130%和180%；果汁的最惠国税率从7.5%至30%不等，普通税率均为90%；威士忌酒的最惠国税率为10%，普通税率为180%；卷烟的最惠国税率为25%，普通税率为180%；铁、铜、铝、铅、锌、铬、铀矿砂及其精矿的最惠国税率和普通税率均为0；车用汽油和航空汽油的最惠国税率为5%，普通税率为14%；硫酸铵和过磷酸钙的最惠国税率为4%，普通税率均为11%；香水的最惠国税率为10%，普通税率为150%；书籍、报刊的最惠国税率和普通税率均为0；男式毛制西服套装的最惠国税率为25%，普通税率为130%；金、银首饰的最惠国税率为20%，普通税率为130%；塔式起重机的最惠国税率为10%，普通税率最高为30%；播种机的最惠国税率为4%，普通税率最高为30%；微型电子计算机的最惠国税率为0，普通税率为70%；彩色电视机的最惠国税率为30%，普通税率为130%；小轿车的最惠国税率为25%，其中排气量不超过2500毫升者普通税率为230%，排气量超过2500毫升者普通税率为270%；钢琴的最惠国税率为17.5%，普通税率为70%；跑步机的最惠国税率为12%，普通税率为50%；玩具的最惠国税率为0，普通税率为80%。此外，原产于香港、澳门两个特别行政区的产品全部适用零税率。

中国2012年出口税则规定的出口货物（主要为限制出口的不可再生的资源类产品和国内紧缺的原材料）的税号共有363个，税率从20%至50%不等，共有5个差别税率。例如，锡矿砂及其精矿的税率为50%，苯和铬铁的税率为40%，铅矿砂及其精矿、未锻轧铝合金的税率为30%，硅铁的税率为25%，钨矿砂及其精矿、鳗鱼苗和山羊板皮的税率为20%。

同年，中国对737个税号的进口货物实行暂定税率，税率从0至40%不等，如煤炭、氨水和宫内节育器的税率为0，铬铁、肥料和飞机自动驾驶系统的税率为1%，液晶显示屏用原板玻璃、聚乙烯的税率为3%，功率大于150马力的拖拉机、护肤品的税率为

5%，跑步机的税率为6%，瓷餐具、收音机的税率为8%，肥皂、X光片的税率为10%，陶瓷制铺地砖、电动剃须刀的税率为15%，电熨斗的税率为17%，白果的税率为20%，再造烟草的税率为40%；也有极少数税号采用定额税率和复合税率。

同年，中国对334个税号的出口货物实行暂定税率，税率从0至40%不等，如苯、精炼铜丝的税率为0，原油、钼粉的税率为5%，磷酸、氨水的税率为7%，铜矿砂及其精矿、煤的税率为10%，稀土金属矿、木片的税率为15%，锡矿砂及其精矿、钨铁的税率为20%，生铁的税率为25%，煤制焦炭的税率为40%，尿素按照季节实行浮动税率，旺季加征特别关税。

5. 关税的应纳税额怎样计算？

海关应当按照规定以从价计税、从量计税和国家规定的其他方法对进出口货物征收关税，根据进出口货物的税则号列、完税价格、原产地、适用税率和汇率计算应纳税额。

关税的基本计税方法是以进出口货物的价格、数量为计税依据，按照适用税率、税额标准计算应纳税额。

应纳税额计算公式：

应纳税额=应税进出口货物完税价格×适用税率

应纳税额=应税进出口货物数量×适用税额标准

采用复合计税方法计算应纳关税税额的，将以上两个公式结合起来使用即可。

应纳税额计算公式：

$$\text{应纳税额}=\begin{matrix}\text{应税进出口货}\\\text{物完税价格}\end{matrix}\times\text{适用税率}+\begin{matrix}\text{应税进出口}\\\text{货物数量}\end{matrix}\times\text{适用税额标准}$$

例1：某企业进口塔式起重机10台，每台关税完税价格折合人民币200万元，关税最惠国税率为10%，普通税率为30%，该企业应纳关税税额的计算方法为：

（1）按照最惠国税率计算：

应纳税额=10台×200万元/台×10%

=200万元

（2）按照普通税率计算：

应纳税额=10台×200万元/台×30%

=600万元

例2：某企业进口冻的鸡翅（不包括翅尖）1万公斤，关税最惠国税额标准为每公斤0.8元，普通税额标准为每公斤8.1元，该企业应纳关税税额的计算方法为：

（1）按照最惠国税额标准计算：

应纳税额=1万公斤×0.8元/公斤

=0.8万元

（2）按照普通税额标准计算：

应纳税额=1万公斤×8.1元/公斤

=8.1万元

进出口货物的价格和有关费用以人民币以外的货币计价的，海关按照应税货物适用税率之日适用的计征汇率折算为人民币计算完税价格。完税价格采用四舍五入法计算至分。

海关每月适用的计征汇率为上一个月的第三个星期三（第三个星期三为法定节假日的，顺延采用第四个星期三）中国银行公布的外汇折算价。

6. 关税税率的适用是怎样规定的？

海关应当按照关税条例有关适用最惠国税率、协定税率、特惠税率、普通税率、出口税率、关税配额税率和暂定税率，实施反倾销措施、反补贴措施、保障措施和征收报复性关税等适用税率的规定，确定进出口货物适用的税率。

一、进出口货物，应当适用海关接受该货物申报进口或者出口之日实施的税率。

（一）进口货物到达以前，经海关核准先行申报的，应当适用装载该货物的运输工具申报进境之日实施的税率。

（二）进口转关运输货物，应当适用指运地海关接受该货物申报进口之日实施的税率；货物运抵指运地以前，经海关核准先行申报的，应当适用装载该货物的运输工具抵达指运地之日实施的税率。

（三）出口转关运输货物，应当适用启运地海关接受该货物申报出口之日实施的税率。

（四）经海关批准，实行集中申报的进出口货物，应当适用每次货物进出口时海关接受该货物申报之日实施的税率。

（五）由于超过规定期限没有申报而由海关依法变卖的进口货物，其税款计征应当适用装载该货物的运输工具申报进境之日实施的税率。

（六）由于纳税人违反规定需要追征税款的进出口货物，应当适用违反规定的行为发生之日实施的税率；违反规定的行为发生之日不能确定的，适用海关发现该行为之日实施的税率。

二、已经申报进境并放行的保税货物、减免税货物、租赁货物和已经申报进出境并放行的暂时进出境货物，有下列情形之一需缴纳税款的，应当适用海关接受纳税人再次填写报关单申报办理纳税和有关手续之日实施的税率：

（一）保税货物经批准不复运出境的；

（二）保税仓储货物转入国内市场销售的；

（三）减免税货物经批准转让、移作他用的；

（四）可以暂不缴纳税款的暂时进出境货物，经批准不复运出境或者进境的；

（五）租赁进口货物，分期缴纳税款的。

补征、退还进出口货物税款，应当按照上述规定确定适用的税率。

7. 进口货物的关税完税价格是怎样规定的？

进口货物的完税价格由海关以符合规定条件的成交价格、该货物运抵中国境内输入地点起卸以前的运输及其相关费用、保险费为基础审查确定。

进口货物的成交价格，指卖方向中国境内销售该货物时买方为进口该货物向卖方实付、应付的，并按照规定调整以后的价款总额，包括直接支付的价款和间接支付的价款。

进口货物的成交价格应当符合下列条件：

一、对买方处置、使用该货物不予限制，但是法律、行政法规规定实施的限制、对货物转售地域的限制和对货物价格无实质性影响的限制除外；

二、该货物的成交价格没有因搭售和其他因素的影响而无法确定；

三、卖方不得从买方直接或者间接获得因该货物进口以后转售、处置、使用而产生的任何收益，或者虽有收益但是能够按照规定调整；

四、买卖双方没有特殊关系，或者虽然有特殊关系但是没有对成交价格产生影响。

进口货物的下列费用应当计入完税价格：

一、由买方负担的购货佣金以外的佣金和经纪费；

二、由买方负担的在审查确定完税价格时与该货物视为一体的容器的费用；

三、由买方负担的包装材料费用和包装劳务费用；

四、与该货物的生产和向中国境内销售有关的，由买方以免费或者以低于成本的方式提供并可以按照适当比例分摊的料件、工具、模具、消耗材料和类似货物的价款，在中国境外开发、设计等相关服务的费用；

五、作为该货物向中国境内销售的条件，买方必须支付的、与该货物有关的特许权使用费；

六、卖方直接或者间接从买方获得的该货物进口以后转售、处置和使用的收益。

进口时在货物的价款中列明的下列税收、费用，不计入该货物的完税价格：

一、厂房、机械和设备等货物进口以后建设、安装、装配、维修和技术服务的费用；

二、进口货物运抵中国境内输入地点起卸以后的运输及其相关费用、保险费；

三、进口关税和国内税收。

进口货物的成交价格不符合上述规定条件的，或者成交价格不能确定的，海关经了解有关情况，并与纳税人进行价格磋商以后，依次以下列价格估定该货物的完税价格：

一、与该货物同时或者大约同时向中国境内销售的相同货物的成交价格；

二、与该货物同时或者大约同时向中国境内销售的类似货物的成交价格；

三、与该货物进口的同时或者大约同时，将该进口货物、相同或者类似进口货物在第一级销售环节销售给无特殊关系买方最大销售总量的单位价格，但是应当扣除同等级或者同种类货物在中国境内第一级销售环节销售时通常的利润、一般费用和通常支付的佣金，进口货物运抵中国境内输入地点起卸以后的运输及其相关费用、保险费，进口关税和国内税收；

四、按照下列各项总和计算的价格：生产该货物所使用的料件成本和加工费用，向中国境内销售同等级或者同种类货物通常的利润和一般费用，该货物运抵中国境内输入地点起卸以前的运输及其相关费用、保险费；

五、以合理方法估定的价格。

纳税人向海关提供有关资料以后，可以提出申请，颠倒上述第三项和第四项的适用次序。

以租赁方式进口的货物，以海关审查确定的该货物的租金作为完税价格。

纳税人要求一次性缴纳税款的，可以选择按照规定估定完税价格，或者按照海关审查确定的租金总额作为完税价格。

运往中国境外加工的货物，出境时已经向海关报明并在海关规定的期限以内复运进境的，应当以中国境外加工费、料件费、复运进境的运输及其相关费用和保险费审查确定完税价格。

运往中国境外修理的机械器具、运输工具和其他货物，出境时已经向海关报明并在海关规定的期限以内复运进境的，应当以中国境外修理费和料件费审查确定完税价格。

对于同时符合下列条件的进口货物，以买卖双方约定的定价公式所确定的结算价格为基础审查确定完税价格：

一、在货物运抵中国境内以前买卖双方已经书面约定定价公式；

二、结算价格取决于买卖双方均无法控制的客观条件和因素；

三、自货物申报进口之日起6个月以内能够根据定价公式确定结算价格；

四、结算价格符合海关制定的审价办法的有关规定。

8. 出口货物的关税完税价格是怎样规定的？

出口货物的完税价格由海关以该货物的成交价格、该货物运至中国境内输出地点装载以前的运输及其相关费用、保险费为基础审查确定。

出口货物的成交价格，指该货物出口时卖方为出口该货物应当向买方直接收取和间接收取的价款总额。

出口关税不计入完税价格。

出口货物的成交价格不能确定的，海关经了解有关情况，并与纳税人进行价格磋商以后，依次以下列价格估定该货物的完税价格：

一、与该货物同时或者大约同时向同一国家（地区）出口的相同货物的成交价格；

二、与该货物同时或者大约同时向同一国家（地区）出口的类似货物的成交价格；

三、按照下列各项总和计算的价格：中国境内生产相同或者类似货物的料件成本、加工费用，通常的利润和一般费用，中国境内发生的运输及其相关费用、保险费；

四、以合理方法估定的价格。

无论是出口货物还是进口货物，按照规定计入和不计入完税价格的成本、费用、税收，都应当以客观、可量化的数据为依据。

9. 无代价抵偿货物是否征收关税?

进口无代价抵偿货物，不征收进口关税；出口无代价抵偿货物，不征收出口关税。

上述无代价抵偿货物，指进出口货物在海关放行以后，由于残损、短少、品质不良和规格不符原因，由进出口货物的发货人、承运人和保险公司免费补偿、更换的与原货物相同或者与合同规定相符的货物。

纳税人应当在原进出口合同规定的索赔期以内，且不超过原货物进出口之日起3年，向海关申报办理无代价抵偿货物的进出口手续，并提交原进出口货物报关单、原进出口货物关税缴款书或者《征免税证明》、买卖双方签订的索赔协议等单证。海关认为需要时，纳税人还应当提交具有资质的商品检验机构出具的原进出口货物残损、短少、品质不良和规格不符的检验证明书或者其他有关证明文件。

纳税人申报进出口的无代价抵偿货物，与退运出境、进境的原货物不完全相同或者与合同规定不完全相符的，应当向海关说明原因。海关经审核认为纳税人所述理由正当，且其税则号列没有改变的，应当按照审定进出口货物完税价格的有关规定和原进出口货物适用的计征汇率、税率，审核确定其完税价格，计算应征关税。应征关税税额高于原进出口货物已征关税税额的，应当补征差额部分。应征关税税额低于原进出口货物已征关税税额，且原进出口货物的发货人、承运人和保险公司同时补偿货款的，海关应当退还补偿货款部分的相应关税税额；没有补偿货款的，关税的差额部分不予退还。

纳税人申报进出口的免费补偿、更换的货物，其税则号列与原货物的税则号列不一致的，不适用无代价抵偿货物的有关规定，海关应当按照一般进出口货物的有关规定征收关税。

纳税人申报进出口无代价抵偿货物，被更换的原进口货物不退运出境且不放弃交由海关处理的，被更换的原出口货物不退运进境的，海关应当按照接受无代价抵偿货物申报进出口之日适用的税率、计征汇率和有关规定，对原进出口货物重新估价，并征收关税。

被更换的原进口货物退运出境时，不征收出口关税；更换的原出口货物退运进境时，不征收进口关税。

10．租赁进口货物怎样缴纳关税？

纳税人进口租赁货物，除了另有规定的以外，应当向其所在地海关办理申报进口和申报纳税手续。申报时，纳税人应当向海关提交租赁合同和其他有关文件。海关认为必要时，纳税人应当提供关税担保。

租赁进口货物自进境之日起至租赁结束办结海关手续之日止，应当接受海关监管。

一次性支付租金的，纳税人应当在申报租赁货物进口的时候办理纳税手续，缴纳关税。分期支付租金的，纳税人应当在申报租赁货物进口的时候按照第一期应当支付的租金办理纳税手续，缴纳相应的关税；其后分期支付租金的时候，纳税人向海关申报办理纳税手续应当不迟于每次支付租金以后的第十五日。纳税人没有在规定的期限以内申报纳税的，海关按照纳税人每次支付租金以后第十五日该货物适用的税率、计征汇率征收相应的关税，并加收滞纳金

（比例为0.5‰，下同）。

纳税人应当自租赁进口货物租期届满之日起30天以内向海关申请办结监管手续，将租赁进口货物复运出境。需要留购、续租租赁进口货物的，纳税人向海关申报办理相关手续应当不迟于租赁进口货物租期届满以后的第三十日。租赁进口货物租赁期未满终止租赁的，其租期届满之日为租赁终止日。

海关对于留购的租赁进口货物，按照审定进口货物完税价格的有关规定和海关接受申报办理留购的相关手续之日该货物适用的计征汇率、税率，审核确定其完税价格，计征关税。

续租租赁进口货物的，纳税人应当向海关提交续租合同，并按照规定办理申报纳税手续。

纳税人没有在规定的期限以内向海关申报办理留购租赁进口货物的相关手续的，海关除了按照审定进口货物完税价格的有关规定和租期届满以后第三十日该货物适用的计征汇率、税率，审核确定其完税价格，计征关税以外，还应当加收滞纳金。

纳税人没有在规定的期限以内向海关申报办理续租租赁进口货物的相关手续的，海关除了按照规定征收续租租赁进口货物应当缴纳的关税以外，还应当加收滞纳金。

11. 暂时进出境货物怎样缴纳关税？

经过海关批准暂时进境、出境的下列货物，在进境、出境的时候，纳税人向海关缴纳相当于应纳关税的保证金或者提供其他担保的，可以暂不缴纳关税，并应当自进境或者出境之日起6个月以内复运出境或者复运进境；经纳税人申请，海关可以根据海关总署的规定延长复运出境或者复运进境的期限：

一、在展览会、交易会、会议和类似活动中展示、使用的货物；

二、在文化、体育交流活动中使用的表演、比赛用品；

三、在新闻报道和摄制电影、电视节目时使用的仪器、设备和用品；

四、在科研、教学和医疗活动中使用的仪器、设备和用品；

五、在上述活动中使用的交通工具和特种车辆；

六、货样；

七、在安装、调试和检测设备时使用的仪器、工具；

八、盛装货物的容器；

九、其他用于非商业目的的货物。

上述暂时进出境货物在规定期限届满以后不再复运出境或者复运进境的，纳税人应当在规定期限届满以前向海关申报办理进出口和纳税手续，海关按照有关规定征收关税。

其他暂时进出境货物，海关按照审定进出口货物完税价格的有关规定和海关接受该货物申报进出境之日适用的计征汇率、税率，审核确定其完税价格，按月征收关税，或者在规定期限以内货物复运出境或者复运进境的时候征收关税。

计征关税的期限为60个月。不足1个月但是超过15天的，按照1个月计征；不超过15天的免予计征。计征关税的期限从货物放行之日起计算。

按月征收关税的计算公式：

$$每月关税税额=关税总额\div60$$

上述暂时进出境货物在规定期限届满以后不再复运出境或者复运进境的，纳税人应当在规定期限届满以前向海关申报办理进出口和纳税手续，缴纳剩余部分的关税。

暂时进出境货物没有在规定期限以内复运出境或者复运进境，且纳税人没有在规定期限届满以前向海关申报办理进出口和纳税手续的，海关除了按照规定征收应当征收的税款以外，还应当加收滞纳金。

12. 进出境修理货物、出境加工货物怎样缴纳关税？

纳税人在办理进境修理货物进口申报手续的时候，应当向海关提交该货物的维修合同或者含有保修条款的原出口合同，并向海关提供进口关税担保，或者由海关按照保税货物管理。进境修理货物应当在海关规定的期限以内复运出境。

进境修理货物需要进口原材料、零部件的，纳税人在办理原材料、零部件进口申报手续的时候，应当向海关提交进境修理货物的维修合同或者含有保修条款的原出口合同、进境修理货物的进口报关单（与进境修理货物同时申报进口的除外），并向海关提供进口关税担保，或者由海关按照保税货物管理。进口原材料、零部件只限用于进境修理货物的修理，修理剩余的原材料、零部件应当随进境修理货物一同复运出境。

纳税人在办理进境修理货物和剩余进境原材料、零部件复运出境出口申报手续的时候，应当向海关提交该货物和进境原材料、零部件的原进口报关单和维修合同或者含有保修条款的原出口合同等单证。海关凭此办理解除修理货物和原材料、零部件进境时纳税人提供关税担保的相关手续；由海关按照保税货物管理的，按照有关保税货物的管理规定办理。

因正当理由不能在海关规定的期限以内将进境修理货物复运出境的，纳税人应当在规定期限届满以前向海关说明情况，申请延期复运出境。

进境修理货物没有在海关允许的期限以内复运出境的，海关对其按照一般进出口货物的征税管理规定管理，将该货物进境时纳税人提供的关税担保转为关税。

纳税人在办理出境修理货物出口申报手续的时候，应当向海关提交该货物的维修合同或者含有保修条款的原进口合同。出境修理货物应当在海关规定的期限以内复运进境。

纳税人在办理出境修理货物复运进境进口申报手续的时候，应当向海关提交该货物的原出口报关单和维修合同或者含有保修条款的原进口合同、维修发票等单证。

海关按照审定进口货物完税价格的有关规定和海关接受该货物

申报复运进境之日适用的计征汇率、税率，审核确定其完税价格，计征关税。

因正当理由不能在海关规定期限以内将出境修理货物复运进境的，纳税人应当在规定期限届满以前向海关说明情况，申请延期复运进境。

出境修理货物超过海关允许的期限复运进境的，海关对其按照一般进口货物征收关税。

纳税人在办理出境加工货物出口申报手续的时候，应当向海关提交该货物的委托加工合同；出境加工货物属于征收出口关税的商品的，纳税人应当向海关提供出口关税担保。出境加工货物应当在海关规定的期限以内复运进境。

纳税人在办理出境加工货物复运进境进口申报手续的时候，应当向海关提交该货物的原出口报关单和委托加工合同、加工发票等单证。

海关按照审定进口货物完税价格的有关规定和海关接受该货物申报复运进境之日适用的计征汇率、税率，审核确定其完税价格，计征关税，同时办理解除该货物出境时纳税人提供关税担保的相关手续。

因正当理由不能在海关规定的期限以内将出境加工货物复运进境的，纳税人应当在规定期限届满以前向海关说明情况，申请延期复运进境。

出境加工货物没有在海关允许的期限以内复运进境的，海关对其按照一般进出口货物的征税管理规定管理，将该货物出境的时候纳税人提供的关税担保转为关税；出境加工货物复运进境的时候，海关按照一般进口货物征收关税。

13. 退运货物是否征收关税?

因品质、规格原因，出口货物自出口放行之日起1年以内原状退货复运进境的，纳税人在办理进口申报手续的时候，应当按照规定提交有关单证和证明文件。经海关确认以后，对复运进境的原出口货物不予征收进口关税。

因品质、规格原因，进口货物自进口放行之日起 1 年以内原状退货复运出境的，纳税人在办理出口申报手续的时候，应当按照规定提交有关单证和证明文件。经海关确认以后，对复运出境的原进口货物不予征收出口关税。

14. 关税的主要免税、减税规定有哪些？

下列进出口货物可以免征关税：

一、关税税额在人民币 50 元以下的一票货物；

二、无商业价值的广告品和货样；

三、外国政府、国际组织无偿赠送的物资；

四、在海关放行以前遭受损坏、损失的货物；

五、进出境运输工具装载的途中必需的燃料、物料和饮食用品。

对于上述在海关放行以前遭受损坏、损失的货物，纳税人应当在申报时或者自海关放行货物之日起 15 天以内书面向海关说明情况，并提供相关的证明材料。海关认为需要时，可以要求纳税人提供具有资质的商品检验机构出具的货物受损程度的检验证明书。海关可以根据货物的实际受损程度减征、免征关税。

法律规定的其他免征、减征关税的货物（如中国缔结、参加的国际条约规定的减征、免征关税的货物、物品），海关可以根据规定予以免征、减征。

免征、减征关税的上述进口货物可以同时免征、减征进口环节的增值税和消费税。

特定地区、特定企业和有特定用途的进出口货物免征、减征关税，临时免征、减征关税，按照国务院的有关规定执行。上述免征、减征关税进口的货物只能用于特定地区、特定企业和特定用途，没有经过海关核准并补缴关税，不得移作他用。

企业为生产中国科学技术部制定的《国家高新技术产品目录》

中所列的产品而进口的自用设备及其配套技术、配件和备件，企业为引进中国科学技术部制定的《国家高新技术产品目录》中所列的先进技术按照合同规定向境外支付的软件费；符合国家规定的集成电路生产企业进口自用的原材料、消耗品；符合国家规定的进口科研、教学用品，残疾人专用物品，扶贫、慈善性捐赠物资，西部地区内资鼓励类产业、外商投资鼓励类产业和优势产业的项目在投资总额以内进口的规定范围以内自用设备，可以免征关税。

边境居民通过互市贸易进口规定范围以内的生活用品，每人每日价值人民币8 000元以下的部分，可以免征关税。

加工贸易的进口料件按照国家规定保税进口的，其制成品、进口料件没有在规定的期限以内出口的，海关可以按照规定征收进口关税。

加工贸易的进口料件进境的时候按照国家规定征收进口关税的，其制成品、进口料件在规定的期限以内出口的，海关可以按照规定退还进境的时候已经征收的关税。

15. 关税的退税怎样办理？

有下列情形之一的，纳税人自缴纳关税之日起1年以内可以申请退税，并应当以书面形式向海关说明理由，提供原进口或者出口报关单、税款缴款书、发票等凭证和相关资料：

一、已经征收进口关税的货物，由于品质、规格原因，原状退货复运出境的；

二、已经征收出口关税的货物，由于品质、规格原因，原状退货复运进境，并且已经重新缴纳由于出口而退还的国内环节有关税收的；

三、已经征收出口关税的货物，因故没有装运出口，申报退关的。

散装进出口货物发生短装并已经征税放行的，如果该货物的发货人、承运人和保险公司已经对短装部分退还或者赔偿相应货款，纳税人可以自缴纳税款之日起1年以内向海关申请退还进口或者出口短装部分的相应税款，并提供原进口或者出口报关单、税款缴款书、发票等凭证和相关资料。

进出口货物由于残损、品质不良和规格不符原因，或者发生其他货物短少的情形，由进出口货物的发货人、承运人和保险公司赔偿相应货款的，纳税人可以自缴纳税款之日起1年以内向海关申请退还赔偿货款部分的相应税款，并提供原进口或者出口报关单、税款缴款书、发票等凭证和相关资料。

海关收到纳税人的退税申请以后应当审核。纳税人提交的申请材料齐全且符合规定形式的，海关应当予以受理，并以海关收到申请材料之日作为受理之日；纳税人提交的申请材料不全或者不符合规定形式的，海关应当自收到申请材料之日起5个工作日以内一次告知纳税人需要补正的全部内容，并以海关收到全部补正申请材料之日为海关受理退税申请之日。海关认为需要时，可以要求纳税人提供具有资质的商品检验机构出具的原进口或者出口货物品质不良、规格不符、残损和短少的检验证明书或者其他有关证明文件。

海关应当自受理退税申请之日起30天以内查实并通知纳税人办理退税手续或者作出不予退税的决定。纳税人应当自收到海关准予退税的通知之日起3个月以内办理有关退税手续，已经征收的滞纳金不予退还。

16. 关税的纳税期限是怎样规定的?

进口货物的纳税人应当自运输工具申报进境之日起14天以内；出口货物的纳税人除了海关特准的以外，应当在货物运抵海关监管区以后、装货的24小时以前，向货物的进出境地海关申报。经过海关核准，在进口货物到达以前，纳税人可以先行申报。

海关通常应当在货物实际进境，并完成海关现场接单审核工作以后及时填发税款缴款书。需要通过对货物查验确定商品归类、完税价格、原产地的，应当在查验核实以后填发或者更改税款缴款书。

纳税人应当自海关填发税款缴款书之日起15天以内向指定的银行缴纳税款。

进出境物品关税的纳税人应当在物品放行以前缴纳税款。

17. 什么是反倾销税?

反倾销税是进口国为了抵制出口国的倾销，保护本国国内产业，对被认定出口倾销并对本国国内相关产业构成损害的进口产品征收的一种临时性特别税。

所谓倾销，指在正常贸易过程中，进口产品以低于其正常价值的出口价格进入进口国市场。

根据国务院发布的反倾销条例，国内产业或者代表国内产业的自然人、法人或者有关组织可以依法向商务部提出反倾销调查的申请。

商务部应当自收到申请人提交的申请书和有关证据之日起60天以内，对申请是否由国内产业或者代表国内产业提出、申请书的内容和所附具的证据等进行审查，并决定立案调查或者不立案调查。

在特殊情形下，商务部没有收到反倾销调查的书面申请，但是有充分证据认为存在倾销和损害以及二者之间有因果关系的，可以决定立案调查。

商务部根据调查结果，就倾销、损害和二者之间的因果关系是否成立作出初裁决定，并予以公告。

初裁决定确定倾销、损害和二者之间的因果关系成立的，商务部应当对倾销及其幅度、损害及其程度继续调查，并根据调查结果作出终裁决定，予以公告。

初裁决定确定倾销成立，并由此对于国内产业造成损害的，可以采取包括征收临时反倾销税在内的临时反倾销措施。

临时反倾销税税额应当不超过初裁决定确定的倾销幅度。

征收临时反倾销税，由商务部提出建议，国务院关税税则委员会根据该部的建议作出决定，由该部公告，海关自公告规定实施之日起执行。

临时反倾销措施实施的期限，自临时反倾销措施决定公告规定实施之日起不超过4个月；在特殊情形下可以延长至9个月。

自反倾销立案调查决定公告之日起60天以内，不得采取临时反倾销措施。

在反倾销调查期间，倾销进口产品的出口经营者可以向商务部作出改变价格或者停止以倾销价格出口的价格承诺。

商务部认为出口经营者作出的价格承诺能够接受并符合公共利益的，可以决定中止或者终止反倾销调查，不采取临时反倾销措施或者征收反倾销税。

出口经营者违反其价格承诺的，商务部可以立即决定恢复反倾销调查；根据可获得的最佳信息，可以决定采取临时反倾销措施，并可以对实施临时反倾销措施以前90天之内进口的产品追溯征收反倾销税，但是违反价格承诺以前进口的产品除外。

终裁决定确定倾销成立，并由此对国内产业造成损害的，可以征收反倾销税。

征收反倾销税，由商务部提出建议，国务院关税税则委员会根据该部的建议作出征税决定，由该部公告，海关自公告规定实施之日起执行。

反倾销税适用于终裁决定公告之日以后进口的产品，另有规定的除外。

反倾销税的纳税人为倾销进口产品的进口经营者。反倾销税应当根据不同出口经营者的倾销幅度分别确定。

对于没有包括在审查范围以内的出口经营者的倾销进口产品，需要征收反倾销税的，应当按照合理的方式确定对其适用的反倾销税。

反倾销税税额不超过终裁决定确定的倾销幅度。

应纳税额计算公式：

应纳税额=应税进口货物完税价格×适用税率

终裁决定确定存在实质损害，并在此以前已经采取临时反倾销措施的，反倾销税可以对已经实施临时反倾销措施的期间追溯征收。

终裁决定确定存在实质损害威胁，在先前不采取临时反倾销措施将会导致后来作出实质损害裁定的情况下已经采取临时反倾销措施的，反倾销税可以对已经实施临时反倾销措施的期间追溯征收。

终裁决定确定的反倾销税，高于已经支付或者应当支付的临时反倾销税或者为担保目的而估计的金额的，差额部分不予收取；低于已经支付或者应当支付的临时反倾销税或者为担保目的而估计的金额的，差额部分应当根据具体情况予以退还，或者重新计算税额。

下列两种情况并存的，可以对于实施临时反倾销措施之日前90天以内进口的产品追溯征收反倾销税，但是立案调查以前进口的产品除外：

一、倾销进口产品有对于国内产业造成损害的倾销历史，或者该产品的进口经营者知道或者应当知道出口经营者实施倾销并且倾销对于国内产业将造成损害的；

二、倾销进口产品在短期内大量进口，并且可能会严重破坏将实施的反倾销税的补救效果的。

终裁决定确定不征收反倾销税的，或者终裁决定没有确定追溯征收反倾销税的，已经征收的临时反倾销税应当予以退还。

倾销进口产品的进口经营者有证据证明已经缴纳的反倾销税税额超过倾销幅度的，可以向商务部提出退税申请。商务部经审查、核实并提出建议，国务院关税税则委员会根据该部的建议可以作出退税决定，由海关执行。

进口产品被征收反倾销税以后，在调查期间没有向我国出口该产品的新出口经营者，能够证明其与被征收反倾销税的出口经营者无关联的，可以向商务部申请单独确定其倾销幅度。商务部应当迅速审查，并作出终裁决定。在审查期间，不得对该产品征收反倾销税。

反倾销税的征收期限不超过5年。但是，经复审确定终止征收反倾销税有可能导致倾销和损害的继续或者再度发生的，反倾销税的征收期限可以适当延长。

反倾销税生效以后，商务部可以在有正当理由的情况下决定复审继续征收反倾销税的必要性；也可以在经过一段合理时间，应利害关系方的请求，并审查利害关系方提供的相应证据以后，决定复审继续征收反倾销税的必要性。

根据复审结果，由商务部提出保留、修改或者取消反倾销税的建议，国务院关税税则委员会根据该部的建议作出决定，由该部公告。

复审期限从决定复审开始之日起不超过12个月。在复审期间，复审程序不妨碍反倾销措施的实施。

任何国家（地区）对于中国的出口产品采取歧视性反倾销措施，中国都可以根据实际情况对该国家（地区）采取相应的措施。

18. 什么是反补贴税？

反补贴税是进口国为了抵制出口国的补贴，保护本国国内产业，对被认定出口补贴并对本国国内相关产业构成损害的进口产品征收的一种临时性特别税。

所谓补贴，指出口国（地区）政府或者公共机构提供的并为接受者带来利益的财政资助、收入和价格支持。

根据国务院发布的反补贴条例，国内产业或者代表国内产业的自然人、法人或者有关组织可以依法向商务部提出反补贴调查的申请。

商务部一般应当从收到申请人提交的申请书和有关证据之日起60天以内，对申请是否由国内产业或者代表国内产业提出、申请书的内容和所附具的证据等进行审查，并决定立案调查或者不立案调查。

在特殊情形下，商务部没有收到反补贴调查的书面申请，但是有充分证据认为存在补贴和损害以及二者之间有因果关系的，可以决定立案调查。

商务部根据调查结果，就补贴、损害和二者之间的因果关系是否成立作出初裁决定，并予以公告。

初裁决定确定补贴、损害和二者之间的因果关系成立的，商务部应当对补贴及其金额、损害及其程度继续调查，并根据调查结果作出终裁决定，予以公告。

初裁决定确定补贴成立，并由此对于国内产业造成损害的，可以采取临时反补贴措施。

临时反补贴措施采取以现金保证金或者保函作为担保的征收临时反补贴税的形式。

采取临时反补贴措施，由商务部提出建议，国务院关税税则委员会根据该部的建议作出决定，由该部公告，海关自公告规定实施之日起执行。

临时反补贴措施实施的期限，自临时反补贴措施决定公告规定实施之日起不超过4个月。

自反补贴立案调查决定公告之日起60天以内，不得采取临时反补贴措施。

在反补贴调查期间，出口国（地区）政府提出取消、限制补贴和其他有关措施的承诺，或者出口经营者提出修改价格的承诺的，商务部应当充分考虑。

商务部认为承诺能够接受并符合公共利益的，可以决定中止或者终止反补贴调查，不采取临时反补贴措施或者征收反补贴税。

对于违反承诺的，商务部可以立即决定恢复反补贴调查；根据可获得的最佳信息，可以决定采取临时反补贴措施，并可以对实施临时反补贴措施以前90天之内进口的产品追溯征收反补贴税，但是违反承诺以前进口的产品除外。

终裁决定确定补贴成立，并由此对于国内产业造成损害的，可以征收反补贴税。征收反补贴税应当符合公共利益。

征收反补贴税，由商务部提出建议，国务院关税税则委员会根据该部的建议作出征税决定，由该部公告，海关自公告规定实施之日起执行。

反补贴税适用于终裁决定公告之日以后进口的产品，另有规定的除外。

反补贴税的纳税人为补贴进口产品的进口经营者。反补贴税应当根据不同出口经营者的补贴金额分别确定。

对实际上没有被调查的出口经营者的补贴进口产品，需要征收反补贴税的，应当迅速审查，按照合理的方式确定对其适用的反补贴税。

反补贴税税额不得超过终裁决定确定的补贴金额。

应纳税额计算公式：

应纳税额=应税进口货物完税价格×适用税率

终裁决定确定存在实质损害，并在此以前已经采取临时反补贴措施的，反补贴税可以对已经实施临时反补贴措施的期间追溯征收。

终裁决定确定存在实质损害威胁，在先前不采取临时反补贴措施将会导致后来作出实质损害裁定的情况下已经采取临时反补贴措施的，反补贴税可以对已经实施临时反补贴措施的期间追溯征收。

终裁决定确定的反补贴税，高于现金保证金或者保函所担保的金额的，差额部分不予收取；低于现金保证金或者保函所担保的金额的，差额部分应当予以退还。

下列三种情形并存的，必要时可以对于实施临时反补贴措施之日前90天以内进口的产品追溯征收反补贴税：

一、补贴进口产品在较短的时间内大量增加；

二、此种增加对国内产业造成难以补救的损害；

三、此种产品得益于补贴。

终裁决定确定不征收反补贴税的，或者终裁决定没有确定追溯征收反补贴税的，对实施临时反补贴措施期间已经收取的现金保证金应当予以退还，保函应当予以解除。

反补贴税的征收期限不超过5年。但是，经复审确定终止征收反补贴税有可能导致补贴和损害的继续或者再度发生的，反补贴税的征收期限可以适当延长。

反补贴税生效以后，商务部可以在有正当理由的情况下决定复审继续征收反补贴税的必要性；也可以在经过一段合理时间，应利害关系方的请求并审查利害关系方提供的相应证据以后，决定复审继续征收反补贴税的必要性。

根据复审结果，由商务部提出保留、修改或者取消反补贴税的建议，国务院关税税则委员会根据该部的建议作出决定，由该部公告。

复审期限从决定复审开始之日起不超过12个月，复审期间复审程序不妨碍反补贴措施的实施。

任何国家（地区）对于中国的出口产品采取歧视性反补贴措施，中国都可以根据实际情况对该国家（地区）采取相应的措施。

19. 什么是保障措施关税？

在公平贸易条件下，由于关税减让等承诺的存在，可能导致某种产品对某一世界贸易组织成员方的进口增加，从而对该成员方生产同类产品、直接竞争产品的国内产业造成严重损害或者严重损害威胁。在这种情况下，该成员方可以对于这种产品的进口采取数量限制和提高关税等措施，以便国内有关产业进行调整，适应竞争，这类措施就是保障措施，以提高关税的形式实施的保障措施就是保障措施关税。

根据国务院发布的保障措施条例，进口产品数量增加，并对生产同类产品或者直接竞争产品的国内产业造成严重损害或者严重损害威胁（以下除特别指明外，统称损害）的，可以进行调查，采取保障措施。

与国内产业有关的自然人、法人或者其他组织（以下统称申请人），可以按照保障措施条例的规定，向商务部提出采取保障措施的书面申请。商务部应当及时审查申请人的申请，决定立案调查或者不立案调查。

商务部没有收到采取保障措施的书面申请，但是有充分证据认为国内产业由于进口产品数量增加而受到损害的，也可以决定立案调查。

商务部根据调查结果，可以作出初裁决定，也可以直接作出终裁决定，并予以公告。

有明确证据表明进口产品数量增加，在不采取临时保障措施将对国内产业造成难以补救的损害的紧急情况下可以作出初裁决定，并采取临时保障措施。临时保障措施采取提高关税的形式。

采取临时保障措施，由商务部提出建议，国务院关税税则委员会根据该部的建议作出决定，由该部公告，海关自公告规定实施之日起执行。

临时保障措施的实施期限，自临时保障措施决定公告规定实施之日起，不超过200天。

终裁决定确定进口产品数量增加，并由此对国内产业造成损害的，可以采取提高关税、数量限制等形式的保障措施。实施保障措施应当符合公共利益。

保障措施采取提高关税形式的，由商务部提出建议，国务院关税税则委员会根据该部的建议作出决定，由该部公告，海关自公告规定实施之日起执行。

终裁决定确定不采取保障措施的，已经征收的临时关税应当退还。

保障措施的实施期限不超过4年。符合下列条件的，保障措施的实施期限可以适当延长：

一、按照保障措施条例规定的程序确定保障措施对于防止或者补救严重损害仍然有必要；

二、有证据表明相关国内产业正在调整；

三、已经履行有关对外通知、磋商的义务；

四、延长以后的措施不严于延长以前的措施。

一项保障措施的实施期限及其延长期限，最长不超过10年。

保障措施实施期限超过1年的，应当在实施期间按照固定时间间隔逐步放宽。

保障措施实施期限超过3年的，商务部应当在实施期间对该项措施进行中期复审，复审的内容包括保障措施对于国内产业的影响、国内产业的调整情况等。

保障措施属于提高关税的，商务部应当根据复审结果和保障措施条例的规定提出保留、取消或者加快放宽提高关税措施的建议，国务院关税税则委员会根据该部的建议作出决定，由该部公告。

对同一进口产品再次采取保障措施的，与前次采取保障措施的时间间隔应当不短于前次采取保障措施的实施期限，并且至少为2年。符合下列条件的，对同一产品实施的期限不超过180天的保障措施不受上述限制：

一、自对该进口产品实施保障措施之日起，已经超过1年；

二、自实施该保障措施之日起5年以内，没有对同一产品实施两次以上保障措施。

任何国家（地区）对于中国的出口产品采取歧视性保障措施，中国都可以根据实际情况对该国家（地区）采取相应的措施。

20．什么是进境物品进口税？

进境物品的关税和进口环节海关代征的增值税、消费税合并为进口税，由海关依法征收。

海关总署规定数额以内的个人自用进境物品，免征进口税。超过海关总署规定数额，但是仍然在合理数量以内的个人自用进境物品，由进境物品的纳税人在进境物品放行以前按照规定缴纳进口税。超过合理、自用数量的进境物品应当按照进口货物依法办理相关手续。

国务院关税税则委员会规定按照货物征税的进境物品，按照进出口关税条例的有关规定征收关税。

进境物品的纳税人包括携带物品进境的入境人员、进境邮递物品的收件人和以其他方式进口物品的收件人。

进境物品的纳税人可以自行办理纳税手续，也可以委托他人办理纳税手续。接受委托的人应当遵守进出口关税条例对纳税人的有关规定。

进口税从价计征。

应纳税额计算公式：

应纳税额=应税进境物品数量×完税价格×适用税率

海关应当按照《进境物品进口税税率表》和海关总署制定的《中华人民共和国进境物品归类表》、《中华人民共和国进境物品完税价格表》对进境物品进行归类、确定完税价格和适用税率。进境物品进口税的征收范围、税率如下：

一、下列进境物品适用10%的税率：

（一）食品、饮料

（二）皮革服装、配饰

（三）箱包、鞋靴

（四）金、银、珠宝及其制品，艺术品、收藏品

（五）家用医疗、保健和美容器材

（六）厨卫用具

（七）家具

（八）摄影（像）设备及其配件、附件（不包括电视摄像机）

（九）计算机及其外围设备

（十）书报、刊物和其他印刷品

（十一）教育专用的电影片、幻灯片、原版录音带和录像带

（十二）文具用品、玩具

（十三）邮票

（十四）乐器

（十五）体育用品（不包括高尔夫球、球具）

（十六）适用20%、30%和50%税率的进境物品以外的进境物品

二、下列进境物品适用20%的税率：

（一）纺织品及其制成品

（二）表（不包括高档手表）、钟及其配件、附件

（三）小家电

（四）空调、电冰箱、洗衣机和电视机及其配件、附件

（五）电视摄像机

（六）影音设备及其配件、附件

（七）自行车、三轮车、童车及其配件、附件

三、下列进境物品适用30%的税率：

（一）高档手表（审定价格人民币1万元以上）

（二）高尔夫球、球具

四、下列进境物品适用50%的税率：

（一）酒

（二）烟草

（三）化妆品

进境物品依次按照下列方法归类：归类表中已经列名的物品，归入其列名类别；归类表中没有列名的物品，按照其主要功能或者用途归入相应类别；不能按照上述方法归入相应类别的物品，归入其他物品类别。

进境物品的完税价格由海关按照下列方法确定：

1. 完税价格表已经列明完税价格的物品，按照完税价格表确定。例如：干鲍鱼每公斤5 000元（人民币，下同），奶粉每公斤200元，白兰地每瓶（不超过750毫升）500元，卷烟每支0.5元，外衣每件300元，皮大衣每件2 000元，皮鞋每双300元，挎包每个

200 元，电子表每只 200 元，香水每瓶 300 元，血压计每个 500 元，微波炉每台 600 元，电动剃须刀每个 200 元，键盘式手持移动电话机每台 1 000 元，49 英寸电视机每台 10 000 元，一体式数码照相机每台 2 000 元，便捷式摄录一体机每台 4 000 元，音箱每个 1 000 元，键盘式笔记本电脑每台 2 000 元，立式钢琴每架 15 000 元，高尔夫球杆每根 1 000 元，自行车每辆 500 元。

2. 完税价格表没有列明完税价格的物品，按照相同物品相同来源地最近时间的主要市场零售价格确定其完税价格。

3. 实际购买价格是完税价格表列明完税价格的 2 倍以上，或者完税价格表列明完税价格的 50% 以下的物品，进境物品所有人应当向海关提供销售方依法开具的真实交易的购物发票或者收据，并承担相关责任。海关可以根据物品所有人提供的上述相关凭证，依法确定应税物品的完税价格。

4. 边疆地区民族特需商品的完税价格按照海关总署另行审定的完税价格表执行。

纳税人对进境物品的归类、完税价格的确定持有异议的，可以依法提请行政复议。

进境物品适用海关填发税款缴款书之日实施的完税价格和适用税率。

例：某出国人员回国时带入中国境内 1 台电视机，完税价格规定为 10 000 元，进口税适用税率为 20%，该出国人员应纳进口税税额的计算方法为：

应纳税额 = 10 000 元×20%

= 2 000 元

进口税的减征、免征、补征、追征和退还，对暂准进境物品征收进口税，参照进出口关税条例对货物征收进口关税的有关规定执行。

21. 入境旅客行李物品、个人邮递物品进口税的主要免税规定有哪些?

入境旅客行李物品和个人邮递物品进口税的主要免税规定如下:

一、进境居民旅客携带在境外获取的个人自用进境物品，总值不超过5000元的；非居民旅客携带拟留在中国境内的个人自用进境物品，总值不超过2000元的，可以免税。但是，烟草制品、酒精制品和国家规定应当征税的电视机、摄像机、录像机、放像机、音响设备、空调器、电冰箱（柜)、洗衣机、照相机、复印机、程控电话交换机、微型计算机及外设、电话机、无线寻呼系统、传真机、电子计算器、打印机及文字处理机、家具、灯具和餐料等物品另按有关规定办理。

进境居民旅客携带超出5000元的个人自用进境物品，经海关审核确属自用的；进境非居民旅客携带拟留在中国境内的个人自用进境物品，超出2000元的，海关仅对超出部分征税，不可分割的单件物品全额征税。

二、中国常驻境外的外交机构人员、留学人员、访问学者、赴外劳务人员、援外人员和远洋海员，华侨和香港、澳门、台湾同胞，外国驻华使馆、领事馆、有关国际机构的人员，可以享受一定的免税待遇。例如：中国常驻境外的外交机构人员、留学人员、访问学者、劳务人员和援外人员连续在外每满180天，远洋海员每满120天，可以免税携带进境1件规定范围以内的生活用品，包括电视机、洗衣机、电冰箱、照相机、录像机、收录音机和组合音响等。

三、不超过海关规定的自用合理数量的避孕用具和药品，可以免税。

四、外国在华常驻人员在华居住超过1年者（指工作或者留学签证有效期超过1年者)，在签证有效期以内初次来华携带进境的个人自用的家用摄像机、照相机、便携式收录机、激光唱机和计算机，报经所在地主管海关审核，在每个品种1台的数量限制以内，可以免税。其中，外国专家携运进境的图书资料、科研仪器、工具、样品和试剂等教学、科研物品，在自用合理数量范围以内的，可以免税。

上述外国在华常驻人员包括：外国企业和其他经济贸易、文化等组织在华常驻机构的常驻人员，外国民间经济贸易、文化团体在华常驻机构的常驻人员，外国在华常驻新闻机构的常驻记者，在华的中外合资经营企业、中外合作经营企业和外资企业的外方常驻人员，长期来华工作的外国专家和华侨专家，长期来华学习的外国留学生和华侨留学生。

此外，应征进口税税额在人民币50元以下的，可以免征。

七、企业所得税

1. 什么是企业所得税?

企业所得税是对企业的所得征收的，是目前各国普遍征收的一种税收。2007 年 3 月 16 日，第十届全国人民代表大会第五次会议通过《中华人民共和国企业所得税法》，当日公布，自 2008 年 1 月 1 日起施行。2007 年 12 月 6 日，国务院公布《中华人民共和国企业所得税法实施条例》。

企业所得税分别由国家税务局和地方税务局负责征收管理，所得收入由中央政府与地方政府共享，是中央政府和地方政府税收收入的主要来源之一。2011 年，企业所得税收入为 19 602. 8 亿元，占当年中国税收总额的 21. 1% 。

2. 企业所得税的纳税人有哪些?

企业所得税的纳税人分为以下两类:

一、企业，包括国有企业、集体企业、私营企业、股份制企业、中外合资经营企业、中外合作经营企业、外资企业和外国企业等类企业，但是不包括依照我国法律成立的个人独资企业、合伙企业;

二、其他取得收入的组织，包括事业单位、社会团体、民办非企业单位、基金会、外国商会和农民专业合作社等。

以下将上述企业和组织统称为企业。

3. 什么是居民企业、非居民企业?

企业分为居民企业和非居民企业。

居民企业包括下列两类企业：

一、依法在中国境内成立的企业；

二、依照外国（地区）法律成立，但是实际管理机构在中国境内的企业。

非居民企业包括下列两类企业：

一、依照外国（地区）法律成立，实际管理机构不在中国境内，但是在中国境内设立机构、场所的企业；

二、没有在中国境内设立机构、场所，但是有来源于中国境内所得的企业。

上述实际管理机构，指对企业的生产经营、人员、账务和财产等实施实质性全面管理和控制的机构。

上述机构、场所，指在中国境内从事生产、经营活动的机构、场所，包括管理机构、营业机构（如商场）和办事机构（如办事处），工厂、农场、牧场、林场、渔场和开采自然资源的场所（如矿山和油田等），提供劳务的场所，从事建筑、安装、装配、修理和勘探等工程作业的场所，其他从事生产、经营活动的机构、场所。

非居民企业委托营业代理人在中国境内从事生产、经营活动的，包括委托单位和个人经常代其签订合同，储存和交付货物等，该营业代理人视为非居民企业在中国境内设立的机构、场所。

在中国香港特别行政区、澳门特别行政区和台湾地区成立的企业，参照关于非居民企业的规定缴纳企业所得税。

4. 企业取得的哪些所得应当缴纳所得税？

居民企业应当就其来源于中国境内、境外的所得缴纳企业所得税。

非居民企业在中国境内设立机构、场所的，应当就其在中国境内所设机构、场所取得的来源于中国境内的所得和发生在中国境外但是与其在中国境内所设机构、场所有实际联系的所得缴纳企业所得税。

非居民企业没有在中国境内设立机构、场所的；或者虽然在中国境内设立机构、场所，但是取得的所得与其在中国境内所设机构、场所没有实际联系的，应当就其来源于中国境内的所得缴纳企业所得税。

上述所得，包括销售货物所得，提供劳务所得，转让财产所得，股息、红利等权益性投资所得，利息所得，租金所得，特许权使用费所得，接受捐赠所得，其他所得。

上述实际联系，指非居民企业在中国境内设立的机构、场所拥有据以取得所得的股权、债权和拥有、管理、控制据以取得所得的财产等。

目前，中国的企业所得税收入主要来自采矿业（其中主要为煤炭和石油开采业）；制造业（其中主要为烟草制品业，石油加工及石油制品制造业，化学原料及化学制品业，医药制造业，黑色金属冶炼及压延加工业，金属制品业，通用设备制造业，专用设备制造业，汽车制造业，电气机械及器材制造业，通信设备、计算机及其他电子设备制造业）；电力生产和供应业，建筑业，交通运输业，电信业，批发和零售业，金融业，房地产业和商务服务业等行业的国有企业、集体企业、私营企业、股份制企业和外商投资企业。

5. 怎样确定企业来源于中国境内、境外的所得？

企业来源于中国境内、境外的所得，可以按照下列原则确定：

一、销售货物所得，按照交易活动发生地（通常为销货企业的营业机构所在地）确定；

二、提供劳务所得，按照劳务发生地确定；

三、转让财产所得，不动产转让所得按照不动产所在地确定，动产转让所得按照转让动产的企业和机构、场所所在地确定，权益性投资资产转让所得按照被投资企业所在地确定；

四、股息、红利等权益性投资所得，按照分配所得的企业所在地确定；

五、利息所得、租金所得、特许权使用费所得，按照负担、支付所得的企业和机构、场所所在地确定，或者按照负担、支付所得的个人的住所地确定；

六、其他所得，由财政部、国家税务总局确定。

6. 怎样计算企业所得税的应纳税所得额？

企业所得税以应纳税所得额为计税依据。

企业本纳税年度的收入总额，减除不征税收入、免税收入、各项扣除和允许弥补的以前年度亏损以后的余额，为应纳税所得额。

应纳税所得额计算公式：

应纳税所得额=收入总额-不征税收入-免税收入-各项扣除-允许弥补的以前年度亏损

例：某居民企业本纳税年度总收入为1200万元，其中不征税收入为100万元，免税收入为50万元，各项扣除为570万元；允许弥补的以前年度亏损为80万元，该企业本纳税年度企业所得税应纳税所得额的计算方法为：

应纳税所得额=1200万元-100万元-50万元-570万元-80万元

=400万元

非居民企业在中国境内从事船舶、航空等国际运输业务的，以其在中国境内起运客货收入总额的5%为应纳税所得额。

例：某外国航空公司本纳税年度在中国境内起运客货收入总额为8000万元，其企业所得税应纳税所得额的计算方法为：

应纳税所得额=8000万元×5%

=400万元

非居民企业没有在中国境内设立机构、场所，取得来源于中国境内的所得；或者虽然在中国境内设立机构、场所，但是取得来源于中国境内的所得与其在中国境内所设机构、场所没有实际联系，应当按照下列方法计算应纳税所得额：

一、股息、红利等权益性投资收益和利息、租金、特许权使用费所得，以收入全额为应纳税所得额。

二、转让财产所得，以收入全额减除财产净值以后的余额为应纳税所得额。

应纳税所得额计算公式：

应纳税所得额=收入全额-财产净值

上述收入全额，指非居民企业向支付人收取的全部价款和价外费用。

例1：某外国银行没有在中国境内设立机构、场所，通过向中国境内的企业贷款取得利息收入5000万元，其企业所得税应纳税所得额即为5000万元。

例2：某外国公司驻华代表处受该公司之托，将该公司在华一处净值600万元的房产出售，取得收入1200万元，其企业所得税应纳税所得额的计算方法为：

应纳税所得额=1200万元-600万元
=600万元

三、其他所得（如咨询费、保险费等），参照前两项规定的方法计算应纳税所得额。

企业应纳税所得额的计算，以权责发生制为原则，属于当期的收入和费用，不论款项是否收付，均作为当期的收入和费用；不属于当期的收入和费用，即使款项已经在当期收付，均不作为当期的收入和费用，税法另有规定的除外。

在计算应纳税所得额的时候，企业财务、会计处理办法与税收法律、行政法规的规定不一致的，应当按照税收法律、行政法规的规定计算。企业按照财务、会计制度在财务、会计处理上已经确认的支出，不超过税法规定的扣除范围和标准的，可以按照企业财务、会计处理确认的支出扣除。

7．企业所得税的纳税年度是怎样规定的？

企业所得税的纳税年度自公历1月1日起至12月31日止。

企业在一个纳税年度中间开业，或者终止经营活动，使该纳税年度的实际经营期不足12个月的，应当以其实际经营期为一个纳税年度。

企业依法清算的时候，应当以清算期间作为一个纳税年度。

8．企业的收入有哪些形式、项目？

企业以货币形式和非货币形式从各种来源取得的收入为收入总额。

上述企业取得收入的货币形式，包括现金、存款、应收账款、应收票据、准备持有至到期的债券投资和债务的豁免等；企业取得收入的非货币形式，包括固定资产、生物资产、无形资产、股权投资、存货、不准备持有至到期的债券投资、劳务和有关权益等。

企业以非货币形式取得的收入，应当按照公允价值，即按照市场价格确定的价值，确定收入额。

上述收入总额由下列项目构成：

一、销售货物收入，指企业销售商品、产品、原材料、包装物、低值易耗品和其他存货取得的收入。

二、提供劳务收入，指企业从事建筑安装、修理修配、交通运输、仓储租赁、金融保险、邮电通信、咨询经纪、文化体育、科学研究、技术服务、教育培训、餐饮住宿、中介代理、卫生保健、社区服务、旅游、娱乐、加工和其他劳务服务活动取得的收入。

三、转让财产收入，指企业转让固定资产、生物资产、无形资产、股权和债权等财产取得的收入。

企业转让股权收入，按照转让协议生效、且完成股权变更手续的日期确认收入的实现。转让股权收入扣除为取得该股权发生的成本以后的余额为股权转让所得。在计算股权转让所得的时候，不能扣除被投资企业未分配利润等股东留存收益中按照该项股权所可能分配的金额。

四、股息、红利等权益性投资收益，指企业因权益性投资从被投资方取得的收入。此类收益按照被投资企业股东会或者股东大会作出利润分配或者转股决定的日期确定收入的实现。但是，被投资企业将股权、股票溢价形成的资本公积转为股本的，不作为投资方企业的股息、红利收入，投资方企业也不得增加该项长期投资的计税基础。

五、利息收入，指企业将资金提供他人使用但是不构成权益性投资，因他人占用本企业资金取得的收入，包括存款利息、贷款利息、债券利息和欠款利息等收入。此类收入，按照合同约定的债务人应付利息的日期确认收入的实现。

金融企业按照规定发放的贷款，属于未逾期贷款的，应当根据先收利息后收本金的原则，按照贷款合同确认的利率和结算利息的期限计算利息，并于债务人应付利息的日期确认收入的实现。属于逾期贷款的，逾期以后发生的应收利息，应当于实际收到的日期；或者虽然没有实际收到，但是会计上确认为利息收入的日期，确认收入的实现。

金融企业已经确认为利息收入的应收利息，逾期 90 天没有收回，且会计上已经冲减当期利息收入的，可以抵扣当期的应纳税所得额；已经冲减利息收入的应收未收利息，在以后年度收回的时候，应当计入当期的应纳税所得额。

六、租金收入，指企业提供固定资产、包装物和其他有形资产的使用权取得的收入。此类收入，按照合同（协议）约定的承租人应付租金的日期确认收入的实现。

如果交易合同（协议）中规定租赁期限跨年度，且租金提前一次性支付，根据税法规定的收入与费用配比原则，出租人可以将上述已经确认的收入在租赁期以内分期均匀计入相关年度收入。出租方如果为在中国境内设有机构场所且据实申报缴纳企业所得税的非居民企业，也按照上述规定执行。

七、特许权使用费收入，指企业提供专利权、非专利技术、商标权、著作权和其他特许权（如连锁店经营的加盟特许权、品牌经营的特许权等）的使用权取得的收入。此类收入，按照合同约定的特许权使用人应付特许权使用费的日期确认收入的实现。

八、接受捐赠收入，指企业接受的来自其他企业、组织和个人无偿给予的货币性资产与非货币性资产。此类收入，按照实际收到捐赠资产的日期确认收入的实现。

九、其他收入，指企业取得的除了上述八项收入以外的其他收入，包括企业资产溢余收入、逾期未退包装物押金收入、确实无法偿付的应付款项、已经作坏账损失处理以后收回的应收款项、债务重组收入、补贴收入、违约金收入和汇兑收益等。

企业发生债务重组，按照债务重组合同（协议）生效的日期确认收入的实现。

企业发生非货币性资产交换，将货物、财产和劳务用于捐赠、偿债、赞助、集资、广告、样品、职工福利和利润分配等用途的，应当视同销售货物、转让财产或者提供劳务，但是财政部、国家税务总局另有规定的除外。

企业取得财产转让收入、债务重组收入、接受捐赠收入和无法偿付的应付款收入等，不论是否以货币形式体现，除了另有规定的以外，都应当一次性计入确认收入年度的收入，计算缴纳企业所得税。

9. 企业的收入怎样确认?

除了企业所得税法及其实施条例另有规定外，企业销售收入的确认必须遵循权责发生制原则和实质重于形式原则。

一、企业销售货物同时满足下列条件的，应当确认收入的实现：货物销售合同已经签订，企业已经将货物所有权相关的主要风险和报酬转移给购货方；企业对已经售出的货物既没有保留通常与所有权相联系的继续管理权，也没有实施有效控制；收入的金额能够可靠地计量；已经发生或者将发生的销售方的成本能够可靠地核算。

二、符合上款收入确认条件，采取下列方式销售货物的，应当按照以下规定确认收入实现时间：销售货物采用托收承付方式的，在办妥托收手续的时候确认收入；销售货物采取预收款方式的，在发出货物的时候确认收入；销售货物需要安装和检验的，在购买方接受货物，安装和检验完毕的时候确认收入（如果安装程序比较简单，可以在发出货物的时候确认收入）；销售货物采用支付手续费方式委托代销的，在收到代销清单的时候确认收入。

三、采用售后回购方式销售货物的，销售的货物按照售价确认收入，回购的货物作为购进货物处理。有证据表明不符合销售收入确认条件的，如以销售货物方式融资，收到的款项应当确认为负债，回购价格高于原售价的，其差额应当在回购期间确认为利息费用。

四、销售货物以旧换新的，销售货物应当按照销售货物收入确认条件确认收入，回收货物作为购进货物处理。

五、企业为了促进货物销售而在货物价格上给予的扣除属于商业折扣，销售货物涉及商业折扣的，应当按照扣除商业折扣以后的金额确定销售货物收入。

债权人为了鼓励债务人在规定期限以内付款而向债务人提供的债务扣除属于现金折扣，销售货物涉及现金折扣的，应当按照扣除现金折扣以前的金额确定销售货物收入，现金折扣在实际发生的时候可以作为财务费用扣除。

企业由于销售货物的质量不合格等原因而在售价上给予的减让属于销售折让，企业由于销售货物的质量、品种不符合要求等原因而发生的退货属于销售退回。企业已经确认销售收入的售出货物发生销售折让和销售退回，应当在发生当期冲减当期的销售货物收入。

企业在各个纳税期末，提供劳务交易的结果能够可靠估计的，应当采用完工进度（百分比）法确认提供劳务收入。

一、提供劳务交易的结果能够可靠估计，指同时满足下列条件：

（一）收入的金额能够可靠地计量；

（二）交易的完工进度能够可靠地确定；

（三）交易中已经发生和即将发生的成本能够可靠地核算。

二、企业提供劳务完工进度的确定，可以选用下列方法：

（一）已完工作的测量；

（二）已提供劳务占劳务总量的比例；

（三）发生成本占总成本的比例。

三、企业应当按照从接受劳务方已收或者应收的合同或者协议价款确定劳务收入总额，根据纳税期末提供劳务收入总额乘以完工进度、扣除以前纳税年度累计已经确认提供劳务收入以后的金额，确认为当期劳务收入。同时，按照提供劳务估计总成本乘以完工进度、扣除以前纳税年度累计已经确认劳务成本以后的金额，结转为当期劳务成本。

四、下列提供劳务满足收入确认条件的，应当按照规定确认收入：

（一）安装费。应当根据安装完工进度确认收入。安装工作是货物销售附带条件的，安装费在确认货物销售实现的时候确认收入。

（二）宣传媒介的收费。应当在相关的广告或者商业行为出现于公众面前的时候确认收入。广告的制作费，应当根据制作广告的完工进度确认收入。

（三）软件费。为特定客户开发软件的收费，应当根据开发的完工进度确认收入。

（四）服务费。包含在货物售价以内、可以区分的服务费，在提供服务的期间分期确认收入。

（五）艺术表演、招待宴会和其他特殊活动的收费。在相关活动发生的时候确认收入。收费涉及多项活动的，预收的款项应当合理分配，分别确认收入。

（六）会员费。申请入会或者加入会员，只允许取得会籍，其他服务、商品另行收费的，在取得该会员费的时候确认收入。申请入会或者加入会员以后，会员在会员期内不再付费就可以得到各种服务、商品，或者以低于非会员的价格销售商品、提供服务的，该会员费应当在受益期以内分期确认收入。

（七）特许权费。属于提供设备和其他有形资产的特许权费，在交付资产或者转移资产所有权的时候确认收入；属于提供初始和后续服务的特许权费，在提供服务的时候确认收入。

（八）劳务费。长期为客户提供重复的劳务收取的劳务费，在相关劳务活动发生的时候确认收入。

企业以“买一赠一”等方式组合销售本企业货物的，不属于捐赠，应当将全部销售收入按照各项货物的公允价值的比例分摊确认各项货物的销售收入。

10. 企业的哪些业务可以分期确认收入的实现？

企业的下列生产、经营业务可以分期确认收入的实现：

一、以分期收款方式销售货物的，按照合同约定的收款日期确认收入的实现；

二、企业受托加工制造大型机械设备、船舶和飞机，从事建筑、安装、装配工程业务和提供其他劳务等，持续时间超过12个月的，按照纳税年度完工进度或者完成的工作量确认收入的实现。

采取产品分成方式取得收入的，按照企业分得产品的日期确认收入的实现，其收入额按照产品的公允价值确定。

11. 企业取得的哪些收入不征收所得税？

企业取得的下列收入不征收所得税：

一、财政拨款，指各级人民政府对纳入预算管理的事业单位和社会团体等组织拨付的财政资金，但是国务院和财政部、国家税务总局另有规定的除外。

二、依法收取并纳入财政管理的行政事业性收费，指依照法律、行政法规等有关规定，按照国务院规定程序批准，在实施社会公共管理，向公民、法人和其他组织提供特定公共服务的过程中，向特定对象收取并纳入财政管理的费用。

三、政府性基金，指企业依照法律、行政法规等有关规定，代政府收取的具有专项用途的财政资金。

四、全国社会保障基金理事会、社会保障基金投资管理人管理的社会保障基金银行存款利息收入和社会保障基金从证券市场取得的收入，包括买卖证券投资基金、股票、债券的差价收入，证券投资基金红利收入，股票的股息、红利收入，债券的利息收入和产业投资基金收益、信托投资收益等其他投资收入。

五、国务院规定的其他不征税收入，指企业取得的，由财政部、国家税务总局规定专项用途，并经国务院批准的财政性资金。例如：软件生产企业增值税即征即退的增值税税款，由企业用于研究开发软件产品和扩大再生产的，不征收企业所得税。

此外，企业从县级以上各级人民政府财政部门及其他部门取得的应计入收入总额的财政性资金，同时符合下列条件的，可以作为不征税收入，在计算应纳税所得额的时候从收入总额中减除：企业能够提供规定资金专项用途的资金拨付文件，财政部门或者其他拨付资金的政府部门对该资金有专门的资金管理办法或者具体管理要求，企业对该资金和以该资金发生的支出单独核算。

上述不征税收入用于支出形成的费用，不得在计算应纳税所得额的时候扣除；用于支出形成的资产，其折旧、摊销不得在计算应纳税所得额的时候扣除。

上述财政性资金作不征税收入处理以后，在5年（60个月）以内未发生支出且未缴回财政部门或者其他拨付资金的政府部门的部分，应当计入取得该资金第6年的应税收入总额；计入应税收入总额的财政性资金发生的支出，允许在计算应纳税所得额的时候扣除。

12. 企业的哪些支出可以在计算应纳税所得额的时候扣除？

企业实际发生的与取得收入有关的、合理的支出，包括成本、费用、税金、损失和其他支出，可以在计算应纳税所得额的时候按照规定的范围和标准扣除。

上述成本，指企业在生产、经营活动中发生的销售成本、销货成本、业务支出和其他耗费。

上述费用，指企业在生产、经营活动中发生的销售费用、管理费用和财务费用，已经计入成本的有关费用除外。

上述税金，指企业发生的除了企业所得税和允许抵扣的增值税以外的各项税金及其附加。

上述损失，指企业在生产、经营活动中发生的固定资产和存货的盘亏、毁损、报废损失，转让财产损失，呆账损失，坏账损失，自然灾害等不可抗力造成的损失，其他损失。

企业发生的损失，减除责任人赔偿和保险赔款以后的余额，可以按照税法的规定扣除。

企业已经作为损失处理的资产，在以后纳税年度全部收回或者部分收回的时候，应当计入当期的收入。

上述其他支出，指除了上述成本、费用、税金和损失以外，企业在生产、经营活动中发生的与生产、经营活动有关的、合理的支出。

企业按照规定缴纳的、由国务院和财政部批准设立的政府性基金，由国务院和省级人民政府及其财政、价格主管部门批准设立的行政事业性收费，可以扣除。

企业发现以前年度实际发生的、依法应当扣除而没有扣除或者少扣除的支出，作出专项申报和说明以后，可以追补至该项目发生年度计算扣除，但是追补期限不能超过5年。

13. 企业的工资、薪金支出怎样扣除?

企业发生的合理的工资、薪金支出，可以在计算应纳税所得额的时候扣除。

上述工资、薪金，指企业本纳税年度支付给在本企业任职和受雇的职工的所有现金形式与非现金形式的劳动报酬，包括基本工资、奖金、津贴、补贴、年终加薪、加班工资和与职工任职、受雇有关的其他支出。

上述合理的工资、薪金，指企业按照股东大会、董事会、薪酬委员会或者相关管理机构制定的工资、薪金制度规定发给员工的工资、薪金。税务机关确认工资、薪金合理性的时候可以按照下列原则掌握：

一、企业制定了较为规范的员工工资、薪金制度；

二、企业制定的工资、薪金制度符合行业和地区水平；

三、企业在一定时期发放的工资、薪金相对固定，工资、薪金的调整有序进行；

四、企业在发放工资、薪金的时候已经依法代扣代缴个人所得税；

五、有关工资、薪金的安排不以减少或者逃避纳税为目的。

企业由于雇用季节工、临时工、实习生、返聘离退休人员和接受外部劳务派遣用工发生的费用，应当区分为工资、薪金支出和职工福利费支出，并依法扣除。其中属于工资、薪金支出的部分，可以计入企业的工资、薪金总额。

国有性质的企业，其工资、薪金不得超过政府有关部门限定的数额。

14. 企业的各类保险、劳动保护支出怎样扣除？

企业按照国务院有关主管部门或者省级人民政府规定的范围和标准为职工缴纳的基本养老保险费、基本医疗保险费、失业保险费、工伤保险费、生育保险费等基本社会保险费和住房公积金，可以在计算应纳税所得额的时候扣除。

企业根据国家的规定为本企业全体员工支付的补充养老保险费、补充医疗保险费，分别不超过职工工资总额5%的部分，可以扣除。

除了企业按照国家有关规定为特殊工种职工支付的人身安全保险费（如煤矿企业、建筑施工企业为有关职工支付的意外伤害保险费等）和财政部、国家税务总局规定可以在计算应纳税所得额的时候扣除的商业保险费以外，企业为投资者和职工支付的其他商业保险费，不能在计算应纳税所得额的时候扣除。

企业参加财产保险，按照规定缴纳的保险费，可以在计算应纳税所得额的时候扣除。

企业发生的合理的劳动保护支出（如购置工作服、安全保护用品和防暑降温用品等支出），可以在计算应纳税所得额的时候扣除。

15. 企业的借款费用、利息支出怎样扣除？

企业在生产、经营活动中发生的合理的、不需要资本化的借款费用，可以在计算应纳税所得额的时候扣除。

企业为购置、建造固定资产、无形资产和经过12个月以上的建造才能达到预定可销售状态的存货发生借款的，在有关资产购置、建造期间发生的合理的借款费用，应当作为资本性支出计入有关资产的成本，并可以依法在计算应纳税所得额的时候扣除。

企业通过发行债券、取得贷款和吸收保户储金等方式融资发生的合理的费用，符合资本化条件的，应当计入相关资产成本；不符合资本化条件的，应当作为财务费用在计算应纳税所得额的时候扣除。

企业在生产、经营活动中发生的下列利息支出，可以在计算应纳税所得额的时候扣除：

一、非金融企业向金融企业借款的利息支出、金融企业的各项存款利息支出和同业拆借利息支出、企业经批准发行债券的利息支出；

二、非金融企业向非金融企业借款的利息支出，不超过按照金融企业同期同类贷款利率计算的数额的部分；

三、企业向内部职工和其他人员（不包括股东和其他与企业有关联关系的自然人）借款的利息支出，不超过按照金融企业同期同类贷款利率计算的数额的部分，但是企业与个人之间的借贷要真实、合法、有效，不具有非法集资目的和其他违法行为，且企业与个人之间签订了借款合同。

16．企业的汇兑损失怎样处理？

企业在货币交易中，纳税年度终了的时候将人民币以外的货币性资产、负债按照期末即期人民币汇率中间价折算为人民币的时候产生的汇兑损失，除了已经计入有关资产成本和与向所有者分配利润相关的部分以外，可以在计算应纳税所得额的时候扣除。

17．企业的职工福利费、工会经费和职工教育经费支出怎样扣除？

企业的职工福利费、工会经费和职工教育经费，可以在计算应纳税所得额的时候按照下列规定扣除：

一、企业发生的职工福利费支出，不超过工资、薪金总额14%的部分，可以扣除。

二、企业拨缴的工会经费，不超过工资、薪金总额2%的部分，可以扣除。

三、除了财政部、国家税务总局另有规定以外，企业发生的职工教育经费支出，不超过工资、薪金总额2.5%的部分，可以扣除；超过工资、薪金总额2.5%的部分，可以在以后纳税年度结转扣除。集成电路设计企业和符合条件软件企业的职工培训费用，可以按照实际发生额在计算应纳税所得额的时候扣除。

例：某商业企业本纳税年度发生合理的工资、薪金支出200万元，发生职工福利费支出26万元，拨缴的工会经费4万元，发生职工教育经费支出8万元。其中职工福利费和工会经费支出分别没有超过规定的扣除限额28万元（200万元×14%＝28万元）和4万元（200万元×2%＝4万元），所以都可以在计算当年应纳税所得额的时候扣除；职工教育经费支出超过规定扣除限额的3万元（8万元－200万元×2.5%＝3万元）则不能在计算当年应纳税所得额的时候扣除，但是可以在以后年度结转扣除。

上述职工福利费包括下列内容：没有实行分离办社会职能的企业，其内设福利部门所发生的设备、设施和人员费用，包括职工食堂、职工浴室、理发室、医务所、托儿所、疗养院等集体福利部门的设备、设施和维修保养费用，福利部门工作人员的工资、薪金、社会保险费、住房公积金和劳务费等；为职工卫生保健、生活、住房和交通等所发放的各项补贴和非货币性福利，包括企业向职工发放的因公外地就医费用、未实行医疗统筹企业职工医疗费用、职工供养直系亲属医疗补贴、供暖费补贴、职工防暑降温费、职工困难补贴、救济费、职工食堂经费补贴和职工交通补贴等；按照其他规定发生的其他职工福利费，包括丧葬补助费、抚恤费、安家费和探亲假路费等。

企业发生的职工福利费没有单独设置账册准确核算的，税务机关应当责令企业在规定的期限以内改正。逾期没有改正的，税务机关可以合理核定企业发生的职工福利费。

18．企业的业务招待费支出怎样扣除？

企业发生的与生产、经营活动有关的业务招待费支出，可以在计算应纳税所得额的时候按照发生额的60%扣除，但是最高不得超过当年销售（营业）收入的5‰。

从事股权投资业务的企业（包括集团公司总部、创业投资企业等）从被投资企业取得的股息、红利和股权转让收入，也可以按照规定的比例计算业务招待费扣除限额。

例：某企业本纳税年度发生与生产、经营活动有关的业务招待费支出10万元，按照60%的比例计算的可以在计算应纳税所得额的时候扣除的金额为6万元（10万元×60%＝6万元）。但是，由于该企业当年的销售收入只有1000万元，按照5‰的比例计算的业务招待费支出的最高限额只有5万元（1000万元×5‰＝5万元）。所以，该企业当年的业务招待费支出，在计算应纳税所得额的时候只能扣除5万元。

企业在筹建期间发生的与筹建活动有关的业务招待费支出，可以按照实际发生额的60%计入企业筹办费。

19. 企业的广告费、业务宣传费支出怎样扣除？

企业发生的符合条件的广告费和业务宣传费支出，除了财政部、国家税务总局另有规定以外，不超过本纳税年度年销售（营业）收入15%的部分，可以在计算应纳税所得额的时候扣除；超过本纳税年度年销售（营业）收入15%的部分，可以在以后纳税年度结转扣除。

例：某企业本纳税年度发生符合条件的广告费和业务宣传费支出400万元。但是，由于该企业当年的销售收入只有2000万元，按照15%的比例计算的广告费和业务宣传费支出的扣除限额只有300万元（2000万元×15%=300万元）。所以，该企业当年的广告费和业务宣传费支出，在计算应纳税所得额的时候只能扣除300万元，超过扣除限额的100万元（400万元-300万元=100万元）可以在以后年度结转扣除。

企业在筹建期间发生的广告费和业务宣传费，可以按照实际发生额计入企业筹办费。

2011年至2015年期间的特殊规定如下：

一、化妆品制造和销售、医药制造和饮料制造（不包括酒类制造）企业发生的广告费和业务宣传费支出，不超过过本纳税年度销售（营业）收入30%的部分，可以扣除；超过本纳税年度销售（营业）收入30%的部分，可以在以后纳税年度结转扣除。

二、签订广告费和业务宣传费分摊协议的关联企业，其中一方发生的不超过扣除限额的广告费和业务宣传费支出可以在本企业扣除，也可以将其中的一部分或者全部按照分摊协议归集至另一方扣除；另一方在计算本企业广告费和业务宣传费支出扣除限额的时候，按照上述办法归集至本企业的广告费和业务宣传费支出可以不计算在内。

三、烟草企业的烟草广告费和业务宣传费支出，一律不得在计算应纳税所得额的时候扣除。

20. 企业的手续费、佣金支出怎样扣除?

企业发生与生产、经营有关的手续费、佣金支出，不超过下列限额的部分可以在计算应纳税所得额的时候扣除；超过限额的部分不能扣除：

一、保险企业：财产保险企业以当年全部保费收入扣除退保金等以后余额的15%为限，人身保险企业以当年全部保费收入扣除退保金等以后余额的10%为限。

二、其他企业：以企业与具有合法经营资格的中介服务机构、个人（不包括交易双方及其雇员、代理人和代表人等）签订服务协议或者合同确认的收入的5%为限。

例1：某财产保险企业本纳税年度全部保费收入扣除退保金等以后余额为1000万元，按照15%的比例计算的可以在计算应纳税所得额的时候扣除的手续费、佣金限额为150万元（1000万元×5%=150万元）。

例2：某商业企业与具有合法经营资格的会计师事务所签订服务协议确认的收入为100万元，按照5%的比例计算的可以在计算应纳税所得额的时候扣除的手续费、佣金限额为5万元（100万元×5%=5万元）。

企业应当与具有合法经营资格的中介服务机构、个人签订代办协议或者合同，并按照国家有关规定支付手续费、佣金。除了委托个人代理以外，企业以现金等非转账方式支付的手续费、佣金不能在税前扣除。企业为发行权益性证券支付给有关证券承销机构的手续费、佣金不能在税前扣除。

企业不能将手续费、佣金支出计入回扣、业务提成、返利和进场费等费用，也不能直接冲减服务协议或者合同金额。

企业已经计入固定资产、无形资产等资产的手续费、佣金支出，应当通过折旧、摊销等方式分期扣除，不能在发生当期直接扣除。

企业应当如实向税务机关提供当年手续费、佣金计算分配表和其他相关资料，并依法取得合法真实凭证。

从事代理服务、主营业务收入为手续费、佣金的企业（如证券、期货和保险代理等企业），为取得上述收入发生的营业成本（包括手续费、佣金支出），可以在计算应纳税所得额的时候扣除。企业因此多缴的企业所得税，可以在追补年度应纳企业所得税中抵扣；不足抵扣的，可以在以后年度递延抵扣，或者申请退税。

21. 企业提取的专项资金怎样处理？

企业依照法律、行政法规有关规定提取的用于环境保护和生态恢复等方面的专项资金，可以在计算应纳税所得额的时候扣除。上述专项资金提取以后改变用途的，不能在计算应纳税所得额的时候扣除。

22. 企业的租赁费支出怎样扣除？

企业根据生产、经营活动的需要租入固定资产支付的租赁费，可以在计算应纳税所得额的时候按照下列方法扣除：

一、以经营租赁方式租入固定资产发生的租赁费支出，可以按照租赁期限均匀扣除。

二、以融资租赁方式租入固定资产发生的租赁费支出，按照规定构成融资租入固定资产价值的部分应当提取折旧费用，可以分期扣除。

23. 企业之间支付的费用怎样处理？

企业之间支付的管理费、企业内营业机构之间支付的租金和特许权使用费，非银行企业内营业机构之间支付的利息，在计算应纳税所得额的时候不能扣除。

非居民企业在中国境内设立的机构、场所，就其中国境外总机构发生的与该机构、场所生产、经营有关的费用，能够提供总机构出具的费用汇集范围、定额、分配依据和方法等证明文件，并合理分摊的，可以在计算应纳税所得额的时候扣除。

24. 企业的公益性捐赠支出怎样扣除?

企业发生的公益性捐赠支出，在企业按照国家统一会计制度的规定计算的年度会计利润总额12%以内的部分，可以在计算应纳税所得额的时候扣除。

上述公益性捐赠，指企业通过公益性社会团体、群众团体和县级以上人民政府及其组成部门、直属机构，用于《中华人民共和国公益事业捐赠法》规定的公益事业的捐赠，包括救助灾害、救济贫困、扶助残疾人等困难的社会群体和个人的活动，教育、科学、文化、卫生和体育事业，环境保护和社会公共设施建设，促进社会发展的其他社会公共事业和福利事业。企业捐赠住房作为廉租住房的；企业、事业单位、社会团体和其他组织捐赠住房作为公共租赁住房，符合有关规定的，也可以按此办理。

上述公益性社会团体，指同时符合下列条件的基金会、慈善组织等社会团体：

一、依法登记，具有法人资格。

二、以发展公益事业为宗旨，且不以营利为目的。

三、全部资产及其增值为该法人所有。

四、收益和营运结余主要用于符合该法人设立目的的事业。

五、终止以后的剩余财产不归属任何个人或者营利组织。

六、不经营与其设立目的无关的业务。

七、有健全的财务会计制度。

八、捐赠者不以任何形式参与社会团体财产的分配。

九、申请前3年以内没有受到行政处罚。

十、基金会在民政部门依法登记3年以上的，应当在申请以前连续2年年度检查合格，或者最近1年年度检查合格且社会组织评估等级在3A以上；登记1年以上不满3年的，应当在申请以前1年年度检查合格或者社会组织评估等级在3A以上；登记1年以下的，应当在申请以前没有受到行政处罚。

十一、基金会以外的公益性社会团体在民政部门依法登记3年以上，净资产不低于登记的活动资金数额，申请以前连续2年年度检查合格，或者最近1年年度检查合格且社会组织评估等级在3A以上，申请以前连续3年每年用于公益活动的支出不低于上年总收入的70%，同时达到当年总支出的50%以上。

上述公益性群众团体，指同时符合下列条件的按照《社会团体登记管理条例》不需办理社团登记的人民团体和经国务院批准免予登记的社会团体：符合企业所得税法实施条例的有关规定；县级以上机构编制部门直接管理其机构编制；捐赠收入和支出单独核算，且申请以前连续3年接受捐赠的总收入中用于公益事业的支出比例不低于70%。

符合规定的基金会、慈善组织等公益性社会团体，可以按照程序申请公益性捐赠税前扣除资格：

一、经民政部批准成立的公益性社会团体，可以分别向财政部、国家税务总局和民政部提出申请。

二、经省级民政部门批准成立的基金会，可以分别向省级财政、税务和民政部门提出申请。经地方县级以上人民政府民政部门批准成立的基金会以外的公益性社会团体，可以分别向本省（自治区、直辖市和计划单列市）财政、税务和民政部门提出申请。

三、民政部门负责对公益性社会团体的资格进行初步审核，财政、税务部门会同民政部门对公益性社会团体的捐赠税前扣除资格进行审核确认。

四、对符合条件的公益性社会团体，按照上述管理权限，由财政部、国家税务总局、民政部和各省、自治区、直辖市、计划单列市的财政、税务、民政部门分别定期公布。

公益性社会团体、县级以上人民政府及其组成部门和直属机构在接受捐赠的时候，捐赠资产的价值按照下列原则确认：

一、接受捐赠的货币性资产，应当按照实际收到的金额计算。

二、接受捐赠的非货币性资产，应当以其公允价值计算。捐赠方在捐赠的时候应当提供注明捐赠非货币性资产公允价值的证明，否则受赠方不得向捐赠方开具公益性捐赠票据。

存在下列情形之一的公益性社会团体，应当取消其公益性捐赠税前扣除资格：

一、年度检查不合格或者最近一次社会组织评估等级低于3A的。

二、在申请公益性捐赠税前扣除资格的时候有弄虚作假行为的。

三、存在偷税行为或者为他人偷税提供便利的。

四、存在违反该组织章程的活动，或者接受的捐赠款项用于组织章程规定用途以外的支出等情况的。

五、受到行政处罚的。

被取消公益性捐赠税前扣除资格的公益性社会团体，存在上述第一项规定的情形的，1 年以内不得重新申请公益性捐赠税前扣除资格；存在第二项至第五项规定的情形的，3 年以内不得重新申请公益性捐赠税前扣除资格。

存在上述第三项、第四项规定的情形的，应当对受赠方接受捐赠收入和其他收入依法补征企业所得税。

例：某企业本纳税年度向规定的公益性社会团体捐款1 000 万元，当年该企业按照国家统一会计制度的规定计算的年度会计利润总额为8 000 万元，该企业当年公益性捐赠支出扣除限额为960 万元（8 000 万元×12% =960 万元）。所以，该企业当年向规定的公益性社会团体捐款，在计算应纳税所得额的时候只能扣除960 万元。

25. 企业的资产损失怎样扣除？

企业的资产损失指企业在生产、经营活动中发生的、与取得应税收入有关的资产损失，包括现金损失，存款损失，坏账损失，贷款损失，股权投资损失，固定资产、存货的盘亏、毁损、报废、被盗损失，自然灾害等不可抗力因素造成的损失和其他损失。符合税法规定的资产损失，可以在计算应纳税所得额的时候扣除。

一、企业清查出的现金短缺减除责任人赔偿以后的余额，可以作为现金损失扣除。

二、企业将货币性资金存入法定具有存款职能的机构，由于该机构依法破产、清算，或者政府责令停业、关闭等原因不能收回的部分，可以作为存款损失扣除。

三、企业除了贷款类债权以外的应收、预付账款符合下列条件之一的，减除可收回金额以后确认的无法收回的应收、预付款项，可以作为坏账损失扣除：

（一）债务人依法宣告破产、关闭、解散、被撤销，或者被依法注销、吊销营业执照，其清算财产不足清偿的；

（二）债务人死亡，或者依法被宣告失踪、死亡，其财产或者遗产不足清偿的；

（三）债务人逾期 3 年以上没有清偿，且有确凿证据证明已经无力清偿债务的；

（四）与债务人达成债务重组协议或者法院批准破产重整计划以后，无法追偿的；

（五）因自然灾害、战争等不可抗力无法收回的；

（六）财政部、国家税务总局规定的其他条件。

四、企业采取所有可能的措施和履行必要的程序以后，符合下列条件之一的贷款类债权，可以作为贷款损失扣除：

（一）借款人和担保人依法宣告破产、关闭、解散、被撤销，并终止法人资格，或者已经完全停止经营活动，被依法注销、吊销营业执照，对借款人和担保人追偿以后未能收回的债权；

（二）借款人死亡，或者依法被宣告失踪、死亡，依法对其财产或者遗产清偿，并对担保人追偿以后未能收回的债权；

（三）借款人遭受重大自然灾害或者意外事故，损失巨大且不能获得保险补偿，或者以保险赔偿以后确实无力偿还部分或者全部债务，对借款人财产清偿和对担保人追偿以后未能收回的债权；

（四）借款人触犯刑律，依法受到制裁，其财产不足归还所借债务，又无其他债务承担者，经追偿以后无法收回的债权；

（五）由于借款人和担保人不能偿还到期债务，企业诉诸法律，经法院对借款人和担保人强制执行，借款人和担保人均无财产可以执行，法院裁定执行程序终结或者终止（中止）以后仍然无法收回的债权；

（六）由于借款人和担保人不能偿还到期债务，企业诉诸法律以后，经法院调解或者经债权人会议通过，与借款人和担保人达成和解协议或者重整协议，在借款人和担保人履行还款义务以后无法追偿的剩余债权；

（七）由于上述（一）至（六）项原因，借款人不能偿还到期债务，企业依法取得抵债资产，抵债金额小于贷款本息的差额，经追偿以后仍然无法收回的债权；

（八）开立信用证、办理承兑汇票、开具保函等发生垫款的时候，凡开证申请人和保证人由于上述（一）至（七）项原因，无法偿还垫款，金融企业经追偿以后仍然无法收回的垫款；

（九）银行卡持卡人和担保人由于上述（一）至（七）项原因，未能还清透支款项，金融企业经追偿以后仍然无法收回的透支款项；

（十）助学贷款逾期以后，在金融企业确定的有效追索期限以内，依法处置助学贷款抵押物（质押物），并向担保人追索连带责任以后仍然无法收回的贷款；

（十一）经国务院专案批准核销的贷款类债权；

（十二）财政部、国家税务总局规定的其他条件。

五、企业的股权投资符合下列条件之一的，减除可收回金额以后确认的无法收回的股权投资，可以作为股权投资损失扣除：

（一）被投资方依法宣告破产、关闭、解散、被撤销，或者被依法注销、吊销营业执照的；

（二）被投资方财务状况严重恶化，累计发生巨额亏损，已经连续停止经营3年以上，且无恢复经营改组计划的；

（三）对被投资方不具有控制权，投资期限届满或者投资期限已经超过10年，且被投资单位由于连续3年经营亏损导致资不抵债的；

（四）被投资方财务状况严重恶化，累计发生巨额亏损，已经完成清算或者清算期超过3年的；

（五）财政部、国家税务总局规定的其他条件。

六、企业盘亏的固定资产、存货，以该固定资产的账面净值、存货的成本减除责任人赔偿以后的余额，可以作为固定资产、存货盘亏损失扣除。

七、企业毁损、报废的固定资产、存货，以该固定资产的账面净值、存货的成本减除残值、保险赔款和责任人赔偿以后的余额，可以作为固定资产、存货毁损、报废损失扣除。

八、企业被盗的固定资产、存货，以该固定资产的账面净值、存货的成本减除保险赔款和责任人赔偿以后的余额，可以作为固定资产、存货被盗损失扣除。

九、企业因存货盘亏、毁损、报废、被盗等原因不能从增值税销项税额中抵扣的进项税额，可以与存货损失一起扣除。

企业在计算应纳税所得额的时候扣除的资产损失，在以后纳税年度全部或者部分收回的时候，其收回部分应当作为收入计入收回当期的应纳税所得额。

企业在中国境内、境外的营业机构发生的资产损失应当分开核算，境外营业机构由于发生资产损失而产生的亏损不能在计算境内应纳税所得额的时候扣除。

企业扣除各项资产损失，应当提供能够证明资产损失发生的合法证据，包括具有法律效力的外部证据、具有法定资质的中介机构的经济鉴证证明和具有法定资质的专业机构的技术鉴定证明等。

企业以前年度发生，按照当时规定符合资产损失确认条件的损失，在当年因故没有扣除的，不能结转以后年度扣除，可以按照规定追补确认在该项资产损失发生的年度扣除。企业由于以前年度资产损失没有扣除而多缴纳的企业所得税，可以在审批确认年度企业所得税应纳税款中抵缴，抵缴不足的，可以在以后年度递延抵缴。企业资产损失发生年度扣除追补确认的损失出现亏损的，首先应当调整资产损失发生年度的亏损额，然后按照弥补亏损的原则计算以后年度多缴的企业所得税，并按照上述办法作出税务处理。

26. 企业的哪些支出不能在计算应纳税所得额的时候扣除？

企业在计算应纳税所得额的时候，下列支出不能扣除：

一、向投资者支付的股息、红利等权益性投资收益款项；

二、企业所得税税款；

三、税收滞纳金；

四、罚金、罚款和被没收财物的损失；

五、公益性捐赠支出以外的捐赠支出；

六、赞助支出；

七、不符合财政部、国家税务总局规定的各项资产减值准备、风险准备等准备金支出；

八、与取得收入无关的其他支出。

此外，企业的不征税收入用于支出形成的费用；企业的不征税收入用于支出形成的财产，其固定资产折旧和无形资产摊销，也不能扣除。

27. 企业的亏损怎样处理？

企业本纳税年度发生的亏损，可以用以后纳税年度的所得弥补，但是结转年限最长不得超过5年。

上述亏损，指企业依法将本纳税年度的收入总额减除不征税收入、免税收入和各项扣除以后小于零的数额。企业开始生产、经营的年度为开始计算企业损益的年度。

例：某企业2006年和2007年分别亏损170万元和60万元。从2008到2011年，在没有弥补2006年和2007年亏损的情况下，该企业的盈利为160万元。这样，该企业2006年的亏损到2011年已经连续结转5年，只能弥补160万元，剩余的10万元不能在2012年继续结转和弥补。该企业2007年的亏损60万元，可以用2012年的盈利弥补。如果该企业2012年的盈利为50万元，则只能弥补50万元，其余的亏损10万元，由于结转期已经满5年，所以就不能在2013年继续结转和弥补了。

企业在汇总计算缴纳企业所得税的时候，其中国境外营业机构的亏损不能抵减中国境内营业机构的盈利。

合伙企业合伙人是法人和其他组织的，合伙人在计算其缴纳企业所得税时，不能用合伙企业的亏损抵减其盈利。

28. 企业清算的所得税怎样处理？

清算指企业由于合并、兼并和破产等原因终止的时候，清理财产、收回债权、清偿债务和分配剩余财产的行为。

清算所得指企业的全部资产可变现价值或者交易价格减除资产的计税基础、清算费用和相关税费，加上债务清偿损益等以后的余额。

企业清算的所得税处理，指企业不再持续经营，发生结束自身业务、处置资产、偿还债务和向所有者分配剩余财产等经济行为的时候对清算所得、清算所得税、股息分配等事项的处理。

下列企业应当进行清算的所得税处理：

一、按照公司法、企业破产法需要清算的企业；

二、企业重组中需要按照清算处理的企业。

企业清算的所得税处理包括下列内容：

一、全部资产均应当按照可变现价值或者交易价格，确认资产转让所得或者损失；

二、确认债权清理、债务清偿的所得或者损失；

三、改变持续经营核算原则，对预提或者待摊性质的费用进行处理；

四、依法弥补亏损，确定清算所得；

五、计算并缴纳清算所得税；

六、确定可以向股东分配的剩余财产、应付股息等。

企业的全部资产可变现价值或者交易价格，减除资产的计税基础、清算费用和相关税费，加上债务清偿损益等以后的余额，为清算所得。企业应当将整个清算期作为一个独立的纳税年度计算清算所得。

企业全部资产的可变现价值或者交易价格减除清算费用，职工的工资、社会保险费用和法定补偿金，结清清算所得税、以前年度欠税等税款，清偿企业债务，按照规定计算可以向所有者分配的剩余资产。被清算企业的股东从被清算企业分得的剩余资产，其中相当于被清算企业累计未分配利润和累计盈余公积中按照该股东所持股份所占比例计算的部分，应当确认为股息所得。剩余资产减除上述股息所得以后的余额，超过股东投资成本的部分，应当确认为股东的投资转让所得；低于股东投资成本的部分，应当确认为股东的投资转让损失。

被清算企业的股东从被清算企业分得的资产应当按照可变现价值或者实际交易价格确定计税基础。

29. 企业资产的计税基础怎样确定？

企业的各项资产，包括固定资产、生物资产、无形资产、长期待摊费用、投资资产和存货等，以历史成本为计税基础。

上述历史成本，指企业取得该项资产的时候实际发生的支出。

企业持有各项资产期间资产增值和减值，除了财政部、国家税务总局规定可以确认损益以外，不得调整该资产的计税基础。

30. 企业固定资产的计税基础怎样确定?

固定资产，指企业为生产产品、提供劳务、出租和经营管理而持有的、使用时间超过12个月的非货币性资产，包括房屋、建筑物、机器、机械、运输工具和其他与生产、经营活动有关的设备、器具、工具等。

固定资产按照下列方法确定计税基础：

一、外购的固定资产，以购买价款、支付的相关税费和直接归属于使该资产达到预定用途发生的其他支出为计税基础。

二、自行建造的固定资产，以竣工结算以前发生的支出为计税基础。

三、融资租入的固定资产，以租赁合同约定的付款总额和承租人在签订租赁合同过程中发生的相关费用为计税基础；租赁合同未约定付款总额的，以该资产的公允价值和承租人在签订租赁合同过程中发生的相关费用为计税基础。

四、盘盈的固定资产，以同类固定资产的重置完全价值为计税基础。

五、通过捐赠、投资、非货币性资产交换和债务重组等方式取得的固定资产，以该资产的公允价值和支付的相关税费为计税基础。

六、改建的固定资产，除了已经足额提取折旧的固定资产改建支出和以经营租赁方式租入固定资产的改建支出应当作为长期待摊费用处理以外，以改建过程中发生的改建支出（包括材料费、人工费和向政府缴纳的有关税费等支出）增加计税基础。

企业的固定资产投入使用以后，由于工程价款尚未结清没有取得全额发票的，可以暂按合同规定的金额计入固定资产计税基础计提折旧，待取得发票以后调整，但是此项调整应当在固定资产投入使用12个月以内办理。

31. 企业的固定资产折旧是怎样规定的?

企业在计算应纳税所得额的时候，固定资产按照直线法计算的折旧，可以扣除。

企业的固定资产由于特殊原因需要加速折旧的，可以缩短折旧年限或者采取加速折旧的方法。

投入使用的固定资产，应当自其投入使用月份的次月起计算折旧；停止使用的固定资产，应当自其停止使用月份的次月起停止计算折旧。

企业应当根据固定资产的性质和使用情况，合理确定固定资产的预计净残值。上述净残值一经确定，不能变更。

除了财政部、国家税务总局另有规定以外，固定资产计算折旧的最低年限如下：

一、房屋、建筑物，为20年；

二、飞机、火车、轮船、机器、机械和其他生产设备，为10年；

三、与生产、经营活动有关的器具、工具和家具等，为5年；

四、飞机、火车和轮船以外的运输工具（如汽车、摩托车、拖拉机和机帆船等），为4年；

五、电子设备，为3年。

企业购进软件，符合固定资产确认条件的，可以按照固定资产核算，折旧年限可以适当缩短，最短为2年。

集成电路生产企业的生产性设备，折旧年限可以适当缩短，最短为3年。

直线法的计算公式：

$$年折旧率=(1-预计净残值率)\div折旧年限\times100\%$$

$$月折旧率=年折旧率\div12$$

$$月折旧额=固定资产原值\times月折旧率$$

企业对房屋、建筑物固定资产在足额提取折旧以前进行改扩建的，按照两种情况处理：第一种情况：推倒重置的，该资产原值减除提取折旧以后的净值，应当并入重置以后的固定资产计税成本，并在该固定资产投入使用以后的次月起，按照税法规定的该固定资产折旧年限，一并计提折旧。第二种情况：提升功能、增加面积的，该固定资产的改扩建支出，应当并入该固定资产计税基础，并从改扩建完工投入使用以后的次月起，重新按税法规定的该固定资产折旧年限计提折旧；如果该改扩建以后的固定资产尚可使用年限低于税法规定的最低年限的，可以按照尚可使用年限计提折旧。

下列固定资产不得计算折旧扣除：

一、房屋、建筑物以外没有投入使用的固定资产；

二、以经营租赁方式租入的固定资产；

三、以融资租赁方式租出的固定资产；

四、已经足额提取折旧继续使用的固定资产；

五、与经营活动无关的固定资产；

六、单独估价作为固定资产入账的土地；

七、其他不得计算折旧扣除的固定资产。

从事开采石油、天然气等矿产资源的企业，在开始商业性生产以前发生的费用和有关固定资产的折耗、折旧方法，由财政部、国家税务总局另行规定。

32. 企业的固定资产加速折旧怎样处理？

企业的固定资产由于技术进步，产品更新换代比较快；或者常年处于强震动、高腐蚀状态，需要加速折旧的，可以缩短折旧年限或者采取加速折旧的方法。

企业过去没有使用过与该项固定资产功能相同或者类似的固定资产，但是有充分的证据证明该固定资产的预计使用年限短于税法规定的最低折旧年限的，企业可以根据该固定资产的预计使用年限加速折旧。

企业在原有固定资产达到税法规定的最低折旧年限以前，使用功能相同或者类似的新固定资产替代原有固定资产的，可以根据原有固定资产的实际使用年限对新固定资产实行加速折旧。

企业采取缩短折旧年限方法的，购置的新固定资产，最低折旧年限不得低于税法规定的折旧年限的60%；购置使用过的固定资产，最低折旧年限不得低于税法规定的最低折旧年限减去使用年限以后剩余年限的60%。最低折旧年限一经确定，一般不能变更。

企业采取加速折旧方法的，可以采用双倍余额递减法或者年数总和法。加速折旧方法一经确定，一般不能变更。

双倍余额递减法的计算公式：

年折旧率=2÷预计使用年限×100%

月折旧率=年折旧率÷12

月折旧额=月初固定资产账面净值×月折旧率

年数总和法的计算公式：

年折旧率=尚可使用年限÷预计使用年限的年数总和×100%

月折旧率=年折旧率÷12

月折旧额=(固定资产原值-预计净残值)×月折旧率

企业的固定资产需要缩短折旧年限或者采取加速折旧方法的，应当在取得该固定资产以后1个月之内向税务机关备案，并报送有关资料。税务机关应当在企业所得税年度纳税评估的时候对企业加速折旧的固定资产的使用情况进行实地核查。不符合加速折旧条件的，税务机关有权要求企业停止加速折旧。

缩短折旧年限的固定资产足额计提折旧以后继续使用而没有处置超过12个月的，对其更新替代、改造或者改建以后形成的功能相同或者类似的固定资产，不能再缩短折旧年限。

企业的固定资产缩短折旧年限或者采取加速折旧方法的，税务机关应当设立相应的税收管理台账，加强监督，跟踪管理。发现不符合税法规定的，应当及时责令企业进行纳税调整。

总、分机构汇总缴纳企业所得税的企业，分支机构使用的符合税法规定的固定资产缩短折旧年限或者采取加速折旧方法的，由总机构向其所在地税务机关备案，分支机构所在地税务机关应当配合总机构所在地税务机关实施跟踪管理。

33. 企业生产性生物资产的计税基础、折旧是怎样规定的?

生产性生物资产，指企业为生产农产品、提供劳务和出租等而持有的生物资产，包括经济林、薪炭林、产畜和役畜等。

生产性生物资产按照下列方法确定计税基础：

一、外购的生产性生物资产，以购买价款和支付的相关税费为计税基础；

二、通过捐赠、投资、非货币性资产交换和债务重组等方式取得的生产性生物资产，以该资产的公允价值和支付的相关税费为计税基础。

企业在计算应纳税所得额的时候，生产性生物资产按照直线法计算的折旧，可以扣除。

投入使用的生产性生物资产，应当从其投入使用月份的次月起计算折旧；停止使用的生产性生物资产，应当从其停止使用月份的次月起停止计算折旧。

企业应当根据生产性生物资产的性质和使用情况，合理确定其预计净残值。上述净残值一经确定，不得变更。

生产性生物资产计算折旧的最低年限如下：

一、林木类生产性生物资产，为10年；

二、畜类生产性生物资产，为3年。

34. 企业无形资产的计税基础、摊销是怎样规定的?

无形资产，指企业为生产产品、提供劳务、出租和经营管理而持有的、没有实物形态的非货币性长期资产，包括专利权、商标权、著作权、土地使用权、非专利技术和商誉等。

无形资产按照下列方法确定计税基础：

一、外购的无形资产，以购买价款、支付的相关税费和直接归属于使该资产达到预定用途发生的其他支出为计税基础；

二、自行开发的无形资产，以开发过程中该资产符合资本化条件以后至达到预定用途以前发生的支出为计税基础；

三、通过捐赠、投资、非货币性资产交换和债务重组等方式取得的无形资产，以该资产的公允价值和支付的相关税费为计税基础。

企业在计算应纳税所得额的时候，无形资产按照直线法计算的摊销费用，可以扣除。

无形资产的摊销年限不得低于10年。

作为投资、受让的无形资产，有关法律规定或者合同约定了使用年限的，可以按照法律规定或者合同约定的使用年限分期摊销。

外购商誉的支出，在企业整体转让、清算的时候，可以扣除。

下列无形资产不得计算摊销费用扣除：

一、自行开发的支出已经在计算应纳税所得额的时候扣除的无形资产；

二、自创商誉；

三、与经营活动无关的无形资产；

四、其他不得计算摊销费用扣除的无形资产。

企业购进软件，符合无形资产确认条件的，可以按照无形资产核算，摊销年限可以适当缩短，最短为2年。

35．企业的长期待摊费用怎样摊销？

在计算应纳税所得额的时候，企业的下列支出作为长期待摊费用按照规定摊销的，可以扣除：

一、已经足额提取折旧的固定资产的改建支出，按照固定资产预计尚可使用年限分期摊销。

二、以经营租赁方式租入的固定资产的改建支出，按照合同约定的剩余租赁期限分期摊销。

上述固定资产的改建支出，指改变房屋、建筑物结构、延长使用年限等发生的支出。

改建的固定资产延长使用年限的，除了已经足额提取折旧的固定资产和以经营租赁方式租入的固定资产以外，还应当适当延长折旧年限。

三、固定资产的大修理支出，按照固定资产尚可使用年限分期摊销。此项支出应当同时符合下列条件：修理支出达到取得固定资产时的计税基础50%以上，修理以后固定资产的使用年限延长2年以上。

四、其他应当作为长期待摊费用的支出，从支出发生月份的次月起分期摊销，摊销年限不得低于3年。

纳税人发生的开（筹）办费，可以按照长期待摊费用处理，也可以在开始经营的当年一次性扣除，但是处理方法选定以后不能改变。

36. 企业的投资资产怎样处理？

投资资产，指企业对外进行权益性投资、债权性投资形成的资产。

企业对外投资期间，投资资产的成本在计算应纳税所得额的时候不得扣除。企业在转让、处置投资资产的时候，投资资产的成本可以扣除。

投资资产按照下列方法确定成本：

一、通过支付现金方式取得的投资资产，以购买价款为成本；

二、通过支付现金以外的方式取得的投资资产，以该资产的公允价值和支付的相关税费为成本。

投资企业从被投资企业撤回或者减少投资，其取得的资产中，相当于初始出资的部分，应当确认为投资收回；相当于被投资企业累计未分配利润和累计盈余公积按照减少实收资本比例计算的部分，应当确认为股息所得；其余部分应当确认为投资资产转让所得。

被投资企业发生的经营亏损，由被投资企业按照规定结转弥补；投资企业不得调整减低其投资成本，也不得将其确认为投资损失。

37．企业的存货怎样处理？

存货指企业持有以备出售的产品或者商品、处在生产过程中的在产品、在生产和提供劳务过程中耗用的材料和物料等。

企业使用和销售存货，按照规定计算的存货成本，可以在计算应纳税所得额的时候扣除。

存货按照下列方法确定成本：

一、通过支付现金方式取得的存货，以购买价款和支付的相关税费为成本；

二、通过支付现金以外的方式取得的存货，以该存货的公允价值和支付的相关税费为成本；

三、生产性生物资产收获的农产品，以产出、采收过程中发生的材料费、人工费和分摊的间接费用等必要支出为成本。

企业使用和销售的存货的成本计算方法，可以在先进先出法、加权平均法和个别计价法中选用一种。计价方法一经选用，不得随意变更。

38．企业转让资产、财产怎样处理？

企业转让资产和财产，被转让资产和财产的净值可以在计算应纳税所得额的时候扣除。

上述资产和财产净值，指有关资产和财产的计税基础减除已经按照规定扣除的折旧、折耗、摊销和准备金等以后的余额。

39．企业处置资产所得税怎样处理？

企业发生下列情形的处置资产，除了将资产转移至中国境外以外，由于资产所有权属在形式和实质上都没有改变，可以作为内部处置资产，不视同销售确认收入，相关资产的计税基础延续计算：

一、将资产用于生产、制造或者加工另一产品；

二、改变资产形状、结构或者性能；

三、改变资产用途（如自建商品房转为自用和经营用房）；

四、将资产在总机构及其分支机构之间转移；

五、上述两种以上情形的混合；

六、其他不改变资产所有权属的用途。

企业将资产移送他人的下列情形，因资产所有权属已经改变而不属于内部处置资产，应当按照规定视同销售确定收入：

一、用于市场推广和销售；

二、用于交际应酬；

三、用于职工奖励和福利；

四、用于股息分配；

五、用于对外捐赠；

六、其他改变资产所有权属的用途。

发生上述情形的时候，属于企业自制的资产，应当按照企业同类资产同期对外销售价格确定销售收入；属于外购的资产，可以按照购入时候的价格确定销售收入。

40. 企业重组所得税怎样处理？

企业重组指企业在日常经营活动以外发生的法律结构或者经济结构重大改变的交易，包括企业法律形式改变、债务重组、股权收购、资产收购、合并、分立等。

企业法律形式改变，指企业注册名称、住所和企业组织形式等的简单改变，但是符合税法规定其他重组的类型除外。

债务重组，指在债务人发生财务困难的情况下，债权人按照其与债务人达成的书面协议或者法院裁定书，就债务人的债务作出让步的事项。

股权收购，指一家企业（以下称收购企业）购买另一家企业（以下称被收购企业）的股权，以实现对被收购企业控制的交易。收购企业支付对价的形式包括股权支付、非股权支付或者两者的组合。

资产收购，指一家企业（以下称受让企业）购买另一家企业

（以下称转让企业）实质经营性资产的交易。受让企业支付对价的形式包括股权支付、非股权支付或者两者的组合。

合并，指一家或者多家企业（以下称被合并企业）将其全部资产和负债转让给另一家现存或者新设企业（以下称合并企业），被合并企业股东换取合并企业的股权支付或者非股权支付，实现两家以上企业的依法合并。

分立，指一家企业（以下称被分立企业）将部分或者全部资产分离转让给现存或者新设企业（以下称分立企业），被分立企业股东换取分立企业的股权支付或者非股权支付，实现企业的依法分立。

上述股权支付，指企业重组中购买、换取资产的一方支付的对价中，以本企业或者其控股企业的股权、股份作为支付的形式；非股权支付，指以本企业的现金、银行存款、应收款项、本企业或者其控股企业股权、股份以外的有价证券、存货、固定资产、其他资产和承担债务等作为支付的形式。

企业重组的税务处理，区分不同条件，分别适用一般性税务处理规定和特殊性税务处理规定。

一、一般性税务处理

（一）企业由法人转变为个人独资企业、合伙企业等非法人组织，或者将登记注册地转移至中国境外和香港、澳门、台湾地区，应当视同企业清算、分配，股东重新投资成立新企业。企业的全部资产和股东投资的计税基础均应当以公允价值为基础确定。

企业发生其他法律形式简单改变的，可以直接变更税务登记，除了另有规定者以外，有关企业所得税纳税事项（包括亏损结转、税收优惠等权益和义务）由变更后企业承继，但是因住所发生变化而不符合税收优惠条件的除外。

（二）企业债务重组，相关交易应当按照下列规定处理：

1. 以非货币资产清偿债务，应当分解为转让相关非货币性资产和按照非货币性资产公允价值清偿债务两项业务，确认相关资产的所得或者损失。

2．发生债权转股权的，应当分解为债务清偿和股权投资两项业务，确认有关债务清偿所得或者损失。

3．债务人应当按照支付的债务清偿额低于债务计税基础的差额，确认债务重组所得；债权人应当按照收到的债务清偿额低于债权计税基础的差额，确认债务重组损失。

4．债务人的相关所得税纳税事项原则上不变。

（三）企业股权收购、资产收购重组交易，相关交易应当按照下列规定处理：

1．被收购方应当确认股权、资产转让所得或者损失。

2．收购方取得股权或者资产的计税基础应当以公允价值为基础确定。

3．被收购企业的相关所得税事项原则上不变。

（四）企业合并，当事各方应当按照下列规定处理：

1．合并企业应当按照公允价值确定接受被合并企业各项资产和负债的计税基础。

2．被合并企业及其股东都应当按照清算进行所得税处理。

3．被合并企业的亏损不得在合并企业结转弥补。

（五）企业分立，当事各方应当按照下列规定处理：

1．被分立企业对分立出去的资产应当按照公允价值确认资产转让所得或者损失。

2．分立企业应当按照公允价值确认接受资产的计税基础。

3．被分立企业继续存在的时候，其股东取得的对价应当视同被分立企业分配处理。

4．被分立企业不再继续存在的时候，被分立企业及其股东都应当按照清算处理。

5．企业分立相关企业的亏损不得相互结转弥补。

二、特殊性税务处理

企业重组同时符合下列条件的，适用特殊性税务处理规定：

（一）具有合理的商业目的，且不以减少、免除或者推迟缴纳税款为主要目的。

（二）被收购、合并或者分立部分的资产或者股权比例符合税法规定的比例。

（三）企业重组以后连续12个月之内不改变重组资产原来的实质性经营活动。

（四）重组交易对价中涉及股权支付金额符合税法规定比例。

（五）企业重组中取得股权支付的原主要股东在企业重组以后连续12个月之内不能转让取得的股权。

企业重组符合上述条件的，交易各方对其交易中的股权支付部分，可以按照下列规定进行特殊性税务处理：

（一）企业债务重组确认的应纳税所得额占该企业当年应纳税所得额50%以上，可以在5个纳税年度期间均匀计入各年度的应纳税所得额。

企业发生债权转股权业务，对债务清偿和股权投资两项业务暂不确认有关债务清偿所得或者损失，股权投资的计税基础以原债权的计税基础确定。企业的其他相关所得税事项不变。

（二）股权收购，收购企业购买的股权不低于被收购企业股权的75%，且收购企业在该股权收购发生时的股权支付金额不低于其交易支付总额的85%，可以选择按照下列规定处理：

1. 被收购企业的股东取得收购企业股权的计税基础，以被收购股权的原有计税基础确定。

2. 收购企业取得被收购企业股权的计税基础，以被收购股权的原有计税基础确定。

3. 收购企业、被收购企业的原有各项资产和负债的计税基础和其他相关所得税事项保持不变。

（三）资产收购，受让企业收购的资产不低于转让企业全部资产的75%，且受让企业在该资产收购发生时的股权支付金额不低于其交易支付总额的85%，可以选择按照下列规定处理：

1. 转让企业取得受让企业股权的计税基础，以被转让资产的原有计税基础确定。

2. 受让企业取得转让企业资产的计税基础，以被转让资产的原有计税基础确定。

（四）企业合并，企业股东在该企业合并发生时取得的股权支付金额不低于其交易支付总额的85%，同一控制下且不需要支付对价的企业合并，可以选择按照下列规定处理：

1. 合并企业接受被合并企业资产和负债的计税基础，以被合并企业的原有计税基础确定。

2. 被合并企业合并以前的相关所得税事项由合并企业承继。

3. 可由合并企业弥补被合并企业亏损限额=被合并企业净资产公允价值×截至合并业务发生当年年末发行的最长期限的国债利率。

4. 被合并企业股东取得合并企业股权的计税基础，以其原持有的被合并企业股权的计税基础确定。

（五）企业分立，被分立企业所有股东按照原持股比例取得分立企业的股权，分立企业和被分立企业均不改变原来的实质经营活动，且被分立企业股东在该企业分立发生时取得的股权支付金额不低于其交易支付总额的85%，可以选择按照下列规定处理：

1. 分立企业接受被分立企业资产和负债的计税基础，以被分立企业的原有计税基础确定。

2. 被分立企业分立出去资产相应的所得税事项由分立企业承继。

3. 被分立企业没有超过法定弥补期限的亏损额可以按照分立资产占全部资产的比例分配，由分立企业继续弥补。

4. 被分立企业的股东取得分立企业的股权（以下简称“新股”），如果需要部分或者全部放弃原持有的被分立企业的股权（以下简称“旧股”），“新股”的计税基础应当以放弃“旧股”的计税基础确定。如果不需要放弃“旧股”，则其取得“新股”的计税基础可从以下两种方法中选择确定：

（1）直接将“新股”的计税基础确定为零；

（2）先按照被分立企业分立出去的净资产占被分立企业全部净资产的比例调减原持有的“旧股”的计税基础，再将调减的计税基础平均分配到“新股”上。

（六）重组交易各方按照上述（一）至（五）项规定对交易中股权支付暂不确认有关资产的转让所得或者损失的，其非股权支付仍然应当在交易当期确认相应的资产转让所得或者损失，并调整相应资产的计税基础。

$$\text{非股权支付对应的资产转让所得或损失} = (\text{被转让资产的公允价值} - \text{被转让资产的计税基础}) \times \text{非股权支付金额} \div \text{被转让资产的公允价值}$$

企业发生涉及中国境内与中国境外和香港、澳门、台湾地区的股权和资产收购交易，除了应当符合上述条件以外，还应当同时符合下列条件，才可以选择适用特殊性税务处理规定：

（一）非居民企业向其100%直接控股的另一非居民企业转让其拥有的居民企业股权，没有因此造成以后该项股权转让所得负担变化，且转让方非居民企业向税务机关承诺在3年以内不转让其拥有受让方非居民企业的股权；

（二）非居民企业向与其具有100%直接控股关系的居民企业转让其拥有的另一居民企业股权；

（三）居民企业以其拥有的资产或者股权向其100%直接控股的非居民企业投资；

（四）财政部、国家税务总局核准的其他情形。

上述第（三）项所指的居民企业以其拥有的资产或者股权向其100%直接控股关系的非居民企业投资，其资产或者股权转让收益如果选择特殊性税务处理，可以在10个纳税年度以内均匀计入各年度应纳税所得额。

企业发生符合税法规定的特殊性重组条件并选择特殊性税务处理的，当事各方应当在该重组业务完成当年企业所得税年度申报的时候向税务机关提交书面备案资料。企业没有按照上述规定备案的，不能按照特殊重组业务进行税务处理。

三、在企业吸收合并中，合并以后的存续企业性质和适用税收优惠的条件没有改变的，可以继续享受合并以前该企业剩余期限的税收优惠，其优惠金额按照该企业合并前一年的应纳税所得额（亏损计为零）计算。

在企业存续分立中，分立以后的存续企业性质和适用税收优惠的条件没有改变的，可以继续享受分立以前该企业剩余期限的税收优惠，其优惠金额按照该企业分立前一年的应纳税所得额（亏损计为零）乘以分立以后该企业资产占分立以前该企业全部资产的比例计算。

四、企业在重组前后连续 12 个月以内分步对其资产、股权进行交易，应当根据实质重于形式的原则将上述交易作为一项企业重组交易处理。

41. 企业与关联方业务往来的纳税调整是怎样规定的？

企业与其关联方之间的业务往来，不符合独立交易原则从而减少企业及其关联方应纳税收入、所得额的，税务机关有权按照合理的方法调整。

上述关联方，指与企业有下列关联关系之一的企业、其他组织和个人：

一、在资金、经营和购销等方面存在直接或者间接的控制关系；

二、直接或者间接地同为第三者控制；

三、在利益上具有相关联的其他关系。

具体而言，只要企业与另一个企业之间存在下列关系之一，即构成关联企业：相互直接或者间接持有对方股份 25% 以上；直接或者间接同为第三者拥有或者控制股份 25% 以上；企业向另一个企业借贷资金相当于自有资金 50% 以上，或者企业借贷资金的 10% 以上由另一个企业担保；企业的董事或者经理等高级管理人员 50% 以上或者 1 名以上常务董事由另一个企业委派；企业的生产、经营活动必须由另一个企业提供特许权利才能正常进行；企业生产、经营购进的原材料、零部件等由另一个企业供应并控制；企业生产的产品（商品）的销售由另一个企业控制；对企业的生产、经营和交易具有实际控制或者在利益上具有关联的其他关系（包括家族、亲属关系等）。

上述独立交易原则，指没有关联关系的交易各方，按照公平成交价格和营业常规进行业务往来遵循的原则。

上述合理方法，包括下列方法：

一、可比非受控价格法，指按照没有关联关系的交易各方进行相同或者类似业务往来的价格定价的方法；

二、再销售价格法，指按照从关联方购进商品再销售给没有关联关系的交易方的价格，减除相同或者类似业务的销售毛利定价的方法；

三、成本加成法，指按照成本加合理的费用和利润定价的方法；

四、交易净利润法，指按照没有关联关系的交易各方进行相同或者类似业务往来取得的净利润水平确定利润的方法；

五、利润分割法，指将企业与其关联方的合并利润或者亏损在各方之间采用合理标准分配的方法；

六、其他符合独立交易原则的方法。

企业与其关联方之间的业务往来，不符合独立交易原则，企业实施其他不具有合理商业目的安排的，税务机关有权在该业务发生的纳税年度起10年以内作出纳税调整。

42．企业应当怎样与关联方分摊成本？

企业与其关联方共同开发、受让无形资产，共同提供、接受劳务发生的成本，在计算应纳税所得额的时候，应当按照独立交易原则分摊，并可以与其关联方达成成本分摊协议。

企业与其关联方分摊成本的时候，应当按照成本与预期收益相配比的原则分摊，并按照税务机关的要求报送有关资料。

企业与其关联方分摊成本的时候违反上述规定的，其自行分摊的成本不能在计算应纳税所得额的时候扣除。

43. 什么是预约定价安排？

企业可以向税务机关提出与其关联方之间业务往来的定价原则和计算方法，税务机关与企业协商、确认以后，达成预约定价安排。

上述预约定价安排，指企业就其未来年度关联交易的定价原则和计算方法，向税务机关提出申请，与税务机关按照独立交易原则协商、确认以后达成的协议。实施的时候，通常需要采取预备会谈、正式申请、审核和评估、磋商、签订协议、监控执行等步骤。

44. 企业及其关联方应当向税务机关提供哪些材料？

企业向税务机关报送年度企业所得税纳税申报表的时候，应当就其与关联方之间的业务往来，附送年度关联业务往来报告表。

税务机关在进行关联业务调查的时候，企业及其关联方，与关联业务调查有关的其他企业，都应当按照规定提供下列相关资料：

一、与关联业务往来有关的价格、费用的制定标准、计算方法和说明等同期资料；

二、关联业务往来所涉及的财产、财产使用权和劳务等的再销售（转让）价格或者最终销售（转让）价格的相关资料；

三、与关联业务调查有关的其他企业应当提供的与被调查企业可比的产品价格、定价方式和利润水平等资料；

四、其他与关联业务往来有关的资料。

上述与关联业务调查有关的其他企业，指与被调查企业在生产、经营内容和方式上相类似的企业。

企业应当在税务机关规定的期限以内提供与关联业务往来有关的价格、费用的制定标准、计算方法和说明等资料。上述期限不超过 60 天；情况特殊的，经过纳税人申请和税务机关批准，可以适当延期，但是不能超过 30 天。关联方和与关联业务调查有关的其他企业，应当在税务机关与其约定的期限以内提供相关资料。

45. 企业不提供或者不能准确提供与关联方业务往来资料的，怎样核定其应纳税所得额？

企业不提供与其关联方之间业务往来资料，或者提供虚假、不完整资料，不能真实反映其关联业务往来情况的，税务机关有权依法采用下列方法核定其应纳税所得额：

一、参照同类或者类似企业的利润率核定；

二、按照企业成本加合理的费用和利润的方法核定；

三、按照关联企业集团整体利润的合理比例核定；

四、按照其他合理方法核定。

企业对税务机关按照上述规定的方法核定的应纳税所得额有异议的，应当提供相关证据，经税务机关认定以后，调整核定的应纳税所得额。

46. 由居民企业或者由居民企业和中国居民控制的设立在低税负国家（地区）的企业，非正常不分配利润或者减少利润分配的，怎样处理？

由居民企业或者由居民企业和中国居民控制的设立在企业所得税实际税负低于12.5%的国家（地区）的企业，并非由于合理的经营需要而不分配利润、减少利润分配的，上述利润中应当归属于该居民企业的部分，应当计入该居民企业的当期收入。

上述中国居民，指根据《中华人民共和国个人所得税法》的规定，就其从中国境内、境外取得的所得在中国缴纳个人所得税的个人。

上述控制，包括下列情形：

一、居民企业、中国居民直接或者间接单一持有外国企业10%以上有表决权股份，且由其共同持有该外国企业50%以上股份；

二、居民企业或者居民企业和中国居民持股比例没有达到上述标准，但是在股份、资金、经营和购销等方面对该外国企业构成实质控制。

中国居民企业、居民个人能够提供资料，证明其控制的外国企业设立在美国、英国、法国、德国、日本、意大利、加拿大、澳大利亚、印度、南非、新西兰和挪威的，可以免于将该外国企业不分配或者减少分配的利润视同股息分配额，计入中国居民企业的当期所得。

47. 企业从关联方接受的债权性投资与权益性投资的比例超过规定标准而发生的利息支出怎样处理？

企业从其关联方接受的债权性投资与权益性投资的比例超过财政部、国家税务总局的规定标准而发生的利息支出，不能在计算应纳税所得额的时候扣除。

上述债权性投资，指企业直接或者间接从关联方获得的，需要偿还本金和支付利息或者需要以其他具有支付利息性质的方式予以补偿的融资。其中，企业间接从关联方获得的债权性投资，包括：

一、关联方通过无关联第三方提供的债权性投资；

二、无关联第三方提供的、由关联方担保且负有连带责任的债权性投资；

三、其他间接从关联方获得的具有负债实质的债权性投资。

上述权益性投资，指企业接受的不需要偿还本金和支付利息，投资人对企业净资产拥有所有权的投资。

上述企业从其关联方接受的债权性投资与权益性投资的比例，金融企业为5∶1，其他企业为2∶1。企业同时从事金融业务和非金融业务的，其支付关联方的利息应当按照合理的方法分开计算；没有按照合理的方法分开计算的，一律按照其他企业的比例计算税前扣除的利息支出。

如果企业能够按照规定提供相关资料，并证明相关交易活动符合独立交易原则，或者该企业的实际税负不高于境内关联方，其支付境内关联方的利息在计算应纳税所得额的时候可以扣除。

48. 税务机关作出纳税调整的时候，怎样补征税款和加收利息？

税务机关按照企业所得税法作出纳税调整，需要补征税款的，应当补征税款。同时，对补征的税款，自税款所属纳税年度的次年6月1日起至补缴税款之日止，按日加收利息。此项利息应当按照税款所属纳税年度中国人民银行公布的与补税期间同期的人民币贷款基准利率加5个百分点计算。但是，企业依法提供有关资料的，可以按照上述人民币贷款基准利率计算利息。企业的此项利息支出不能在计算应纳税所得额的时候扣除。

49. 企业所得税的税率是怎样规定的？

企业所得税的税率为25%。符合条件的小型微利企业，可以减按20%的税率缴纳企业所得税。国家需要重点扶持的高新技术企业，可以减按15%的税率缴纳企业所得税。

非居民企业没有在中国境内设立机构、场所，取得来源于中国境内的所得；或者虽然在中国境内设立机构、场所，但是取得来源于中国境内的所得与其在中国境内所设机构、场所没有实际联系，税率为20%。符合条件的项目，可以减按10%的税率缴纳企业所得税。中国政府同外国政府签订的有关税收的协定有更优惠规定的，可以按照有关税收协定办理。

50. 企业所得税的应纳税额怎样计算？

企业的应纳税所得额乘以适用税率，减除按照企业所得税法的规定减征、免征和抵免的税额以后的余额，为应纳税额。

一、居民企业来源于中国境内、境外的所得，非居民企业在中国境内所设机构、场所取得的来源于中国境内的所得和发生在中国境外但是与其在中国境内所设机构、场所有实际联系的所得，应当按照以下方法计算缴纳企业所得税：

应纳税额计算公式：

应纳税额=应纳税所得额×适用税率-减免税额-抵免税额

例1：某居民企业适用企业所得税税率为25%，本纳税年度的应纳税所得额为400万元，减免税额为30万元，抵免税额为10万元，该企业当年应纳企业所得税税额的计算方法为：

应纳税额=400万元×25%-30万元-10万元

=60万元

例2：某外国企业在中国境内设立一个分公司，该分公司本纳税年度的应纳税所得额为200万元，既不享受税收优惠，也没有抵免税额，该分公司当年应纳企业所得税税额的计算方法为：

应纳税额=200万元×25%

=50万元

二、非居民企业没有在中国境内设立机构、场所，取得来源于中国境内的所得；或者虽然在中国境内设立机构、场所，但是取得来源于中国境内的所得与其在中国境内所设机构、场所没有实际联系，应当按照以下方法计算缴纳企业所得税：

应纳税额计算公式：

应纳税额=应纳税所得额×适用税率-减免的税额

例1：没有在中国境内设立机构的某外国银行从中国境内取得利息收入2000万元，依法减按10%的税率缴纳企业所得税，其应纳企业所得税税额的计算方法为：

应纳税额=2000万元×10%

=200万元

例2：某外国公司驻华代表处受该公司之托，将该公司在华一处净值600万元的房产出售，取得收入1200万元，依法减按10%的税率缴纳企业所得税，其应纳企业所得税税额的计算方法为：

应纳税所得额 = 1 200 万元 - 600 万元

= 600 万元

应纳税额 = 600 万元 × 10%

= 60 万元

企业所得税以人民币计算。所得以人民币以外的货币计算的，应当先折算为人民币，然后计算纳税。

51. 企业在中国境外已经缴纳的所得税怎样进行直接抵免？

企业在中国境外已经缴纳所得税的抵免方法如下：

居民企业来源于中国境外的所得；非居民企业在中国境内设立机构、场所，取得发生在中国境外但是与该机构、场所有实际联系的所得，已经在中国境外缴纳的所得税税额，可以从其当期应纳所得税税额中抵免，抵免限额为上述所得按照中国企业所得税法的规定计算的应纳企业所得税税额；超过抵免限额的部分，可以在超过抵免限额的纳税年度次年起连续 5 个纳税年度以内，用每个纳税年度抵免限额抵免当年应抵税额以后的余额抵补。除了财政部和国家税务总局另有规定以外，上述抵免限额应当分国（地区）不分项计算，计算公式如下：

$$\text{抵免限额} = \text{中国境内、境外所得按照中国税法计算的应纳税总额} \times \text{来源于某国（地区）的应纳税所得额} \div \text{中国境内、境外应纳税所得总额}$$

$$= \text{来源于某国（地区）的应纳税所得额} \times 25\%$$

例 1：某中外合资经营企业适用企业所得税税率为 25%，本纳税年度来源于中国境内的应纳税所得额为 300 万元，来源于该企业设在某外国的分支机构的应纳税所得额为 100 万元，并且已经在该国缴纳企业所得税 35 万元，该企业境外企业所得税抵免限额和汇总计算的应纳中国企业所得税税额的计算方法为：

（1）抵免限额 = 100 万元 × 25%

=25 万元

（2）应纳税额=（300 万元+100 万元）×25%−25 万元

=75 万元

由于该企业当年在中国境外缴纳的企业所得税税额为 35 万元，而扣除限额只有 25 万元，所以，超过扣除限额的 10 万元只能留待以后的纳税年度抵扣。

例 2：某外国银行在中国境内设立一个分行，该分行本纳税年度来源于中国境内的应纳税所得额为 2 000 万元；将从中国吸收的存款贷给某外国的一个企业，取得利息收入 200 万元，并且按照 20% 的税率在该国缴纳企业所得税 40 万元，该分行境外企业所得税抵免限额和汇总计算的应纳中国企业所得税税额的计算方法为：

（1）抵免限额=200 万元×25%

=50 万元

（2）应纳税额=（2 000 万元+200 万元）×25%−40 万元

=510 万元

52. 企业在中国境外已经缴纳的所得税怎样进行间接抵免？

居民企业从其直接或者间接控制的外国企业分得的来源于中国境外的股息、红利等权益性投资收益，外国企业在中国境外实际缴纳的所得税税额中属于上述所得负担的部分，可以作为该居民企业的可抵免境外所得税税额，在中国企业所得税法规定的抵免限额以内抵免。

上述直接控制，指居民企业直接持有外国企业 20% 以上股份。间接控制，指居民企业以间接持股方式持有外国企业 20% 以上股份，具体认定办法由财政部、国家税务总局制定。

计算间接抵免企业所得税的关键在于将外国企业支付的股息还原为税前利润。上述税前利润等于上一层企业从下一层企业分得的股息与下一层企业为该股息负担的企业所得税之和。下一层企业支付上一层企业的股息负担的企业所得税，按照下一层企业已经缴纳的所得税和支付上一层企业的股息占下一层企业税后利润的比例计算。如果下一层企业所在国家（地区）对股息征收所得税，则计算上一层企业从下一层企业分得股息的时候还应当包括对股息征收的所得税。

例：中国居民企业甲公司本纳税年度来源于中国境内的应纳税所得额为2000万元，适用所得税税率为25%。甲公司持有设立在某外国的乙公司30%的股份，乙公司本纳税年度的应纳税所得额为1000万元，按照20%的税率缴纳所得税200万元；甲公司从乙公司分得股息200万元，按照10%的税率向乙公司所在国缴纳所得税20万元。甲公司境外企业所得税抵免限额和汇总计算的应纳中国企业所得税税额的计算方法为：

乙公司本纳税年度的税后利润＝1000万元×(1－20%)
＝800万元

甲公司从乙公司分得股息负担的所得税＝200万元×200万元÷800万元
＝50万元

甲公司从乙公司分得股息还原后所得＝200万元＋50万元
＝250万元

甲公司从乙公司分得股息已经在中国境外缴纳的所得税＝50万元＋20万元
＝70万元

甲公司从乙公司分得股息境外所得税抵免限额＝250万元×25%
＝62.5万元

甲公司汇总计算的应纳中国所得税税额＝(2000万元＋250万元)×25%
－62.5万元
＝500万元

53. 企业的哪些收入为免税收入?

企业的下列收入为免税收入:

一、国债利息收入,2009 年至 2011 年期间发行的地方政府债券利息收入。

二、符合条件的居民企业之间的股息、红利等权益性投资收益。

三、在中国境内设立机构、场所的非居民企业从居民企业取得的与上述机构、场所有实际联系的股息、红利等权益性投资收益。

上述股息、红利等权益性投资收益,不包括连续持有居民企业公开发行并上市流通的股票不足 12 个月取得的投资收益。

四、符合条件的非营利组织的收入。

上述符合条件的非营利组织,指同时符合下列条件的组织:依法履行非营利组织登记手续;从事公益性或者非营利性活动;取得的收入除了用于与该组织有关的、合理的支出以外,全部用于登记核定或者章程规定的公益性或者非营利性事业;财产及其孳息不用于分配;按照登记核定或者章程规定,该组织注销以后的剩余财产用于公益性或者非营利性目的,或者由登记管理机关转赠与该组织性质、宗旨相同的组织,并向社会公告;投入人对投入该组织的财产不保留或者享有任何财产权利;工作人员的工资、福利开支控制在规定的比例以内,不变相分配该组织的财产。

上述非营利组织的收入,包括接受其他单位、个人捐赠的收入,企业所得税法第七条规定的财政拨款以外的其他政府补助收入(但是不包括由于政府购买服务取得的收入),按照省级以上民政、财政部门规定收取的会费,不征税收入和免税收入孳生的银行存款利息收入,财政部、国家税务总局规定的其他收入;不包括非营利组织从事营利性活动取得的收入,财政部、国家税务总局另有规定的除外。

54. 企业的哪些所得可以免征、减半征收所得税?

企业从事下列项目的所得,可以免征企业所得税:

一、蔬菜、谷物、薯类、油料、豆类、棉花、麻类、糖料、水果和坚果的种植；

二、农作物新品种的选育；

三、中药材的种植；

四、林木的培育、种植；

五、牲畜、家禽的饲养；

六、林产品的采集；

七、灌溉、农产品初加工、兽医、农技推广、农机作业和维修等农、林、牧、渔服务业项目；

八、远洋捕捞。

企业从事下列项目的所得，可以减半征收企业所得税：

一、花卉、茶、其他饮料作物和香料作物的种植；

二、海水养殖、内陆养殖。

55. 企业从事公共基础设施项目投资经营可以享受哪些所得税优惠?

企业从事国家重点扶持的公共基础设施项目投资经营（不包括企业承包经营、承包建设和内部自建自用项目）的所得，可以自项目建成并投入运营以后取得第一笔生产、经营收入所属纳税年度起，第一年至第三年免征企业所得税，第四年至第六年减半征收企业所得税。

上述国家重点扶持的公共基础设施项目，指经国务院批准，财政部、国家税务总局、国家发展和改革委员会公布的《公共基础设施项目企业所得税优惠目录（2008年版)》规定的港口码头、机场、铁路、公路、城市公共交通、电力和水利等项目。

上述依法享受定期免征、减征企业所得税待遇的国家重点扶持的公共基础设施项目，在规定的减税、免税期限以内转让的，受让方自受让之日起，可以在剩余的期限以内继续享受规定的减税、免税待遇；减税、免税期限届满转让的，受让方不能就该项目重复享受减税、免税待遇。

56. 企业从事环境保护、节能节水项目的所得可以享受哪些所得税优惠?

企业从事符合条件的环境保护和节能节水项目的所得，可以自项目取得第一笔生产、经营收入所属纳税年度起，第一年至第三年免征企业所得税，第四年至第六年减半征收企业所得税。

上述符合条件的环境保护和节能节水项目，包括污水处理、垃圾处理、沼气综合开发利用、节能减排技术改造和海水淡化等。项目的具体条件和范围由财政部、国家税务总局商国务院有关部门制定，报国务院批准以后公布施行。

上述依法享受定期免征、减征企业所得税待遇的环境保护、节能节水项目，在规定的减税、免税期限以内转让的，受让方自受让之日起，可以在剩余的期限以内继续享受规定的减税、免税待遇；减税、免税期限届满转让的，受让方不能就该项目重复享受减税、免税待遇。

57. 居民企业取得技术转让所得可以享受哪些所得税优惠?

居民企业取得技术转让所得，一个纳税年度以内所得不超过500万元的部分，可以免征企业所得税；超过500万元的部分，可以减半征收企业所得税。

上述技术转让应当符合下列条件：属于财政部、国家税务总局规定的范围，中国境内技术转让经省级以上科技部门认定，向中国境外转让技术经省级以上商务部门认定，国家税务总局规定的其他条件。

上述技术转让所得应当按照下列公式计算：

技术转让所得=技术转让收入-技术转让成本-相关税费

技术转让收入指当事人履行技术转让合同以后获得的价款，不包括销售或者转让设备、仪器、零部件和原材料等非技术性收入，不属于与技术转让项目密不可分的技术咨询、技术服务和技术培训等收入不得计入技术转让收入。

技术转让成本指被转让无形资产的净值，即该无形资产的计税基础减除其使用期间按照规定计算的摊销扣除额以后的余额。

相关税费指技术转让过程中实际发生的有关税费，包括除企业所得税和可以抵扣的增值税以外的税金及其附加、合同签订费用、律师费等相关费用和其他支出。

享受技术转让所得减免企业所得税优惠的企业应当单独计算技术转让所得，并合理分摊企业的期间费用，否则不能享受上述优惠。

例：某居民企业本纳税年度取得技术转让所得1000万元，该企业此项所得应纳企业所得税税额的计算方法为：

应纳税额=(1000万元-500万元)×25%×50%

=62.5万元

58. 非居民企业没有在中国境内设立机构、场所，取得来源于中国境内的所得；或者虽然在中国境内设立机构、场所，但是取得来源于中国境内的所得与其在中国境内所设机构、场所没有实际联系，可以享受哪些所得税优惠？

非居民企业没有在中国境内设立机构、场所，取得来源于中国境内的所得；或者虽然在中国境内设立机构、场所，但是取得来源于中国境内的所得与其在中国境内所设机构、场所没有实际联系，可以减按10%的税率征收企业所得税。中国政府与外国政府签订的有关税收协定有更优惠规定的，可以按照有关税收协定的规定执行。

下列所得可以免征企业所得税：

一、外国政府向中国政府提供贷款取得的利息所得。

二、国际金融组织向中国政府、居民企业提供优惠贷款取得的利息所得。上述国际金融组织，包括国际货币基金组织、世界银行、亚洲开发银行、国际开发协会、国际农业发展基金、欧洲投资银行和财政部、国家税务总局确定的其他国际金融组织；上述优惠贷款，指低于金融企业同期同类贷款利率水平的贷款。

三、经国务院批准的其他所得。

59. 哪些小型微利企业可以减按20%的税率缴纳所得税?

从事非国家限制和禁止的行业，并符合下列条件的小型微利企业，可以减按20%的税率缴纳企业所得税：

一、工业企业，年度应纳税所得额不超过30万元，从业人数不超过100人，资产总额不超过3000万元；

二、其他企业，年度应纳税所得额不超过30万元，从业人数不超过80人，资产总额不超过1000万元。

上述从业人数，指与企业建立劳动关系的职工人数和企业接受的劳务派遣用工人数之和；从业人数和资产总额按照企业全年月平均值确定，计算公式如下：

月平均值=(月初值+月末值)÷2

全年月平均值=全年各月平均值之和÷12

年度中间开业或者终止经营活动的，以其实际经营期作为一个纳税年度确定上述指标。

纳税年度终了以后，税务机关应当根据企业当年的有关指标，核实企业当年是否符合小型微利企业的条件。如果企业当年的有关指标不符合小型微利企业的条件，已经减征了企业所得税，在年度汇算清缴的时候应当补缴减征的企业所得税。

上述规定只适用具备建账核算应纳税所得额条件的居民企业。按照规定采用核定征收办法缴纳企业所得税的企业，在具备准确核算应纳税所得额条件以前暂不适用小型微利企业适用的企业所得税税率。

自2012年至2015年，全年应纳税所得额不超过6万元的小型微利企业，其所得减按50%计入应纳税所得额。

60. 哪些高新技术企业可以减按15%的税率缴纳所得税？

拥有核心自主知识产权，并同时符合下列条件的国家需要重点扶持的高新技术企业，可以减按15%的税率缴纳企业所得税：

一、产品（服务）属于经国务院批准，科学技术部、财政部和国家税务总局公布的《国家重点支持的高新技术领域》规定的范围；

二、研究开发费用占销售收入的比例不低于规定的比例；

三、高新技术产品（服务）收入占企业总收入的比例不低于规定的比例；

四、科技人员占企业职工总数的比例不低于规定的比例；

五、高新技术企业认定管理办法规定的其他条件。

此外，自2010年7月至2013年，在北京、天津、上海、重庆、大连、深圳、广州、武汉、哈尔滨、成都、南京、西安、济南、杭州、合肥、南昌、长沙、大庆、苏州、无锡和厦门21个中国服务外包示范城市，经认定的技术先进型服务企业，可以减按15%的税率征收企业所得税，职工教育经费支出不超过工资、薪金总额8%的部分可以在计算应纳税所得额的时候扣除。

61. 民族自治地方减免企业所得税有哪些特殊规定？

民族自治地方的自治机关对本民族自治地方的企业应当缴纳的企业所得税中地方分享的部分，可以决定减征、免征。自治州和自治县决定减征、免征的，须报所在省（自治区、直辖市）人民政府批准。

上述民族自治地方，指依照《中华人民共和国民族区域自治法》的规定，实行民族区域自治的自治区、自治州和自治县。

对民族自治地方内国家限制和禁止行业的企业，不得免征、减征企业所得税。

62. 企业的哪些支出可以在计算应纳税所得额的时候加计扣除?

企业的下列支出可以在计算应纳税所得额的时候加计扣除:

一、企业为开发新技术、新产品和新工艺发生的研究开发费用,未形成无形资产计入当期损益的,可以在按照规定据实扣除的基础上,按照研究开发费用发生额的50%加计扣除;形成无形资产的,可以按照无形资产成本的150%摊销。

例:某企业本纳税年度发生允许计入当期费用,在计算应纳税所得额的时候扣除的新产品研究开发费用100万元;按照上述费用额的50%加计扣除,即50万元(100万元×50%=50万元);合计扣除额为150万元(100万元+50万元=150万元)。

二、企业安置残疾人员就业的,可以在按照规定将支付给残疾职工工资据实扣除的基础上,按照支付给残疾职工工资的100%加计扣除。残疾人员的范围适用《中华人民共和国残疾人保障法》的有关规定。

企业享受此项扣除应同时具备下列条件:

(一)依法与安置的每位残疾人员签订1年以上的劳动合同或者服务协议,而且安置的每位残疾人员在企业工作。

(二)为安置的每位残疾人员按月足额缴纳规定的基本养老保险、基本医疗保险、失业保险和工伤保险等社会保险费。

(三)定期通过银行等金融机构向安置的每位残疾人员支付不低于企业所在区(县)适用的经省级人民政府批准的最低工资标准的工资。

(四)具备安置残疾人员工作的基本设施。

加计扣除的具体方法是:企业支付给残疾职工的工资在企业所得税预缴申报时据实计算扣除,年度终了企业所得税年度申报和汇算清缴时计算加计扣除。

例:某企业本纳税年度发生允许计入当期成本,在计算应纳税所得额的时候扣除的残疾职工工资30万元；按照上述工资额的100%加计扣除，即30万元（30万元×100%＝30万元）；合计扣除额为60万元（30万元+30万元＝60万元）。

三、企业安置国家鼓励安置的其他就业人员所支付的工资，加计扣除办法由国务院另行规定。

63. 创业投资企业股权投资未上市中小高新技术企业的，可以享受怎样的所得税优惠？

创业投资企业采取股权投资方式投资于未上市的中小高新技术企业2年以上的，可以按照其投资额的70%，在股权持有满2年的当年抵扣该创业投资企业的应纳税所得额；当年该创业投资企业的应纳税所得额不足抵扣的，可以在以后纳税年度结转抵扣。

上述创业投资企业，指按照国家发展和改革委员会等部门制定的《创业投资企业管理暂行办法》和商务部等部门制定的《外商投资创业投资企业管理规定》在中国境内设立的专门从事创业投资活动的企业或其他经济组织。上述中小高新技术企业，指按照科学技术部规定取得高新技术企业资格，年销售（营业）额和资产总额均不超过2亿元、职工人数不超过500人的企业。

中小企业接受创业投资以后，经过认定，符合高新技术企业标准的，应当从被认定为高新技术企业的年度起计算创业投资企业的投资期限。在此期限以内接受创业投资的中小企业规模超过中小企业标准，仍然符合高新技术企业标准的，不影响创业投资企业享受有关税收优惠。

例：某创业投资企业采取股权投资方式投资于未上市的中小高新技术企业，投资额为1000万元；该创业投资企业在股权持有满2年的当年允许抵扣应纳税所得额的股权投资额为700万元（1000万元×70%＝700万元）。但是，该创业投资企业当年的应纳税所得额只有500万元，所以，不足抵扣的200万元（700万元－500万元＝200万元）只能在以后年度结转抵扣。

64. 企业从事资源综合利用，可以享受怎样的所得税优惠?

企业经国务院批准，以财政部、国家税务总局、国家发展和改革委员会公布的《资源综合利用企业所得税优惠目录》规定的共生、伴生矿产资源，废水（废液）、废气和废渣，再生资源等资源作为主要原材料，生产非国家限制和禁止并符合国家和行业相关标准的产品取得的收入，可以减按90%计入收入总额。上述原材料占生产产品材料的比例不得低于《资源综合利用企业所得税优惠目录》规定的标准。

例：某企业生产符合国家规定的资源综合利用产品，取得收入500万元，减按90%计入收入总额，即450万元（500万元×90% = 450万元）。

65. 企业购置并使用环境保护、节能节水和安全生产等专用设备，可以享受怎样的所得税优惠?

企业购置并使用经国务院批准，财政部、国家税务总局和国家有关部门公布的《环境保护专用设备企业所得税优惠目录》、《节能节水专用设备企业所得税优惠目录》和《安全生产专用设备企业所得税优惠目录》规定的环境保护、节能节水和安全生产等专用设备的，该专用设备的投资额的10%可以抵免企业本纳税年度的应纳企业所得税；本纳税年度的应纳企业所得税不足抵免的，可以在以后5个纳税年度结转抵免。

纳税人购置并实际使用上述专用设备并取得增值税专用发票的，在按照上述规定办理企业所得税抵免的时候，如果增值税进项税额允许抵扣，其专用设备投资额不包括增值税进项税额；如果增值税进项税额不允许抵扣，其专用设备投资额为增值税专用发票上注明的价税合计金额。企业购置并实际使用上述专用设备取得普通发票的，其专用设备投资额为普通发票上注明的金额。上述专用设备的投资额，不包括设备运输、安装和调试等费用。

企业利用自筹资金和银行贷款购置专用设备的投资额，可以按照规定抵免企业所得税；企业利用财政拨款购置专用设备的投资额，不得抵免企业所得税。

上述购置并使用的专用设备，包括承租方企业以融资租赁方式租入的、并在融资租赁合同中约定租赁期届满以后租赁设备所有权转移给承租方企业，且符合规定条件的上述专用设备。凡融资租赁期届满以后租赁设备所有权没有转移至承租方企业的，承租方企业应当停止享受抵免企业所得税优惠，并补缴已经抵免的企业所得税。

例：某企业投资200万元，购置一批符合规定的安全生产等专用设备，并投入使用，这笔投资额的10%即20万元。在减除上述抵免额以前，该企业本纳税年度的应纳企业所得税税额为100万元。在减除上述抵免额以后，该企业本纳税年度的应纳企业所得税税额为80万元（100万元-20万元=80万元）。

享受上述企业所得税优惠的企业，应当购置上述专用设备自用。企业购置上述专用设备在5年以内转让、出租的，应当停止享受上述企业所得税优惠，并补缴已经抵免的企业所得税；受让方可以享受上述企业所得税优惠。

66．企业同时从事适用不同企业所得税待遇的项目，怎样处理？

企业同时从事适用不同企业所得税待遇的项目的，其优惠项目应当单独计算所得，并合理分摊企业的期间费用；没有单独计算的，不能享受企业所得税优惠。

67．西部地区的企业可以享受哪些所得税优惠？

设立在国家规定的西部地区和其他地区，以国家发布的《西部地区鼓励类产业目录》中规定的产业项目为主营业务，且当年主营业务收入占企业总收入70%以上的企业，在2011年至2020年期间可以减按15%的税率征收企业所得税。

上述西部地区包括重庆市、四川省、贵州省、云南省、西藏自治区、陕西省、甘肃省、宁夏回族自治区、青海省、新疆维吾尔自治区、内蒙古自治区和广西壮族自治区12个省、自治区、直辖市和新疆生产建设兵团。湖南省湘西土家族苗族自治州、湖北省恩施土家族苗族自治州和吉林省延边朝鲜族自治州，可以比照上述西部地区的税收政策执行。

2001年至2010年期间在上述地区新办的交通、电力、水利、邮政和广播电视等企业，国家规定的鼓励类产业项目的业务收入占企业总收入的70%以上的，经过企业申请，税务机关审核确认，第一年和第二年可以免征企业所得税，第三年至第五年可以减半征收企业所得税。

68. 在深圳、珠海、汕头、厦门、海南经济特区和上海浦东新区登记的国家需要重点扶持的高新技术企业，可以享受哪些所得税优惠？

2008年以后在深圳、珠海、汕头、厦门、海南5个经济特区和上海浦东新区登记的国家需要重点扶持的高新技术企业，在经济特区和上海浦东新区取得的所得，可以从取得第一笔生产、经营收入所属纳税年度起，第一年至第二年免征企业所得税，第三年至第五年按照25%的法定税率减半征收企业所得税。

69. 软件产业、集成电路产业可以享受哪些所得税优惠？

软件产业、集成电路产业可以享受下列所得税优惠：

一、软件生产企业实行增值税即征即退政策退还的增值税税款，由企业用于研究开发软件产品和扩大再生产，不征收企业所得税。

二、中国境内新办软件生产企业经过认定以后，可以自获利年度起，第一年和第二年免征企业所得税，第三年至第五年减半征收企业所得税。

三、国家规划布局以内的重点软件生产企业，如果当年没有享受免征企业所得税的优惠，可以减按10%的税率缴纳企业所得税。

四、软件生产企业的职工培训费用，可以按照实际发生额在计算应纳税所得额的时候扣除。

五、企业、事业单位购进软件，符合固定资产、无形资产确认条件的，可以按照固定资产、无形资产核算。经过税务机关核准，其折旧、摊销年限可以适当缩短，最短为2年。

六、集成电路设计企业视同软件企业，享受上述软件企业的有关企业所得税待遇。

七、集成电路生产企业的生产性设备，经过税务机关核准，折旧年限可以适当缩短，最短为3年。

八、投资额超过80亿元人民币或者集成电路线宽小于0.25微米的集成电路生产企业，可以减按15%的税率缴纳企业所得税。其中，经营期在15年以上的，可以从开始获利的年度起，第一年至第五年免征企业所得税，第六年至第十年减半征收企业所得税。

九、生产线宽0.8微米以下集成电路产品的生产企业，经过认定以后，可以自获利年度起，第一年和第二年免征企业所得税，第三年至第五年减半征收企业所得税。已经享受从获利年度起2年免征企业所得税、3年减半征收企业所得税的企业，不能重复执行此项规定。

70. 鼓励证券投资基金发展的所得税优惠措施有哪些?

鼓励证券投资基金发展的所得税优惠措施如下：

一、证券投资基金从证券市场取得的收入，包括买卖股票、债券取得的差价收入，股权投资取得的股息、红利收入，债券投资取得的利息收入，其他收入，暂不征收企业所得税。

二、投资者从证券投资基金分配中取得的收入，暂不征收企业所得税。

三、证券投资基金管理人运用基金买卖股票、债券取得的差价收入，暂不征收企业所得税。

71. 金融机构农户小额贷款和保险公司为种植业、养殖业提供保险，可以享受哪些所得税优惠？

自2009年至2013年，金融机构农户小额贷款（指单笔且该户贷款余额总额在5万元以下的贷款）的利息收入，在计算应纳税所得额的时候可以按照90%计入收入总额；保险公司为种植业、养殖业提供保险业务取得的保费收入（指原保险保费收入加分保费收入减分出保费以后的余额），在计算应纳税所得额的时候可以按照90%减计收入。

72. 企业所得税法公布以前批准设立的企业，所得税优惠怎样过渡？

企业所得税法公布以前批准设立的企业，所得税优惠过渡办法如下：

一、自2008年起，原来执行企业所得税低税率的企业，可以在企业所得税法施行以后5年之内，逐步过渡到该法规定的税率。其中：执行15%的税率的企业，2008年按照18%的税率执行，2009年按照20%的税率执行，2010年按照22%的税率执行，2011年按照24%的税率执行，2012年按照25%的税率执行。原来执行24%的税率的企业，从2008年起按照25%的税率执行。

二、自2008年起，原来享受企业所得税2年免税、3年减半征税和5年免税、5年减半征税等定期减免税优惠的企业，在企业所得税法施行以后，可以继续按照原来的税法规定的优惠办法和年限享受至期满为止。但是，由于没有获利而没有享受上述税收优惠的，其优惠期限从2008年起计算。

73. 国务院在什么情况下可以制定企业所得税专项优惠措施？

按照企业所得税法的规定，根据国民经济和社会发展的需要，或者由于突发事件等原因对企业经营活动产生重大影响的，国务院可以制定企业所得税专项优惠措施，报全国人民代表大会常务委员会备案。

74. 企业所得税的纳税期限是怎样规定的?

企业所得税分月或者分季预缴，由税务机关具体核定；年终汇算清缴，多退少补。

企业应当自月份或者季度终了之日起15天以内，向税务机关报送预缴企业所得税纳税申报表，预缴上个月或者上个季度的企业所得税税款。

企业应当自年度终了之日起5个月以内，向税务机关报送年度企业所得税纳税申报表，并汇算清缴上个年度的企业所得税税款，结清应缴税款或者应退税款。

企业分月或者分季预缴企业所得税的时候，应当按照月度或者季度的实际利润额预缴；按照月度或者季度的实际利润额预缴有困难的，可以按照上一纳税年度应纳税所得额的月度或者季度平均额预缴，或者按照经税务机关认可的其他方法预缴。预缴方法一经确定，本纳税年度以内不得随意变更。

企业所得以人民币以外的货币计算的，在预缴企业所得税的时候，应当按照月度或者季度最后一天的人民币汇率中间价，折合成人民币计算应纳税所得额。年度终了汇算清缴的时候，对于已经按照月度或者季度预缴企业所得税的，不再折合计算，只就本纳税年度以内没有缴纳企业所得税的部分，按照本纳税年度最后一天的人民币汇率中间价，折合成人民币计算应纳税所得额。

经税务机关检查确认，企业少计或者多计上述所得的，应当按照检查确认补税或者退税时的上一个月最后一天的人民币汇率中间价，将少计或者多计的所得折合成人民币计算应纳税所得额，再计算应当补缴或者退还的企业所得税税额。

企业在本纳税年度以内无论盈利或者亏损，都应当依法向税务机关报送预缴企业所得税纳税申报表、年度企业所得税纳税申报表、财务会计报告和税务机关规定应当报送的其他资料。

企业在年度中间终止经营活动的，应当自实际经营终止之日起60天以内，向税务机关办理当期企业所得税汇算清缴。

企业注销的，应当在办理注销登记以前就其清算所得向税务机关申报缴纳企业所得税。企业应当自清算结束之日起15天以内向税务机关报送企业清算所得税纳税申报表，结清税款。

75. 企业所得税的纳税地点是怎样规定的?

除了税收法律、行政法规另有规定以外，居民企业的企业所得税纳税地点为企业登记注册地；但是登记注册地在中国境外的，企业所得税纳税地点为实际管理机构所在地。

居民企业在中国境内设立不具有法人资格的营业机构的，应当汇总计算缴纳企业所得税。

非居民企业在中国境内所设机构、场所取得的来源于中国境内的所得和发生在中国境外但是与其在中国境内所设机构、场所有实际联系的所得，以其在中国境内所设机构、场所所在地为企业所得税纳税地点。非居民企业在中国境内设立2个以上机构、场所的，经各机构、场所所在地税务机关的共同上级税务机关审核批准，可以选择由其主要机构、场所汇总缴纳企业所得税。

上述主要机构、场所，应当同时符合下列条件：

一、对其他各机构、场所的生产、经营活动负有监督管理责任；

二、设有完整的账簿、凭证，能够准确反映各机构、场所的收入、成本、费用和盈亏情况。

非居民企业经批准汇总缴纳企业所得税以后，需要增设、合并、迁移和关闭机构、场所或者停止机构、场所业务的，应当事先由负责汇总申报缴纳企业所得税的主要机构、场所向其所在地税务机关报告；需要变更汇总缴纳企业所得税的主要机构、场所的，也应当报各机构、场所所在地税务机关的共同上级税务机关审核批准。

非居民企业没有在中国境内设立机构、场所，取得来源于中国境内的所得；或者虽然在中国境内设立机构、场所，但是取得来源于中国境内的所得与其在中国境内所设机构、场所没有实际联系的，一般以扣缴义务人所在地为企业所得税纳税地点。

除了国务院另有规定者以外，企业之间不得合并缴纳企业所得税。

76. 属于中央与地方共享收入的跨省市总分机构企业所得税怎样缴纳?

属于中央与地方共享收入的跨省市总分机构企业（指跨省、自治区、直辖市和计划单列市设立不具有法人资格分支机构的居民企业，下同）缴纳的企业所得税，实行统一计算、分级管理、就地预缴、汇总清算、财政调库的处理办法，总分机构统一计算的当期应纳企业所得税的地方政府分享部分，25%由总机构所在地政府分享，50%由各分支机构所在地政府分享，25%按一定比例在各地政府之间分配。

统一计算，指企业应当统一计算包括各个不具有法人资格营业机构的应纳税所得额在内的企业全部应纳税所得额、应纳企业所得税税额。总机构和分支机构适用税率不一致的，应当分别按照各自的适用税率计算应纳企业所得税税额。

分级管理，指企业总机构、分支机构的企业所得税分别由所在地税务机关管理。

就地预缴，指企业总机构、分支机构应当根据规定的比例分别就地按照月份或者季度向所在地税务机关申报、预缴企业所得税。

汇总清算，指在年度终了后，总分机构企业根据统一计算的年度应纳税所得额、应纳企业所得税税额，抵减总机构、分支机构当年已经就地分期预缴的企业所得税税额以后，多退少补。

财政调库，指财政部定期将缴入中央总金库的跨省市总分机构企业所得税待分配收入，按照核定的系数调整至地方国库。

总机构和具有主体生产、经营职能的二级分支机构就地预缴企业所得税，三级以下分支机构的营业收入、职工薪酬和资产总额等统一并入二级分支机构计算。

企业所得税全额上缴中央国库的企业，不具有主体生产、经营职能且在当地不缴纳营业税、增值税的产品售后服务、内部研发、仓储等企业内部辅助性的二级分支机构，上年度符合条件的小型微利企业及其分支机构，不实行上述办法。

企业在中国境外设立不具有法人资格分支机构的，计算有关分期预缴企业所得税税额的时候，其应纳税所得额、应纳企业所得税税额和分摊因素数额，均不包括其在中国境外设立的分支机构。

由总机构统一计算企业应纳税所得额和应纳企业所得税税额，并分别由总机构、分支机构按月或按季就地预缴。

一、分支机构分摊预缴税款。总机构自每月或者每季终了之日起 10 天以内，按照上年度各省市分支机构的营业收入、职工薪酬和资产总额 3 个因素，将统一计算的企业当期应纳企业所得税税额的 50% 在各分支机构之间分摊（总机构所在省市同时设有分支机构的，同样按照 3 个因素分摊），由各分支机构就地缴库，并由中央政府与分支机构所在地政府按照 60∶40 分享。分摊的时候，上述 3 个因素权重依次为 0.35、0.35 和 0.3。当年新设立的分支机构自第二年起参与分摊，当年撤销的分支机构自办理注销税务登记之日起不参与分摊。

上述分支机构营业收入，指分支机构销售货物、提供劳务和让渡资产使用权等日常经营活动实现的全部收入。其中，生产、经营企业分支机构营业收入指生产、经营企业分支机构销售货物、提供劳务和让渡资产使用权等取得的全部收入，金融企业分支机构营业收入指金融企业分支机构取得的利息、手续费和佣金等全部收入，保险企业分支机构营业收入指保险企业分支机构取得的保费等全部收入。

上述分支机构职工薪酬，指分支机构为获得职工提供的服务给予职工的各种形式的报酬。

上述分支机构资产总额，指分支机构在 12 月 31 日拥有或者控制的资产合计额。

各分支机构分摊预缴税额按照下列公式计算：

$$\text{各分支机构分摊预缴税额}=\text{所有分支机构应分摊的预缴税款总额}\times\text{该分支机构分摊比例}$$

其中：

$$\text{所有分支机构应分摊的预缴税款总额}=\text{统一计算的企业当期应纳企业所得税税额}\times 50\%$$

$$\text{该分支机构分摊比例}=\frac{\text{该分支机构营业收入}}{\text{各分支机构营业收入总额}}\times 0.35+\frac{\text{该分支机构职工薪酬}}{\text{各分支机构职工薪酬总额}}\times 0.35+\frac{\text{该分支机构资产}}{\text{各分支机构资产总额}}\times 0.30$$

在以上公式中，分支机构仅指需要参与就地预缴的分支机构。

二、总机构就地预缴税款。总机构应当将统一计算的企业当期应纳企业所得税税额的25%就地缴库，由中央政府与总机构所在地政府按照60∶40分享。

三、总机构预缴中央国库税款。总机构应当将统一计算的企业当期应纳企业所得税税额的剩余25%就地缴入中央国库，其中60%为中央收入，40%由财政部按照2004年至2006年各省市3年分享企业所得税税额占地方分享企业所得税总额的比例定期向各省市分配。

企业总机构汇总计算企业年度应纳企业所得税税额，扣除总机构和各中国境内分支机构已经预缴的税款，计算出应补或者应退税款，分别由总机构和各分支机构（不包括当年已经办理注销税务登记的分支机构）就地缴库或者退库。

一、补缴的税款按照预缴的分配比例，50%由各分支机构就地缴库，由中央政府与分支机构所在地政府按照60∶40分享；25%由总机构就地缴库，由中央政府与总机构所在地政府按照60∶40分享；其余25%就地缴入中央国库，其中60%为中央收入，40%由财政部按照2004年至2006年各省市3年分享企业所得税税额占地方分享企业所得税总额的比例定期向各省市分配。

二、多缴的税款按照预缴的分配比例，50%由各分支机构就地退库，由中央政府与分支机构所在地政府按照60∶40分担；25%由总机构就地退库，由中央政府与总机构所在地政府按照60∶40分担；其余25%就地从中央国库退库。

分配给地方的跨省市总分机构企业所得税收入和在省级行政区域以内跨市县经营企业缴纳的企业所得税，可以参照上述办法制定相关的收入分配和预算管理办法。

77. 企业所得税的源泉扣缴是怎样规定的？

非居民企业没有在中国境内设立机构、场所，取得来源于中国境内的所得；或者虽然在中国境内设立机构、场所，但是取得来源于中国境内的所得与其在中国境内所设机构、场所没有实际联系的，其应当向中国缴纳的所得税，实行源泉扣缴，以支付人为扣缴义务人。税款由扣缴义务人在每次支付或者到期应支付时，从支付或者到期应支付的款项中扣缴。

上述支付人，指按照有关法律规定或者合同约定对非居民企业直接负有支付相关款项义务的单位和个人。

上述支付，包括现金支付、汇拨支付、转账支付和权益兑价支付等货币支付与转让股权、债券、实物和提供劳务等非货币支付。

上述到期应支付的款项，指支付人按照权责发生制原则应当计入相关成本或者费用的应付款项。

对于非居民企业在中国境内取得工程作业、劳务所得应当缴纳的所得税，有下列情形的，税务机关可以指定工程价款、劳务费的支付人为扣缴义务人：

一、预计工程作业或者提供劳务期限不足一个纳税年度，且有证据表明纳税人不履行纳税义务的；

二、纳税人没有办理税务登记或者临时税务登记，且没有委托中国境内的代理人履行纳税义务的；

三、纳税人没有按照规定期限办理企业所得税纳税申报或者预缴申报的。

上述扣缴义务人由县级以上税务机关指定，并同时告知扣缴义务人所扣税款的计算依据、计算方法、扣缴期限和扣缴方式。

按照上述规定应当扣缴的所得税，扣缴义务人没有依法扣缴或者无法履行扣缴义务的，由纳税人在所得发生地缴纳。在中国境内存在多处所得发生地的，由纳税人选择其中之一申报缴纳所得税。纳税人没有依法缴纳应纳税款的，税务机关可以从该纳税人在中国境内其他收入项目的支付人应付的款项中追缴该纳税人的应纳税款。税务机关在追缴该纳税人应纳税款的时候，应当将追缴税款的理由、数额、缴纳期限和缴纳方式等告知该纳税人。

扣缴义务人每次代扣的所得税税款，应当自代扣之日起 7 天以内缴入国库，并向所在地的税务机关报送扣缴企业所得税报告表。

78. 哪些企业可以核定征收企业所得税?

居民企业纳税人具有下列情形之一的，核定征收企业所得税：

一、按照法律、行政法规的规定可以不设置账簿的；

二、按照法律、行政法规的规定应当设置账簿而没有设置账簿的；

三、擅自销毁账簿或者拒不提供纳税资料的；

四、虽然设置账簿，但是账目混乱或者成本资料、收入凭证、费用凭证残缺不全，难以查账的；

五、发生纳税义务，没有按照规定的期限办理纳税申报，经税务机关责令限期申报，逾期仍然不申报的；

六、申报的计税依据明显偏低，又无正当理由的。

国家税务总局规定的特殊行业、特殊类型的纳税人和一定规模以上的纳税人不适用核定征收企业所得税办法。上述特定纳税人包括下列企业：

一、享受企业所得税法及其实施条例和国务院规定的企业所得税优惠待遇的企业（不包括仅享受企业所得税法第二十六条规定的免税待遇的企业）；

二、汇总纳税企业；

三、上市公司；

四、银行、信用社、小额贷款公司、保险公司、证券公司、期货公司、信托投资公司、金融资产管理公司、融资租赁公司、担保公司、财务公司和典当公司等金融企业；

五、会计、审计、资产评估、税务、房地产估价、土地估价、工程造价、律师、价格鉴证、公证机构、基层法律服务机构、专利代理、商标代理和其他经济鉴证类社会中介机构；

六、专门从事股权（股票）投资业务的企业；

七、国家税务总局规定的其他企业。

税务机关应当根据核定征收企业所得税的纳税人的具体情况，核定其应税所得率或者应纳企业所得税税额。

具有下列情形之一的，核定其应税所得率：

一、能够正确核算（查实）收入总额，但是不能正确核算（查实）成本、费用总额的；

二、能够正确核算（查实）成本、费用总额，但是不能正确核算（查实）收入总额的；

三、通过合理的方法，能够计算和推定纳税人收入总额或者成本、费用总额的。

纳税人不属于以上情形的，核定其应纳企业所得税税额。

79. 税务机关可以采用哪些方法核定征收企业所得税？

税务机关可以采用下列方法核定征收企业所得税：

一、参照当地同类行业或者类似行业中经营规模和收入水平相近的纳税人的税负水平核定；

二、按照应税收入额或者成本、费用支出额定率核定；

三、按照耗用的原材料、燃料、动力等推算或者测算核定；

四、按照其他合理方法核定。

采用上述方法中的一种方法不足以正确核定应纳税所得额或者应纳企业所得税税额的，可以同时采用两种以上的方法核定。采用两种以上方法测算的应纳企业所得税税额不一致时，可以从高核定。

采用应税所得率方式核定征收企业所得税的，应纳企业所得税税额的计算公式如下：

$$应纳税额=应纳税所得额\times适用税率$$

$$应纳税所得额=应税收入额\times应税所得率$$

$$（应税收入额=收入总额-不征税收入-免税收入）$$

$$或者：应纳税所得额=\frac{成本(费用)支出额}{1-应税所得率}\times应税所得率$$

采用应税所得率方式核定征收企业所得税的纳税人，经营多业的，无论其经营项目是否单独核算，均由税务机关根据其主营项目确定适用的应税所得率。主营项目应当为纳税人所有经营项目中收入总额或者成本、费用支出额或者耗用原材料、燃料、动力数量所占比重最大的项目。

应税所得率按照下表规定的标准确定：

行业	应税所得率（%）
一、农业、林业、牧业、渔业	3～10
二、制造业	5～15
三、批发和零售贸易业	4～15
四、交通运输业	7～15
五、建筑业	8～20
六、饮食业	8～25
七、娱乐业	15～30
八、其他行业	10～30

纳税人的生产、经营范围、主营业务发生重大变化，或者应纳税所得额、应纳企业所得税税额增减变化达到20%的，应当及时向税务机关申报调整已经确定的应税所得率或者应纳企业所得税税额。

例1：某企业本年度收入总额为100万元，当地税务机关核定其应税所得率为10%，企业所得税适用税率为25%，该企业应纳企业所得税税额的计算方法为：

应纳税所得额=100万元×10%

=10万元

应纳所得税额=10万元×25%

=2.5万元

例2：某企业本年度成本费用支出总额为17万元，当地税务机关核定其应税所得率为15%，企业所得税适用税率为20%，该企业应纳企业所得税税额的计算方法为：

应纳税所得额=17万元÷(1-15%)×15%

=3万元

应纳所得税额=3万元×25%

=0.75万元

按照核定应税所得率方式核定征收企业所得税的企业，取得转让股权（股票）收入等转让财产收入，应当全额计入应税收入额，按照主营项目（业务）确定适用的应税所得率计算缴纳企业所得税。

80. 怎样办理核定征收企业所得税的鉴定？

主管税务机关应当及时向纳税人送达《企业所得税核定征收鉴定表》，及时完成对其核定征收企业所得税的鉴定工作，具体程序如下：

一、纳税人应当在收到《企业所得税核定征收鉴定表》以后10个工作日之内，填好该表并报送主管税务机关。该表一式三联，主管税务机关和县级税务机关各执一联，另一联送达纳税人执行。主管税务机关还可以根据实际工作的需要适当增加联次备用。

二、主管税务机关应当在受理《企业所得税核定征收鉴定表》以后20个工作日之内，分类逐户审查核实，提出鉴定意见，并报县级税务机关复核、认定。

三、县级税务机关应当在收到《企业所得税核定征收鉴定表》以后30个工作日之内，完成复核、认定工作。

纳税人收到《企业所得税核定征收鉴定表》以后没有在规定期限之内填列、报送的，税务机关视同纳税人已经报送，按照上述程序复核、认定。

税务机关应当在每年6月底以前对上年度实行核定征收企业所得税的纳税人进行重新鉴定。在重新鉴定工作完成以前，纳税人可以暂按上年度的核定征收方式预缴企业所得税；重新鉴定工作完成以后，按照重新鉴定的结果调整。

主管税务机关应当分类逐户公示核定的应税所得率或者应纳企业所得税税额。主管税务机关应当按照便于纳税人和社会各界了解、监督的原则确定公示地点、方式。

纳税人对税务机关确定的企业所得税征收方式、核定的应税所得率或者应纳企业所得税税额有异议的，应当提供合法、有效的相关证据，税务机关经核实认定以后，可以调整有异议的事项。

81. 怎样办理核定征收企业所得税的申报?

纳税人采用核定应税所得率方式的，按照下列规定申报缴纳企业所得税:

一、主管税务机关根据纳税人应纳企业所得税税额的大小确定纳税人按月或者按季预缴，年终汇算清缴。预缴方法一经确定，一个纳税年度以内不得改变。

二、纳税人应当按照确定的应税所得率计算和预缴纳税期间实际应当缴纳的企业所得税税额。按照实际数额预缴有困难的，经主管税务机关同意，可以按照上一年度应纳企业所得税税额的1/12或者 1/4 预缴，或者按照主管税务机关认可的其他方法预缴。

三、纳税人预缴企业所得税税款或者年终汇算清缴的时候，应当按照规定填写纳税申报表，在规定的纳税申报期限以内报送主管税务机关。

纳税人采用核定应纳企业所得税税额方式的，按照下列规定申报缴纳企业所得税：

一、在应纳企业所得税税额确定以前，可以暂按上一纳税年度应纳企业所得税税额的 1/12 或者 1/4 预缴，或者按照主管税务机关认可的其他方法按月或者按季分期预缴。

二、在应纳企业所得税税额确定以后，减除当年已经预缴的企业所得税税额，余额按照剩余月份或者季度均分，以此确定以后各月或者各季度的应纳企业所得税税额，由纳税人按月或者按季度填写纳税申报表，在规定的纳税申报期限以内办理纳税申报。

三、纳税年度终了后，纳税人应当在规定的期限以内按照实际经营额或者实际应纳企业所得税税额向税务机关申报纳税。申报额超过核定的经营额或者应纳企业所得税税额的，按照申报额缴纳企业所得税；申报额低于核定经营额或者应纳企业所得税税额的，按照核定的经营额或者应纳企业所得税税额缴纳企业所得税。

82. 一般非居民企业怎样核定征收企业所得税?

非居民企业核定征收企业所得税包括一般非居民企业（以下简称企业）和外国企业常驻代表机构两种情况，其中企业核定征收的主要规定如下：

一、应纳税所得额的确定

企业由于会计账簿不健全，资料残缺难以查账，或者其他原因不能准确计算并据实申报其应纳税所得额的，税务机关有权采取下列方法核定其应纳税所得额：

（一）按照收入总额核定应纳税所得额，这种方法适用于能够正确核算收入或者通过合理方法推定收入总额，但是不能正确核算成本和费用的企业，计算公式如下：

$$应纳税所得额=收入总额\times经税务机关核定的利润率$$

（二）按照成本和费用核定应纳税所得额，这种方法适用于能够正确核算成本和费用，但是不能正确核算收入总额的企业，计算公式如下：

$$\frac{应纳税}{所得额}=\frac{成本费}{用总额}\div\left(1-\frac{经税务机关核}{定的利润率}\right)\times\frac{经税务机关核}{定的利润率}$$

（三）按照经费支出换算收入，核定应纳税所得额，这种方法适用于能够正确核算经费支出总额，但是不能正确核算收入总额和成本、费用的企业，计算公式如下：

$$\frac{应纳税}{所得额}=\frac{经费支}{出总额}\div\left(1-\frac{经税务机关核}{定的利润率}-\frac{营业税}{税率}\right)\times\frac{经税务机关核}{定的利润率}$$

二、利润率的确定

税务机关可以按照下列标准确定企业的利润率：

（一）从事承包工程作业、设计和咨询劳务的，利润率为15%～30%；

（二）从事管理服务的，利润率为30%～50%；

（三）从事其他劳务和劳务以外经营活动的，利润率不低于15%。

各省、自治区、直辖市和计划单列市国家税务局、地方税务局可以按照上述规定确定适用的核定利润率幅度。

税务机关有根据认为企业的实际利润率明显高于上述标准的，可以按照比上述标准更高的利润率核定其应纳税所得额。

三、纳税调整

企业与居民企业签订机器设备和货物销售合同，同时提供设备安装、装配、技术培训、指导、监督服务等劳务，其销售货物合同中没有列明提供上述劳务服务收费金额，或者计价不合理的，税务机关可以根据实际情况，参照相同或者相近业务的计价标准核定劳务收入。无参照标准的，以不低于销售货物合同总价款的10%为原则，确定企业的劳务收入。

企业为中国境内客户提供劳务取得的收入，凡提供的服务全部发生在中国境内的，应当全额在中国境内申报缴纳企业所得税；凡提供的服务同时发生在中国境内、境外的，应当以劳务发生地为原则划分其境内、境外收入，并就其在中国境内取得的劳务收入申报缴纳企业所得税。税务机关对企业中国境内、境外收入划分的合理性和真实性有疑义的，可以要求企业提供真实、有效的证明，并根据工作量、工作时间、成本和费用等因素合理划分其境内、境外收入；如果企业不能提供真实、有效的证明，税务机关可以视同其提供的服务全部发生在中国境内，确定其劳务收入并据以征收企业所得税。

四、核定征收程序

拟采取核定征收方式的企业应当填写《非居民企业所得税征收方式鉴定表》（以下简称鉴定表），报送税务机关，税务机关应当对企业报送的鉴定表的适用行业和适用的利润率进行审核。对于经过审核不符合核定征收条件的企业，税务机关应当自收到企业提交的鉴定表之后15个工作日以内向其发出《税务事项通知书》，告之鉴定结果。企业没有在上述期限以内收到《税务事项通知书》的，其征收方式视同已经被认可。

税务机关发现企业采用核定征收方式计算申报的应纳税所得额不真实，或者明显与其承担的功能、风险不相匹配的，有权作出调整。

采取核定征收方式征收企业所得税的企业，在中国境内从事适用不同核定利润率的经营活动，并取得应税所得的，应当分别核算并适用相应的利润率计算缴纳企业所得税；凡不能分别核算的，应当从高适用利润率计算缴纳企业所得税。

83. 外国企业常驻代表机构怎样核定征收企业所得税?

对账簿不健全，不能准确核算收入、成本和费用的外国企业常驻代表机构（以下简称代表机构），无法按照上述规定据实申报纳税的代表机构，税务机关有权采取下列两种方式核定其应纳税所得额：

一、按照经费支出换算收入，这种方法适用于能够准确反映经费支出，但是不能准确反映收入、成本和费用的代表机构，计算公式如下：

收入额=本期经费支出额÷(1-核定利润率-营业税税率)

应纳企业所得税税额=收入额×核定利润率×企业所得税税率

代表机构的经费支出额包括：在中国境内、境外支付给工作人员的工资、薪金、奖金、津贴、福利费、物品采购费（包括采购汽车和办公设备等固定资产的支出）、通讯费、差旅费、房租、设备租赁费、交通费、交际费和其他费用等。

（一）购置固定资产发生的支出，由于代表机构设立或者搬迁等原因发生的装修费支出，应当在发生的时候一次性作为经费支出额换算收入计税。

（二）利息收入不得冲抵经费支出额，交际应酬费按照实际发生额计入经费支出额。

（三）以货币形式用于中国境内的公益、救济性质的捐赠、滞纳金、罚款，为其总机构垫付的不属于代表机构业务活动所发生的费用，不应当作为代表机构的经费支出额。

（四）其他费用包括为总机构从中国境内购买样品支付的样品费和运输费用、国外样品运往中国发生的中国境内的仓储费用和报关费用、总机构人员来华访问聘用翻译的费用、总机构为中国某个项目投标由代表机构支付的购买标书的费用，等等。

二、按照收入总额核定应纳税所得额，这种方法适用于可以准确反映收入，但是不能准确反映成本和费用的代表机构，计算公式如下：

应纳企业所得税税额=收入总额×核定利润率×企业所得税税率

代表机构的核定利润率不应当低于15%。采取核定征收方式的代表机构，如果能够建立健全会计账簿，准确计算其应税收入和应纳税所得额，报税务机关备案，可以调整为据实申报征收方式。

八、个人所得税

1．什么是个人所得税？

个人所得税是对个人的所得征收的，是目前各国普遍征收的一种税收。1980 年 9 月 10 日，第五届全国人民代表大会第三次会议通过《中华人民共和国个人所得税法》，当日公布施行。2011 年 6 月 30 日，第十一届全国人民代表大会常务委员会第二十一次会议对该法作了第六次修改，当日公布，自当年 9 月 1 日起施行。1994 年 1 月 28 日，国务院发布《中华人民共和国个人所得税法实施条例》；2011 年 7 月 19 日，国务院对该条例作了第三次修改。

个人所得税分别由国家税务局和地方税务局负责征收管理，所得收入由中央政府与地方政府共享，是中央政府和地方政府税收收入的主要来源之一。2011 年，个人所得税收入为 6 054.1 亿元，占当年中国税收总额的 6.5%。

2．哪些个人应当缴纳所得税？

个人所得税以所得人为纳税人，具体分为以下两种情况：

一、在中国境内有住所的个人（指由于户籍、家庭和经济利益关系而在我国境内习惯性居住的个人），在中国境内没有住所而在中国境内居住期满 1 年的个人，应当就其从中国境内、境外取得的全部所得缴纳个人所得税。

在中国境内没有住所，但是在中国境内居住 1 年以上 5 年以下的个人，其来源于中国境外的所得，经过税务机关批准，可以只就由中国境内企业、其他经济组织和个人支付的部分缴纳个人所得税；居住超过5年的个人，从第六年起，应当就其来源于中国境外的全部所得缴纳个人所得税。

二、在中国境内没有住所又不居住的个人，在中国境内没有住所而在中国境内居住不满1年的个人，应当就其从中国境内取得的所得缴纳个人所得税。

在中国境内没有住所，但是在一个纳税年度中在中国境内连续居住或者累计居住不超过90天的个人，其来源于中国境内的所得，由中国境外雇主支付并且不由该雇主在中国境内设立的机构、场所负担的部分，可以免缴个人所得税。在中国境内没有住所，但是在中国与有关国家签订的避免对所得双重征税协定规定的期间，在中国境内连续居住或者累计居住不超过183天的个人，由中国境外雇主支付并且不由该雇主在中国境内设立的机构、场所负担的工资、薪金，也可以免缴个人所得税。

以上所说的在中国境内居住期满1年，指在一个纳税年度中在中国境内居住365天。在一个纳税年度中一次不超过30天或者多次累计不超过90天的临时离境，不扣减日数。

上述纳税年度，自公历1月1日起至12月31日止。上述日数，包括个人出入中国国境的当日。

临时来华人员的居住天数，应当自入境之日起计算，其离境之日可以不计算在内。

在中国境内、境外机构同时担任职务，或者在中国境外机构任职、在中国境内无住所的个人，在计算其中国境内工作期间的时候，出入中国国境的当日均按照半天计算为在华实际工作天数。

例1：中国公民李某受其所在公司委派，前往本公司驻法国的机构工作，任职时间为2年。由于李某的家庭和主要经济利益关系仍然在中国境内，并且他只是为了履行职务才在法国居住，任期届满以后返回中国，所以，按照中国税法的规定，李某在法国居住期间仍然属于中国个人所得税的居民纳税人，其取得的来源于中国境内、境外的所得都应当依法在中国缴纳个人所得税。

例2：英国教授亨利应中国某大学聘请，来华任教1年。在此期间，他因出差和休假先后两次离开中国，时间分别为15天和30天。根据中国税法的规定，亨利两次离开中国都属于临时离境，而且每次离境的时间都不超过30天，两次离境的时间累计也不超过90天，所以，在计算其在华居住时间的时候不能扣除其两次离境的天数。由于亨利在一个纳税年度内在华居住已经满1年，所以成为中国个人所得税的居民纳税人。

例3：美国人约翰受其所在公司委派，来本公司驻华的机构工作，任职时间为5年，5年以内一直在中国境内居住。在任期之内，约翰将自己在美国拥有的一栋房屋租给他人使用，取得一笔租金收入。由于约翰在中国任职，并连续居住满5年，已经成为中国个人所得税的居民纳税人，按照中国税法的一般规定，其来源于中国境内、境外的所得都应当在中国缴纳个人所得税。但是，按照中国税法的优惠规定，约翰所取得的这笔财产租赁所得属于来源于中国境外的所得，而且不是由中国境内的公司、企业和其他经济组织或者个人支付的，所以，可以免予在中国缴纳个人所得税。

例4：德国人马克受其所在公司委派，来华从事一项大型设备的安装、调试工作，在华停留50天，其间的工资由其所在的德国公司支付。马克在华工作期间所取得的工资属于来源于中国境内的所得，按照中国税法的一般规定，应当在中国缴纳个人所得税。但是，由于马克在华停留时间没有超过90天，而且其工资是由中国境外的德国公司支付并负担的，按照中国税法的优惠规定，马克的这笔工资所得可以免予在中国缴纳个人所得税。

3. 什么是来源于中国境内的所得?

纳税人取得的下列所得，不论支付地点是否在中国境内，均为来源于中国境内的所得：

一、由于任职、受雇和履约等在中国境内提供劳务取得的所得；

二、将财产出租给承租人在中国境内使用取得的所得；

三、转让中国境内的建筑物、土地使用权等财产和在中国境内转让其他财产取得的所得；

四、许可各种特许权在中国境内使用取得的所得；

五、从中国境内的企业、其他经济组织和个人取得的利息、股息、红利所得。

例1：日本人山本受其所在公司委派来华，在一家中日合资公司任职。根据合同，山本在华工作期间的工资分别由其所在日本公司和中日合资公司各支付一半。虽然山本的一半工资由日本公司支付，但是由于他任职的地点是中国，根据工资、薪金所得来源地判定的劳务提供地原则，其由日本公司支付的那一半工资也属于来源于中国境内的所得，应当在中国缴纳个人所得税。

例2：韩国人金某在华工作期间在上海市购置了一处房产，回国以前将该处房产转让给了一家泰国公司驻华代表机构，并取得一笔收入。虽然金某是韩国人，他取得的财产转让所得是泰国机构支付的，但是，由于其房产坐落在中国境内，根据转让不动产所得来源地判定的坐落地原则，金某取得的此项所得属于来源于中国境内的所得，应当在中国缴纳个人所得税。

4. 什么是来源于中国境外的所得？

纳税人的下列所得，不论支付地点是否在中国境外，均为来源于中国境外的所得：

一、由于任职、受雇和履约等在中国境外提供劳务取得的所得；

二、将财产出租给承租人在中国境外使用取得的所得；

三、转让中国境外的建筑物、土地使用权等财产和在中国境外转让其他财产取得的所得；

四、许可各种特许权在中国境外使用取得的所得；

五、从中国境外的企业、其他经济组织和个人取得的利息、股息、红利所得。

纳税人来源于中国境外的所得，按照有关规定交付给派出单位的部分，凡能提供有效合同或者有关凭证的，经过税务机关审核以后，允许从其境外所得中扣除。

例：中国作家张某将自己所著的一部小说交由法国一家出版社出版，并收到该出版社汇来的稿酬5000欧元。根据特许权使用费所得来源地判定的使用地原则，张某的著作权是在法国使用的，因而他取得的这笔稿酬所得属于来源于法国的所得。

5. 个人取得的哪些所得应当缴纳所得税？

中国个人所得税法规定的征税项目共有11个，即工资、薪金所得，个体工商户的生产、经营所得，对企业、事业单位的承包经营、承租经营所得，劳务报酬所得，稿酬所得，特许权使用费所得，利息、股息、红利所得，财产租赁所得，财产转让所得，偶然所得，国务院财政部门确定征税的其他所得。

个人取得的所得，难以界定应纳税所得项目的，由税务机关确定。

目前，中国的个人所得税收入主要来自对工资、薪金所得，个体工商户生产、经营所得，利息、股息、红利所得的征税。

6. 所得为外币、实物和有价证券的时候怎样计算应纳税所得额？

在计算个人所得税应纳税所得额的时候，各项所得以人民币为计算单位。

个人取得的所得为人民币以外的货币的，一般应当先按照填开完税凭证的上一月最后一天的人民币汇率中间价折算成人民币，然后计算缴纳个人所得税。纳税年度终了以后汇算清缴的，对于已经按月或者按次预缴个人所得税的人民币以外的货币所得，不再折算；对于需要补缴个人所得税的所得部分，应当先按照纳税年度最后一天的人民币汇率中间价折算成人民币，然后计算纳税。

所得为实物的，应当按照取得的凭证上注明的价格计算应纳税所得额。无凭证的实物或者凭证上注明的价格明显偏低的，参照市场价格核定应纳税所得额。

所得为有价证券的，根据票面价格和市场价格核定应纳税所得额。

所得为其他形式的经济利益的，参照市场价格核定应纳税所得额。

7. 工资、薪金所得具体包括哪些所得？

工资、薪金所得，包括个人因任职、受雇取得的工资、薪金、奖金、年终加薪、劳动分红、津贴、补贴和其他所得。

单位以免费旅游的方式向雇员营销人员提供的奖励，雇员认购股票等有价证券的时候以不同形式从其雇主处取得的折扣或者补贴（指雇员实际支付的有价证券的认购价格低于该种有价证券当期的发行价格或者市场价格的差额），职工以低于购置或者建造成本的价格从所在单位购买住房取得的差价（符合住房制度改革有关规定的除外），单位为雇员支付的保险费、住房公积金（符合免税规定的除外）和年金，也应当计入工资、薪金所得缴纳个人所得税。

以下两种情形实质均为企业对个人进行实物分配，应当按照工资、薪金所得缴纳个人所得税：企业出资购买房屋和其他财产，将所有权登记为企业投资者个人以外的企业其他人员的；企业投资者个人以外的企业其他人员向企业借款，用于购买房屋和其他财产，将所有权登记为企业投资者以外的企业其他人员，且借款年度终了后没有归还借款的。

执行公务员工资制度没有纳入基本工资总额的补贴、津贴差额和差旅费津贴、误餐补助，家庭成员的副食补贴、独生子女补贴、托儿补助费等收入，不征收所得税。

8. 工资、薪金所得怎样计算缴纳所得税？

在一般情况下，工资、薪金所得以纳税人本月取得的工资、薪金收入减除下列项目金额以后的余额为应纳税所得额，按照《个人所得税税率表（一）》所列的7级超额累进税率计算应纳个人所得税税额：

一、基本扣除额3500元；

二、个人按照规定缴纳的基本养老保险费、基本医疗保险费和失业保险费；

三、单位、个人分别按照规定缴存的住房公积金；

四、规定标准以内的公务用车和通讯补贴。

个人所得税税率表（一）

（工资、薪金所得适用）

级数	本月应纳税所得额	税率（%）	速算扣除数（元）
一	不超过1500元的部分	3	0
二	超过1500元至4500元的部分	10	105
三	超过4500元至9000元的部分	20	555
四	超过9000元至35000元的部分	25	1005
五	超过35000元至55000元的部分	30	2755
六	超过55000元至80000元的部分	35	5505
七	超过80000元的部分	45	13505

应纳税额计算公式：

应纳税所得额=工资、薪金收入-3500元-其他规定扣除项目

应纳税额=应纳税所得额×适用税率-速算扣除数

例：职员刘某本月取得工资收入5000元、奖金收入2000元、各类应纳税补贴收入1000元，按照规定允许扣除的各种社会保险费等支出1840元，刘某本月应纳个人所得税税额的计算方法如下：

应纳税所得额=5000元+2000元+1000元-3500元-1840元

=2 660 元

应纳税额=2 660 元×10%−105 元

=161 元

纳税人在多处取得工资、薪金所得的，一般应当将其从各处取得的所得合并计算缴纳个人所得税。但是，在中国境内有住所的个人，在中国境内没有住所而在中国境内居住满 1 年的个人，来源于中国境内、境外的工资、薪金所得，应当分别计算缴纳个人所得税。如果纳税人不能提供在中国境内、境外同时任职或者受雇及其工资、薪金标准的证明，则应当根据其任职或者受雇单位所在地视其所得为来源于一国的所得，即其任职或者受雇单位在中国境内的，视其所得为来源于中国境内的所得；其任职或者受雇单位在中国境外的，视其所得为来源于中国境外的所得。

9. 社会保险费、住房公积金和年金在计税的时候怎样处理？

根据财政部、国家税务总局的规定，在计征个人所得税的时候，社会保险费、住房公积金的处理方法如下：

一、企业、事业单位按照国家或者所在省、自治区、直辖市人民政府的规定实际缴付的基本养老保险费、基本医疗保险费和失业保险费，免征个人所得税。个人按照国家或者所在省、自治区、直辖市人民政府的规定实际缴付的基本养老保险费、基本医疗保险费和失业保险费，可以从个人的应纳税所得额中扣除。

企业、事业单位和个人超过规定的比例和标准缴付的基本养老保险费、基本医疗保险费和失业保险费，应当将超过部分并入个人当期的工资、薪金所得，计征个人所得税。

二、单位和个人分别在不超过职工本人上一年度月平均工资的12%以内实际缴存的住房公积金，可以从个人的应纳税所得额中扣除。但是，单位和个人缴存住房公积金的月平均工资不得超过职工工作地点所在设区城市上一年度职工月平均工资的 3 倍，具体标准按照各地的有关规定执行。

单位和个人超过上述规定比例和标准缴付的住房公积金，应当将超过部分并入个人当期的工资、薪金所得，计征个人所得税。

三、个人实际领（支）取原提存的基本养老保险金、基本医疗保险金、失业保险金和住房公积金的时候，免征个人所得税。

四、企业年金的企业缴费部分计入职工个人账户的时候，当月个人工资、薪金所得与计入个人年金账户的企业缴费之和超过个人所得税费用扣除标准的，视为个人一个月的工资、薪金，按照工资、薪金所得计征个人所得税。

10. 公务用车、通讯补贴在计税的时候怎样处理？

个人由于公务用车和通讯制度改革而取得的公务用车和通讯补贴，可以扣除一定标准的公务费，然后按照工资、薪金所得缴纳个人所得税。其中，按月发放的补贴应当并入当月的工资、薪金所得计税，不按月发放的补贴应当分解并入相关月份工资、薪金所得计税。公务费的扣除标准由各省、自治区和直辖市人民政府根据当地的实际情况确定，报国家税务总局备案。例如，吉林省规定：公务用车补贴的公务费用扣除限额，长春、吉林2个市为每人每月2500元，其他市（州）为每人每月2000元，县（市）为每人每月1500元；重庆市规定通讯补贴的公务费用扣除限额为每人每月400元；北京市则没有作出关于公务用车和通讯补贴可以扣除公务费以后征税的规定。

11. 在外商投资企业、外国企业和外国驻华机构工作的中方人员取得的工资、薪金所得怎样计算缴纳所得税？

在外商投资企业、外国企业和外国驻华机构工作的中方人员取得的工资、薪金所得，由雇佣单位和派遣单位分别支付的，支付单位应当依税代扣代缴个人所得税。为了有利于征收管理，在雇佣单位和派遣单位分别为上述人员支付工资、薪金的情况下，规定只由雇佣单位在支付工资、薪金的时候依法减除有关费用，计算扣缴个人所得税；派遣单位支付的工资、薪金不再减除费用，根据支付的工资、薪金全额直接确定适用税率，计算扣缴个人所得税。纳税人应当持雇佣单位和派遣单位提供的原始明细工资、薪金单和完税凭证原件，选择并固定到一地税务机关申报每月的工资、薪金所得，汇算清缴其工资、薪金所得的个人所得税，多退少补。

对外商投资企业、外国企业和外国驻华机构发放给中方工作人员的工资、薪金所得征收个人所得税的时候，可以提供有效合同或者有关凭证，能够证明上述人员的工资、薪金所得的一部分按照有关规定上交派遣（介绍）单位的，可以扣除其实际上交有关单位的部分，按照其余额计算征收个人所得税。

12. 工资、薪金所得的附加减除费用是怎样规定的？

在中国境内没有住所而在中国境内取得工资、薪金所得的纳税人和在中国境内有住所而在中国境外取得工资、薪金所得的纳税人，在计算其工资、薪金所得的个人所得税应纳税所得额的时候，除了可以按月减除费用3 500元和其他规定项目以外，国家还可以根据其平均收入水平、生活水平和汇率变化等因素确定附加减除费用，现行的附加减除费用标准为每月1 300元。

应纳税所得额计算公式：

$$\text{应纳税所得额}=\text{工资、薪金收入}-3\,500\text{元}-\text{附加减除费用(1 300元)}-\text{其他规定扣除项目}$$

附加减除费用的适用范围包括：

一、在中国境内的外商投资企业和外国企业中工作的外国人；

二、应聘在中国境内的企业、事业单位、社会团体和国家机关中工作的外国专家；

三、在中国境内有住所而在中国境外任职、受雇，取得工资、薪金的个人；

四、远洋运输船员；

五、财政部、国家税务总局确定的其他人员。

香港、澳门、台湾同胞和华侨参照这种办法计算纳税。

例： 某外国公司驻华办事处常驻雇员、美国人乔治本月取得薪金收入50 000元（人民币，下同），按照规定可以扣除的各种社会保险费等支出5 000元，乔治本月应纳个人所得税税额的计算方法如下：

应纳税所得额=50 000元-3 500元-1 300元-5 000元
=40 200元

应纳税额=40 200元×30%－2 755元
=9 305元

13. 取得全年一次性奖金怎样计算缴纳所得税？

企业、事业单位和国家机关等扣缴义务人，根据其全年经济效益等情况和对雇员全年工作业绩的综合考核情况，向雇员发放的一次性奖金；年终加薪；实行年薪制和绩效工资办法的单位根据考核情况兑现的年薪和绩效工资，单独作为1个月工资、薪金所得计算缴纳个人所得税，并按照以下计税办法，由扣缴义务人发放时代扣代缴：先将雇员当月取得的全年一次性奖金除以12个月，按照其商和前列《个人所得税税率表（一）》确定适用税率和速算扣除数。然后，就全年一次性奖金和按照上述方法确定的适用税率、速算扣除数计算应纳个人所得税税额。

如果在发放年终一次性奖金的当月，雇员的工资、薪金收入低于税法规定的费用扣除额，应当先将全年一次性奖金减除雇员当月工资、薪金收入与费用扣除额的差额，然后就其余额按照上述办法确定适用税率和速算扣除数。

在一个纳税年度内，对于一个纳税人，上述计税办法只允许采用一次。

例1： 雇员江某2012年每月取得工资、奖金等收入5000元，并缴纳了相应的个人所得税。当年12月，江某取得全年一次性奖金24 000元，其应纳个人所得税税额的计算方法如下：

24000 元÷12=2000 元，据此确定适用税率为 10%，速算扣除数为 105 元。

应纳税额=24000 元×10% -105 元

=2295 元

例 2：雇员林某 2012 年每月取得工资、奖金等收入 3000 元，按照税法规定允许扣除的各种社会保险费等支出 600 元。当年 12 月，林某取得全年一次性奖金 9500 元，其应纳个人所得税税额的计算方法如下：

12 月的法定费用扣除额：3500 元+600 元=4100 元

12 月的工资、薪金收入与法定费用扣除额的差额：4100 元-3000 元=1100 元，(9500 元-1100 元)÷12=700 元，据此确定适用税率为 3%，速算扣除数为 0。

应纳税额=(9500 元-1100 元)×3%

=252 元

职工以低于购置或者建造成本的价格从所在单位购买住房取得的差价，比照上述方法计算缴纳个人所得税，符合住房制度改革有关规定的除外。

14. 企业雇员股票期权所得怎样计算缴纳所得税？

企业雇员股票期权（以下简称股票期权），指上市公司按照规定的程序授予本公司及其控股企业雇员的一项权利，该权利允许被授权雇员在未来时间内以某一特定价格购买一定数量的本公司股票。

上述“某一特定价格”被称为“授予价”或者“施权价”，即根据股票期权计划可以购买股票的价格，一般为股票期权授予日的市场价格或者该价格的折扣价格，也可以是按照事先设定的计算方法约定的价格；“授予日”又被称为“授权日”，是指公司授予雇员上述权利的日期；“行权”又被称为“执行”，是指雇员根据股票期权计划选择购买股票的过程；雇员行使上述权利的当日为“行权日”，又被称为“购买日”。

一、雇员接受实施股票期权计划企业授予股票期权的时候，除了另有规定者以外，一般不作为应税所得征税。

二、雇员行权的时候，其从企业取得股票的实际购买价（施权价）低于购买日公平市场价（指该股票当日的收盘价，下同）的差额，是由于雇员在企业的表现和业绩情况而取得的与任职、受雇有关的所得，应当按照工资、薪金所得计算缴纳个人所得税。

由于特殊情况，雇员在行权日以前将股票期权转让的，以股票期权的转让净收入作为工资、薪金所得征收个人所得税。

取得股票期权的员工在行权日不实际买卖股票，按照行权日股票期权所指定股票的市场价与施权价之间的差额直接从授权企业取得价差收益的，该项价差收益应当作为员工取得的股票期权形式的工资、薪金所得计算缴纳个人所得税。

应纳税所得额计算公式：

$$\text{股票期权形式的工资、薪金应纳税所得额} = (\text{行权股票的每股市场价} - \text{雇员取得该股票期权支付的每股施权价}) \times \text{股票数量}$$

三、雇员将行权以后的股票再转让获得的高于购买日公平市场价的差额，应当按照财产转让所得计算缴纳个人所得税。

四、雇员由于拥有股权而参与企业税后利润分配取得的所得，应当按照利息、股息和红利所得计算缴纳个人所得税。

按照规定需要对雇员因参加企业股票期权计划而取得的工资、薪金所得确定中国境内或者境外来源的，应当按照雇员据以取得上述工资、薪金所得的中国境内、境外工作期间月份数比例计算划分。

雇员参加股票期权计划而从中国境内取得的所得，应当按照工资、薪金所得计算缴纳个人所得税的，该股票期权形式的工资、薪金所得可以区别于行权当月的其他工资、薪金所得，单独按照以下公式计算当月应纳税额：

$$\text{应纳税额} = (\text{股票期权形式的工资、薪金应纳税所得额} \div \text{规定月份数} \times \text{适用税率} - \text{速算扣除数}) \times \text{规定月份数}$$

上述公式中的规定月份数，指雇员取得来源于中国境内的股票期权形式的工资、薪金所得的境内工作期间月份数，长于12个月的按照12个月计算；适用税率和速算扣除数以股票期权形式的工资、薪金应纳税所得额除以规定月份数的商数，对照前列《个人所得税税率表（一）》确定。

部分股票期权在授权的时候即约定可以转让，且在中国境内或者境外存在公开市场和挂牌价格。雇员接受此类股票期权（以下称可公开交易的股票期权）的时候，应当作为上述第一项规定中所说的另有规定情形，按照规定作出税务处理：

一、取得可公开交易的股票期权，即员工已经取得有确定价值的财产，应当以授权日股票期权的市场价格，作为雇员授权日当月的工资、薪金所得，按照上述规定计算缴纳个人所得税。雇员以折价购入方式取得股票期权的，可以用授权日股票期权的市场价格扣除折价购入股票期权的时候实际支付的价款以后的余额作为授权日当月的工资、薪金所得。雇员取得可公开交易的股票期权以后，实际行使该股票期权购买股票的时候，不再计算缴纳个人所得税。

二、雇员取得可公开交易的股票期权以后，转让该股票期权所取得的所得，应当按照财产转让所得计算缴纳个人所得税。

例：在我国境内上市的某公司规定：其雇员只要在本公司工作满12个月，就可以得到一定数量的本公司股票期权奖励。公民齐某2011年1月进入该公司，到12月工作满12个月，于是该公司允许他以每股4元的价格购买该公司股票1万股。2012年9月1日，他以4万元购得该公司股票1万股，当天该股票的市场价为每股10元。如果他当天将这些股票出售，可以获利6万元（为了简便说明问题，本案例中暂不考虑相关的税费）。由于该公司经济效益比较高，股票被投资者看好，他没有将这些股票出售。齐某2012年9月的工资为6000元，其当月应纳个人所得税税额的计算方法为：

一、当月工资应纳个人所得税税额

(6000元-3500元)×10%-105元=145元

二、股票期权形式的工资应纳个人所得税税额

(60 000 元÷12×20%－555 元)×12＝5 460 元

上市公司董事、监事、高级管理人员等取得股票期权，在行权的时候纳税确有困难的，经税务机关审核，可以自其股票期权行权之日起，在不超过 6 个月的期限以内分期缴纳个人所得税。

雇员以在一个公历月份中取得的股票期权形式的工资、薪金所得为一次。在一个纳税年度中多次取得股票期权形式的工资、薪金所得的，在本纳税年度内首次取得股票期权形式的工资、薪金所得，应当按照上述公式计算个人所得税应纳税额；以后每次取得股票期权形式的工资、薪金所得，应当按照下列公式计算个人所得税应纳税额：

应纳税额＝(本纳税年度内取得的股票期权形式的工资、薪金所得累计应纳税所得额÷规定月份数×适用税率－速算扣除数)×规定月份数－本纳税年度内股票期权形式的工资、薪金所得累计已纳税额

雇员多次取得或者一次取得多项来源于中国境内的股票期权形式的工资、薪金所得，而且各次或者各项股票期权形式的工资、薪金所得的中国境内工作期间月份数不相同的，以中国境内工作期间月份数的加权平均数为上述有关公式中的规定月份数，但是最长不超过 12 个月，其计算公式如下：

$$\text{规定月份数}=\frac{\sum\text{各次或者各项股票期权形式的工资、薪金应纳税所得额与该次或者该项所得中国境内工作期间月份数的乘积}}{\sum\text{各次或者各项股票期权形式的工资、薪金应纳税所得额}}$$

个人从上市公司取得的股票增值权所得和限制性股票所得，比照上述规定计算缴纳个人所得税。

上述股票增值权，指上市公司授予本公司员工在未来一定时期和约定条件之下获得规定数量的股票价格上升带来收益的权利。被授权人在约定条件之下行权，上市公司按照行权日与授权日二级市

场股票差价和授权股票数量向被授权人发放现金。上市公司应当在向被授权人兑现股票增值权所得的时候代扣代缴被授权人应纳的个人所得税，被授权人股票增值权应纳税所得额的计算公式如下：

$$\text{股票增值权某次行权应纳税所得额}=(\text{行权日股票价格}-\text{授权日股票价格})\times\text{行权股票份数}$$

上述限制性股票，指上市公司按照股权激励计划约定的条件，授予本公司员工一定数量的本公司股票。原则上应当在限制性股票所有权归属于被激励对象的时候确认其限制性股票所得的应纳税所得额，即上市公司实施限制性股票计划的时候，应当以被激励对象限制性股票在中国证券登记结算公司（境外为证券登记托管机构）进行股票登记日期的股票市价（指当日收盘价，下同）和本批次解禁股票当日市价（指当日收盘价，下同）的平均价格乘以本批次解禁股票份数，减去被激励对象本批次解禁股份数所对应的为获取限制性股票实际支付资金数额，其差额为应纳税所得额。被激励对象限制性股票应纳税所得额的计算公式如下：

$$\text{限制性股票应纳税所得额}=\frac{\text{股票登记日股票市价}+\text{本批次解禁股票当日市价}}{2}\times\text{本批次解禁股票份数}-\frac{\text{被激励对象实际支付的资金总额}\times\text{本批次解禁股票份数}}{\text{被激励对象获取的限制性股票总份数}}$$

个人在纳税年度内第一次取得股票期权、股票增值权所得和限制性股票所得的，上市公司应当按照下列公式计算扣缴其个人所得税：

$$\text{应纳税额}=(\frac{\text{股票期权形式的工资、薪金应纳税所得额}}{\text{规定月份数}}\times\text{适用税率}-\text{速算扣除数})\times\text{规定月份数}$$

上述规定适用于上市公司及其分支机构和上市公司控股企业的员工，其中上市公司占控股企业股份比例最低为30%。上述企业以外的集团公司、非上市公司员工取得的股权激励所得；公司上市以前设立股权激励计划，待公司上市以后取得的股权激励所得；上市公司没有依法向税务机关报备有关资料的，不适用上述规定，直接计入个人当期所得，计算缴纳个人所得税。

被激励对象为缴纳个人所得税款而出售股票，售价与原计税价格不一致的，按照原计税价格计算应纳税所得额和应纳税额。

15. 因解除劳动关系取得一次性补偿收入、提前退休一次性补贴怎样计算缴纳所得税？

个人因与用人单位解除劳动关系而取得一次性的补偿收入（包括经济补偿金、生活补助费和其他补助费用），应当按照工资、薪金所得缴纳个人所得税，由支付单位在支付的时候一次性代扣代缴。考虑到这种收入数额可能比较大，而且与用人单位解除劳动关系的人员可能在一段时间以内没有固定收入，其收入在当地上年职工平均工资3倍以内的部分可以免缴个人所得税；超过3倍的部分可以视为一次取得数月的工资、薪金收入，允许在一定期限以内平均计算缴纳个人所得税，计算方法是：以这部分收入除以个人在本企业的工作年限数（最多以12年为限），以其商作为个人的月工资、薪金收入计算缴纳个人所得税。计税时，按照规定缴纳的基本养老保险费、基本医疗保险费、失业保险费和住房公积金可以扣除。

例：具有12年工龄的职工王某在企业改组中被解雇，取得一次性的经济补偿金18万元，当地上年职工平均工资为4万元，王某应纳个人所得税税额的计算方法如下：

一、应纳税收入

18万元−4万元×3＝6万元

二、按照12年工龄计算的月平均工资：

60000元÷12＝5000元

三、应纳税额

（5000元−3500元）×3%×12＝540元

机关、企业和事业单位按照统一标准，向没有达到法定退休年龄、办理提前退休手续的个人支付一次性补贴，按照工资、薪金所得征收个人所得税，按照办理提前退休手续至法定退休年龄之间的月份平均计税，应纳税额计算公式：

$$应纳税额=[(\frac{一次性补贴收入}{办理提前退休手续至法定退休年龄的月份数}-费用扣除标准)\times适用税率-速算扣除数]\times\frac{提前办理退休手续至法}{定退休年龄的月份数}$$

此外，企业按照国家有关法律规定宣告破产，企业职工从破产企业取得的一次性安置费收入，可以免缴个人所得税。

16. 个体工商户的生产、经营所得具体包括哪些所得？

个体工商户的生产、经营所得具体包括下列所得：

一、个体工商户从事工业、手工业、建筑业、交通运输业、商业、饮食业、服务业、修理业和其他行业生产、经营取得的所得；

二、个人经政府有关部门批准，取得执照，从事办学、医疗、咨询和其他有偿服务活动取得的所得；

三、其他个人从事个体工商业生产、经营取得的所得；

四、上述个体工商户和个人取得的与生产、经营有关的各项应纳税所得。

个体工商户在多处取得生产、经营收入的，应当将其从各处取得的收入合并计算缴纳个人所得税。

个体工商户与企业联营分得的利润不按照生产、经营所得缴纳个人所得税，而按照利息、股息、红利所得缴纳个人所得税。

以下两种情形实质均为企业对个人进行实物分配，应当按照个体工商户的生产、经营所得缴纳个人所得税：企业出资购买房屋和其他财产，将所有权登记为个人独资企业、合伙企业的投资者个人、投资者家庭成员的；企业投资者个人、投资者家庭成员向企业借款用于购买房屋和其他财产，将所有权登记为个人独资企业、合伙企业的投资者、投资者家庭成员，且借款年度终了后没有归还借款的。

17. 个体工商户的生产、经营所得怎样确定应纳税所得额？

个体工商户在就其生产、经营所得计算缴纳个人所得税的时候，以其本纳税年度的生产、经营收入减除成本、费用、税金和损失以后的余额为应纳税所得额。

上述生产、经营收入包括货物销售收入、营运收入、劳务收入、工程价款收入、财产出租或者转让收入、利息收入、其他业务收入和营业外收入（各项收入的取得均按照权责发生制原则确定），成本、费用包括各项直接支出和分配计入成本的间接费用以及销售费用、管理费用、财务费用，损失指各项营业外支出。准予扣除的项目和标准，应当按照税法的有关规定确定。

如果纳税人没有提供完整、准确的纳税资料，不能正确地计算其应纳税所得额，税务机关可以核定其应纳税所得额。

18. 个体工商户的费用扣除规定主要有哪些？

个体工商户计算个人所得税应纳税所得额时的费用扣除规定主要有：

一、业主的费用扣除标准为每年42000元或者每月3500元；个体工商户向其从业人员支付的合理的工资、薪金，可以扣除。业主的工资不能扣除。

二、纳税人自申请营业执照之日起至开始生产、经营之日止所发生的符合规定的费用，可以作为开办费，自开始生产、经营之日起，在不短于5年的期限以内分期均额扣除。

三、纳税人在生产、经营期间借款的利息支出，不超过按照中国人民银行规定的同类、同期贷款利率计算的数额的部分，可以扣除。

四、纳税人购入低值易耗品的支出，原则上应当一次摊销；但是一次性购入价值较大的，应当分期摊销，分期摊销的价值标准和期限由各省、自治区和直辖市地方税务局（西藏自治区为国家税务局，下同）根据当地的实际情况确定。

五、纳税人发生的与生产、经营有关的财产保险、运输保险和从业人员的养老、医疗等保险费用支出，可以按照国家的有关规定计算扣除。

六、纳税人发生的与生产、经营有关的修理费用，在一般情况下可以据实扣除；修理费用发生不均衡或者数额较大的，应当分期扣除，分期扣除的标准和期限由各省、自治区和直辖市地方税务局根据当地的实际情况确定。

七、纳税人拨缴的工会经费和发生的职工福利费、职工教育经费支出，可以分别在工资、薪金总额的 2%、14%、2.5% 以内扣除。

八、纳税人本纳税年度发生的广告费和业务宣传费用，不超过当年销售（营业）收入 15% 的部分，可以扣除；超过当年销售（营业）收入 15% 的部分，可以在以后纳税年度结转扣除。

九、纳税人本纳税年度发生的与其生产、经营业务直接相关的业务招待费支出，可以按照发生额的 60% 扣除，但是最高不得超过当年销售（营业）收入的 5‰。

十、纳税人研究开发新产品、新技术和新工艺所发生的开发费用，为研究开发新产品、新技术而购置单台价值在 5 万元以下的测试仪器和试验性装置的购置费，可以据实扣除。

十一、纳税人在生产、经营过程中与家庭生活混用的费用，由税务机关核定分摊比例，据此计算其中属于生产、经营过程中发生的费用，可以扣除。

19. 个体工商户缴纳的税金、工商管理费等怎样扣除？

个体工商户按照规定缴纳的消费税、营业税、城市维护建设税、房产税、城镇土地使用税、耕地占用税、土地增值税、车船税、资源税、印花税、教育费附加、工商管理费、个体劳动者协会会费和摊位费，在计算个人所得税应纳税所得额的时候可以扣除；缴纳的其他税费，扣除项目和标准，由各省、自治区和直辖市地方税务局根据当地的实际情况确定。

20. 个体工商户无法收回的账款、经营亏损怎样处理？

个体工商户发生的与生产、经营有关的无法收回的账款，应当提供有效证明，经过税务机关审核以后，在计算个人所得税应纳税所得额的时候可以据实扣除（如果以后年度收回，应当直接作为收入处理）。

纳税人在生产、经营过程中发生的固定资产和流动资产盘亏及毁损净损失，应当提供清查盘存资料，经过税务机关审核以后，可以在当期扣除。

纳税人在生产、经营过程中发生的以人民币以外的货币结算的往来款项增减变动的时候，由于汇率变动而发生折算人民币的差额，作为汇兑损益，收益计入当期所得，损失在当期扣除。

纳税人本纳税年度发生经营亏损的，经过税务机关审核以后，可以用下一纳税年度的经营所得弥补；下一纳税年度的经营所得不足弥补的，可以逐年延续弥补，但是最长不能超过5年。具体计算方法同企业所得税（参见本书第七部分《企业所得税》第26问的相关内容）。

21. 个体工商户的哪些支出不能扣除？

个体工商户在计算个人所得税应纳税所得额的时候，下列支出不能扣除：

一、购置和建造各类资产的支出，对外投资支出；

二、没收的财物、支付的罚款；

三、缴纳的个人所得税，各种税收的滞纳金、罚款和罚金；

四、赞助支出（国家另有规定者除外）；

五、自然灾害或者意外事故损失有赔偿的部分；

六、分配给投资者的股利；

七、用于个人和家庭的支出；

八、与生产、经营无关的其他支出；

九、国家税务总局规定不能扣除的其他支出。

22. 个体工商户使用的固定资产怎样计提折旧？

个体工商户在生产、经营过程中使用的使用期限超过1年，且单位价值在1000元以上的房屋、建筑物、机器、设备、运输工具和其他与生产、经营有关的设备、工具、器具等为固定资产。

房屋、建筑物；在用机械设备，仪器仪表；工具、器具；季节性停用和修理停用的设备；以经营方式租出和以融资租赁方式租入的固定资产，可以计提折旧。没有使用、不需要使用的固定资产（不包括房屋、建筑物），以经营方式租入的固定资产（租赁费可以据实扣除），已经提足折旧继续使用的固定资产，不能计提折旧。

固定资产的计价方法是：购入的固定资产，应当按照支付的买价、包装费、运杂费和安装费等计价；自行建造的固定资产，应当按照建造过程中发生的全部支出计价；作为投资的固定资产，应当按照评估确认或者合同（协议）约定的价值计价；在原有固定资产基础上改建、扩建的固定资产，应当按照账面原价减去改建、扩建工程中发生的变价收入加上改建、扩建增加的支出计价；盘盈的固定资产，应当按照同类固定资产的重估完全价值计价；融资租入的固定资产，应当按照租赁协议或者合同确定的租赁费加运输费、保险费、安装调试费等计价。

固定资产在计算折旧以前，应当估计残值，从固定资产原价中减除。残值按照固定资产原价的5%确定。

固定资产的折旧年限在不短于下列规定年限以内，经过税务机关的审核以后执行：房屋、建筑物，20年；轮船、机器、机械和其他生产设备，10 年；电子设备、运输工具（不包括轮船）和与生产、经营有关的工具、器具、家具等，5 年。由于特殊原因，需要缩短折旧年限的，纳税人可以提出申请，报所在省（自治区、直辖市）地方税务局审批。

固定资产折旧按照平均年限法（即直线法）或者工作量法计算提取。平均年限法的计算公式同企业所得税（参见本书第七部分《企业所得税》第 30 问的相关内容），工作量法的计算公式如下：

$$单位里程(每工作小时)折旧额=(原值-残值)\div\frac{总行驶里程}{(总工作小时)}$$

$$月折旧额=月行驶里程(工作小时)\times单位里程(每工作小时)折旧额$$

23. 个体工商户使用的无形资产怎样扣除？

个体工商户在生产、经营过程中使用的无形资产，可以从开始使用之日起，在有效使用期限以内，分期均额在计算个人所得税应纳税所得额时扣除。

作为投资、受让的无形资产，在法律、合同（协议）中规定了使用年限的，可以按照规定的使用年限分期扣除；没有规定使用年限的无形资产和自行开发的无形资产，扣除期限不能少于 10 年。

无形资产的计价方法是：作为投资的无形资产，应当按照合同（协议）规定的合理价格计价；购入的无形资产，应当按照实际价款计价；接受捐赠的无形资产，应当按照所附单据或者参照同类无形资产的市场价格计价。非专利技术和商誉的计价应当经过法定评估机构评估以后确认。

24. 个体工商户的生产、经营所得怎样计算应纳所得税税额？

个体工商户的生产、经营所得，按照应纳税所得额和《个人所得税税率表（二）》所列的 5 级超额累进税率计算应纳个人所得税税额。

个人所得税税率表（二）

（个体工商户的生产、经营所得和对企业、事业单位的承包经营、承租经营所得适用）

级数	本纳税年度应纳税所得额	税率（%）	速算扣除数（元）
一	不超过15000元的部分	5	0
二	超过15000元至30000元的部分	10	750
三	超过30000元至60000元的部分	20	3750
四	超过60000元至100000元的部分	30	9750
五	超过100000元的部分	35	14750

应纳税额计算公式：

应纳税所得额=生产、经营收入-成本、费用、税金和损失

应纳税额=应纳税所得额×适用税率-速算扣除数

例：某个体工商户本纳税年度取得经营收入60万元，允许税前扣除的成本、费用和税金共计50万元，该个体工商户本纳税年度应纳个人所得税税额的计算方法为：

应纳税所得额=60万元-50万元

=10万元

应纳税额=10万元×30%-9750元

=20250元

25. 个人独资企业、合伙企业个人投资者的生产、经营所得怎样计算缴纳所得税？

个人独资企业和合伙企业个人投资者的生产、经营所得，比照个体工商户的生产、经营所得缴纳个人所得税。

个人独资企业和合伙企业（以下简称企业）投资者的生产、经营所得，指企业本纳税年度的收入减除成本、费用、损失以后的余额。

上述收入指企业从事生产、经营和与生产、经营有关的活动取得的各项收入，包括货物销售收入、营运收入、劳务服务收入、工程价款收入、财产出租和转让收入、利息收入、其他业务收入和营业外收入。

个人独资企业和合伙企业的个人投资者以企业资金为本人、家庭成员和相关人员支付与企业生产、经营无关的消费性支出和购买汽车、住房等财产性支出，应当视为企业对个人投资者的利润分配，并入投资者个人的生产、经营所得缴纳个人所得税。

个人独资企业以投资者为纳税人，以企业的全部生产、经营所得为应纳税所得额。

合伙企业以每一个合伙人为纳税人，按照下列原则确定应纳税所得额：以合伙企业的生产、经营所得和其他所得，按照合伙协议约定的分配比例确定应纳税所得额，但是合伙协议不得约定将全部利润分配给部分合伙人；合伙协议没有约定或者约定不明确的，以合伙企业的生产、经营所得和其他所得，按照合伙人协商决定的分配比例确定应纳税所得额；合伙人协商不成的，以合伙企业的生产、经营所得和其他所得，按照合伙人实缴出资比例确定应纳税所得额；无法确定合伙人出资比例的，以合伙企业的生产、经营所得和其他所得，按照合伙人数量平均计算每个合伙人的应纳税所得额。

合伙人中既有自然人，又有法人和其他组织的，应当依法就其所得分别缴纳所得税，即自然人应当比照个体工商户缴纳个人所得税，法人和其他组织应当缴纳企业所得税。

例 1：公民杜某登记成立了一家个人独资企业，本纳税年度取得利润 30 万元，其应纳税所得额即为 30 万元，其本纳税年度应纳个人所得税税额的计算方法为：

应纳税额 = 30 万元×35% − 14 750 元

= 90 250 元

例 2：公民张某、王某和李某 3 个人共同出资，登记成立了一家合伙企业，该企业本纳税年度的经营收入扣除成本、费用、税金和损失以后的余额（利润）为60万元。按照3个人合伙的时候签订的协议，经营成果根据各人出资的比例，即3：2：1的比例在3个人之间分配。据此，张某、王某和李某分别分得利润30万元、20万元和10万元。所以，张某、王某和李某应当分别以30万元、20万元和10万元为本人的应纳税所得额，分别计算缴纳本人应当缴纳的个人所得税。

如果上述3个人在合伙的时候没有约定利润分配比例，则应当按照60万元利润和3个人平均计算每个人的应纳税所得额，即每人20万元（60万元÷3=20万元），然后分别计算缴纳本人应当缴纳的个人所得税。

例3：公民韩某与甲公司共同出资，登记成立了一家合伙企业，该企业本纳税年度的经营收入扣除成本、费用、税金和损失以后的余额（利润）为500万元。按照双方合伙的时候签订的协议，经营成果根据各方出资的比例，按照2：3的比例在双方之间分配。据此，韩某和甲公司分别分得利润200万元和300万元。所以，韩某应当以分得的利润200万元为应纳税所得额，计算缴纳个人所得税；甲公司则应当将分得的利润300万元与本公司的其他所得合并，计算缴纳企业所得税。

实行查账征税办法的个人独资企业和合伙企业，其生产、经营所得比照个体工商户所得税计税办法确定，但是下列项目除外：

一、个人投资者的费用扣除标准为每年42 000元或者每月3 500元。个人投资者的工资不能在税前扣除。

个人投资者兴办2个以上企业的，根据税法规定准予扣除的个人费用，由个人投资者选择在其中一个企业的生产、经营所得中扣除。

二、企业向其从业人员支付的合理的工资、薪金，可以扣除。

三、个人投资者及其家庭发生的生活费用不能在税前扣除。个人投资者及其家庭发生的生活费用与企业生产、经营费用难以划分的，应当全部视为个人投资者及其家庭发生的生活费用，不能在税前扣除。

四、企业生产、经营和个人投资者及其家庭生活共用的固定资产，难以划分的，由税务机关根据企业的生产、经营类型和规模等具体情况，核定准予在税前扣除的折旧费用的数额或者比例。

五、企业拨缴的工会经费和发生的职工福利费、职工教育经费支出，可以分别在工资、薪金总额的2%、14%、2.5%以内扣除。

六、企业本纳税年度发生的广告费和业务宣传费用，不超过当年销售（营业）收入15%的部分，可以扣除；超过当年销售（营业）收入15%的部分，可以在以后纳税年度结转扣除。

七、企业本纳税年度发生的与其生产、经营业务直接相关的业务招待费支出，可以按照发生额的60%扣除，但是最高不得超过当年销售（营业）收入的5‰。

八、企业计提的各种准备金不得在税前扣除。

企业与其关联企业之间的业务往来，应当按照独立企业之间的业务往来收取或者支付价款、费用。不按照独立企业之间的业务往来收取或者支付价款、费用，从而减少其应纳税所得额的，税务机关有权合理调整。

个人投资者兴办两个以上企业的（包括参与兴办，下同），年度终了时，应当汇总从所有企业取得的应纳税所得额，据此确定适用税率并计算缴纳应纳所得税税款。

企业本纳税年度发生亏损的，可以用本企业下一纳税年度的生产、经营所得弥补；下一纳税年度的生产、经营所得不足弥补的，可以逐年延续弥补，但是最长不得超过5年。具体计算方法同企业所得税（参见本书第七部分《企业所得税》第26问）的相关内容。

实行查账征税方式的个人独资企业和合伙企业改为核定征税方式以后，在查账征税方式下认定的年度经营亏损未弥补完的部分，不得继续弥补。

投资者兴办两个以上企业的，企业发生的年度亏损不能跨企业弥补。

企业清算的时候，投资者应当在注销工商登记以前向税务机关结清有关税务事宜。企业的清算所得（指企业清算时的全部资产或者财产的公允价值扣除各项清算费用、损失、负债、以前年度留存的利润以后超过实缴资本的部分）应当视为年度生产、经营所得，由投资者依法缴纳所得税。

企业在纳税年度的中间开业，或者由于合并、关闭等原因，使该纳税年度经营期不足12个月的，应当以其实际经营期为一个纳税年度。

26. 怎样按照核定征收方式对个人独资企业、合伙企业投资者征收所得税?

有下列情形之一的个人独资企业和合伙企业投资者，税务机关应当采取核定征收方式对其征收所得税：

一、企业依照国家有关规定应当设置账簿而没有设置账簿的；

二、企业虽然设置账簿，但是账目混乱或者成本资料、收入凭证、费用凭证残缺不全，难以查账的；

三、纳税人发生纳税义务，没有按照规定的期限办理纳税申报，经税务机关责令限期申报逾期仍不申报的。

上述核定征收方式，包括定额征收、核定应税所得率征收和其他合理的征收方式。

实行核定应税所得率征收方式的，应纳税所得额的计算公式如下：

$$应纳税所得额=收入总额\times应税所得率$$

或者：

$$应纳税所得额=成本、费用支出额\div(1-应税所得率)\times应税所得率$$

应税所得率的规定是：工业、商业、交通运输业，5%～20%；建筑业、房地产开发业，7%～20%；饮食服务业，7%～25%；娱乐业，20%～40%；其他行业，10%～30%（其中律师事务所、会计师事务所、审计师事务所和其他中介机构不得低于25%）。

企业经营多业的，无论其经营项目是否单独核算，均应当根据其主营项目确定其适用的应税所得率。

例1：甲个人独资企业本纳税年度收入总额为100万元，当地税务机关核定其应税所得率为10%，该企业本纳税年度应纳个人所得税税额的计算方法为：

应纳税所得额=100万元×10%

=10万元

应纳税额=10万元×30%－9750元

=20250元

例2：乙个人独资企业本纳税年度成本费用支出总额为17万元，当地税务机关核定其应税所得率为15%，该企业本纳税年度应纳个人所得税税额的计算方法为：

应纳税所得额=17万元÷(1－15%)×15%

=3万元

应纳税额=3万元×10%－750元

=2250元

实行核定征税的投资者，不能享受个人所得税的优惠政策。

27. 个人独资企业、合伙企业投资取得的利息、股息和红利怎样计算缴纳所得税？

个人独资企业和合伙企业对外投资取得的利息或者股息、红利，不并入企业的收入，而应当单独作为投资者取得的利息、股息、红利所得计算缴纳所得税。

以合伙企业名义对外投资取得利息或者股息、红利的，应当先按照合伙企业投资者计算应纳税所得额的规定确定各个投资者的利息、股息、红利所得，然后分别计算缴纳所得税。

28. 对企业、事业单位的承包经营、承租经营所得怎样计算缴纳所得税?

对企业、事业单位的承包经营、承租经营所得，指个人承包经营、承租经营和转包、转租取得的所得，包括个人按照经营合同分得的利润和工资、薪金性质的所得。承包人、承租人按照合同（协议）的规定，只向发包方、出租方交纳一定的费用，企业经营成果归承包人、承租人所有的，按照此项目缴纳个人所得税。如果承包人、承租人对企业的经营成果没有所有权，只是按照合同（协议）的规定取得一定的收入，则应当按照工资、薪金所得缴纳个人所得税。

对企业、事业单位的承包经营、承租经营所得在计算缴纳个人所得税的时候，以纳税人本纳税年度的收入减除必要费用（目前规定每月可以减除 3 500 元）以后的余额为应纳税所得额，按照前列《个人所得税税率表（二）》计算应纳税额。

例 1：某企业职工程先生承包了本企业的全部经营管理。根据承包合同的规定，程先生在承包经营期间每年必须向发包方上交承包费 50 万元，其余经营收入归本人所有。承包经营的结果是：扣除正常的经营成本、费用和上交的承包费以后，程先生本纳税年度取得承包经营收入 20 万元。由于程先生上交承包费以后的经营成果归本人所有，所以他的这笔收入应当按照对企业、事业单位的承包经营、承租经营所得缴纳个人所得税。在计算应纳税所得额的时候，可以减除必要费用 42 000 元（即 3 500 元×12 = 42 000 元）。程先生本纳税年度承包经营所得应纳个人所得税税额的计算方法如下：

应纳税所得额 = 200 000 元 − 42 000 元

= 158 000 元

应纳税额 = 158 000 元 × 35% − 14 750 元

= 40 550 元

例 2：某企业职工郝女士为了扭转本企业的经营亏损状况，承包经营本企业。根据承包合同的规定，郝女士承包经营该企业以后，可以从企业全年的利润中提取20%作为其个人的收入，其余80%的利润交给企业。承包经营的结果是：该企业本纳税年度获得利润30万元；根据承包合同，郝女士取得收入6万元。虽然郝女士取得的这笔收入是因承包经营行为所得，但是由于她对其余80%的利润没有所有权，所以她的这笔收入应当按照工资、薪金所得计算缴纳个人所得税。

纳税人在多处取得承包经营、承租经营收入的，应当将其从各处取得的收入合并计算缴纳个人所得税。

上述承包经营、承租经营的纳税人，应当按照本纳税年度取得的承包经营、承租经营所得计算缴纳个人所得税。在一个纳税年度内承包经营、承租经营不足12个月的，应当以纳税人实际承包经营、承租经营的月份数为一个纳税年度计算缴纳个人所得税，应纳税所得额的计算公式如下：

$$\text{应纳税所得额} = \text{本纳税年度承包经营、承租经营收入额} - 3\,500 \times \text{本纳税年度实际承包经营、承租经营月份数}$$

29. 劳务报酬所得怎样计算缴纳所得税？

劳务报酬所得，包括个人从事设计、装潢、安装、制图、化验、测试、医疗、法律、会计、咨询、讲学、新闻、广播、翻译、审稿、书画、雕刻、影视、录音、录像、演出、表演、广告、展览、技术服务、介绍服务、经纪服务、代办服务和其他劳务取得的所得。非本企业雇员为企业提供非有形商品推销、代理等服务活动取得的佣金、奖励和劳务费等名目的收入，单位以免费旅游的方式向非雇员营销人员提供的奖励，个人因担任董事职务而取得的董事费（不包括在公司任职、受雇的情形），也按照此类所得缴纳个人所得税。

劳务报酬所得按照纳税人每次取得的收入计算缴纳个人所得税，属于一次性收入的，以取得该项收入为一次；属于同一项目连续性收入的，以一个月以内取得的收入为一次（一个月以内提供劳务和取得收入跨县、市、区的，应当分别计算）。纳税人每次取得的收入不超过4000元的，减除费用800元；超过4000元的，减除20%的费用，以其余额为应纳税所得额，按照20%的税率计算应纳个人所得税税额。

应纳税额计算公式：

应纳税所得额=应税项目收入-800元或者应税项目收入的20%

应纳税额=应纳税所得额×20%

例1：工程师赵某从甲公司取得一笔设计费50000元，同时从乙公司取得一笔咨询费3000元，其应纳个人所得税税额的计算方法如下：

（1）设计费的应纳税额计算方法

应纳税所得额=50000元-50000元×20%

=40000元

应纳税额=40000元×20%

=8000元

（2）咨询费的应纳税额计算方法

应纳税所得额=3000元-800元

=2200元

应纳税额=2200元×20%

=440元

（3）两笔应纳税额合计

8000元+440元=8440元

例2：甲企业工人龚某本月利用工作之余为乙企业提供安装劳务，取得劳务收入2000元，其此项收入应纳个人所得税税额的计算方法如下：

应纳税所得额=2000元-800元

=1200元

应纳税额=1200元×20%

=240元

30．劳务报酬所得一次收入畸高的，怎样加成征收所得税？

对于劳务报酬所得一次收入畸高的，可以加成征收个人所得税。具体的加征办法是：应纳税所得额超过 2 万元至 5 万元的部分，按照税法规定计算应纳个人所得税税额以后，再按照应纳税额加征五成；应纳税所得额超过 5 万元的部分，按照应纳税额加征十成。

例：演员于某一次演出取得劳务报酬 5 万元，其应纳个人所得税税额的计算方法如下：

应纳税所得额＝50 000 元−50 000 元×20%
＝40 000 元

基本应纳税额＝40 000 元×20%
＝8 000 元

加成征收税额＝(40 000 元−20 000 元)×20% ×50%
＝2 000 元

应纳税额合计＝8 000 元+2 000 元
＝10 000 元

根据上述加成征税的规定，劳务报酬所得可以按照应纳税所得额和《个人所得税税率表（三)》所列的 3 级超额累进税率计算应纳个人所得税税额。

个人所得税税率表（三）

（劳务报酬所得适用）

级数	本次应纳税所得额	税率（%）	速算扣除数（元）
一	不超过 20 000 元的部分	20	0
二	超过 20 000 元至 50 000 元的部分	30	2 000
三	超过 50 000 元的部分	40	7 000

仍然以上述演员取得的劳务报酬为例：

应纳税额＝每次应纳税所得额×适用税率−速算扣除数
＝40 000 元×30% −2 000 元

=10 000 元

31．稿酬所得怎样计算缴纳所得税？

稿酬所得，包括个人因其作品（包括文字作品、书画作品、摄影作品和其他作品）以图书、报刊形式出版、发表而取得的所得，按照纳税人每次出版、发表作品取得的收入计算缴纳个人所得税。纳税人每次出版、发表同一作品，不论出版单位是预付还是分次支付稿酬，或者加印该作品以后再付稿酬，都应当合并其全部稿酬所得，按照一次取得的收入计算缴纳个人所得税。纳税人在多处出版、发表和再版同一作品而取得的稿酬所得，可以分别各处取得的所得或者再版所得，按照分次所得计算缴纳个人所得税。

稿酬所得的适用税率为20%，应纳税所得额的计算公式如下：

应纳税所得额=应税项目收入-800 元或者应税项目收入的 20%

根据税法的规定，稿酬所得可以按照应纳个人所得税税额减征 30%。

例：作家周某一次取得稿酬 20 000 元，其应纳个人所得税税额的计算方法如下：

应纳税所得额=20 000 元-20 000 元×20%

=16 000 元

法定应纳税额=16 000 元×20%

=3 200 元

法定减税额=3 200 元×30%

=960 元

实际应纳税额=3 200 元-960 元

=2 240 元

已故作者的遗作稿酬，由取得该项稿酬的个人缴纳个人所得税。

作者将自己的文字作品手稿的原件、复印件公开拍卖取得的所得，不按照稿酬所得缴纳个人所得税，而按照特许权使用费所得缴纳个人所得税。

任职、受雇于报刊等单位的记者、编辑等专业人员在本单位的报刊上发表作品取得的所得，应当与其当月的工资收入合并，按照工资、薪金所得缴纳个人所得税。

32. 特许权使用费所得怎样计算缴纳所得税?

特许权使用费所得，包括个人提供专利权、商标权、著作权、非专利技术和其他特许权的使用权取得的所得，按照纳税人每次取得的收入计算缴纳个人所得税，以一项特许权的一次许可使用取得的收入为一次。

特许权使用费所得的适用税率和应纳税额计算公式基本同劳务报酬所得。所不同的是：在计算特许权使用费所得的应纳税所得额的时候，除了可以按照税法规定的数额或者比例减除费用以外，纳税人在技术转让过程中所支付的中介费用，能够提供有效凭证的，也可以从其所得中扣除。

应纳税额计算公式：

$$\text{应纳税所得额}=\text{应税项目收入额}-\begin{matrix}\text{800 元或者应税}\\ \text{项目收入的 20\%}\end{matrix}-\text{中介费用}$$

$$\text{应纳税额}=\text{应纳税所得额}\times 20\%$$

例：教授李某向一家公司提供一项专利使用权，一次取得收入10万元，其应纳个人所得税税额的计算方法如下：

应纳税所得额 = 100 000 元 − 100 000 元 × 20%

= 80 000 元

应纳税额 = 80 000 元 × 20%

= 16 000 元

33. 财产租赁所得怎样计算缴纳所得税?

财产租赁所得，包括个人出租建筑物、土地使用权、机器、车辆、船舶和其他财产取得的所得，按照纳税人 1 个月以内取得的收入计算缴纳个人所得税。

财产租赁所得的适用税率和应纳税额计算公式基本同劳务报酬所得。所不同的是：在计算财产租赁所得的应纳税所得额的时候，税前扣除的项目和顺序是：财产租赁过程中缴纳的税费、向出租方支付的租金、由纳税人负担的修缮费用、税法规定的费用扣除标准。

应纳税额计算公式：

应纳税所得额=应税项目收入-规定扣除项目

应纳税额=应纳税所得额×20%

例：公民朱某出租自有房屋供他人经商，当月取得租金收入1万元，支付各项税金、教育费附加和修缮费用共2000元，朱某当月房租收入应纳个人所得税税额的计算方法如下：

应纳税所得额=(10000元-2000元)×(1-20%)

=6400元

应纳税额=6400元×20%

=1280元

确认财产租赁所得的纳税人，应当以产权凭证为依据。无产权凭证的，由税务机关根据实际情况确定纳税人。产权所有人去世的，在办理产权继承手续以前，由于财产出租取得的租金收入，以领取租金的个人为纳税人。

34. 财产转让所得怎样计算缴纳所得税？

财产转让所得，包括个人转让有价证券、股权、建筑物、土地使用权、机器、车辆、船舶和其他财产取得的所得。计算缴纳个人所得税的时候，以纳税人转让财产取得的收入减除被转让财产的原值、合理费用和在财产转让过程中缴纳的有关税费（如出售房屋的时候缴纳的营业税、城市维护建设税、土地增值税、印花税和教育费附加）以后的余额为应纳税所得额，按照20%的税率计算应纳税额。

应纳税额计算公式：

应纳税所得额＝财产转让收入－财产原值－合理费用－有关税费

应纳税额＝应纳税所得额×20%

财产原值的确定方法是：

一、有价证券，为买入价和买入时按照有关规定交纳的费用；

二、建筑物，为建造费或者购进价格和其他有关费用；

三、土地使用权，为取得土地使用权所支付的金额、开发土地的费用和其他有关费用；

四、机器、车辆和船舶，为购进价格、运输费、安装费和其他有关费用；

五、其他财产，参照以上方法确定。

纳税人没有提供完整、准确的财产原值凭证，不能正确计算财产原值的，税务机关可以核定其财产原值。

个人不能提供完整、准确财产（资产）原值凭证的，主管税务机关可依法核定其财产原值。

例：公民方某出售原值20万元的住房一套，取得收入40万元；可以扣除有关费用、税金10万元，方某应纳个人所得税税额的计算方法如下：

应纳税所得额＝40万元－20万元－10万元

＝10万元

应纳税额＝10万元×20%

＝2万元

下列所得也按照财产转让所得征税：

一、个人通过拍卖市场拍卖除了文字作品手稿原件或者复印件以外的其他财产取得的所得。

二、个人以评估增值的非货币性资产对外投资取得股权，个人取得相应股权价值高于该资产原值的部分（税款由被投资企业在个人取得股权时代扣代缴）。

三、个人由于各种原因终止投资、联营和经营合作等行为，从被投资企业或者合作项目、被投资企业的其他投资者和合作项目的经营合作人取得股权转让收入、违约金、补偿金、赔偿金和以其他名目收回的款项等，应纳税所得额的计算方法如下：

应纳税所得额＝个人取得的股权转让收入、违约金、补偿金、赔偿金和以其他名目收回款项合计－原实际出资额（投入额）和相关税费

35. 住房转让所得计税有什么特殊规定？

对于住房转让所得征收个人所得税的时候，以实际成交价格为转让收入。纳税人申报的住房成交价格明显低于市场价格且无正当理由的，税务机关依法有权根据有关信息核定其转让收入，但是必须保证各税种计税价格一致。

在转让住房收入计算个人所得税应纳税所得额的时候，纳税人可以凭原购房合同、发票等有效凭证，经税务机关审核以后，从其转让收入中减除房屋原值、转让住房过程中缴纳的税金和有关合理费用。

一、房屋原值

（一）商品房：购置该房屋的时候实际支付的房价款和缴纳的相关税费。

（二）自建住房：实际发生的建造费用及建造和取得产权的时候实际缴纳的相关税费。

（三）经济适用房（包括集资合作建房、安居工程住房）：原购房人实际支付的房价款、相关税费和按照规定交纳的土地出让金。

（四）已购公有住房：原购公有住房标准面积按照当地经济适用房价格计算的房价款，加原购公有住房超标准面积实际支付的房价款和按照规定向财政部门或者原产权单位缴纳的所得收益及相关税费。

上述已购公有住房，指城镇职工根据国家和县级以上人民政府有关城镇住房制度改革政策规定，按照成本价或者标准价购买的公有住房。

经济适用房价格按照县级以上地方人民政府规定的标准确定。

（五）城镇拆迁安置住房：根据国务院和建设部有关文件的规定，其原值分别为：

1. 房屋拆迁取得货币补偿以后购置房屋的，为购置该房屋实际支付的房价款和缴纳的相关税费；

2. 房屋拆迁采取产权调换方式的，所调换房屋原值为《房屋拆迁补偿安置协议》注明的价款和缴纳的相关税费；

3. 房屋拆迁采取产权调换方式，被拆迁人取得所调换房屋，又取得部分货币补偿的，所调换房屋原值为《房屋拆迁补偿安置协议》注明的价款和缴纳的相关税费减去货币补偿以后的余额；

4. 房屋拆迁采取产权调换方式，被拆迁人取得所调换房屋，又支付部分货币的，所调换房屋原值为《房屋拆迁补偿安置协议》注明的价款加上所支付的货币和缴纳的相关税费。

二、转让住房过程中缴纳的税费

包括纳税人在转让住房的时候缴纳的营业税、城市维护建设税、土地增值税、印花税和教育费附加。

三、合理费用

包括纳税人按照规定支付的住房装修费用、住房贷款利息、手续费和公证费等费用。

（一）住房装修费用：纳税人能够提供支付装修费用的税务统一发票，并且发票上所列付款人姓名与转让房屋产权人一致的，经税务机关审核，其转让的住房在转让以前发生的装修费用，可以在以下规定比例之内扣除：

1. 已购公有住房、经济适用房：最高扣除限额为房屋原值的15%；

2. 商品房和其他住房：最高扣除限额为房屋原值的10%。

纳税人原购房为装修房，即合同注明房价款中含有装修费（铺装了地板，装配了洁具、厨具等）的，不得重复扣除装修费用。

（二）住房贷款利息：纳税人出售以按揭贷款方式购置的住房，其向贷款银行支付的住房贷款利息，可以凭贷款银行出具的有效证明据实扣除。

（三）手续费、公证费等：可以凭有关部门出具的有效证明据实扣除。

纳税人没有提供完整、准确的房屋原值凭证，不能正确计算房屋原值和应纳税额的，税务机关可以依法实行核定征税，即按照纳税人住房转让收入的一定比例核定应纳个人所得税额。具体比例由省级地方税务局或者省级地方税务局授权的地市级地方税务局根据纳税人出售住房的所处区域、地理位置、建造时间、房屋类型和住房平均价格水平等因素，在住房转让收入1%至3%的幅度以内确定。

36. 拍卖财产所得怎样计算缴纳所得税?

个人通过拍卖市场拍卖个人财产取得的所得，应当按照下列规定计算应纳个人所得税税额：

一、作者将其文字作品的手稿原件或者复印件拍卖取得的所得，应当按照前述特许权使用费所得计算应纳个人所得税税额（参见本部分第31问）。

二、个人拍卖除了文字作品的手稿原件或者复印件以外的其他财产取得的所得，应当按照前述财产转让所得计算应纳个人所得税税额（参见本部分第33问）。

个人拍卖财产的所得，以被拍卖财产最终拍卖成交价格为所得额。

个人拍卖财产的所得按照财产转让所得计算应纳税所得额的时候，可以凭合法有效凭证（包括发票、相关境外交易单据或者海关报关单据、完税证明等），从其所得额中减除相应的财产原值、拍卖财产过程中缴纳的税金和有关合理费用。

上述财产原值，指财产售出方个人取得被拍卖财产的价格：通过商店、画廊等途径购买的财产，为购买该财产的时候实际支付的价款；通过拍卖行拍得的财产，为拍得该财产实际支付的价款和缴纳的相关税费；通过祖传收藏的财产，为收藏该财产而发生的费用；通过赠送取得的财产，为受赠该财产的时候发生的相关税费；通过其他形式取得的财产，参照以上原则确定财产原值。

上述拍卖财产过程中缴纳的税金，指在拍卖财产的时候纳税人缴纳的相关税金和附加。

上述有关合理费用，指拍卖财产的时候纳税人按照规定支付的拍卖费（佣金）、鉴定费、评估费、图录费、证书费等费用。

如果纳税人不能提供合法、完整、准确的财产原值凭证，不能正确地计算财产原值，应当按照拍卖所得的3%计算缴纳个人所得税；拍卖品经过文物部门认定属于海外回流文物的，可以按照拍卖所得的2%计算缴纳个人所得税。

纳税人的财产原值凭证内容填写不规范；或者一份财产原值凭证包括多件拍卖品，且无法确认每件拍卖品的原值的，不得将其作为扣除财产原值的依据，应当视为不能提供合法、完整、准确的财产原值凭证，并按照上述征收率计算缴纳个人所得税。

纳税人能够提供合法、完整、准确的财产原值凭证，但是不能提供有关税费凭证的，不得按照上述征收率计算缴纳个人所得税，应当就财产原值凭证上注明的金额据实扣除，并按照税法规定计算缴纳个人所得税。

个人拍卖财产所得应当缴纳的个人所得税税款，由拍卖单位负责代扣代缴，并按照规定向拍卖单位所在地的税务机关办理纳税申报。

37. 企业改组改制过程中个人取得的量化资产怎样计算缴纳所得税？

根据国家的有关规定，允许集体所有制企业在改制为股份合作制企业的时候将有关资产量化给职工个人。对于职工个人取得的企业量化资产，在个人所得税方面有不同的处理方式：

一、职工个人以股份形式取得的仅作为分红依据，不拥有所有权的企业量化资产，不征收个人所得税。

二、职工个人以股份形式取得的拥有所有权的企业量化资产，暂缓征收个人所得税；待持股人将其所持股份转让的时候，就其股份转让收入减除持股人取得该股份的时候支出的费用和合理的转让费用以后的余额，按照财产转让所得计算缴纳个人所得税。

38. 因购买、处置债权取得的所得怎样计算缴纳所得税？

个人通过招标、竞拍或者其他方式购置债权以后，通过相关司法程序或者行政程序主张债权而取得的所得，应当按照财产转让所得缴纳个人所得税。

个人通过上述方式取得“打包”债权，只处置部分债权的，其应纳税所得额按照以下方式确定：

一、以每次处置部分债权的所得，作为一次财产转让所得征税。

二、其应税收入按照个人取得的货币资产和非货币资产的评估价值或者市场价值的合计数确定。

三、所处置债权的成本、费用（即财产原值）按照下列公式计算：

$$\frac{\text{当次处置债权}}{\text{成本、费用}}=\frac{\text{个人购置“打包”}}{\text{债权实际支出}}\times\frac{\text{当次处置债权账面价值}}{\text{（或者拍卖机构公布价值）}}\div\frac{\text{“打包”债权账面价值}}{\text{（或者拍卖机构公布价值）}}$$

四、个人购买和处置债权过程中发生的拍卖招标手续费、诉讼费、审计评估费和缴纳的税金等合理税费，在计算个人所得税时允许扣除。

39. 怎样确定转让债权财产的原值、合理费用？

转让债权，应当采用加权平均法确定其可以减除的财产原值、合理费用，即以纳税人购进的同一种类债券买入价和买进过程中缴纳的税费总和，除以纳税人购进的该种类债券数量之和，乘以纳税人卖出的该种类债券数量，再加上卖出的该种类债券过程中缴纳的税费，计算公式表如下：

$$\text{一次卖出某一种类债券允许扣除的买入价和费用}=\text{纳税人购进的该种类债券买入价和买进过程中缴纳的税费总和}\div\text{纳税人购进的该种类债券总数量}\times\text{一次卖出的该种类债券的数量}+\text{卖出该种类债券过程中缴纳的税费}$$

40. 怎样核定股权转让所得的计税依据？

自然人转让所投资企业（包括上市公司）股权（份）（以下简称股权转让）取得所得，按照公平交易价格计算并确定计税依据。计税依据明显偏低，且无正当理由的，税务机关可以依法核定。

一、计税依据明显偏低且无正当理由的判定方法：

（一）符合下列情形之一，且无正当理由的，可以视为计税依据明显偏低：

1. 申报的股权转让价格低于初始投资成本，或者低于取得该股权所支付的价款和相关税费的；

2. 申报的股权转让价格低于对应的净资产份额的；

3. 申报的股权转让价格低于相同或者类似条件下同一企业同一股东或者其他股东股权转让价格的；

4. 申报的股权转让价格低于相同或者类似条件下同类行业的企业股权转让价格的；

5. 经税务机关认定的其他情形。

（二）上述正当理由指下列情形：

1. 所投资企业连续 3 年以上亏损；

2. 由于国家政策调整而低价转让股权；

3. 将股权转让给配偶、父母、子女、祖父母、外祖父母、孙子女、外孙子女、兄弟姐妹和对转让人承担直接抚养或者赡养义务的抚养人或者赡养人；

4. 经税务机关认定的其他合理情形。

二、纳税人申报的计税依据明显偏低，且无正当理由的，税务机关可以采取下列方法核定其股权转让收入：

（一）参照每股净资产或者纳税人享有的股权比例所对应的净资产份额核定。

对于知识产权、土地使用权、房屋、探矿权、采矿权和股权等合计占资产总额的比例达到50%以上的企业，净资产额须经中介机构评估核实。

（二）参照相同或者类似条件下同一企业同一股东或者其他股东股权转让价格核定。

（三）参照相同或者类似条件下同类行业的企业股权转让价格核定。

（四）纳税人对于税务机关采取的上述核定方法有异议的，应当提供相关证据；税务机关认定属实以后，可以采取其他合理的核定方法。

三、纳税人再次转让所受让的股权的，股权转让的成本为前次转让的交易价格和买方负担的相关税费。

41. 利息、股息、红利所得，偶然所得和其他所得怎样计算缴纳所得税?

利息、股息、红利所得指个人拥有债权、股权而取得的利息（包括存款利息、贷款利息和债券利息等）、股息、红利。

除了个人独资企业、合伙企业以外的其他企业的个人投资者，以企业资金为本人、家庭成员和相关人员支付与企业生产、经营无关的消费性支出和购买汽车、住房等财产性支出，应当视为企业对个人投资者的红利分配，按照红利所得缴纳个人所得税。

企业购买车辆并将其所有权办到股东个人名下，实质为企业对股东实施红利性质的实物分配，应当按照红利所得缴纳个人所得税。考虑到此类车辆也为企业经营使用的实际情况，可以合理减除部分所得，减除的具体数额由税务机关根据车辆的实际使用情况合理确定。

个人投资者纳税年度内从其投资企业（不包括个人独资企业、合伙企业）借款，在该纳税年度结束以后既不归还，又未用于企业生产、经营的，其未归还的借款可以视为企业对个人投资者的红利分配，按照红利所得缴纳个人所得税。

以下两种情形实质均为企业对个人进行实物分配，应当按照利息、股息、红利所得缴纳个人所得税：企业出资购买房屋和其他财产，将所有权登记为除个人独资企业、合伙企业以外其他企业的投资者个人、投资者家庭成员的；企业投资者个人、投资者家庭成员向企业借款用于购买房屋和其他财产，将所有权登记为除个人独资企业、合伙企业以外其他企业的投资者、投资者家庭成员，且借款年度终了后没有归还借款的。

个人股东从被投资企业取得的、以企业资产评估增值转增个人股本的部分，属于企业对个人股东股息、红利性质的分配，应当按照股息、红利所得缴纳个人所得税，税款由企业在转增个人股本的时候代扣代缴。

偶然所得指个人得奖、中奖、中彩和其他偶然性所得。例如：个人因突出贡献从省以下的市、县人民政府及其所属部门取得的一次性奖励收入，个人购买社会福利彩票、体育彩票一次中奖收入超过 1 万元的，个人取得单张有奖发票奖金所得超过 800 元的。

其他所得指除了个人所得税法列举征税的 10 项所得以外，经国务院财政部门确定征税的其他所得。例如：企业在业务宣传、广告等活动中随机向本单位以外的个人赠送的礼品，在年会、座谈会、庆典和其他活动中向本单位以外的个人赠送的礼品；企业对累积消费达到一定额度的顾客给予额外抽奖机会，个人的获奖所得；个人由于任职单位交纳有关保险费用而取得的无赔款优待收入；保险公司按照投保金额和银行同期储蓄存款利率支付给在保期以内没有出险的人寿保险保户的利息或者类似的收入；股民从证券公司取得的回扣和交易手续费返还收入；个人为单位和他人提供担保获得的报酬；个人无偿受赠房屋（税法规定不征税的情形除外）。

利息、股息、红利所得，偶然所得和经国务院财政部门确定征税的其他所得，一般以纳税人每次取得的收入为应纳税所得额，按照20%的税率计算应纳个人所得税税额。个人通过公开发行和转让市场取得中国境内上市公司股票，其股息、红利所得，持股期限超过1个月至1年的，暂减按50%计入个人应纳税所得额；持股期限超过1年的，暂减按25%计入个人应纳税所得额。个人无偿受赠房产，以房产赠与合同上标明的赠与房产价值减除赠与过程中受赠人支付的相关税费以后的余额为应纳税所得额；房产赠与合同标明的赠与房产价值明显低于市场价格或者房产赠与合同没有标明赠与房产价值的，税务机关可以根据赠与房产的市场评估价格或者采取其他合理方式确定受赠人的应纳税所得额。企业赠送的礼品是自产产品（服务）的，按照其市场销售价格确定个人的应纳税所得额；是外购商品（服务）的，按照其实际购置价格确定个人的应纳税所得额。

应纳税额计算公式：

$$\text{应纳税额}=\text{每次收入}\times 20\%$$

例1：公民古某一次从中国境内上市公司取得股息6000元，个人所得税适用税率为20%，其应纳个人所得税税额的计算方法如下：

$$\begin{aligned}\text{应纳税额}&=6000\text{ 元}\times 50\%\times 20\%\\&=600\text{ 元}\end{aligned}$$

例2：公民蔡某一次购买福利彩票中奖10万元，个人所得税适用税率为 20%，其应纳个人所得税税额的计算方法如下：

应纳税额 = 10 万元×20%

= 2 万元

例 3：某公司会计李先生年终被税务机关评为优秀办税人员，并发给奖金 5 000 元，个人所得税适用税率为 20%，其应纳个人所得税税额的计算方法如下：

应纳税额 = 5 000 元×20%

= 1 000 元

例 4：公民曾某无偿受赠一处房产，房产赠与合同上标明的赠与房产价值为 100 万元，赠与过程中曾某支付相关税费 5 万元，个人所得税适用税率为 20%，其应纳个人所得税税额的计算方法如下：

应纳税额 = （100 万元−5 万元）×20%

= 19 万元

股份制企业以股票形式向股东个人支付的股息、红利（即派发红股），应当以派发红股的股票票面金额为收入额计算缴纳个人所得税。

对个人从基层供销社、农村信用合作社取得的利息（不包括从农村信用合作社取得的储蓄存款利息）、股息、红利征收个人所得税与否，由各省、自治区和直辖市人民政府根据当地的实际情况确定。

与中国签订避免对所得双重征税协定的国家的居民取得来源于中国的特许权使用费、利息、股息、红利所得，可以享受协定规定的优惠税率或者免税待遇。

42. 两个以上的个人共同取得的收入怎样计算缴纳所得税？

两个以上的个人共同取得同一项目收入的，应当根据每个人取得的收入，分别按照税法规定减除费用，然后分别计算每个人应纳的个人所得税税额。

例：公民张某、李某合作承办一项业务，共得劳务报酬 50 000

元，其中张某分得20000元，李某分得30000元。在计算缴纳个人所得税的时候，张、李两个人可以分别就自己分得的劳务报酬减除费用，然后分别计算每个人的应纳税额：

一、张某的应纳税额

应纳税所得额＝20 000元－20 000元×20%

＝16 000元

应纳税额＝16 000元×20%

＝3 200元

二、李某的应纳税额

应纳税所得额＝30 000元－30 000元×20%

＝24 000元

应纳税额＝24 000元×20%

＝4 800元

43. 捐赠所得怎样计算缴纳所得税？

个人将其所得通过中国境内的社会团体（包括中国残疾人联合会、国家减灾委员会、中国老区促进会、中国光彩事业促进会、中国国际民间组织合作促进会、中国扶贫开发协会、中国青年志愿者协会、中国社会工作协会及其孤残儿童救助基金管理委员会、中国麻风防治协会、中国经济改革研究基金会、中国发展研究基金会、中国国际问题研究和学术交流研究基金会、中国国际战略研究基金会、中国友好和平发展基金会、中国人口福利基金会、中国初级卫生保健基金会、中国癌症研究基金会、中国肝炎防治基金会、中国听力医学发展基金会、中国青少年社会教育基金会、中国高级检察官教育基金会、中国金融教育发展基金会、中国职工发展基金会、中国西部人才开发基金会、中国文学艺术基金会、中国电影基金会、中国交响乐发展基金会、中国少年儿童文化艺术基金会、中国华侨经济文化基金会、中国少数民族文化艺术基金会、中国文物保护基金会、中国华夏文化遗产基金会、中国孔子基金会、中国民航科普基金会、中国禁毒基金会、中国公安英烈基金会、中华环保联合会、中华民族团结促进协会、中华思源工程扶贫基金会、中华社会文化发展基金会、中华文学基金会、中华国际科学交流基金会、中华农业科教基金会、陈嘉庚科学奖基金会、张学良基金会、周培源基金会、民政部紧急救援促进中心和经民政部门批准成立的其他非营利的公益性组织）和县级以上人民政府及其组成部门及直属机构向社会公益事业和灾区、贫困地区捐赠，捐赠住房作为廉租住房的，捐赠额不超过纳税人申报的个人所得税应纳税所得额30%的部分，可以从其应纳税所得额中扣除；向教育事业、红十字事业、公益性未成年人校外活动场所和福利性、非营利性的老年服务机构捐赠的，向中国红十字会、中国福利会、中国扶贫基金会、中国教育发展基金会、中国医药卫生事业发展基金会、中国老龄事业发展基金会、中国妇女发展基金会、中国儿童少年基金会、中国残疾人福利基金会、中国绿化基金会、中国生物多样性保护基金会、中国光彩事业基金会、中国法律援助基金会、中国关心下一代健康体育基金会、中国煤矿尘肺病治疗基金会、中国华文教育基金会、中华见义勇为基金会、中华健康快车基金会、中华环境保护基金会、中华慈善总会、宋庆龄基金会和孙冶方经济科学基金会捐赠的，可以全额从其应纳税所得额中扣除。

例：画家华某通过民政机关将其售画所得10万元捐赠贫困地区扶贫，其应纳个人所得税税额的计算方法如下：

法定应纳税所得额＝100 000元－100 000元×20%
＝80 000元

税法允许扣除的捐赠额＝80 000元×30%
＝24 000元

实际应纳税所得额＝80 000元－24000元
＝56 000元

实际应纳税额＝56 000元×20%
＝11 200元

个人将其所得（不包括偶然所得、经国务院财政部门确定征税的其他所得）通过中国境内非营利的社会团体、国家机关资助非关联的科研机构、高等学校研究开发新产品、新技术和新工艺的，可以全额在下月（工资、薪金所得），下次（按照每次收入计税的所得）或者当年（按照每年收入计税的所得）缴纳个人所得税的时候从应纳税所得额中扣除。

44. 单位为个人负担所得税的，怎样计算缴纳所得税？

纳税人取得不含税收入，单位、个人为纳税人负担个人所得税的，应当先将纳税人取得的不含税收入换算为应纳税所得额，再计算应纳个人所得税税额。

应纳税所得额换算公式：

一、工资、薪金所得，对企业、事业单位的承包经营、承租经营所得

$$\text{应纳税所得额}=(\text{不含税收入}-\text{规定扣除项目}-\text{速算扣除数})\div(1-\text{税率})$$

上述公式中的税率，指不含税应纳税所得额（即不含税收入减除税法规定的扣除项目以后的余额）与下列《个人所得税税率表（四）》和《个人所得税税率表（五）》中相应的级距对应的税率。

雇主为其雇员负担全部税款的，可以直接按照上述公式将雇员取得的不含税收入换算成应纳税所得额，然后计算雇主应当为雇员负担的个人所得税税款。

雇主为其雇员负担部分税款的，主要有下列两种情况：

（一）雇主为其雇员负担一定比例的工资、薪金应纳的税款或者负担一定比例的实际应纳税款的，应当将上述公式中的“不含税收入”替换为“不含雇主负担税款的收入”，同时将速算扣除数和税率分别乘以上述的负担比例，将不含雇主负担税款的收入换算成应纳税所得额，计算公式如下：

$$\begin{matrix}\text{应纳税}\\\text{所得额}\end{matrix}=\left(\begin{matrix}\text{不含雇主负担}\\\text{税款的收入}\end{matrix}-\begin{matrix}\text{规定扣}\\\text{除项目}\end{matrix}-\begin{matrix}\text{速算扣}\\\text{除数}\end{matrix}\times\begin{matrix}\text{雇主负}\\\text{担比例}\end{matrix}\right)\div\left(1-\text{税率}\times\begin{matrix}\text{雇主负}\\\text{担比例}\end{matrix}\right)$$

（二）雇主为其雇员定额负担税款的，工资、薪金所得确定应纳税所得额的计算公式如下：

$$应纳税所得额=\text{雇员取得的工资、薪金收入}+\text{雇主为雇员定额负担的税款}-\text{规定扣除项目}$$

二、全年一次性奖金

（一）雇主为其雇员按照一定比例负担税款的，应当先用不含雇主负担税款的全年一次性奖金收入除以12，根据其商数和下列《个人所得税税率表（四）》确定不含税级距的税率和速算扣除数，再按照下列公式计算应纳税所得额：

$$\text{应纳税所得额}=(\text{不含雇主负担税款的全年一次性奖金收入}-\text{当月工资、薪金收入低于法定费用扣除标准的差额}-\text{不含税级距的速算扣除数}\times\text{雇主负担比例})\div(1-\text{不含税级距的税率}\times\text{雇主负担比例})$$

（二）雇主为其雇员定额负担税款的，应纳税所得额的计算公式如下：

$$\text{应纳税所得额}=\text{雇员取得的全年一次性奖金收入}+\text{雇主为雇员定额负担的税款}-\text{当月工资、薪金收入低于法定费用扣除标准的差额}$$

得出上述应纳税所得额以后，扣缴义务人应当按照前述全年一次性奖金缴纳个人所得税的方法计算并扣缴应纳的税款。

三、劳务报酬所得

不含税收入不超过3 360元的：

$$\text{应纳税所得额}=(\text{不含税收入}-800\text{元})\div0.8$$

不含税收入超过3360元的：

$$\text{应纳税所得额}=(\text{不含税收入}-\text{速算扣除数})\times0.8\div(1-\text{税率}\times0.8)$$

上述公式中的税率，指不含税收入与下列《个人所得税税率表（六）》中相应的级距对应的税率。

个人所得税税率表（四）

（工资、薪金所得适用）

级数	不含税本月应纳税所得额	税率（%）	速算扣除数（元）
一	不超过1 455元的部分	3	0
二	超过1 455元至4 155元的部分	10	105
三	超过4 155元至7 755元的部分	20	555
四	超过7 755元至27 255元的部分	25	1 005
五	超过27 255元至41 255元的部分	30	2 755
六	超过41 255元至57 505元的部分	35	5 505
七	超过57 505元的部分	45	13 505

个人所得税税率表（五）

（对企业、事业单位的承包经营、承租经营所得适用）

级数	不含税本纳税年度应纳税所得额	税率（%）	速算扣除数（元）
一	不超过14 250元的部分	5	0
二	超过14 250元至27 750元的部分	10	750
三	超过27 750元至51 750元的部分	20	3 750
四	超过51 750元至79 750元的部分	30	9 750
五	超过79 750元的部分	35	14 750

个人所得税税率表（六）

（劳务报酬所得适用）

级数	不含税本次劳务报酬所得额	税率（%）	速算扣除数（元）
一	不超过21 000元的部分	20	0
二	超过21 000元至49 500元的部分	30	2 000
三	超过49 500元的部分	40	7 000

例1：职员张某本月取得工资10 000元，法定费用扣除5 800元，另由其所在单位按照上述工资标准为其负担个人所得税。张某应纳税所得额的换算方法和应纳税额的计算方法如下：

应纳税所得额=(10 000元-5 800元-555元)÷(1-20%)

=4 556.25元

应纳税额=4 556.25元×20%-555元

=356.25元

例2：教授王某一次取得讲课费3 000元，另由学校为其负担个人所得税。王某应纳税所得额的换算方法和应纳税额的计算方法如下：

应纳税所得额=(3 000元-800元)÷0.8

=2 750元

应纳税额=2 750元×20%

=550元

例3：某企业2011年12月支付雇员李某当月工资3 000元、全年一次性奖金24 000元，并负担李某全年一次性奖金应纳个人所得税的60%，李某应纳税所得额的换算方法和应纳税额的计算方法如下：

24 000元÷12=2 000元，与《个人所得税税率表（四）》对应的税率和速算扣除数分别为10%和105元。

应纳税所得额=[24 000元-(3 500元-3 000元)-105元×0.6]÷(1-10%×0.6)

= 24 932.98元

24 932.98元÷12=2 077.75元，含雇主负担税款的全年一次性奖金与《个人所得税税率表（一）》对应的适用税率和速算扣除数分别为10%和105元。

应纳税额=(24 000元-500元)×10%-105元

=2 245元

例4：演员赵某参加一场演出，取得报酬6万元，另由演出公司为其负担个人所得税。赵某应纳税所得额的换算方法和应纳税额的计算方法如下：

应纳税所得额=(60000 元-7000 元) ×0.8÷(1-40%×0.8)

=62352.94 元

应纳税额=62352.94 元×40%-7000 元

=17941.18 元

45. 境外所得怎样计算缴纳所得税？

在中国境内有住所，或者没有住所而在中国境内居住期满1年的个人，从中国境内、境外取得所得，应当分别计算应纳个人所得税税额。

纳税人从中国境外取得的所得，可以从应纳个人所得税税额中扣除实际已经在中国境外缴纳的个人所得税税额（不包括纳税以后得到补偿和由他人代为承担的税款），但是扣除额不能超过纳税人境外所得按照中国个人所得税法规定计算的应纳税额（应当区别不同国家、地区和不同应税项目，分别计算；同一国家或者地区内不同应税项目的应纳税额之和，即为该国家或者地区的扣除限额）。

纳税人在中国境外某个国家（地区）实际已经缴纳的个人所得税税额，低于按照中国税法规定计算出的该国家（地区）的个人所得税扣除限额的，应当在中国补缴差额部分的税款；超过上述扣除限额的，其超过部分不能在本纳税年度的应纳个人所得税税额中扣除，但是可以在以后纳税年度的该国家（地区）的上述扣除限额的余额中补扣，补扣期限最长不能超过5年。

纳税人在申请扣除其已经在中国境外缴纳的个人所得税税款的时候，应当提供中国境外税务机关填发的完税凭证原件。

例：中国公民郭某从2012年1月至12月在A国取得工资收入60万元（已经折算为人民币，下同）、特许权使用费收入10万元，在B国取得利息收入10000元。同时，他已经分别按照A、B两国税法的规定，向两国缴纳了13万元和2 500元的个人所得税。郭某在中国境外取得的所得已经缴纳的个人所得税的扣除限额的计算方法如下：

一、A国所得已纳个人所得税税款的扣除

（一）工资所得按照中国税法规定计算的个人所得税应纳税额：

[(600 000元÷12－3 500元－1 300元)×30%－2 755元]×12

=129 660元

（二）特许权使用费所得按照中国税法规定计算的个人所得税应纳税额：

(100 000元－100 000元×20%)×20%=16 000元

（三）A国个人所得税的扣除限额：

129 660元+16 000元=145 660元

（四）应当在中国补缴的个人所得税税额：

145 660元－130 000元=15 660元

二、乙国所得已纳个人所得税税款的扣除

（一）利息所得按照中国税法规定计算的个人所得税应纳税额，即为乙国个人所得税的扣除限额：

10 000元×20%=2 000元

（二）郭某在乙国缴纳的2 500元个人所得税税款，可以按照上述限额扣除2 000元。其余的500元，可以在以后的5年之内，从本人在乙国取得的所得的个人所得税扣除限额的余额中补扣。

46. 个人所得税的主要免税规定有哪些？

个人所得税的主要免税项目如下：

一、各省、自治区和直辖市人民政府，国务院各部门，中国人民解放军军以上单位，外国组织、国际组织颁发的科学、教育、技术、文化、卫生、体育、环境保护等方面的奖金。

二、国家规定的债券利息和专项储蓄存款利息。

三、按照国务院规定发给的政府特殊津贴和国务院规定免税的补贴、津贴（如发给中国科学院院士、中国工程院院士的院士津贴和资深院士津贴等）。

四、福利费（指根据国家有关规定从企业、事业单位、国家机关、社会团体提留的福利费、工会经费中支付给个人的生活困难补助费），抚恤金，救济金（指民政部门支付给个人的生活困难补助费）。

五、保险赔款。

六、军人的转业费、复员费。

七、按照国家统一规定发给干部、职工的安家费、退职费、退休工资、离休工资和离休生活补助费。

八、按照中国有关法律规定应当免税的外国驻华使馆、领事馆的外交代表（包括大使、公使、代办等和其他具有外交官衔的使馆工作人员，下同）、领事官员和其他人员的所得。

九、中国政府参加的国际公约、签订的国际协议中规定免税的所得。

十、企业、事业单位按照国家或者所在省（自治区、直辖市）人民政府的规定实际缴付的基本养老保险费、基本医疗保险费和失业保险费。个人实际领（支）取原提存的基本养老保险费、基本医疗保险费、失业保险费和住房公积金的时候，也免征个人所得税。

十一、生育妇女按照县级以上人民政府根据国家有关规定制定的生育保险办法，取得的生育津贴、生育医疗费和其他生育保险性质的津贴、补贴。

十二、工伤职工及其近亲属按照国务院发布的《工伤保险条例》取得的工伤保险待遇，包括工伤职工按照《工伤保险条例》取得的一次性伤残补助金、伤残津贴、一次性工伤医疗补助金、一次性伤残就业补助金、工伤医疗待遇、住院伙食补助费、外地就医交通食宿费用、工伤康复费用、辅助器具费用和生活护理费等；职工因工死亡，其近亲属按照《工伤保险条例》取得的丧葬补助金、供养亲属抚恤金和一次性工亡补助金等。

十三、符合规定的见义勇为基金会和类似组织奖励见义勇为者的奖金、奖品，经过税务机关核准的。

十四、经国务院财政部门批准免征个人所得税的其他所得。

下列项目可以暂免缴纳个人所得税：

一、在中国境内储蓄机构取得的储蓄存款利息所得。

二、证券市场个人投资者取得的证券交易结算资金利息所得。

三、在上海证券交易所、深圳证券交易所转让从上市公司公开发行和转让市场取得的上市公司股票的所得，转让证券投资基金的所得。

四、科研机构、高等学校转化职务科技成果，以股份、出资比例等股权形式给予个人的奖励。

五、集体所有制企业改为股份合作制企业时，职工个人以股份形式取得的拥有所有权的企业量化资产。

六、个人购买福利彩票、体育彩票，一次中奖所得不超过1万元的；个人取得单张有奖发票奖金，所得不超过800元的。

七、个人转让自用5年以上并且是家庭唯一生活用房取得的所得。

八、个人举报、协查各种违法、犯罪行为而获得的奖金。

九、个人办理代扣代缴税款手续，按照规定取得的手续费。

十、已经达到离休、退休年龄，由于工作需要而留任的享受政府特殊津贴的专家、学者，在延缓办理离休、退休期间取得的工资、薪金所得。

十一、符合国家规定的外国专家（如按照世界银行贷款协议由该行直接派往中国工作者，联合国组织直接派往中国工作者，援助国派往中国专为该国无偿援助项目工作者，某些来华工作而工资、薪金由外方负担的专家等）取得的工资、薪金所得。

十二、外国人以非现金形式或者实报实销形式取得的住房补贴、伙食补贴、搬迁费、洗衣费，按照合理标准取得的出差补贴，取得的探亲费、语言训练费、子女教育费，从外商投资企业取得的股息、红利。

此外，依法宣告破产的企业的职工从本企业取得的一次性安置费，个人因与用人单位解除劳动关系而取得的一次性的补偿收入，持《就业失业登记证》人员从事个体经营的（不包括建筑业、娱乐业、销售不动产、转让土地使用权、广告业、房屋中介、桑拿、按摩、网吧和氧吧），等等，可以按照规定免征或者减征个人所得税。

47. 哪些债券利息、储蓄存款利息免缴所得税?

下列国家规定的债券利息和储蓄存款利息可以免缴个人所得税：

一、财政部发行的债券利息（目前主要是国库券）；

二、经国务院批准发行的金融债券利息；

三、在中国境内储蓄机构取得的储蓄存款利息（自2008年10月9日起暂免征税）；

四、国家财政部门确定的专项储蓄存款或者储蓄性专项基金存款（目前包括基本养老保险基金、基本医疗保险基金、失业保险基金和住房公积金）的利息。

五、2009年至2011年期间发行的地方政府债券利息。

48. 个人购买、出售和出租住房在所得税方面有哪些优惠?

国家机关、企业、事业单位和其他组织在住房制度改革期间，按照所在地县级以上人民政府规定的房改成本价格向职工出售公有住房，职工因支付的房改成本价格低于房屋建造成本价格或者市场价格取得的差价收益，可以免缴个人所得税。

个人转让自用5年以上并且是家庭唯一生活用房取得的所得，可以免缴个人所得税。

个人按照国家有关城镇房屋拆迁管理办法规定的标准取得的拆迁补偿款，可以免缴个人所得税。

个人按照国家有关规定取得的廉租住房货币补贴，可以免缴个人所得税。

个人出租住房取得的所得，可以减按10%的税率征收个人所得税。

49．个人所得税的主要减税规定有哪些？

下列项目经过批准可以减征个人所得税，减征的幅度和期限由各省、自治区、直辖市人民政府规定：

一、残疾、孤老人员和烈属的所得（仅限于工资、薪金所得，个体工商户的生产、经营所得，对企业、事业单位的承包经营、承租经营所得，劳务报酬所得，稿酬所得，特许权使用费所得）；

二、由于严重自然灾害造成重大损失的；

三、其他经国务院财政部门批准减征个人所得税的。

残疾人员投资兴办或者参与投资兴办个人独资企业和合伙企业的，残疾人员取得的生产、经营所得，符合本省（自治区、直辖市）人民政府规定的减征个人所得税条件的，经本人申请，税务机关审核批准，可以按照本省（自治区、直辖市）人民政府规定减征的范围和幅度减征个人所得税。例如，经北京市人民政府批准，该市财政局、地方税务局规定：持有区（县）以上民政部门、残疾人联合会有效证件或者证明的烈属、孤老人员和残疾人员取得的工资、薪金所得，劳务报酬所得，稿酬所得和特许权使用费所得，可以按照应纳税额减征50%的个人所得税；独立从事生产、经营取得的个体工商户的生产、经营所得，可以按照应纳税额减征100%的个人所得税；从事生产、经营取得的个体工商户的生产、经营所得，在生产、经营中雇请的雇员中残疾人员比例到达30%以上的，可以按照应纳税额减征100%的个人所得税。

此外，稿酬所得可以按照应纳个人所得税税额减征30%。

50．个人所得税的纳税方式、纳税地点和纳税期限是怎样规定的？

个人所得税以支付所得的单位、个人为扣缴义务人。扣缴义务人应当按照国家规定办理全员全额扣缴申报，即在代扣税款的次月以内，向税务机关报送其支付所得个人的基本信息、支付所得项目和数额、扣缴税款数额和其他相关涉税信息。

扣缴义务人代扣个人所得税税款的时候，纳税人要求扣缴义务人开具代扣税款凭证的，扣缴义务人应当开具。

纳税人受雇于中国境内的企业、其他经济组织和政府部门并被派往中国境外工作，其所得由派出单位支付或者负担的，派出单位为个人所得税扣缴义务人；其所得由所任职、受雇的中国境外中方机构支付、负担的，可以委托其中国境内派出（投资）机构代征个人所得税。

纳税人有下列情形之一的，应当按照规定到税务机关办理个人所得税纳税申报：

一、年所得12万元以上的（不包括在中国境内无住所，且在一个纳税年度中在中国境内居住不满1年的个人）；

二、从中国境内两处以上取得工资、薪金所得的；

三、从中国境外取得所得的（包括在中国境内有住所的个人，无住所而在一个纳税年度中在中国境内居住满1年的个人）；

四、取得应纳税所得，没有扣缴义务人的；

五、国务院规定的其他情形。

在一般情况下，纳税人应当在取得所得当地的税务机关自行申报缴纳个人所得税，其中：

一、从中国境内两处以上取得工资、薪金所得的，应当选择并固定向其中一处单位所在地税务机关申报。

二、从中国境外取得所得的，应当向中国境内户籍所在地税务机关申报。在中国境内有户籍，但是户籍所在地与中国境内经常居住地（指纳税人离开户籍所在地最后连续居住1年以上的地方）不一致的，应当选择并固定向其中一地税务机关申报。在中国境内没有户籍的，应当向中国境内经常居住地税务机关申报。

三、个体工商户应当向实际经营所在地税务机关申报。

四、个人独资企业和合伙企业投资者应当向企业实际经营管理所在地税务机关申报。个人独资、合伙企业投资者兴办两个以上企业的，区分不同情形确定纳税申报地点：

（一）兴办的企业全部是个人独资性质的，应当分别向各企业的实际经营管理所在地税务机关申报。

（二）兴办的企业中含有合伙性质的，应当向投资者经常居住地税务机关申报。投资者经常居住地与其兴办企业的经营管理所在地不一致的，应当选择并固定向其参与兴办的某一合伙企业的经营管理所在地税务机关申报。

年所得12万元以上的纳税人的个人所得税纳税申报地点如下：

一、在中国境内有任职、受雇单位的，应当向任职、受雇单位所在地税务机关申报。

二、在中国境内有两处以上任职、受雇单位的，应当选择并固定向其中一处单位所在地税务机关申报。

三、在中国境内无任职、受雇单位，年所得项目中有个体工商户的生产、经营所得或者对企事业单位的承包经营、承租经营所得（以下统称生产、经营所得）的，应当向其中一处实际经营所在地税务机关申报。

四、在中国境内无任职、受雇单位，年所得项目中无生产、经营所得的，应当向户籍所在地税务机关申报。在中国境内有户籍，但是户籍所在地与中国境内经常居住地不一致的，应当选择并固定向其中一地税务机关申报。在中国境内没有户籍的，应当向中国境内经常居住地税务机关申报。

纳税人不得随意变更个人所得税纳税申报地点。由于特殊情况变更的，须报原主管税务机关备案。

兴办的企业中含有合伙性质，投资者经常居住地与其兴办企业的经营管理所在地不一致，选择并固定向其参与兴办的某一合伙企业的经营管理所在地税务机关申报的，除了特殊情况以外，5年以内不得变更。

扣缴义务人每月所扣的个人所得税税款，自行申报纳税人每月应纳的个人所得税税款，都应当在次月15天以内缴入国库，并向税务机关报送纳税申报表。

自行申报的纳税人，在申报缴纳个人所得税的时候，其在中国境内已经扣缴的个人所得税税款，可以按照规定从应纳个人所得税税额中扣除。

军队系统人员当年缴纳的个人所得税，由总后勤部汇总，于次年3月底以前向北京市国家税务局申报缴纳，其中地方政府分享的部分由中央财政通过年终结算返还各地。

51. 工资、薪金所得怎样申报缴纳所得税?

工资、薪金所得应当缴纳的个人所得税税款，按月计征，由扣缴义务人或者纳税人在次月15天以内缴入国库，并向税务机关报送纳税申报表。

从事特定行业（指由于产量、季节等因素影响，月工资、薪金上下变动幅度较大的某些行业，如采掘业、远洋运输业和远洋捕捞业等行业）的人员取得的工资、薪金所得应当缴纳的个人所得税，可以根据国家有关规定按年计算，分月预缴，年终汇算清缴，多退少补。

52. 个体工商户的生产、经营所得怎样申报缴纳所得税?

账册健全的个体工商户的生产、经营所得应当缴纳的个人所得税，按年计算，分月预缴，由纳税人在每月终了后15天以内预缴，并向税务机关报送纳税申报表；年度终了后3个月以内汇算清缴，多退少补。

账册不健全的个体工商户应纳的个人所得税税款，由各地税务机关根据税法的有关规定，自行确定征收方式（目前各地普遍采用定期定额征收方式）。

53. 对企业、事业单位的承包经营、承租经营所得怎样申报缴纳所得税?

纳税人年终一次性取得对企事业单位的承包经营、承租经营所得的，应当自取得所得之日起30天以内缴纳个人所得税，并向税务机关报送纳税申报表。

纳税人在一个纳税年度以内分次取得承包经营、承租经营所得的，应当在每次取得所得以后15天之内预缴个人所得税，并向税务机关报送纳税申报表；纳税年度终了后3个月以内汇算清缴，多退少补。

54. 个人独资企业、合伙企业投资者的生产、经营所得怎样申报缴纳所得税?

个人独资企业和合伙企业投资者的生产、经营所得应纳的个人所得税税款，按年计算，分月或者分季度预缴，由投资者在每月或者每季度终了后15天以内预缴，年度终了后3个月以内汇算清缴，多退少补。

个人独资企业和合伙企业在年度中间合并、分立、终止的时候，投资者应当自停止生产、经营之日起60天以内向税务机关办理当期个人所得税汇算清缴。

个人独资企业和合伙企业投资者应当向企业实际经营管理所在地税务机关申报缴纳个人所得税。投资者从合伙企业取得的生产、经营所得，由合伙企业向企业实际经营管理所在地税务机关申报缴纳投资者应纳的个人所得税，并将个人所得税申报表抄送投资者。

投资者兴办两个以上企业的，应当分别向企业实际经营管理所在地税务机关预缴个人所得税税款；年度终了后办理汇算清缴的时候，区别不同情况分别处理：

一、投资者兴办的企业全部是个人独资性质的，分别向各企业的实际经营管理所在地税务机关办理年度纳税申报，并按照所有企业的经营所得总额确定适用税率，以本企业的经营所得为基础，计算应缴个人所得税税款，办理汇算清缴。具体计算方法是：先汇总投资者兴办的所有企业的经营所得作为应纳税所得额，依此计算出全部经营所得的应纳税额；再根据每个企业的经营所得占所有企业的经营所得的比例，分别计算每个企业的应纳税额和应补缴税额。计算公式如下：

全部应纳税所得额＝各个企业的经营所得之和

全部应纳税额＝全部应纳税所得额×税率－速算扣除数

$$本企业应纳税额=\frac{全部应纳税额\times本企业的经营所得}{各个企业的经营所得之和}$$

本企业应补缴税额＝本企业应纳税额－本企业预缴税额

例：公民何某分别在北京市和上海市开办了甲、乙两家个人独资企业，本年度甲、乙两家企业的应纳税所得额分别为 2 万元和 4 万元，并已经分别向所在地的税务机关预缴个人所得税 2 500 元和 5 000 元。年终何某在向两地的税务机关办理个人所得税纳税申报的时候，应当先汇总甲、乙两家企业的应纳税所得额，依此计算出本年度全部经营所得的应纳个人所得税税额；再根据甲、乙两家企业的应纳税所得额占全部应纳税所得额的比例，分别计算出甲、乙两家企业的应纳个人所得税税额和应当补缴的个人所得税税额。计算方法如下：

全部应纳税所得额＝20 000 元+40 000 元
＝60 000 元

全部应纳税额＝60 000 元×20%－3 750 元
＝8 250 元

甲企业应纳税额＝8 250 元×20 000 元÷60 000 元
＝2 750 元

乙企业应纳税额＝8 250 元×40 000 元÷60 000 元
＝5 500 元

甲企业应补缴税额=2 750 元-2 500 元
=250 元

乙企业应补缴税额=5 500 元-5 000 元
=500 元

二、投资者兴办的企业中含有合伙性质的，投资者应当向经常居住地税务机关申报缴纳个人所得税，办理汇算清缴。经常居住地与其兴办企业的经营管理所在地不一致的，应当选定其参与兴办的某一合伙企业的经营管理所在地为办理年度汇算清缴所在地，并在5年以内不得变更。

55. 代开货物运输业发票的个体工商户、个人独资企业和合伙企业怎样缴纳所得税？

代开货物运输业发票的个体工商户、个人独资企业和合伙企业（以下简称代开货运发票的个人所得税纳税人），应当统一按照开票金额的1.5%预征个人所得税。年度终了后，查账征税的代开货运发票个人所得税纳税人，按照上述规定预征的个人所得税，可以在汇算清缴的时候扣除；核定征收个人所得税的，按照上述规定预征的个人所得税，不能从已经核定的税额中扣除。

56. 从中国境外取得所得的纳税人怎样申报缴纳所得税？

纳税人兼有来源于中国境内、境外所得的，应当分别申报缴纳个人所得税。

从中国境外取得所得并应当自行申报缴纳个人所得税的纳税人，应当在纳税年度终了后30天以内，向中国税务机关申报纳税。

57. 年所得12万元以上的纳税人怎样办理纳税申报？

税法规定的年所得12万元以上的纳税人，在纳税年度终了后，应当向税务机关报送专门的个人所得税纳税申报表，同时报送个人身份证件复印件和税务机关要求报送的其他资料。

上述年所得12万元以上，指纳税人在一个纳税年度以内取得下列各项所得的合计数额达到12万元以上：工资、薪金所得，个体工商户的生产、经营所得，对企事业单位的承包经营、承租经营所得，劳务报酬所得，稿酬所得，特许权使用费所得，利息、股息、红利所得，财产租赁所得，财产转让所得，偶然所得，经国务院财政部门确定征税的其他所得。

上述所得不包括下列所得：省级人民政府、国务院部委、中国人民解放军军以上单位、外国组织、国际组织颁发的科学、教育、技术、文化、卫生、体育和环境保护等方面的奖金，国债和国家发行的金融债券利息，按照国家统一规定发给的补贴、津贴，福利费、抚恤金、救济金，保险赔款，军人的转业费、复员费，按照国家统一规定发给干部、职工的安家费、退职费、退休工资、离休工资、离休生活补助费，按照中国法律规定免税的外国驻华使馆、领事馆的外交代表、领事官员和其他人员的所得，中国政府参加的国际公约、签订的协议中规定免税的所得，税法规定免税的来源于中国境外的所得，税法规定免税的基本养老保险费、基本医疗保险费、失业保险费和住房公积金。

上述所得的年所得按照下列方法计算：

一、工资、薪金所得，按照未减除法定费用和附加减除费用的收入额计算。

二、个体工商户的生产、经营所得，按照应纳税所得额计算。

个体工商户、个人独资企业投资者，核定征收个人所得税的，将征收率换算为应税所得率，据此计算应纳税所得额。

合伙企业投资者按照上述方法确定应纳税所得额以后，合伙人应当根据合伙协议规定的分配比例确定其应纳税所得额；合伙协议没有规定分配比例的，按照合伙人数平均分配其应纳税所得额。同时参与两个以上企业投资的，合伙人应当将其投资所有企业的应纳税所得额之和作为年所得。

三、对企事业单位的承包经营、承租经营所得，按照每一纳税年度的收入总额计算。

四、劳务报酬所得，稿酬所得，特许权使用费所得，按照未减除法定费用的收入额计算。

五、财产租赁所得，按照未减除法定费用和修缮费用的收入额计算。一次取得跨年度所得的，全部视为实际取得所得年度的所得。

六、财产转让所得，按照应纳税所得额计算。

转让房产，核定征收个人所得税的，按照实际征收率（1%、2%、3%）换算为应税所得率（5%、10%、15%），据此计算年所得。

转让股票，以一个纳税年度中所得与损失相抵以后的正数作为年所得，否则按照零申报。

七、利息、股息、红利所得，偶然所得和其他所得，按照收入额全额计算。

九、土地增值税

1. 什么是土地增值税?

中国的土地增值税是对转让房地产的增值额征收的一种税收。1993年12月13日，国务院发布《中华人民共和国土地增值税暂行条例》，自1994年1月1日起施行。2011年1月8日，国务院对该条例作了修改。1995年1月27日，财政部发布《中华人民共和国土地增值税暂行条例实施细则》。

土地增值税由地方税务局（西藏自治区为国家税务局）负责征收管理，所得收入归地方政府所有。2011年，土地增值税收入为2 062.8亿元，占当年中国税收总额的2.2%。

2. 土地增值税的纳税人有哪些?

土地增值税的纳税人包括以出售和其他方式有偿转让国有土地使用权、地上建筑物（包括地上、地下的各种附属设施）及其附着物（以下简称转让房地产）并取得收入的企业、行政单位、事业单位、军事单位、社会团体、其他单位、个体工商户和其他个人。

3. 土地增值税的计税依据是怎样规定的?

土地增值税以纳税人转让房地产取得的增值额为计税依据。

增值额为纳税人转让房地产取得的收入减除规定扣除项目金额以后的余额。

上述纳税人取得的收入包括转让房地产的全部价款和有关经济

收益，形式上包括货币收入、实物收入和其他收入。

房地产开发企业将开发产品用于职工福利、奖励、对外投资、分配给股东或者投资人、抵偿债务和换取其他单位、个人的非货币性资产等，发生所有权转移时应当视同销售房地产，其收入按照下列方法和顺序确认：

一、按照本企业在同一地区、同一年度销售的同类房地产的平均价格确定；

二、由税务机关参照当地当年、同类房地产的市场价格或者评估价值确定。

上述规定扣除项目包括：

一、纳税人为取得土地使用权所支付的地价款和按照国家统一规定交纳的有关费用。

二、开发土地和新建房及配套设施的成本，包括纳税人房地产开发项目实际发生的土地征用和拆迁补偿费、前期工程费、建筑安装工程费、房屋装修费、基础设施费、公共配套设施费和开发间接费用。

三、开发土地和新建房及配套设施的费用，包括与房地产开发项目有关的销售费用、管理费用和财务费用。此项费用扣除有一定的比例限制，具体比例由各省、自治区和直辖市人民政府根据当地的实际情况规定。

四、经过当地税务机关确认的旧房和建筑物的评估价格（指在转让已使用的房屋和建筑物的时候，由政府批准设立的房地产评估机构评定的重置成本价乘以成新度折旧率以后的价格）。

五、与转让房地产有关的税金，包括纳税人在转让房地产的时候缴纳的营业税、城市维护建设税和印花税，纳税人转让房地产的时候交纳的教育费附加可以视同税金扣除。

六、从事房地产开发的纳税人可以按照上述第一、二项金额之和加计20%的扣除额。

土地增值税以纳税人房地产成本核算的最基本的核算项目或者

核算对象为单位计算。纳税人成片受让土地使用权以后分期分批开发、转让房地产的，其扣除项目金额可以按照转让土地使用权的面积占总面积的比例计算分摊，或者按照建筑面积计算分摊，或者按照税务机关确认的其他方式计算分摊。

如果纳税人转让房地产的成交价格低于房地产评估价格，并且没有正当的理由，或者隐瞒、虚报房地产成交价格，或者提供的扣除项目金额不真实，税务机关将按照房地产评估价格（指经过当地税务机关确认的、由政府批准设立的房地产评估机构根据相同地段、同类房地产综合评定的价格）计算征收土地增值税。

如果纳税人转让旧房和建筑物，不能取得评估价格，但是能够提供购房发票，经过当地税务机关确认，其为取得土地使用权所支付的金额和购房及配套设施的成本、费用的扣除，可以按照发票所载金额，从购买年度起至转让年度止，每年加计 5%。纳税人购房的时候缴纳的契税可以扣除，但是不作为加计 5% 的基数。

如果纳税人转让旧房和建筑物，既不能取得评估价格，又不能提供购房发票，税务机关可以依法核定征税。

4. 土地增值税的税率是怎样规定的？

土地增值税实行 4 级超率累进税率：

一、增值额不超过扣除项目金额 50% 的部分，税率为 30%；

二、增值额超过扣除项目金额 50% 至 100% 的部分，税率为 40%；

三、增值额超过扣除项目金额 100% 至 200% 的部分，税率为 50%；

四、增值额超过扣除项目金额 200% 的部分，税率为 60%。

5. 土地增值税的应纳税额怎样计算？

在计算土地增值税应纳税额的时候，应当先用纳税人取得的房地产转让收入减除有关各项扣除项目金额，计算得出增值额。再按照增值额超过扣除项目金额的比例，分别确定增值额中各个部分的适用税率，依此计算各部分增值额的应纳土地增值税税额。各部分增值额应纳土地增值税税额之和，即为纳税人应纳的全部土地增值税税额。

应纳税额计算公式：

$$应纳税额=\sum(增值额\times适用税率)$$

例：某企业出售楼房1栋，售价6000万元，可以扣除的各项成本、费用和有关税金等共3000万元，该企业应纳土地增值税税额的计算方法为：

增值额=6000万元-3000万元

=3000万元

应纳税额=1500万元×30%+1500万元×40%

=1050万元

另有一种简便计算方法，公式如下：

一、增值额不超过扣除项目金额50%的：

$$应纳税额=增值额\times30\%$$

二、增值额超过扣除项目金额50%，不超过100%的：

$$应纳税额=增值额\times40\%-扣除项目金额\times5\%$$

三、增值额超过扣除项目金额100%，不超过200%的：

$$应纳税额=增值额\times50\%-扣除项目金额\times15\%$$

四、增值额超过扣除项目金额200%的：

$$应纳税额=增值额\times60\%-扣除项目金额\times35\%$$

仍然以上述出售楼房的企业为例：

应纳税额=3000万元×40%-3000万元×5%

=1050万元

房地产开发企业有下列情形之一的，税务机关可以参照与其开发规模和收入水平相近的当地企业的土地增值税税负情况，按照不低于预征率的征收率核定征收土地增值税：

一、按照法律、行政法规的规定应当设置账簿但是没有设置账簿的；

二、擅自销毁账簿，拒不提供纳税资料的；

三、虽然设置账簿，但是账目混乱或者成本资料、收入凭证、费用凭证残缺不全，难以确定转让收入或者扣除项目金额的；

四、符合土地增值税清算条件，没有按照规定的期限办理清算手续，经税务机关责令限期清算，逾期仍然不清算的；

五、申报的计税依据明显偏低，又无正当理由的。

土地增值税税额以人民币为计算单位。纳税人转让房地产取得的收入为人民币以外的货币的，应当先按照取得收入当天或者当月1日的汇价折算成人民币，然后计算缴纳土地增值税。

6. 土地增值税的主要免税、减税规定有哪些？

下列项目经过纳税人申请，税务机关审批，可以免征土地增值税：

一、建造普通标准住宅（在各省、自治区和直辖市人民政府根据国务院办公厅的有关规定制定的标准范围以内从严掌握）出售；企业、事业单位、社会团体和其他组织转让旧房作为廉租住房、经济适用住房房源；自2010年9月27日起3年以内，企业、事业单位、社会团体和其他组织转让旧房作为公共租赁住房房源，增值额未超过各项规定扣除项目金额20%的。

二、由于城市实施规划、国家建设需要依法征收、收回的房地产。

三、由于城市实施规划、国家建设需要而搬迁，由纳税人自行转让的房地产。

四、个人之间互换自有居住用房地产的。

五、个人由于工作调动或者改善居住条件而转让原自用住房，在原住房居住满5年的，可以免征土地增值税；居住满3年不满5年的，可以减半征税。

下列项目可以暂免征收土地增值税：

一、以房地产投资、联营，投资、联营一方以房地产作价入股或者作为联营条件，将房地产转让到所投资、联营的企业中的，但是所投资、联营的企业从事房地产开发的和房地产开发企业以其建造的商品房投资、联营的除外；

二、合作建房，一方出土地，一方出资金，建成后按照比例分房自用的；

三、企业兼并，被兼并企业将房地产转让到兼并企业中的；

四、个人销售住房。

7．土地增值税的纳税期限、纳税地点是怎样规定的？

土地增值税的纳税人应当自房地产合同签订之日起7天以内向房地产所在地的税务机关进行纳税申报，并提交房屋及建筑物产权、土地使用权证书，土地转让、房产买卖合同，房地产评估报告和其他有关资料，然后按照税务机关核定的税额和规定的期限缴纳土地增值税。

如果纳税人经常发生房地产转让，难以在每次转让以后申报缴纳土地增值税，可以按月或者按转让房地产所在省（自治区、直辖市和计划单列市）地方税务局规定的期限申报纳税。纳税人选择定期申报方式的，应当向转让房地产所在地的地方税务机关备案。定期申报方式确定以后，1年以内不得变更。

纳税人在项目全部竣工结算以前转让房地产取得的收入，由于各种原因无法据实计算土地增值税的，可以按照所在省（自治区、直辖市）地方税务局的规定预征税款，待项目全部竣工、办理结算以后清算，多退少补。具体办法由各省、自治区和直辖市地方税务局根据当地的情况制定。

土地增值税以国家有关部门审批的房地产开发项目为单位进行

清算，对于分期开发的项目，以分期项目为单位清算。

开发项目中同时包括普通住宅和非普通住宅的，应分别计算增值额。

符合下列情形之一的，纳税人应当办理土地增值税清算：

一、房地产开发项目全部竣工、完成销售的；

二、整体转让未竣工决算房地产开发项目的；

三、直接转让土地使用权的。

符合下列情形之一的，税务机关可以要求纳税人办理土地增值税清算：

一、已经竣工验收的房地产开发项目，已经转让的房地产建筑面积占整个项目可售建筑面积的比例在85%以上；或者该比例虽然没有超过85%，但是剩余的可售建筑面积已经出租或者自用的。

二、取得销售（预售）许可证期满3年仍然没有销售完毕的。

三、纳税人申请注销税务登记但是没有办理土地增值税清算手续的。

四、省级地方税务局规定的其他情况。

如果纳税人没有按照规定缴纳土地增值税或者办理免税、减税手续，土地管理部门和房产管理部门不能办理有关权属变更手续（如土地使用权登记和过户手续，发放《国有土地使用证》等）。

十、房产税

1. 什么是房产税?

中国的房产税是对房产征收的一种税收。1986年9月15日，国务院发布《中华人民共和国房产税暂行条例》，自当年10月1日起施行。2011年1月8日，国务院对该条例作了修改。该条例的实施细则由各省、自治区和直辖市人民政府自行制定，送财政部备案。

房产税由地方税务局负责征收管理，所得收入归地方政府所有，是地方政府税收收入的重要来源之一。2011年，房产税收入为1 102.4亿元，占当年中国税收总额的1.2%。

2. 房产税的纳税人有哪些?

房产税在城市、县城、建制镇和工矿区征收。企业、行政单位、事业单位、军事单位、社会团体、其他单位、个体工商户和其他个人都应当依法缴纳此税。纳税人包括房屋产权的所有人和房产经营管理单位、承典人、代管人、使用人。房屋产权属于全民所有的，由经营管理单位纳税；房屋产权出典的，由承典人纳税；房屋产权的所有权人、承典人不在房产所在地的，房屋产权没有确定和房产租典纠纷没有解决的，由房产的代管人或者使用人纳税。西藏自治区暂时没有征收此税。

3. 房产税的计税依据、税率是怎样规定的?

房产税的计税依据分为两种：

一、以房产原值一次减除10%～30%以后的余值为计税依据。具体的减除比例，由各省、自治区和直辖市人民政府根据当地的实际情况规定。例如，北京市和四川省规定的减除比例均为30%。

按照房产原值征收房产税的房屋，不论是否记载在会计账簿固定资产科目中，都应当按照房屋原价计算缴纳房产税。房屋原价应当根据国家制定的会计制度核算。纳税人没有按照国家制定的会计制度核算并记载的，应当按照规定调整或者重新评估。

无论会计上如何核算，房产原值都应当包含地价，包括为取得土地使用权支付的价款、开发土地发生的成本和费用等。宗地容积率低于0.5的，按照房产建筑面积的2倍计算土地面积，并据此确定计入房产原值的地价。

为了维持和增加房屋的使用功能或者使房屋满足设计要求，凡以房屋为载体，不可随意移动的附属设备和配套设施，如给排水、采暖、消防、中央空调、电气和智能化楼宇设备等，无论在会计核算中是否单独记账与核算，都应当计入房产原值。

对于更换房屋附属设备和配套设施的，在将其价值计入房产原值的时候，可以扣减原来相应设备和设施的价值。附属设备和配套设施中容易损坏、需要经常更换的零配件，更新以后不再计入房产原值。

没有房产原值作为依据的，由房产所在地税务机关参考同类房产核定。

无租使用其他单位房产的应税单位和个人，按照房产余值代缴纳房产税。

产权出典的房产，由承典人按照房产余值缴纳房产税。

融资租赁的房产，由承租人自融资租赁合同约定开始日的次月起按照房产余值缴纳房产税；上述合同没有约定开始日的，由承租人自合同签订的次月起按照房产余值缴纳房产税。

二、房产出租的，以房产租金收入为计税依据。

与计税依据相应，房产税的税率也分为两种：

一、按照房产余值计算应纳税额的，适用税率为1.2%。

二、按照房产租金收入计算应纳税额的，适用税率为12%。

4. 房产税的应纳税额怎样计算？

房产税应纳税额的计算公式是：

应纳税额=计税依据×适用税率

例1：某企业的经营用房原值为2000万元，允许减除20%以后计税，房产税适用税率为1.2%，该企业应纳房产税税额的计算方法为：

应纳税额=(2000万元-2000万元×20%)×1.2%

=19.2万元

例2：公民王某出租自有房屋供他人经商，年租金收入30000元，房产税适用税率为12%，王某此项收入应纳房产税税额的计算方法为：

应纳税额=30000元×12%

=3600元

以人民币以外的货币为记账本位币的外资企业和外国人在缴纳房产税的时候，应当将其根据记账本位币计算的房产税按照缴款上月最后一天的人民币汇率中间价折合成人民币。

5. 地下建筑怎样缴纳房产税？

具备房屋功能的地下建筑，也应当缴纳房产税。

一、工业用途的地下建筑，以建筑物原值的50%~60%作为应税房产原值；商业和其他用途的地下建筑，以建筑物原值的70%~80%作为应税房产原值。

应纳税额=应税房产原值×(1-10%~30%)×1.2%

建筑物原值折算为应税房产原值的具体比例，由各省、自治区、直辖市、计划单列市财政机关和地方税务机关在上述规定的幅度以内自行确定。

二、与地上房屋相连的地下建筑，如房屋的地下室、地下停车场和商场的地下部分等，应当将地下建筑与地上房屋视为一个整体，按照地上房屋缴纳房产税。

三、出租的地下建筑，应当按照出租地上房屋缴纳房产税。

6. 房产税的主要免税、减税规定有哪些？

下列房产可以免征房产税：

一、行政单位、军事单位和社会团体自用的房产（军队出租的空余房产可以暂免征收房产税）。

二、由国家财政部门拨付事业经费的单位自用的房产。

三、企业所办的学校、托儿所和幼儿园自用的房产。

四、非营利性医疗机构、疾病控制机构和妇幼保健机构等机构自用的房产。

营利性医疗机构取得的收入直接用于改善医疗条件的，自其取得执业登记之日起3年以内，自用的房产也可以免征房产税。

五、非营利性科研机构自用的房产。

六、符合规定的科学研究机构转为企业和进入企业，可以自转制注册之日起，7年以内免征科研开发自用房产的房产税。

七、宗教寺庙、公园和名胜古迹自用的房产。

八、个人所有非营业用的房产（国务院批准的征税试点城市除外）。

九、经过有关部门鉴定停止使用的毁损房屋和危险房屋。

十、政府部门、企业、事业单位、社会团体和个人投资兴办的福利性、非营利性老年服务机构自用的房产。

十一、公益性未成年人校外活动场所自用的房产。

十二、铁道部所属的铁路运输企业自用的房产。

十三、在基建工地建造的为工地服务的各种临时性房屋，在施工期间可以免征房产税。

十四、房屋大修停用半年以上的，在大修期间可以免征房产税。

十五、廉租住房经营管理单位按照政府规定价格向规定对象出租廉租住房的收入，可以免征房产税；按照政府规定价格出租的公有住房和其他廉租住房的收入，军队出租空余房产的收入，铁路运输企业经国务院批准进行股份制改革成立的企业和由铁道部及其所属铁路运输企业与地方政府、企业、其他投资者共同出资成立的合资铁路运输企业自用的房产，可以暂免征收房产税；自 2010 年 9 月 27 日起 3 年以内，公共租赁住房的租金可以免征房产税；企业、事业单位、社会团体和其他组织按照市场价格向个人出租用于居住的住房的收入，个人出租住房的收入，可以减按 4% 的税率征收房产税。

十六、自 2013 年至 2015 年，专门经营农产品的农产品批发市场、农贸市场使用的房产，可以暂免征收房产税；同时经营其他产品的农产品批发市场和农贸市场使用的房产，可以按照其他产品与农产品交易场地面积的比例确定征免房产税。

十七、经过财政部批准可以免征房产税的其他房产。

除了上述规定以外，纳税人缴纳房产税确有困难的，可以由所在省（自治区、直辖市）人民政府确定，定期减税、免税。

纳税单位与免税单位共同使用的房屋，应当按照各自使用的部分划分，分别缴纳或者免纳房产税。

免税单位出租的房产和非本单位业务用的生产、经营用房产，应当缴纳房产税。

此外，房地产开发企业建造的商品房，在出售以前不征收房产税（已经使用和出租、出借者除外）。

7. 房产税的纳税期限、纳税地点是怎样规定的？

房产税按年征收，分期缴纳。具体纳税期限由各省、自治区和直辖市人民政府根据当地的实际情况确定。目前各地一般规定每个季度缴纳一次或者半年缴纳一次，每次征期规定为 15 天或者 1 个月。例如，北京市规定，纳税人全年应当缴纳的房产税分为两次缴纳，纳税期限分别为 4 月 1 日至 4 月 15 日和 10 月 1 日至 10 月 15 日。

纳税人自建的房屋，应当自建成的次月起缴纳房产税。

纳税人委托施工企业建设的房屋，应当自办理验收手续的次月起缴纳房产税；纳税人在办理验收手续以前已经使用或者出租、出借的新建房屋，应当依法缴纳房产税。

购置新建商品房，应当自房屋交付使用的次月起缴纳房产税；购置存量房屋，应当自办理房屋权属转移、变更登记手续，房地产权属登记机关签发房屋权属证书的次月起纳税；出租、出借房产，应当自交付出租、出借房产的次月起纳税。

纳税人由于房产的实物或者权利状态变化而依法终止房产税纳税义务的，其应纳房产税的计算应当截止到房产的实物或者权利状态变化的当月月末。

房产税由纳税人向房产所在地的税务机关缴纳。房产不在一地的纳税人，应当按照房产坐落的地点，分别向房产所在地的税务机关纳税。

十一、城镇土地使用税

1. 什么是城镇土地使用税?

中国的城镇土地使用税是对使用的城镇土地征收的一种税收。1988 年 9 月 27 日，国务院发布《中华人民共和国城镇土地使用税暂行条例》，自当年 11 月 1 日起施行。2011 年 1 月 8 日，国务院对该条例作了第二次修改。该条例的实施办法由各省、自治区和直辖市人民政府自行制定。

城镇土地使用税由地方税务局（西藏自治区为国家税务局）负责征收管理，所得收入归地方政府所有。2011 年，城镇土地使用税收入为 1 222.2 亿元，占当年中国税收总额的 1.3%。

2. 城镇土地使用税的纳税人有哪些?

城镇土地使用税的纳税人包括在城市、县城、建制镇和工矿区范围以内使用土地的企业、行政单位、事业单位、军事单位、社会团体、其他单位、个体工商户和其他个人。

城市的征税范围包括市区和郊区。

县城的征税范围为县人民政府所在地的城镇。

建制镇的征税范围由各省、自治区和直辖市地方税务局提出方案，报经当地省级人民政府批准以后执行，并报国家税务总局备案。

工矿区为工商业比较发达，人口比较集中，符合建制镇标准，但是尚未设镇的大中型工矿企业所在地。

应税土地包括规定的征税范围以内属于国家所有和集体所有的

土地。

在征税范围以内单独建造的地下建筑用地，已经取得地下土地使用权证的，按照土地使用权证确认的土地面积计算应征税款；没有取得地下土地使用权证，或者地下土地使用权证上没有标明土地面积的，按照地下建筑垂直投影面积计算应征税款。上述地下建筑用地暂按应征税款的50%征收。

城镇土地使用税一般由土地使用权拥有者缴纳。拥有土地使用权的纳税人不在土地所在地的，由代管人或者实际使用人纳税。土地使用权没有确定或者权属纠纷没有解决的，由实际使用人纳税。土地使用权共有的，由共有各方按照其实际使用土地的面积分别纳税。

3. 城镇土地使用税的税额标准是怎样规定的?

城镇土地使用税根据不同地区和各地经济发展状况实行等级幅度税额标准，国家规定的每平方米应税土地的年税额标准如下：

一、大城市1.5~30元；

二、中等城市1.2~24元；

三、小城市0.9~18元；

四、县城、建制镇和工矿区0.6~12元。

大城市、中等城市和小城市以公安部门登记在册的非农业正式户口人数为依据，按照国务院规定的标准划分：市区和郊区非农业人口总计超过50万的，为大城市；市区和郊区非农业人口总计超过20万不超过50万的，为中等城市；市区和郊区非农业人口总计不超过20万的，为小城市。

各省、自治区和直辖市人民政府可以在上列税额标准表规定的幅度以内，根据市政建设状况、经济繁荣程度等条件，确定所辖地区城镇土地使用税的税额标准幅度。例如，北京市将本市的土地划分为六个等级，一级土地至六级土地的税额标准为每平方米每年30元、24元、18元、12元、3元和1.5元。贵州省规定：贵阳市土地的税额标准为每平方米每年3～30元；遵义市和六盘水市土地的税额标准为每平方米每年2.4～24元；安顺等6个城市土地的税额标准为每平方米每年1.8～18元；其他县（市、区），建制镇，工矿区土地的税额标准为每平方米每年1.2～12元。

县（市）级人民政府可以根据实际情况将本地区的土地划分为若干等级，在省级人民政府确定的城镇土地使用税税额标准幅度以内，制定相应的适用税额标准，报经省级人民政府批准以后执行。

经过省级人民政府批准，经济落后地区城镇土地使用税的税额标准可以适当降低，但是降低额不得超过法定最低税额标准的30%；经济发达地区城镇土地使用税的税额标准可以适当提高，但是必须报经财政部批准。

4．城镇土地使用税的应纳税额怎样计算？

城镇土地使用税以纳税人实际占用的土地面积为计税依据，按照适用税额标准计算应纳税额。

纳税人实际占用的土地面积，指由省级人民政府确定的单位组织测定的土地面积。尚未组织测量，但是纳税人持有政府部门核发的土地使用证书的，以证书确定的土地面积为准。没有核发土地使用证书的，纳税人应当据实申报使用土地面积。

应纳税额计算公式：

应纳税额＝纳税人实际占用的土地面积×适用税额标准

例：某企业实际占用的土地面积为2万平方米，当地政府规定的城镇土地使用税适用税额标准为每平方米每年20元，该企业全年应纳城镇土地使用税税额的计算方法为：

应纳税额＝2万平方米×20元/平方米

＝40万元

5．城镇土地使用税的主要免税、减税规定有哪些？

下列土地可以免征城镇土地使用税：

一、行政单位、军事单位和社会团体自用的土地。

二、由国家财政部门拨付事业经费的单位自用的土地。

三、非营利性医疗机构、疾病控制机构和妇幼保健机构等机构自用的土地。

营利性医疗机构取得的收入直接用于改善医疗条件的，自其取得执业登记之日起3年以内，自用的土地也可以免征城镇土地使用税。

四、非营利性科研机构自用的土地。

五、符合规定的科学研究机构转为企业和进入企业，可以自转制注册之日起，7年以内免征科研开发自用土地的城镇土地使用税。

六、宗教寺庙、公园和名胜古迹自用的土地（不包括其中附设的各类营业单位使用的土地，如在公园里设立的餐馆、茶社等）。

七、市政街道、广场和绿化地带等公共用地。

八、直接用于农业、林业、牧业和渔业的生产用地（不包括农副产品加工场地和生活、办公用地），水利设施及其护管用地。

九、经批准开山填海整治的土地和改造的废弃土地，从使用的月份起，可以免征城镇土地使用税5年至10年。

十、国家规定免征城镇土地使用税的能源、交通用地（主要涉及煤炭、石油、天然气、电力、铁路、民航、港口等类企业）和其他用地。

十一、行政单位、企业、事业单位、社会团体和个人投资兴办的福利性、非营利性老年服务机构自用的土地。

十二、企业办的学校、托儿所和幼儿园自用的土地。

十三、公益性未成年人校外活动场所自用的土地。

十四、个人出租住房用地，廉租住房、经济适用住房建设用地，廉租住房经营管理单位按照政府规定的价格向规定的对象出租的廉租住房用地。开发商在经济适用住房、商品住房项目中配套建造廉租住房，在商品住房项目中配套建造经济适用住房，能够提供相关材料的，可以按照廉租住房、经济适用住房建筑面积占总建筑面积的比例，免征开发商应当缴纳的城镇土地使用税。

此外，个人所有的住房和院落用地，免税单位职工家属的宿舍用地，集体、个人举办的各类学校、医院、托儿所和幼儿园用地，由各省、自治区和直辖市地方税务局根据当地的实际情况决定是否征收城镇土地使用税。

下列土地可以暂免征收城镇土地使用税：

一、各类危险品仓库、厂房所需的防火、防爆和防毒等安全防范用地，经过省级地方税务局批准的；

二、企业范围内的荒山、林地和湖泊等占地，没有利用的；

三、企业搬迁以后，原有场地不使用的；

四、铁路运输企业经国务院批准进行股份制改革成立的企业，由铁道部及其所属铁路运输企业与地方政府、企业和其他投资者共同出资成立的合资铁路运输企业自用的土地。

在一个纳税年度内月平均实际安置残疾人就业人数占本单位在职职工总数的比例达到25%以上且安置残疾人10人以上的单位，可以减征或者免征该纳税年度的城镇土地使用税，具体减免税比例和管理办法由省级财税主管部门确定。

核电站用地在基本建设期间可以减半征收城镇土地使用税。

自2010年9月27日起3年以内，公共租赁住房（以下简称公租房）建设用地和公租房建成以后可以占地免征城镇土地使用税；在其他住房项目中配套建设公租房，根据政府部门出具的相关材料，可以按照公租房建筑面积占总建筑面积的比例免征建造、管理公租房涉及的城镇土地使用税。

自2012年至2014年，物流企业自有的（包括自用和出租）大宗商品仓储设施用地，可以减按所属土地等级适用税额标准的50%计征城镇土地使用税。

自2013年至2015年，专门经营农产品的农产品批发市场、农贸市场使用的土地，可以暂免征收城镇土地使用税；同时经营其他产品的农产品批发市场和农贸市场使用的土地，可以按照其他产品与农产品交易场地面积的比例确定征免城镇土地使用税。

免税单位无偿使用纳税单位的土地（如公安机关、海关使用火车站、飞机场和港口等单位的土地），可以免征城镇土地使用税；纳税单位无偿使用免税单位的土地，应当征收城镇土地使用税。

纳税人缴纳城镇土地使用税确有困难，需要免税、减税的，报当地地方税务局审核，由所在省（自治区、直辖市、计划单列市）地方税务局审批。国家限制发展的行业、占地不合理的企业，一般不予免税、减税；国家不鼓励发展和因非客观原因发生纳税困难的，原则上也不予免税、减税。

6. 城镇土地使用税的纳税期限、纳税地点是怎样规定的?

城镇土地使用税按年计算，分期缴纳。具体纳税期限由各省、自治区和直辖市人民政府根据当地的实际情况确定。目前各地一般规定为每个季度缴纳一次或者半年缴纳一次，每次征期 15 天或者 1 个月。例如，北京市规定：纳税人全年应当缴纳的城镇土地使用税分为两次缴纳，纳税期限分别为4 月 1 日至4 月 15 日和10 月 1 日至10 月 15 日。

新征收的耕地，应当自批准征收之日起期满 1 年的时候开始缴纳城镇土地使用税；新征收的非耕地，应当自批准征收的次月起纳税。

购置新建商品房，应当自房屋交付使用的次月起缴纳城镇土地使用税；购置存量房，应当自办理房屋权属转移、变更登记手续，房地产权属登记机关签发房屋权属证书的次月起纳税；出租、出借房产，应当自交付出租、出借房产的次月起纳税。

以出让、转让方式有偿取得土地使用权的，应当由受让方自合同约定交付土地时间的次月起缴纳城镇土地使用税；合同没有约定交付土地时间的，应当由受让方自合同签订的次月起纳税。

纳税人由于土地的实物或者权利状态变化而依法终止城镇土地使用税纳税义务的，其应纳城镇土地使用税的计算应当截止到土地的实物或者权利状态变化的当月月末。

城镇土地使用税一般应当向土地所在地的税务机关缴纳。纳税人使用的土地属于不同省（自治区、直辖市）管辖范围的，应当分别向土地所在地的税务机关纳税。在同一省（自治区、直辖市）管辖范围以内，纳税人跨地区使用的土地，由当地省级地方税务局确定纳税地点。

十二、耕地占用税

1. 什么是耕地占用税？

中国的耕地占用税是对占用的耕地征收的一种税收。1987 年 4 月 1 日，国务院发布《中华人民共和国耕地占用税暂行条例》，自当日起施行。2007 年 12 月 1 日，国务院对该条例作了修改，当日公布，自 2008 年 1 月 1 日起施行。2008 年 2 月 26 日，财政部、国家税务总局公布《中华人民共和国耕地占用税暂行条例实施细则》。

耕地占用税由地方税务局（西藏自治区为国家税务局）负责征收管理，所得收入归地方政府所有。2011 年，耕地占用税收入为 1 075.5 亿元，占当年中国税收总额的 1.2%。

2. 耕地占用税的纳税人、征税范围是怎样规定的？

耕地占用税的纳税人包括在中国境内占用耕地建房和从事其他非农业建设的企业、行政单位、事业单位、军事单位、社会团体、其他单位、个体工商户和其他个人。

上述耕地，指用于种植农作物的土地；建房，指建设建筑物、构筑物。

在认定耕地占用税纳税人的时候，经申请批准占用耕地的，纳税人为农用地转用审批文件中标明的建设用地人；上述文件中没有标明建设用地人的，纳税人为用地申请人。没有批准占用耕地的，纳税人为实际用地人。

占用园地建房和从事其他非农业建设的，视同占用耕地征收耕地占用税。

占用下列农用地建房和从事其非农业建设的，比照耕地占用税暂行条例的规定征收耕地占用税：

一、林地，包括有林地、灌木林地、疏林地、未成林地、迹地、苗圃等，不包括居民点内部的绿化林木用地，铁路、公路征地范围内的林木用地，河流、沟渠的护堤林用地。

二、牧草地，包括天然牧草地、人工牧草地。

三、农田水利用地，包括农田排灌沟渠和相应附属设施用地。

四、养殖水面，包括人工开挖和天然形成的用于水产养殖的河流、湖泊、水库、坑塘水面和相应附属设施用地。

五、渔业水域滩涂，包括专门用于种植、养殖水生动植物的海水潮浸地带和滩地。

建设直接为农业生产服务的生产设施占用上述农用土地的，农田水利占用耕地的，不征收耕地占用税。

上述直接为农业生产服务的生产设施，指直接为农业生产服务而建设的建筑物、构筑物，包括储存农用机具和种子、苗木、木材等农业产品的仓储设施，培育、生产种子、种苗的设施，畜禽养殖设施，木材集材道、运材道，农业科研、试验、示范基地，野生动植物保护、护林、森林病虫害防治、森林防火、木材检疫的设施，专为农业生产服务的灌溉排水、供水、供电、供热、供气、通信基础设施，农业生产者从事农业生产必需的食宿和管理设施，其他直接为农业生产服务的生产设施。

单位、个人因建设项目施工、地质勘查等需要，在一般不超过2年期间临时使用耕地，并且没有修建永久性建筑物的，也应当按照规定缴纳耕地占用税。纳税人在批准临时占用耕地的期限以内恢复所占用耕地原状的，可以全额退还已经缴纳的耕地占用税。

因污染、取土、采矿塌陷等损毁耕地的，比照上述临时占用耕地的情况，由造成损毁的单位、个人缴纳耕地占用税。

3. 耕地占用税的计税依据、税额标准是怎样规定的？

耕地占用税的计税依据为纳税人实际占用的耕地面积，核定的时候以农用地转用审批文件为主要依据，必要的时候应当实地勘测。纳税人实际占地面积大于批准占地面积的，按照实际占地面积计税；实际占地面积小于批准占地面积的，按照批准占地面积计税。

耕地占用税根据不同地区的人均耕地面积和经济发展情况实行有地区差别的幅度税额标准，税额标准如下：

一、人均耕地不超过1亩的地区，每平方米10～50元；

二、人均耕地超过1亩至2亩的地区，每平方米8～40元；

三、人均耕地超过2亩至3亩的地区，每平方米6～30元；

四、人均耕地超过3亩的地区，每平方米5～25元。

财政部、国家税务总局根据各地人均耕地面积和经济发展情况分别确定各省、自治区和直辖市的平均税额标准如下：上海市45元，北京市40元，天津市35元，江苏、浙江、福建、广东4省30元，辽宁、湖北、湖南3省25元，河北、安徽、江西、山东、河南、重庆、四川7省、市22.5元，广西、海南、贵州、云南、陕西5省、自治区20元，山西、吉林、黑龙江3省17.5元，内蒙古、西藏、甘肃、青海、宁夏、新疆6省、自治区12.5元。

各地根据耕地占用税暂行条例和财政部、国家税务总局确定的平均税额标准，经省级人民政府批准，确定县级行政区占用耕地的适用税额标准，并报财政部、国家税务总局备案。

各地的适用税额标准，由各省、自治区和直辖市人民政府根据本地区的情况，在上述税额标准表所列的税额标准幅度以内核定，但是不得低于财政部、国家税务总局规定的本地区的平均税额标准。

经济特区、经济技术开发区和经济发达且人均耕地特别少的地区，适用税额标准可以适当提高，但是提高的部分最高不得超过所在省（自治区、直辖市）人民政府规定的当地适用税额标准的50%。

占用基本农田的，适用税额标准应当在各省、自治区和直辖市人民政府规定的当地适用税额标准，或者经济特区、经济技术开发区和经济发达且人均耕地特别少的地区规定的当地适用税额标准的基础上提高50%。

占用林地、牧草地、农田水利用地、养殖水面、渔业水域滩涂等其他农用地建房和从事非农业建设的，适用税额标准可以适当低于当地占用耕地的适用税额标准，具体适用税额标准按照各省、自治区和直辖市人民政府的规定执行。

4. 耕地占用税的应纳税额怎样计算？

耕地占用税以纳税人实际占用的耕地面积为计税依据，按照适用税额标准计算应纳税额，一次性缴纳。

应纳税额计算公式：

应纳税额=纳税人实际占用的耕地面积×适用税额标准

例：某企业占用耕地1万平方米建设厂房，当地政府规定的耕地占用税适用税额标准为每平方米30元，该企业应纳耕地占用税税额的计算方法为：

应纳税额=1万平方米×30元/平方米

=30万元

5. 耕地占用税的主要免税、减税规定有哪些？

耕地占用税的主要免税、减税规定如下：

一、下列项目占用耕地，可以免征耕地占用税：

（一）军事设施，包括地上、地下的军事指挥、作战工程；军用机场、港口、码头；营区、训练场、试验场；军用洞库、仓库；军用通信、侦察、导航、观测台站和测量、导航、助航标志；军用公路、铁路专用线，军用通信、输电线路，军用输油、输水管道；其他直接用于军事用途的设施。

（二）学校，包括县级以上人民政府教育行政部门批准成立的大学、中学、小学、学历性职业教育学校和特殊教育学校。校内经营性场所和教职工住房占用耕地的，不能免征耕地占用税。

（三）幼儿园，包括在县级以上人民政府教育行政部门登记或者备案的幼儿园用于幼儿保育、教育的场所。

（四）养老院，包括经批准设立的养老院为老年人提供生活照顾的场所。

（五）医院，包括县级以上人民政府卫生行政部门批准设立的医院用于提供医护服务的场所及其配套设施。医院内职工住房占用耕地的，不能免征耕地占用税。

二、下列项目占用耕地，可以减按每平方米 2 元的税额标准征收耕地占用税：

（一）铁路线路，包括铁路路基、桥梁、涵洞、隧道及其按照规定两侧留地。专用铁路和铁路专用线占用耕地的，应当按照当地的适用税额标准缴纳耕地占用税。

（二）公路线路，包括经批准建设的国道、省道、县道、乡道和属于农村公路的村道的主体工程以及两侧边沟、截水沟。专用公路和城区机动车道占用耕地的，应当按照当地的适用税额标准缴纳耕地占用税。

（三）飞机场跑道、停机坪，包括经批准建设的民用机场专门用于民用航空器起降、滑行和停放的场所。

（四）港口，包括经批准建设的港口供船舶进出、停靠和旅客上下、货物装卸的场所。

（五）航道，包括在江、河、湖泊、港湾等水域供船舶安全航行的通道。

根据实际需要，财政部、国家税务总局商国务院有关部门并报国务院批准以后，可以对上述情形免征、减征耕地占用税。

纳税人享受上述免征、减征耕地占用税待遇以后，改变原来的占地用途，不再属于规定的免税、减税情形的，应当从改变占地用途之日起 30 天以内，按照改变占地用途的实际占地面积和其办理免税、减税的时候依据的适用税额标准补缴免征、减征的税款。

三、农村居民经批准在户口所在地按照规定标准占用耕地，建设自用住宅，可以按照当地的适用税额标准减半征收耕地占用税。

农村居民经批准搬迁，原宅基地恢复耕种，凡新建住宅占用耕地不超过原宅基地面积的，不征收耕地占用税；超过原宅基地面积的，对超过部分按照当地的适用税额标准减半征收耕地占用税。

四、农村烈士家属、残疾军人、鳏寡孤独和革命老根据地、少数民族聚居区、边远贫困山区生活困难的农村居民，在规定用地标准以内新建住宅缴纳耕地占用税确有困难的，经所在地乡（镇）人民政府审核，报经县级人民政府批准以后，可以免征、减征耕地占用税。

上述农村烈士家属，包括农村烈士的父母、配偶和子女；革命老根据地、少数民族聚居地区和边远贫困山区生活困难的农村居民，其标准按照各省、自治区和直辖市人民政府的有关规定执行。

申报免征、减征耕地占用税的纳税人，应当在用地申请获得批准以后30天之内，向批准其占用耕地的土地管理机关同级的地方税务机关提出免税、减税申报。由国务院或者国土资源部批准占用耕地的，由省级地方税务局办理免税、减税手续。

占用耕地1000亩以上的耕地占用税的减免，地方税务机关应当在办理免税、减税手续完毕之日起30天以内报国家税务总局备案。占用耕地不足1000亩的耕地占用税的减免，备案办法由省级地方税务局制定。

6. 耕地占用税的纳税期限、纳税地点是怎样规定的？

耕地占用税的纳税义务发生时间，经批准占用耕地的，为纳税人收到土地管理部门办理占用农用地手续通知的当天；未经批准占用耕地的，为纳税人实际占用耕地的当天。

纳税人占用耕地，应当在被占用耕地所在地申报缴纳耕地占用税。

土地管理部门在通知有关单位、个人办理占用耕地手续的时候，应当同时通知被占用耕地所在地的同级地方税务机关。

获准占用耕地的单位、个人，应当自收到土地管理部门发出的上述通知之日起30天以内，向税务机关缴纳耕地占用税。土地管理部门凭税务机关开具的耕地占用税完税凭证或者免税凭证和其他有关文件发放建设用地批准书。

十三、契税

1. 什么是契税?

中国的契税是对被转移的土地、房屋权属征收的一种税收。1997年7月7日，国务院发布《中华人民共和国契税暂行条例》，自当年10月1日起施行。当年10月28日，财政部发布《中华人民共和国契税暂行条例细则》。

契税由地方税务局负责征收管理，所得收入归地方政府所有，是地方政府税收收入的重要来源之一。2011年，契税收入为2765.7亿元，占当年中国税收总额的3.0%。

2. 契税的纳税人有哪些?

契税的纳税人包括在中国境内转移土地、房屋权属时承受被转移土地、房屋权属的企业、行政单位、事业单位、军事单位、社会团体、其他单位、个体工商户和其他个人。西藏自治区暂时没有征收此税。

上述转移土地、房屋权属，包括下列行为：

一、国有土地使用权出让；

二、土地使用权转让（包括出售、赠与和交换，不包括农村集体土地承包经营权的转移）；

三、房屋买卖、赠与和交换。

以下列方式转移土地、房屋权属的，视同土地使用权转让、房屋买卖和房屋赠与，也应当征收契税：

一、以土地、房屋权属作价投资、入股；

二、以土地、房屋权属抵偿债务；

三、以获奖的方式承受土地、房屋权属；

四、以预购方式、预付集资建房款的方式承受土地、房屋权属。

上述承受，指以受让、购买、受赠和交换等方式取得土地、房屋权属的行为。

土地使用权交换、房屋交换、土地使用权与房屋交换，交换价格相等的，免征契税；交换价格不等的，由多交付货币、实物、无形资产和其他经济利益的一方缴纳契税。

3. 契税的计税依据是怎样规定的？

契税的计税依据主要分为下列三种情况：

一、国有土地使用权出让、土地使用权出售和房屋买卖，为成交价格（指土地、房屋权属转移合同确定的价格，包括承受者应当缴付的货币、实物、无形资产和其他经济利益）。

（一）出让国有土地使用权的，其契税的计税依据为承受人为取得该土地使用权而支付的全部经济利益。

1. 以协议方式出让国有土地使用权的，其契税的计税依据为成交价格，其中包括土地出让金、土地补偿费、安置补助费、地上附着物和青苗补偿费、拆迁补偿费、市政建设配套费等承受者应当支付的货币、实物、无形资产和其他经济利益。

没有成交价格或者成交价格明显偏低的，征收机关可以依次按照下列两种价格确定：一是评估价格，即由政府批准设立的房地产评估机构根据相同地段、同类房地产综合评定，并经当地税务机关确认的价格；二是土地基准地价，即由县以上人民政府公示的土地基准地价。

2. 以竞价方式出让国有土地使用权的，其契税的计税依据一般应当确定为竞价的成交价格，其中包括土地出让金、市政建设配套费和各种补偿费用。

（二）先以划拨方式取得国有土地使用权，后经批准改为以出让方式取得该土地使用权的，计税依据为应当补缴的土地出让金和其他出让费用。

（三）纳税人因改变土地用途而签订土地使用权出让合同变更协议或者重新签订土地使用权出让合同的，计税依据为因改变土地用途应当补缴的土地收益金和政府的其他费用。

（四）土地使用者将土地使用权和所附建筑物、构筑物转让他人的，以转让的总价款为计税依据。

二、土地使用权赠与、房屋赠与，由征收机关参照土地使用权出售、房屋买卖的市场价格核定。

三、土地使用权交换、房屋交换，为所交换的土地使用权、房屋的价格的差额。

除了以协议方式出让国有土地使用权以外，上述成交价格明显低于市场价格并且无正当理由的，或者所交换土地使用权、房屋的价格的差额明显不合理并且无正当理由的，由征收机关参照市场价格核定。

此外，以划拨方式取得土地使用权的，在经过批准转让房地产的时候，应当由房地产转让者补缴契税，计税依据为房地产转让者补缴的土地使用权出让费或者土地收益。

4. 契税的税率是多少？应纳税额怎样计算？

契税实行3%～5%的幅度比例税率。各省、自治区和直辖市的具体适用税率，由当地省级人民政府根据本地区的实际情况，在上述规定的幅度以内确定，并报财政部和国家税务总局备案。目前各省、自治区和直辖市契税的具体适用税率如下：

一、下列18个省、自治区和直辖市契税的适用税率为3%：北京市、天津市、内蒙古自治区、上海市、浙江省、福建省、山东省、广东省、广西壮族自治区、海南省、重庆市、贵州省、云南省、陕西省、甘肃省、青海省、宁夏回族自治区和新疆维吾尔自治区。

二、下列10个省、自治区和直辖市契税的适用税率为4%：河北省、山西省、辽宁省、江苏省、安徽省、江西省、河南省、湖北省、湖南省、四川省。其中河北省、辽宁省规定：个人购买自用普通住房的，税率为3%；山西省规定：个人按市场价格购买自用普通住房的，税率为3%，并减半征收；四川省规定：经省财政厅、省地方税务局批准，可以下浮到3%。

三、吉林省、黑龙江省契税的适用税率为5%，同时规定：个人购买住房的，税率为3%。

此外，个人首次购买90平方米以下普通住房的，契税税率暂统一下调到1%。首次购房证明由住房所在地县（区）住房建设主管部门出具。

应纳税额计算公式：

应纳税额=计税依据×适用税率

应纳税额以人民币计算。转移土地、房屋权属以人民币以外的货币结算的，应当先按照纳税义务发生之日的汇价折算成人民币，然后计算缴纳契税。

例1：某企业购买一块土地的使用权用于建设厂房，成交价格为2000万元，当地规定的契税适用税率为3%，该企业应纳契税税额的计算方法为：

应纳税额=2000万元×3%

=60万元

例2：公民何某与吴某交换房屋，何某向吴某支付价差4万元，当地规定的契税适用税率为5%，何某应纳契税税额的计算方法为：

应纳税额=40000元×5%

=2000元

5. 契税的主要免税、减税规定有哪些？

契税的主要免税、减税规定如下：

一、行政单位、事业单位、军事单位和社会团体承受土地、房屋，用于办公、教学、医疗、科研和军事设施的；企业事业组织、社会团体、其他社会组织和公民个人经过有关主管部门批准，利用非国家财政性教育经费面向社会举办的教育机构，承受土地、房屋用于教学的，可以免征契税。

二、城镇职工经过县级以上人民政府批准，在国家规定的标准面积以内第一次购买公有住房的，可以免征契税。公有制单位为了解决职工住房以集资建房方式建造的普通住房和由单位购买的普通商品住房，经过当地县以上政府房改部门批准，按照国家房改政策出售给本单位职工的，如果属于职工第一次购买住房，可以比照上述规定免税。

三、已购公有住房经补缴土地出让金和其他出让费用成为完全产权住房的，可以免征土地权属转移的契税。

四、个人因拆迁重新购置住房的，购房成交价格中相当于拆迁补偿款的部分，可以免征契税。

五、个人购买普通住房，且该住房属于家庭（成员包括购房人、配偶和未成年子女，下同）唯一住房的，可以减半征收契税。个人购买90平方米以下普通住房，且该住房属于家庭唯一住房的，可以减按1%的税率征收契税。

六、夫妻婚姻关系存续期间，房屋、土地权属原归夫妻一方所有，变更为夫妻双方共有的，可以免征契税。

七、由于不可抗力灭失住房而重新购买住房的，可以酌情减征、免征契税。

八、承受荒山、荒沟、荒丘和荒滩土地使用权，用于农业、林业、牧业和渔业生产的，可以免征契税。

九、按照中国有关法律和中国政府缔结、参加的国际条约、协定的规定应当免税的外国驻华使馆、领事馆，联合国驻华机构，外交代表、领事官员和其他人员，在中国境内承受土地、房屋权属的，经过外交部确认，可以免征契税。

十、土地、房屋被县级以上人民政府征用、占用以后，重新承受土地、房屋权属的，是否可以免征、减征契税，由各省、自治区和直辖市人民政府确定。

十一、企业改制重组（包括公司制改造、股权重组、合并、分立、出售、关闭和破产等），可以按照规定免征、减征契税。

十二、廉租住房经营管理单位购买住房作为廉租住房，经济适用住房经营管理单位回购经济适用住房继续作为经济适用住房房源的，可以免征契税。

十三、自2010年9月27日起3年以内，公共租赁住房经营管理单位购买住房作为公共租赁住房的，可以免征契税。

十四、财政部规定的其他免征、减征契税的项目。

6. 契税的纳税期限、纳税地点是怎样规定的?

契税的纳税义务发生时间，为纳税人签订土地、房屋权属转移合同的当天，或者纳税人取得其他具有土地、房屋权属转移合同性质的凭证（如契约、协议、合约、单据和确认书等）的当天。

纳税人应当自纳税义务发生之日起10天以内，向土地、房屋所在地的契税征收机关办理纳税申报，并在该机关核定的期限以内缴纳税款。交易双方已经签订房屋买卖合同而最终未能成交的，办理期房退房手续以后可以退还已经缴纳的契税。

纳税人应当持契税完税或者免税、减税凭证和其他规定的文件、材料，依法向土地管理部门、房产管理部门办理有关土地、房屋权属变更登记手续。

符合免征、减征契税规定的纳税人，应当自签订土地、房屋权属转移合同之日起10天以内，向土地、房屋所在地的契税征收机关报送有关资料，申请办理免征、减征契税的手续。计税金额在1亿元以上的，由省级征收机关办理免税、减税手续。

契税的计税金额在1亿元以上的免税、减税，征收机关应当自办理免税、减税手续完毕之日起30天以内报国家税务总局备案。计税金额不足1亿元的契税的减免，备案办法由省级征收机关制定。

经过批准免征、减征契税的纳税人，改变有关土地、房屋的用途，不再属于规定的免税、减税范围的，应当补缴已经免征、减征的契税税款，其纳税义务发生时间为改变有关土地、房屋权属的当天。

十四、资源税

1. 什么是资源税？

中国的资源税是对自然资源征收的一种税收。1993 年 12 月 25 日，国务院发布《中华人民共和国资源税暂行条例》，自 1994 年 1 月 1 日起施行。2011 年 9 月 30 日，国务院对该条例作了修改，当日公布，自当年 11 月 1 日起施行。1993 年 12 月 30 日，财政部发布《中华人民共和国资源税暂行条例实施细则》，2011 年 10 月 28 日，财政部、国家税务总局对该细则作了修改。

资源税分别由国家税务局和地方税务局负责征收管理，所得收入由中央政府与地方政府共享。2011 年，资源税收入仅为 598.8 亿元，占当年中国税收总额的 0.6%。

2. 资源税的纳税人有哪些？

资源税的纳税人包括在中国领域和管辖海域开采应税矿产品和生产盐的企业、行政单位、事业单位、军事单位、社会团体、其他单位、个体工商户和其他个人。

独立矿山、联合企业和其他收购未税矿产品的单位，为资源税的扣缴义务人。

目前，中国的资源税收入主要来自从事原油、煤炭、石灰石、铁矿石等矿产资源开采和生产盐的国有企业、集体企业、私营企业、股份制企业、外商投资企业和个体经营者。

3. 资源税的税目、税率（税额标准）是怎样规定的?

资源税的征税范围包括下列项目：

一、原油。开采的天然原油征税，人造石油不征税。

二、天然气。专门开采的天然气和与原油同时开采的天然气征税，煤矿生产的天然气暂不征税。

三、煤炭。原煤征税，洗煤、选煤和其他煤炭制品不征税。

四、其他非金属矿原矿。包括玉石、硅藻土、高铝粘土、焦宝石和萤石，磷矿石，膨润土、沸石和珍珠岩，宝石、宝石级金刚石，耐火粘土（不包括高铝粘土），石墨、石英砂、重晶石、毒重石、蛭石、长石、滑石、白云石、硅灰石、凹凸棒石粘土、高岭土（瓷土）和云母，菱镁矿、天然碱、石膏和硅线石，工业用金刚石，石棉，硫铁矿、自然硫和磷铁矿，未列举名称的其他非金属矿原矿。

五、黑色金属矿原矿。包括铁矿石、锰矿石和铬矿石。

六、有色金属矿原矿。包括稀土矿、铜矿石、铅锌矿石、铝土矿、钨矿石、锡矿石、锑矿石、钼矿石、镍矿石、黄金矿、钒矿石和未列举名称的其他有色金属矿原矿。

七、盐：

（一）固体盐，包括海盐原盐、湖盐原盐和井矿盐。

（二）液体盐（卤水）。

资源税根据不同的应税产品，实行等级幅度税率（税额标准）：

一、原油：5%～10%。

二、天然气：5%～10%。

三、煤炭

（一）焦煤：每吨8～20元。

（二）其他煤炭：每吨0.3～5元。

四、其他非金属矿原矿

（一）普通非金属矿原矿：每吨或者每立方米0.5～20元。

（二）贵重非金属矿原矿：每千克或者每克拉0.5～20元。

五、黑色金属矿原矿：每吨2～30元。

六、有色金属矿原矿

（一）稀土矿：每吨0.4～60元。

（二）其他有色金属矿原矿：每吨0.4～30元。

七、盐

（一）固体盐：每吨10～60元。

（二）液体盐：每吨2～10元。

资源税税目、税率（税额标准）的调整，由国务院决定。

4. 资源税纳税人具体适用的税额标准怎样确定？

纳税人具体适用的资源税税额标准，由财政部同国务院有关部门，根据纳税人所开采、生产应税产品的资源状况，在税法规定的税额标准幅度以内确定，并由财政部根据资源和开采条件等因素的变化情况定期适当调整，详见《资源税税目、税率（税额标准）明细表》：

资源税税目、税率（税额标准）明细表

税目	地区、等级	税率（税额标准）	计税单位
一、原油		5%	
二、天然气		5%	
三、煤炭			
（一）焦煤		8元	吨
（二）其他煤炭			
	北京市	2.5元	吨
	河北省	3元	吨
	山西省	3.2元	吨
	内蒙古自治区	3.2元	吨

续表（一）

税目	地区、等级	税率（税额标准）	计税单位
	辽宁省	2.8元	吨
	吉林省	2.5元	吨
	黑龙江省	2.3元	吨
	江苏省	2.5元	吨
	安徽省	2元	吨
	福建省	2.5元	吨
	江西省	2.5元	吨
	山东省	3.6元	吨
	河南省	4元	吨
	湖北省	3元	吨
	湖南省	2.5元	吨
	广东省	3.6元	吨
	广西壮族自治区	3元	吨
	重庆市	2.5元	吨
	四川省	2.5元	吨
	贵州省	2.5元	吨
	云南省	3元	吨
	陕西省	3.2元	吨
	甘肃省	3元	吨
	青海省	2.3元	吨
	宁夏回族自治区	2.3元	吨
	新疆维吾尔自治区	3元	吨
四、其他非金属矿原矿			

续表（二）

税目	地区、等级	税率（税额标准）	计税单位
（一）玉石、硅藻土、高铝粘土、焦宝石和萤石		20元	吨
（二）磷矿石		15元	吨
（三）膨润土、沸石和珍珠岩		10元	吨
（四）宝石、宝石级金刚石		10元	克拉
（五）耐火粘土（不含高铝粘土）		6元	吨
（六）石墨、石英砂、重晶石、毒重石、蛭石、长石、白云石、硅灰石、凹凸棒石粘土、高岭土（瓷土）和云母		3元	吨
（七）天然碱、石膏和硅线石		2元	吨
（八）工业用金刚石		2元	克拉
（九）石棉	一等	2元	吨
	二等	1.7元	吨
	三等	1.4元	吨
	四等	1.1元	吨
	五等	0.8元	吨
	六等	0.5元	吨
（十）硫铁矿、自然硫和磷铁矿		1元	吨

续表（三）

税目	地区、等级	税率（税额标准）	计税单位
（十一）滑石、硼矿		20元	吨
（十二）菱镁矿		15元	吨
（十三）未列举名称的其他非金属矿原矿		0.5～20元	吨、立方米、千克、克拉
五、黑色金属矿原矿			
（一）铁矿石	入选露天矿（重点矿山）一等	16.5元	吨
	二等	16元	吨
	三等	15.5元	吨
	四等	15元	吨
	五等	14.5元	吨
	六等	14元	吨
	入选地下矿（重点矿山）二等	15元	吨
	三等	14.5元	吨
	四等	14元	吨
	五等	13.5元	吨
	六等	13元	吨
	入炉露天矿（重点矿山）一等	25元	吨
	二等	24元	吨
	三等	23元	吨
	四等	22元	吨

续表（四）

税目	地区、等级	税率（税额标准）	计税单位
	入炉地下矿（重点矿山）二等	23 元	吨
	三等	22 元	吨
	四等	21 元	吨
	入选露天矿（非重点矿山）二等	16 元	吨
	四等	15 元	吨
	五等	14.5 元	吨
	六等	14 元	吨
	入选地下矿（非重点矿山）三等	11.5 元	吨
	四等	11 元	吨
	五等	10.5 元	吨
	六等	10 元	吨
	入炉露天矿（非重点矿山）二等	23 元	吨
	三等	22 元	吨
	四等	21 元	吨
	入炉地下矿（非重点矿山）三等	21 元	吨
	四等	20 元	吨
（二）锰矿石		6 元	吨
（三）铬矿石		3 元	吨
六、有色金属矿原矿			

续表（五）

税目	地区、等级	税率（税额标准）	计税单位
（一）稀土矿			吨
1. 轻稀土矿		60 元	吨
2. 中重稀土矿		30 元	吨
（二）铜矿石	一等	7 元	吨
	二等	6.5 元	吨
	三等	6 元	吨
	四等	5.5 元	吨
	五等	5 元	吨
（三）铅锌矿石	一等	20 元	吨
	二等	18 元	吨
	三等	16 元	吨
	四等	13 元	吨
	五等	10 元	吨
（四）铝土矿	三等	20 元	吨
（五）钨矿石	三等	9 元	吨
	四等	8 元	吨
	五等	7 元	吨
（六）锡矿石	一等	20 元	吨
	二等	18 元	吨
	三等	16 元	吨
	四等	14 元	吨
	五等	12 元	吨

续表（六）

税目	地区、等级	税率（税额标准）	计税单位
（七）锑矿石	一等	1元	吨
	二等	0.9元	吨
	三等	0.8元	吨
	四等	0.7元	吨
	五等	0.6元	吨
（八）钼矿石	一等	12元	吨
	二等	11元	吨
	三等	10元	吨
	四等	9元	吨
	五等	8元	吨
（九）镍矿石	二等	12元	吨
	三等	11元	吨
	四等	10元	吨
（十）黄金矿	五等	9元	吨
1. 岩金矿石	一等	7元	吨
	二等	6元	吨
	三等	5元	吨
	四等	4元	吨
	五等	3元	吨
	六等	2元	吨
	七等	1.5元	吨

续表（七）

税目	地区、等级	税率（税额标准）	计税单位
2. 砂金矿	一等	2元	50立方米挖出量
	二等	1.8元	50立方米挖出量
	三等	1.6元	50立方米挖出量
	四等	1.4元	50立方米挖出量
	五等	1.2元	50立方米挖出量
（十一）钒矿石		12元	吨
（十二）未列举名称的其他有色金属矿原矿		0.4～30元	吨
七、盐			吨
（一）北方海盐	包括天津、河北、辽宁和山东4个省、直辖市生产的海盐。	25元	吨
（二）南方海盐、井矿盐和湖盐	包括江苏、浙江、福建、广东、广西和海南6个省、自治区生产的海盐。	12元	吨
（三）液体盐		3元	吨

应税矿产品等级的划分，按照资源税暂行条例实施细则中的《几个主要品种的矿山资源等级表》确定。该表中没有列举名称的纳税人适用的资源税税额标准，由当地省级人民政府根据纳税人的

资源状况，参照《资源税税目、税率（税额标准）明细表》和《几个主要品种的矿山资源等级表》中确定的邻近矿山或者资源状况、开采条件相近矿山的税额标准，在浮动30%的幅度以内核定，并报财政部、国家税务总局备案。

5. 资源税的应纳税额怎样计算？

资源税根据不同的应税产品，分别采用从价计征和从量计征两种方法计算应纳税额：第一种方法以应税产品的销售额为计税依据，按照适用税率计税；第二种方法以应税产品的销售数量为计税依据，按照适用税额标准计税。

纳税人开采、生产应税产品，自用于连续生产应税产品的，不缴纳资源税；自用非生产项目和生产非应税产品的，视同销售，依法缴纳资源税。

应纳税额计算公式：

一、应纳税额=应税产品销售额×适用税率

上述公式中的销售额，包括纳税人销售应税产品向购买方收取的全部价款和价外费用，但是不包括收取的增值税销项税额。

上述价外费用，包括价外向购买方收取的手续费、补贴、基金、集资费、返还利润、奖励费、违约金、滞纳金、延期付款利息、赔偿金、代收款项、代垫款项、包装费、包装物租金、储备费、优质费、运输装卸费和其他各种性质的价外收费，但是不包括下列项目：

（一）同时符合下列条件的代垫运输费用：承运部门的运输费用发票开具给购买方，纳税人将该项发票转交给购买方。

（二）同时符合下列条件代为收取的政府性基金、行政事业性收费：由国务院或者财政部批准设立的政府性基金，由国务院或者省级人民政府及其财政、价格主管部门批准设立的行政事业性收费；收取时开具省级以上财政部门印制的财政票据。

所收款项全额上缴财政。

纳税人以人民币以外的货币结算销售额的，应当折合成人民币计算。其销售额的人民币折合率可以选择销售额发生当天或者当月1日的人民币汇率中间价。纳税人应当在事先确定采用何种折合率计算方法，确定以后1年之内不能变更。

纳税人申报的应税产品销售额明显偏低并且无正当理由的，有视同销售应税产品行为而无销售额的，除了财政部、国家税务总局另有规定以外，按照下列顺序确定销售额：

（一）按照纳税人最近时期同类产品的平均销售价格确定；

（二）按照其他纳税人最近时期同类产品的平均销售价格确定；

（三）按照组成计税价格确定，组成计税价格为：

组成计税价格=成本×(1+成本利润率)÷(1-税率)

上述公式中的成本指应税产品的实际生产成本，成本利润率由省级税务机关确定。

纳税人既对外销售应税产品，又将应税产品自用于非连续生产应税产品的，自用的这部分应税产品按照纳税人对外销售应税产品的平均价格计算销售额。

纳税人将其开采的应税产品直接出口的，按照其离岸价格（不包括增值税）计算销售额。

二、应纳税额=应税产品销售数量×适用税额标准

上述公式中的销售数量，包括纳税人开采、生产应税产品的实际销售数量和视同销售的自用数量。

如果纳税人不能准确提供应税产品的销售数量，以应税产品的产量或者按照税务机关确定的折算比换算成的数量为计征资源税的销售数量。

如果纳税人开采、生产适用不同资源税税目的应税产品，应当分别核算不同税目应税产品的销售额或者销售数量。如果纳税人没有分别核算或者不能准确地提供不同税目应税产品的销售额或者销

售数量，税务机关在征收资源税的时候适用税率（税额标准）从高。

例1：某石油开采企业本月销售原油100万吨，每吨销售价格为0.6万元，资源税适用税率为5%，该企业本月应纳资源税税额的计算方法为：

应纳税额＝100万吨×0.6万元/吨×5%

＝3亿元

例2：某煤炭开采企业本月销售煤炭200万吨，资源税适用税额标准为每吨3元，该企业本月应纳资源税税额的计算方法为：

应纳税额＝200万吨×3元/吨

＝600万元

独立矿山、联合企业收购未税资源税应税产品的单位，按照本单位应税产品的适用税率（税额标准）和收购应税产品的金额（数量）代扣代缴资源税。其他收购单位收购的未税资源税应税产品，按照税务机关核定的应税产品适用税率（税额标准）和收购应税产品的金额（数量）代扣代缴资源税。上述收购金额（数量）的确定，比照销售额（销售数量）的规定执行。

6. 资源税的主要免税、减税规定有哪些？

资源税的主要免税、减税规定如下：

一、开采原油过程中用于加热、修井的原油，可以免征资源税。

二、纳税人在开采、生产应税产品过程中由于意外事故、自然灾害等原因遭受重大损失的，可以由所在省（自治区、直辖市）人民政府酌情给予免征、减征资源税照顾。

三、冶金独立矿山、联合企业矿山生产的铁矿石可以减征20%的资源税。

四、国务院规定的其他免征、减征资源税的项目。

纳税人免征、减征资源税的项目，应当单独核算其销售额或者销售数量。如果纳税人没有单独核算或者不能准确地提供其免税、减税项目的销售额或者销售数量，税务机关将不予办理免税、减税。

7. 资源税的纳税义务发生时间是怎样规定的?

纳税人销售应税产品的资源税纳税义务发生时间，根据其结算方式的不同分为下列几种情况：

一、采取分期收款结算方式的，为销售合同规定的收款日期的当天；

二、采取预收货款结算方式的，为发出应税产品的当天；

三、采取其他结算方式的，为收讫销售款或者取得索取销售款凭据的当天。

纳税人自产自用应税产品的资源税纳税义务发生时间，为移送使用应税产品的当天。

扣缴义务人代扣代缴资源税税款义务发生时间，为支付首笔货款或者首次开具应支付货款凭据的当天。

8. 资源税的纳税期限是怎样规定的?

资源税的纳税期限，由税务机关根据实际情况分别核定为 1 天、3 天、5 天、10 天、15 天和 1 个月。纳税人不能按照固定期限计算纳税的，可以按次计算纳税。

纳税人以 1 个月为一期缴纳资源税的，应当自期满之日起 10 天以内申报纳税；以 1 天、3 天、5 天、10 天、15 天为一期纳税的，应当自期满之日起 5 天以内预缴税款，于次月 1 日起 10 天以内申报纳税，并结清上月税款。

扣缴义务人解缴资源税税款的期限，比照上述规定执行。

9. 资源税的纳税地点是怎样规定的?

纳税人应纳的资源税，应当向应税产品的开采、生产所在地的税务机关缴纳。

纳税人在本省（自治区、直辖市）范围以内开采、生产应税产品，其资源税纳税地点需要调整的，由本省（自治区、直辖市）地方税务局（西藏自治区为国家税务局）根据实际情况决定。

跨省（自治区、直辖市）开采、生产应税产品的纳税人，其下属生产单位与核算单位不在同一省（自治区、直辖市）的，应当在应税产品的开采、生产地缴纳资源税。从量计征的应税产品，其应纳税款一律由独立核算的单位按照每个开采地、生产地的销售量和适用税率计算划拨；从价计征的应税产品，其应纳税款一律由独立核算的单位按照每个开采地、生产地的销售额和适用税率计算划拨。

扣缴义务人代扣代缴的资源税，应当向收购地的税务机关缴纳。

十五、车船税

1. 什么是车船税?

中国的车船税是对车辆和船舶（以下简称车船）征收的一种税收。2011年2月25日，第十一届全国人民代表大会常务委员会第十九次会议通过《中华人民共和国车船税法》，当日中华人民共和国主席令第43号公布，自2012年1月1日起施行。2011年12月5日，国务院公布《中华人民共和国车船税法实施条例》。

车船税由地方税务局（西藏自治区为国家税务局）负责征收管理，所得收入归地方政府所有。2011年，车船税收入仅为302亿元，占当年中国税收总额的0.3%。

2. 车船税的纳税人、扣缴义务人有哪些?

车船税的纳税人为中国境内应税车船的所有人或者管理人。

从事机动车第三者责任强制保险业务的保险机构为机动车车船税的扣缴义务人，应当在收取保险费的时候依法代收车船税。

上述车船包括依法应当在车船登记管理部门登记的机动车船和依法不需要在车船登记管理部门登记的在单位内部场所行驶或者作业的机动车船。

3. 车船税的税目、税额标准是怎样规定的?

车辆的计税单位分别为每辆、整备质量每吨，机动船舶的计税单位为净吨位每吨，游艇的计税单位为艇身长度每米，税目、税额标准如下：

一、乘用车（按发动机气缸容量即排气量分档，核定载客人数不超过9人）：不超过1.0升的，每辆每年60～360元；超过1.0～1.6升的，每辆每年300～540元；超过1.6～2.0升的，每辆每年360～660元；超过2.0～2.5升的，每辆每年660～1200元；超过2.5～3.0升的，每辆每年1200～2400元；超过3.0～4.0升的，每辆每年2400～3600元；超过4.0升的，每辆每年3600～5400元。

二、客车（核定载客人数超过9人，包括电车）：每辆每年480～1440元。

三、货车（包括半挂牵引车、三轮汽车和低速载货汽车等）：整备质量每吨每年16～120元。

四、挂车：按照整备质量和货车税额标准的50%计算。

五、专用作业车、轮式专用机械车：整备质量每吨每年16～120元。

六、摩托车：每辆每年36～180元。

七、机动船舶：不超过200吨的，每吨每年3元；超过200～2000吨的，每吨每年4元；超过2000～10000吨的，每吨每年5元；超过10000吨的，每吨每年6元。拖船、非机动驳船的税额标准按照机动船舶税额标准的50%计算，拖船的净吨位按照发动机功率1千瓦折合0.67吨计算。

八、游艇：不超过10米的，每米每年600元；超过10～18米的，每米每年900元；超过18～30米的，每米每年1300元；超过30米的，每米每年2000元。辅助动力帆艇，每米每年600元。

车辆的具体适用税额标准由各省、自治区和直辖市人民政府按照上述税额标准幅度和国务院的规定确定，并报国务院备案。确定车辆的具体适用税额标准的原则是：乘用车按照排气量从小到大递增税额标准；客车按照核定载客人数不足20人和20人以上两档划分，递增税额标准。例如：北京市人民政府规定：发动机气缸容量不超过1.0升的乘用车的税额标准为每年300元，发动机气缸容量超过4.0升的乘用车的税额标准为每年5280元；核定载客人数不足20人的中型客车的税额标准为每年960元，核定载客人数20人以上的大型客车的税额标准为每年1140元；货车的税额标准为整备质量每吨每年96元。

应纳税车船的排气量、整备质量、核定载客人数、净吨位、艇身长度和发动机功率，以车船登记管理部门核发的车船登记证书或者行驶证所载数据为准。依法不需要登记的车船，依法应当登记而没有办理登记车船，不能提供车船登记证书或者行驶证的车船，以车船出厂合格证明或者进口凭证标注的技术参数、数据为准。不能提供车船出厂合格证明或者进口凭证的，由税务机关参照国家相关标准核定；没有国家相关标准的，参照同类车船核定。

4. 车船税的应纳税额怎样计算?

车船税以应纳税车辆的数量或者整备质量和应纳税船舶的净吨位或者艇身长度为计税依据，按照适用税额标准计算应纳税额。

应纳税额计算公式：

应纳税额=应纳税车辆数量或者整备质量×适用税额标准

应纳税额=应纳税船舶净吨位或者艇身长度×适用税额标准

例1：某汽车运输公司拥有20辆大型客车和5辆整备质量10吨的货车，当地规定这两种汽车车船税的年税额标准分别为每辆1000元和整备质量每吨100元，该公司全年应纳车船税税额的计算方法为：

应纳税额=20辆×1000元/辆+10吨/辆×5辆×100元/吨

=25000元

例2：某航运公司拥有净吨位为2000吨、9000吨的轮船各10艘，这两种船车船税的年税额标准分别为每吨4元和5元，该公司全年应纳车船税税额的计算方法为：

应纳税额 = 2 000 吨/艘×10 艘×4 元/吨+9 000 吨/艘

×10 艘×5 元/吨

= 530 000 元

5. 哪些车辆、船舶可以免征车船税？

车船税的主要免税、减税规定如下：

一、下列车船可以免征车船税：

（一）捕捞、养殖渔船；

（二）军队、武装警察部队专用的车船；

（三）公安机关、国家安全机关、监狱、劳动教养管理机关、人民法院和人民检察院领取警用牌照的车辆和执行警务的专用船舶；

（四）依法免税的外国驻华使馆、领事馆和国际组织驻华代表机构及其有关人员的车船。

二、下列车船可以免征、减征车船税：

（一）使用新能源的车船，可以免征车船税；节约能源的车船，可以减半征收车船税。对于免征、减征车船税的节约能源、使用新能源车船，由财政部、国家税务总局、工业和信息化部通过发布《节约能源使用新能源车辆（船舶）减免车船税的车型（船型）目录》实施管理。

（二）受地震、洪涝等严重自然灾害影响纳税困难和有其他特殊原因需要免征、减征车船税的车船，可以在一定期限以内免征、减征车船税，具体期限和数额由各省、自治区和直辖市人民政府确定，报国务院备案。

（三）各省、自治区和直辖市人民政府可以根据本地的实际情况，对公共交通车船，农村居民拥有并主要在农村地区使用的摩托车、三轮汽车和低速载货汽车定期免征、减征车船税。例如：江苏省人民政府规定：公共交通车船，农村居民拥有并主要在农村地区使用的摩托车、三轮汽车和低速载货汽车，可以暂免征收车船税。

三、自 2012 年至 2016 年，按照规定缴纳船舶吨税的机动船舶，依法不需要在车船登记管理部门登记的机场、港口和铁路站场内部行驶或者作业的车船，可以免征车船税。

此外，临时入境的外国车船和香港、澳门、台湾地区的车船，不征收车船税。

6. 车船税的纳税期限、纳税地点是怎样规定的?

车船税按年申报，分月计算，一次缴纳，具体申报纳税期限由各省、自治区和直辖市人民政府规定。纳税年度为公历1月1日至12月31日。例如，河南省人民政府规定：在一个纳税年度以内，纳税人可以在投保机动车第三者责任强制保险或者办理车船登记、检验以前任一征收期自行申报缴纳车船税。纳税人没有自行申报缴纳车船税的，车船税的纳税期限为纳税人投保机动车第三者责任强制保险或者办理车船登记、检验的当天。

车船税纳税义务发生时间为取得车船所有权或者管理权的当月，以购买车船的发票或者其他证明文件所载日期为准。

扣缴义务人应当及时解缴代收代缴的车船税及其滞纳金，并向税务机关申报。解缴上述款项的时候，应当同时报送明细的扣缴报告。解缴上述款项的具体期限，由各省、自治区和直辖市地方税务机关按照有关法律、行政法规确定。例如，河南省地方税务局规定：扣缴义务人应当在每月终了后15天以内向税务机关报送上月《车船税代收代缴税款报告表》、《车船税代收代缴税款明细表》和税务机关要求的其他资料，并解缴上月代收税款。

购置的新车船，购置当年的应纳税额自纳税义务发生的当月起按月计算。应纳税额为年应纳税额除以12再乘以应纳税月份数。

在纳税年度期间已经完税的车船被盗抢、报废或者灭失的，纳税人可以凭有关管理机关出具的证明和完税凭证，向纳税所在地的税务机关申请退还自被盗抢、报废或者灭失月份起至该纳税年度终了期间的车船税。已经办理退税的被盗抢车船失而复得的，纳税人应当自公安机关出具相关证明的当月起计算缴纳车船税。

已经缴纳车船税的车船在本纳税年度期间办理转让过户的，不另外缴纳车船税，也不退还已经缴纳的车船税。

车船税的纳税地点为车船的登记地或者车船税扣缴义务人所在地。依法不需要登记的车船，车船税的纳税地点为车船的所有人或者管理人所在地。税务机关可以在车船登记管理部门、车船检验机构的办公场所集中办理车船税征收事宜。

扣缴义务人已经代收代缴车船税的，纳税人不再向车辆登记地的税务机关申报缴纳车船税；没有扣缴义务人的，纳税人应当向税务机关自行申报缴纳车船税。

纳税人缴纳车船税的时候，应当提供反映排气量、整备质量、核定载客人数、净吨位、艇身长度、发动机功率等相关信息的凭证和税务机关根据实际需要要求提供的其他资料。

车辆所有人或者管理人在申请办理车辆相关登记、定期检验手续的时候，应当向公安机关交通管理部门提交依法缴纳车船税或者免征车船税的证明，否则公安机关交通管理部门不予办理相关手续。

十六、船舶吨税

1．什么是船舶吨税？

中国的船舶吨税是对船舶征收的一种税收。2011 年 12 月 5 日，国务院公布《中华人民共和国船舶吨税暂行条例》，自 2012 年 1 月 1 日起施行。

船舶吨税由海关总署负责征收管理，所得收入归中央政府所有。2011 年，全国船舶吨税收入仅为 29.8 亿元。

2．船舶吨税的纳税人、计税依据和税额标准是怎样规定的？

船舶吨税的纳税人为自中国境外港口进入中国境内港口的船舶（以下简称应税船舶）。

船舶吨税的计税依据为船舶的净吨位；税额标准分为优惠税额标准和普通税额标准两类，同类税额标准按照船舶吨税执照（以下简称执照）期限各分 3 级。税目、税额标准表如下：

船舶吨税税目、税额标准表

税目（按船舶净吨位划分）	税额标准（元/净吨）						备注
	普通税额标准（按执照期限划分）			优惠税额标准（按执照期限划分）			
	1年	90日	30日	1年	90日	30日	
不超过2000净吨的	12.6	4.2	2.1	9.0	3.0	1.5	拖船、非机动驳船的适用税额标准按相同净吨位机动船舶税额标准的50%计算，拖船的净吨位按发动机功率1千瓦折合0.67吨计算。
超过2000净吨至10000吨的	24.0	8.0	4.0	17.4	5.8	2.9	
超过10000净吨至50000吨的	27.6	9.2	4.6	19.8	6.6	3.3	
超过50000吨的	31.8	10.6	5.3	22.8	7.6	3.8	

注：《船舶吨税税目、税额标准表》的调整，由国务院决定。

中国籍的应税船舶、船籍国（地区）与中国签订含有相互给予船舶税费最惠国待遇条款的条约或者协定的应税船舶，适用优惠税额标准；其他应税船舶，适用普通税额标准。目前，适用优惠税额标准的国家和地区共有76个，即阿尔巴尼亚、朝鲜、加纳、斯里兰卡、刚果（布）、巴基斯坦、刚果（金）、挪威、日本、阿尔及利亚、新西兰、阿根廷、孟加拉国、泰国、巴西、墨西哥、马来西亚、新加坡、塞浦路斯、蒙古、马耳他、越南、土耳其、韩国、格鲁吉亚、克罗地亚、俄罗斯、乌克兰、黎巴嫩、智利、印度、以色列、加拿大、秘鲁、埃及、摩洛哥、南非、古巴、印度尼西亚、突尼斯、伊朗、巴哈马、美国、比利时、捷克、丹麦、德国、爱沙尼亚、希腊、西班牙、法国、爱尔兰、意大利、拉脱维亚、立陶宛、卢森堡、匈牙利、荷兰、奥地利、波兰、葡萄牙、斯洛文尼亚、斯洛伐克、芬兰、瑞典、英国、保加利亚、罗马尼亚、也门、苏丹、菲律宾、埃塞俄比亚、肯尼亚、阿曼74个国家和中国的香港、澳门地区。

应税船舶在船舶吨税执照期限以内，由于修理导致净吨位变化的，执照继续有效。应税船舶办理出入境手续的时候，应当提供船舶经过修理的证明文件。

应税船舶在船舶吨税执照期限以内，由于税目、税额标准调整或者船籍改变导致适用税额标准变化的，执照继续有效。

由于船籍改变导致适用税额标准变化的，应税船舶在办理出入境手续的时候，应当提供船籍改变的证明文件。

3. 船舶吨税的应纳税额怎样计算？

船舶吨税采用从量计征方法计算应纳税额，应纳税额计算公式如下：

应纳税额=应税船舶净吨位×适用税额标准

例：某应税船舶净吨位为10万吨，适用税额标准为7.6元，该船舶应纳船舶吨税税额的计算方法为：

应纳税额=10万吨×7.6元/吨

=76万元

4. 哪些船舶可以免缴船舶吨税？

下列船舶可以免缴船舶吨税：

一、应纳税额在人民币50元以下的船舶；

二、自中国境外以购买、受赠和继承等方式取得船舶所有权的初次进口到港的空载船舶；

三、执照期满以后24小时之内不上下客货的船舶；

四、非机动船舶（不包括非机动驳船）；

五、捕捞、养殖渔船；

六、避难、防疫隔离、修理、终止运营或者拆解，并不上下客货的船舶；

七、军队、武装警察部队专用和征用的船舶；

八、依法应当免税的外国驻华使馆、领事馆和国际组织驻华代表机构及其有关人员的船舶；

九、国务院规定的其他船舶。

符合上述第二项至第四项规定的船舶，船舶负责人或者其代理人应当向海关提供书面申请和相关证明材料。符合上述第五至第八项规定的船舶，船舶负责人或者其代理人应当向海关提供海事部门、渔业船舶管理部门或者卫生检疫部门等部门、机构出具的具有法律效力的证明文件或者使用关系证明文件，申明免税的依据和理由。

5. 船舶吨税的纳税期限是怎样规定的？

船舶吨税纳税义务发生时间为应税船舶进入港口的当天。

应税船舶负责人或者其代理人在每次申报纳税时，可以按照《船舶吨税税目、税额标准表》选择申领1种期限的船舶吨税执照。

应税船舶负责人或者其代理人应当自海关填发船舶吨税缴款凭证之日起15天以内向指定银行缴清税款。缴款期限届满日遇到星期六、星期日等休息日或者法定节假日的，顺延至休息日或者法定节假日以后的第一个工作日。国务院临时调整休息日和工作日的，按照调整以后的情况计算缴款期限。

应税船舶负责人或者其代理人在缴纳船舶吨税以前申请先行签发船舶吨税执照的，应当向海关提供与应缴税款相适应的担保。

应税船舶到达港口以前，经海关核准先行申报并办结出入境手续的，应税船舶负责人或者其代理人应当向海关提供与其依法履行船舶吨税缴纳义务相适应的担保；应税船舶到达港口以后，依法向海关申报缴纳船舶吨税。

下列财产、权利可以用于上述担保：人民币、可自由兑换货币，汇票、本票、支票、债券和存单，银行、非银行金融机构的保函，海关依法认可的其他财产、权利。

船舶吨税的担保期限一般不超过6个月，特殊情况下应税船舶负责人或者其代理人可以向海关申请延长船舶吨税担保期限。应税船舶负责人或者其代理人应当在海关批准的船舶吨税担保期限以内履行纳税义务。

应税船舶负责人或者其代理人缴纳船舶吨税或者提供担保以后，海关按照其申领的执照期限填发船舶吨税执照。

应税船舶在进入港口办理入境手续的时候，应当向海关申报纳税，领取船舶吨税执照；或者交验船舶吨税执照。应税船舶在离开港口办理出境手续的时候，应当交验船舶吨税执照。

应税船舶负责人或者其代理人申领船舶吨税执照的时候，应当向海关提供下列文件：船舶国籍证书或者海事部门签发的船舶国籍证书收存证明、船舶吨位证明。应税船舶为拖船的，应税船舶负责人或者其代理人还应当提供发动机功率等相关材料。

应税船舶在船舶吨税执照期满以后没有离开港口的，应当申领新的船舶吨税执照，自上一次执照期满的次日起续缴船舶吨税。

在船舶吨税执照期限以内，应税船舶发生下列情形之一的，海关按照实际发生的天数批注延长船舶吨税执照期限：避难、防疫隔离、修理，并不上下客货；军队、武装警察部队征用。应税船舶负责人或者其代理人应当向海关提供海事部门、渔业船舶管理部门或者卫生检疫部门等部门、机构出具的具有法律效力的证明文件或者使用关系证明文件，申明延长船舶吨税执照期限的依据、理由。应税船舶负责人或者其代理人应当在延期事项发生地海关办理船舶吨税执照延期的海关手续，同时提交延期申请和其他证明材料。

应税船舶由于不可抗力在没有设立海关的地点停泊，船舶负责人应当立即向附近海关报告，并在不可抗力原因消除以后依法向海关申报缴纳船舶吨税。

十七、印花税

1. 什么是印花税？

印花税是对经济活动中书立、领受的凭证征收的一种税收。1988年8月6日，国务院发布《中华人民共和国印花税暂行条例》，自当年10月1日起施行。2011年1月8日，国务院对该条例作了修改。1988年9月29日，财政部发布《中华人民共和国印花税暂行条例实施细则》。

印花税分别由国家税务局和地方税务局负责征收管理，所得收入由中央政府与地方政府共享。2011年，印花税收入为1 043.7亿元，占当年中国税收总额的1.1%。

2. 印花税的纳税人有哪些？

印花税的纳税人包括在中国境内书立、领受规定的经济凭证的企业、行政单位、事业单位、军事单位、社会团体、其他单位、个体工商户和其他个人。其中，各类合同以立合同人为纳税人，产权转移书据以立据人为纳税人，营业账簿以立账簿人为纳税人，权利、许可证照以领受人为纳税人。以电子形式签订的应税凭证也应当按照规定缴纳印花税。

3. 印花税的税目、税率（税额标准）是怎样规定的？

印花税的税目一共设有13个，根据应纳税凭证性质的不同，分别采用比例税率和固定税额标准：

一、购销合同，包括供应、预购、采购、购销结合和协作、调剂、补偿、易货等合同，按照购销金额的0.3‰纳税。

二、加工承揽合同，包括加工、定做、修缮、修理、印刷、广告、测绘和测试等合同，按照加工或者承揽收入的0.5‰纳税。

三、建设工程勘察、设计合同，按照收取费用的0.5‰纳税。

四、建筑、安装工程承包合同，按照承包金额的0.3‰纳税。

五、财产租赁合同，包括租赁房屋、船舶、飞机、机动车辆、机械、器具和设备等合同，按照租赁金额的1‰纳税。税额不足1元的，按照1元纳税。

六、货物运输合同，包括民用航空运输、铁路运输、海上运输、内河运输、公路运输和联运合同，按照运输费用的0.5‰纳税。

七、仓储、保管合同，按照仓储、保管费用的1‰纳税。

八、借款合同，包括银行和其他金融机构与借款人签订的借款合同（不包括银行同业拆借），按照借款金额的0.05‰纳税。

九、财产保险合同，包括财产、责任、保证和信用等保险合同，财产保险合同按照保险费收入的1‰纳税，责任、保证和信用保险合同暂按定额纳税5元。

十、技术合同，包括技术开发、转让、咨询和服务等合同，按照合同所载金额的0.3‰纳税。

十一、产权转移书据，包括财产所有权、版权、商标专用权、专利权和专有技术使用权等产权转移书据，土地使用权出让、转让合同和商品房销售合同，按照书据所载金额的0.5‰纳税。

十二、营业账簿，包括生产、经营用账册。其中，记载资金的账簿，按照实收资本和资本公积合计金额的0.5‰纳税；其他账簿每件纳税5元。

十三、权利、许可证照，包括政府部门发给的房屋产权证、工商营业执照、商标注册证、专利证和土地使用证等，每件纳税5元。

4. 印花税的应纳税额怎样计算？

印花税根据不同的征税项目，分别采用从价计征和从量计征两种方法计算应纳税额：第一种方法以应纳税凭证记载的金额、费用和收入额为计税依据，按照适用税率计税；第二种方法以应纳税凭证的件数为计税依据，按照适用税额标准计税。

应纳税额计算公式：

应纳税额=应纳税凭证记载的金额（费用、收入额）×适用税率

应纳税额=应纳税凭证的件数×适用税额标准

例1：甲、乙两家企业签订一份购销合同，购销金额为1000万元，印花税适用税率为0.3‰，两家企业分别应纳印花税税额的计算方法为：

应纳税额=1000万元×0.3‰

=3000元

例2：某企业除资金账簿外的其他生产、经营账簿和各种权利、许可证照共有40件，印花税适用税额标准为每件5元，这些账簿、证照应纳印花税总额的计算方法为：

应纳税额=40件×5元/件

=200元

印花税应纳税凭证所载金额为人民币以外的货币的，应当先按照凭证书立当天的汇价折算成人民币，然后计算缴纳印花税。

印花税应纳税额不足1角的，免税。应纳税额在1角以上的，其尾数不满5分的不计，满5分的按照1角计算缴纳。

同一件应纳税凭证，由于载有两个以上经济事项而适用不同的印花税税目、税率，如果分别记载金额，应当分别计算应纳印花税税额，相加以后按照合计应纳税额纳税；如果没有分别记载金额，按照税率高的税目计算纳税。

已经缴纳印花税的凭证，修改以后所载金额增加的，其增加的部分应当补贴印花税票。

5. 股票转让怎样计算缴纳印花税？

根据国务院规定，股份制企业向社会公开发行的股票，因买卖、继承、赠与所书立的股权转让书据，均应当按照书据书立的时候证券市场当天实际成交价格计算的金额，由出让方按照1‰的税率缴纳印花税。

例： 郑某在证券交易所出售某上市公司发行的股票20000股，每股售价10元，郑某应纳股票交易印花税税额的计算方法为：

应纳税额＝20000股×10元/股×1‰

＝200元

办理股权交割的单位应当代征代缴印花税。

6. 哪些凭证可以免征印花税？

下列凭证可以免征印花税：

一、已经缴纳印花税的凭证的副本、抄本，但是视同正本使用者除外；

二、财产所有人将财产赠给政府、扶养孤老伤残人员的社会福利单位、学校所立的书据；

三、国家指定的收购部门与村民委员会、农民个人书立的农副产品收购合同；

四、无息、贴息贷款合同；

五、外国政府、国际金融组织向我国政府、国家金融机构提供优惠贷款所书立的合同；

六、企业因改制而签订的产权转移书据；

七、农民专业合作社与本社成员签订的农业产品和农业生产资料购销合同；

八、个人出租、承租住房签订的租赁合同，廉租住房、经济适用住房经营管理单位与廉租住房、经济适用住房有关的凭证，廉租住房承租人、经济适用住房购买人与廉租住房、经济适用住房有关的凭证。

开发商在经济适用住房、商品住房项目中配套建造廉租住房，在商品住房项目中配套建造经济适用住房，能够提供相关材料的，可以按照廉租住房、经济适用住房建筑面积占总建筑面积的比例，免征开发商应当缴纳的印花税。

下列项目可以暂免征收印花税：

一、农林作物、牧业畜类保险合同；

二、书、报、刊发行单位之间，发行单位与订阅单位、个人之间书立的凭证；

三、投资者买卖证券投资基金单位；

四、经国务院和省级人民政府决定或者批准进行政企脱钩、对企业（集团）进行改组和改变管理体制、变更企业隶属关系，国有企业改制、盘活国有企业资产，发生的国有股权无偿划转行为；

五、个人销售、购买住房。

下列项目可以定期免征印花税：

一、自 2010 年 9 月 27 日起 3 年以内，公共租赁住房（以下简称公租房）经营管理单位建造公租房涉及的印花税可以免征。在其他住房项目中配套建设公租房，根据政府部门出具的相关材料，可以按照公租房建筑面积占总建筑面积的比例免征建造、管理公租房涉及的印花税。公租房经营管理单位购买住房作为公租房，可以免征印花税；公租房租赁双方签订租赁协议涉及的印花税可以免征。

二、自 2011 年至 2014 年，金融机构与小型、微型企业签订的借款合同免征印花税。

7. 印花税的纳税方式是怎样规定的?

印花税一般实行由纳税人根据税法规定自行计算应纳税额，购买并一次贴足印花税（ 通常简称“贴花” ）的缴纳方法。

应纳税凭证应当在合同签订、书据书立、账簿启用和证照领受的时候贴花。

一份凭证应纳税额超过 500 元的，纳税人应当向当地税务机关申请填写缴款书或者完税证，将其中一联粘贴在凭证上；或者由税务机关在凭证上加注完税标记代替贴花。

同类应纳税凭证需要频繁贴花的，纳税人可以根据实际情况自行决定是否采用按期汇总缴纳印花税的方式。汇总纳税的期限为一个月。采用按期汇总纳税方式的纳税人应当事先告之税务机关。纳税方式确定以后一年之内不得改变。

同一件应纳税凭证，由两方以上当事人（指对凭证有直接权利、义务关系的企业、单位和个人）签订并各执一份的，应当由各方就自己所执的一份凭证全额贴花。

当事人的代理人有代理缴纳印花税的义务。

印花税票应当粘贴在应纳税凭证上，并由纳税人在每枚税票的骑缝处盖戳注销或者画销。

十八、城市维护建设税

1. 什么是城市维护建设税?

中国的城市维护建设税是为了扩大和稳定城市维护建设资金的来源、加强城市的维护建设而征收的一种税收。1985 年 2 月 8 日，国务院发布《中华人民共和国城市维护建设税暂行条例》，自当年 1 月 1 日起施行。2011 年 1 月 8 日，国务院对该条例作了修改。各省、自治区和直辖市人民政府可以根据该条例制定实施细则，送财政部备案。

城市维护建设税分别由国家税务局和地方税务局负责征收管理，所得收入由中央政府与地方政府共享，是地方政府税收收入的重要来源之一。2011 年，城市维护建设税收入为 2 777.5 亿元，占当年中国税收总额的 3.0%。

2. 城市维护建设税的纳税人有哪些?

城市维护建设税的纳税人包括缴纳增值税、消费税、营业税的企业、行政单位、事业单位、军事单位、社会团体、其他单位、个体工商户和其他个人；增值税、消费税、营业税的扣缴义务人也是城市维护建设税的扣缴义务人。

3. 城市维护建设税的税率是怎样规定的?

城市维护建设税按照纳税人所在地实行差别税率：

一、市区的适用税率为 7%；

二、县城、建制镇的适用税率为5%；

三、其他地区的适用税率为1%。

4. 城市维护建设税的应纳税额怎样计算？

城市维护建设税一般以纳税人实际缴纳的增值税、消费税、营业税税额为计税依据，按照规定的适用税率计算应纳税额，分别与上述三种税收同时缴纳。

应纳税额计算公式：

应纳税额=计税依据×适用税率

例：某企业本月共缴纳增值税、营业税200万元，城市维护建设税适用税率为7%，该企业本月应纳城市维护建设税税额的计算方法为：

应纳税额=200万元×7%

=14万元

特殊规定：生产企业出口货物经税务机关批准免征、抵扣的增值税，也应当计征城市维护建设税。

5. 城市维护建设税的主要免税、减税规定有哪些？

城市维护建设税的主要免税、减税规定如下：

一、城市维护建设税随同增值税、消费税、营业税征收、减免。对由于免征、减征增值税、消费税和营业税而发生的退税，同时退还已经缴纳的城市维护建设税。

二、海关对进口货物征收增值税、消费税的时候，不征收城市维护建设税。

三、商贸企业、服务型企业、劳动就业服务企业中的加工型企业和街道社区具有加工性质的小型企业实体，在新增加的岗位中当年新招用持《就业失业登记证》人员的；持《就业失业登记证》人员从事个体经营的，3年以内可以按照规定免征、减征城市维护建设税。上述税收优惠政策的审批期限为2011年至2013年。

特殊规定：

一、对出口货物退还已经缴纳增值税、消费税的时候，已经缴纳的城市维护建设税不予退还。

二、对于增值税、消费税、营业税实行先征后返、先征后退、即征即退办法的，除了另有规定者以外，随增值税、消费税、营业税附征的城市维护建设税不予退（返）还。

十九、其他税费

1．什么是烟叶税？

中国的烟叶税是对烟叶征收的一种税收。2006 年 4 月 28 日，国务院公布《中华人民共和国烟叶税暂行条例》，自当日起施行。

烟叶税由地方税务局负责征收管理，所得收入归地方政府所有。2011 年，烟叶税的收入仅为 91.4 亿元，占当年中国税收总额的 0.1%。

烟叶税以在中国境内收购烟叶的单位为纳税人，以纳税人收购烟叶时的收购金额为计税依据，税率为 20%。

上述烟叶，包括晾晒烟叶和烤烟叶。上述单位，包括中国的烟草专卖法规定的有权收购烟叶的烟草公司和受其委托收购烟叶的单位。上述收购金额，包括纳税人支付给烟叶销售者的烟叶收购价款和价外补贴。按照简化手续、方便征收的原则，目前价外补贴统一暂按烟叶收购价款的 10% 计入收购金额。

应纳税额计算公式：

$$应纳税额 = 烟叶收购金额 \times 20\%$$

$$烟叶收购金额 = 烟叶收购价款 \times (1+10\%)$$

例： 某卷烟厂向烟农收购一批烟叶，支付收购价款 100 万元和价外补贴 12 万元，该厂应纳烟叶税税额的计算方法为：

应纳税额 = 100 万元 ×(1+10%)×20%

= 22 万元

烟叶税的纳税义务发生时间为纳税人向烟叶销售者付讫收购烟叶款项或者开具收购烟叶凭据的当天。纳税人应当自纳税义务发生之日起30天以内，向烟叶收购地的县级地方税务局或者其所指定的税务分局、税务所申报缴纳烟叶税，具体纳税期限由受理纳税申报的税务机关核定。

2. 国务院规定税务部门征收的非税财政收入项目有哪些？

根据国务院的规定，目前中国统一由税务部门组织征收的非税财政收入项目有教育费附加、文化事业建设费2项，各省、自治区和直辖市人民政府可以规定由税务机关征收社会保险费，废弃电器电子产品处理基金由税务机关、海关分别征收。

1986年4月28日，国务院发布《征收教育费附加的暂行规定》，自当年7月1日起施行。2011年1月8日，国务院对于该规定作了第三次修改。

1996年9月5日，国务院发布《关于进一步完善文化经济政策的若干规定》。该文件中规定：自1997年1月1日起，在全国范围内开征文化事业建设费。1997年7月7日，经国务院批准，财政部、国家税务总局发布《文化事业建设费征收管理暂行办法》。2012年8月29日，财政部、国家税务总局发出《关于营业税改征增值税试点中文化事业建设费征收有关问题的通知》。

1999年1月22日，国务院发布《社会保险费征缴暂行条例》，自当日起施行。

2012年8月20日，根据国务院批准的《财政部、环境保护部、国家发展和改革委员会、工业和信息化部、海关总署、国家税务总局关于印发〈废弃电器电子产品处理基金征收使用管理办法〉的通知》，国家税务总局发布《废弃电器电子产品处理基金征收管理规定》，自当年7月1日起施行。

3. 什么是教育费附加？怎样计算缴纳？

教育费附加是中国政府为了发展教育事业而征集的一种专项资

金。根据全国人民代表大会1995年3月18日通过的《中华人民共和国教育法》和国务院发布的《征收教育费附加的暂行规定》，教育费附加由税务机关征收（目前由国家税务局和地方税务局分别征收），其收入纳入财政预算管理，作为教育专项资金，由教育行政部门统筹管理，主要用于实施义务教育。2011年，教育费附加收入为1 346.2亿元。

教育费附加的缴纳者包括缴纳增值税、消费税、营业税的单位和个人。

教育费附加一般以纳税人实际缴纳的增值税、消费税和营业税税额为计征依据，附加率为3%。

除了国务院另有规定者以外，任何地区、部门都不能擅自提高或者降低教育费附加率。

应纳教育费附加的计算公式：

应纳教育费附加=计征依据×3%

例：某企业本月实际缴纳增值税200万元，该企业应纳教育费附加的计算方法为：

应纳教育费附加=200万元×3%

=6万元

纳税人应当在缴纳增值税、消费税和营业税的同时缴纳教育费附加。

对于增值税、消费税和营业税实行先征后返、先征后退、即征即退办法的，除了另有规定者以外，随增值税、消费税和营业税附征的教育费附加不予退（返）还。

此外，2010年11月7日，根据国务院的要求，财政部发出《关于统一地方教育附加政策有关问题的通知》，规定全国统一开征地方教育附加，征收标准统一为单位和个人实际缴纳的增值税、营业税和消费税的2%。

4. 什么是文化事业建设费？怎样计算缴纳？

文化事业建设费是中国政府为了引导和调控文化事业的发展而征集的一种专项资金。根据国务院发布的《关于进一步完善文化经济政策的若干规定》和财政部、国家税务总局发布的《文化事业建设费征收管理暂行办法》、《关于营业税改征增值税试点中文化事业建设费征收有关问题的通知》，文化事业建设费分别由国家税务局、地方税务局在征收娱乐业、广告业的增值税、营业税时一并征收，收入纳入财政预算管理，分别由国家和各省、自治区、直辖市建立专项资金，用于文化事业建设。2011 年，文化事业建设费收入为 82.8 亿元。

文化事业建设费由缴纳娱乐业、广告业营业税的单位和个人缴纳，以纳税人应当缴纳娱乐业、广告业营业税的营业额为计征依据，费率为 3%。营业税改征增值税试点地区提供广告服务的单位和个人，以提供增值税应税服务取得的销售额为计征依据。费率的调整由国务院决定。

应纳文化事业建设费的计算公式：

应纳文化事业建设费=应纳娱乐业、广告业营业税的营业额×3%

应纳文化事业建设费=增值税应税服务销售额×3%

例：某广告公司本月广告业务收入 60 万元，该公司应纳文化事业建设费的计算方法为：

应纳文化事业建设费=60 万元×3%

=1.8 万元

5. 什么是社会保险费？怎样计算缴纳？

社会保险费是中国政府为了发展社会保险事业而征集的一种专项资金，包括基本养老保险费、基本医疗保险费、工伤保险费、失业保险费和生育保险费。根据国务院发布的《社会保险费征缴暂行条例》，社会保险费的征收机构由各省、自治区和直辖市人民政府规定，可以由税务机关征收，也可以由劳动保障行政部门按照规定设立的社会保险经办机构征收，收入纳入社会保险费基金，专款专用。目前，已经有十多个省、自治区和直辖市规定由地方税务局负责征收社会保险费。2010 年，全国社会保险费收入为 14 609. 5 亿元，其中地方税务局系统征收 5 745. 8 亿元。

一、征缴范围

根据 2010 年 10 月 28 日第十一届全国人民代表大会常务委员会第十七次会议通过、当日公布、自 2011 年 7 月 1 日起施行的《中华人民共和国社会保险法》，社会保险费的征缴范围如下：

（一）基本养老保险费：职工应当参加基本养老保险，由用人单位和职工共同缴纳基本养老保险费。无雇工的个体工商户、没有在用人单位参加基本养老保险的非全日制从业人员和其他灵活就业人员可以参加基本养老保险，由个人缴纳基本养老保险费。公务员和参照公务员法管理的工作人员养老保险的办法由国务院规定。

（二）基本医疗保险费：职工应当参加职工基本医疗保险，由用人单位和职工按照国家规定共同缴纳基本医疗保险费。无雇工的个体工商户、没有在用人单位参加职工基本医疗保险的非全日制从业人员和其他灵活就业人员可以参加职工基本医疗保险，由个人按照国家规定缴纳基本医疗保险费。

（三）工伤保险费：职工应当参加工伤保险，由用人单位缴纳工伤保险费，职工不缴纳工伤保险费。

（四）失业保险费：职工应当参加失业保险，由用人单位和职工按照国家规定共同缴纳失业保险费。

（五）生育保险费：职工应当参加生育保险，由用人单位按照国家规定缴纳生育保险费，职工不缴纳生育保险费。

二、计费依据、费率和计算方法

（一）基本养老保险费：根据 1997 年 7 月 16 日国务院发布的《关于建立统一的企业职工基本养老保险制度的决定》，企业缴纳基本养老保险费的计费依据为本企业工资总额，费率一般不得超过

20%（包括划入个人账户的部分），各地实行的具体费率由各省、自治区和直辖市人民政府确定。少数地区由于情况特殊，企业缴纳的基本养老保险费费率需要超过20%的，应当报劳动和社会保障部（现在改为人力资源和社会保障部，下同）、财政部审批。职工个人缴纳基本养老保险费的计费依据为本人缴费工资，费率最高为8%。个人工资总额超过当地社会平均工资3倍的部分，不计入计费基数；个人工资总额不足当地社会平均工资的60%的，按照当地社会平均工资的60%缴费。

根据2005年12月3日国务院发布的《关于完善企业职工基本养老保险制度的决定》，城镇个体工商户和灵活就业人员参加基本养老保险的计费依据为当地上年度在岗职工平均工资，费率为20%。

（二）基本医疗保险费：根据1998年12月14日国务院发布的《关于建立城镇职工基本医疗保险制度的决定》，用人单位缴纳基本医疗保险费的计费依据为本单位工资总额，费率为6%左右；职工个人缴纳基本医疗保险费的计费依据为本人工资，费率一般为2%。随着经济的发展，用人单位和职工个人缴费的费率可以相应调整。

（三）失业保险费：根据1999年1月22日国务院发布的《失业保险条例》，城镇企业、事业单位缴纳失业保险费的计费依据为本单位工资总额，费率为2%；职工个人缴纳失业保险费的计费依据为本人工资，费率为1%。经过国务院批准，各省、自治区和直辖市人民政府可以根据当地的具体情况适当调整本行政区域失业保险费的费率。

（四）工伤保险费：根据国务院2003年4月27日发布、2010年12月20日修改的《工伤保险条例》，用人单位缴纳工伤保险费的计费依据为本单位职工工资总额；国家根据不同行业的工伤风险程度确定行业的差别费率，并根据工伤保险费使用、工伤发生率等情况在每个行业内确定若干费率档次。行业差别费率和行业内费率档次由国务院社会保险行政部门制定，报国务院批准以后公布施行。

国务院社会保险行政部门应当定期了解全国各统筹地区工伤保险基金收支情况，及时提出调整行业差别费率和行业内费率档次的方案，报国务院批准以后公布施行。

用人单位缴纳工伤保险费的计费依据为本单位职工工资总额。难以按照工资总额缴纳工伤保险费的行业，其缴纳工伤保险费的具体方式由国务院社会保险行政部门规定。

（五）生育保险费：根据1994年12月14日劳动部发布、适用于城镇企业及其职工的《企业职工生育保险试行办法》，企业应当按照其工资总额的一定比例向社会保险经办机构缴纳生育保险费，建立生育保险基金。生育保险费的提取比例由当地人民政府按照计划内生育人数和生育津贴、生育医疗费等项费用确定，并可以按照费用支出情况适时调整，但是最高不得超过工资总额的1%。企业缴纳的生育保险费作为期间费用列入企业管理费用。职工个人不缴纳生育保险费。

（六）计算方法：

应纳社会保险费计算公式：

应纳社会保险费=计费依据×费率

三、征缴管理

用人单位应当自成立之日起30天以内凭营业执照、登记证书或者单位印章，向当地社会保险经办机构申请办理社会保险登记。社会保险经办机构应当自收到申请之日起15日以内审核，发给社会保险登记证件。

用人单位的社会保险登记事项发生变更或者用人单位依法终止的，应当自变更或者终止之日起30天以内到社会保险经办机构办理变更或者注销社会保险登记。

工商行政管理部门、民政部门和机构编制管理机关应当及时向社会保险经办机构通报用人单位的成立、终止情况，公安机关应当及时向社会保险经办机构通报个人的出生、死亡和户口登记、迁移、注销等情况。

用人单位应当自用工之日起30天以内为其职工向社会保险经办机构申请办理社会保险登记。没有办理社会保险登记的，由社会保险经办机构核定其应当缴纳的社会保险费。

自愿参加社会保险的无雇工的个体工商户、没有在用人单位参加社会保险的非全日制从业人员和其他灵活就业人员，应当向社会保险经办机构申请办理社会保险登记。

国家建立全国统一的个人社会保障号码。个人社会保障号码为公民身份号码。

社会保险费实行统一征收，实施步骤和具体办法由国务院规定。

用人单位应当自行申报、按时足额缴纳社会保险费，非因不可抗力等法定事由不得缓缴、减免。职工应当缴纳的社会保险费由用人单位代扣代缴，用人单位应当按月将缴纳社会保险费的明细情况告知职工本人。

无雇工的个体工商户、没有在用人单位参加社会保险的非全日制从业人员和其他灵活就业人员，可以直接向社会保险费征收机构缴纳社会保险费。

社会保险费征收机构应当依法按时足额征收社会保险费，并将缴费情况定期告知用人单位和个人。

用人单位没有按照规定申报应当缴纳的社会保险费的，按照该单位上月缴费额的110%确定应当缴纳数额；缴费单位补办申报手续以后，由社会保险费征收机构按照规定结算。

用人单位没有按时足额缴纳社会保险费的，由社会保险费征收机构责令其限期缴纳或者补足。

用人单位逾期仍然没有缴纳或者补足社会保险费的，社会保险费征收机构可以向银行和其他金融机构查询其存款账户；并可以申请县级以上有关行政部门作出划拨社会保险费的决定，书面通知其开户银行或者其他金融机构划拨社会保险费。用人单位账户余额少于应当缴纳的社会保险费的，社会保险费征收机构可以要求该用人单位提供担保，签订延期缴费协议。用人单位没有足额缴纳社会保险费且没有提供担保的，社会保险费征收机构可以申请人民法院扣押、查封、拍卖其价值相当于应当缴纳社会保险费的财产，以拍卖所得抵缴社会保险费。

四、监督和法律责任

社会保险行政部门和其他有关行政部门、社会保险经办机构、社会保险费征收机构及其工作人员，应当依法为用人单位和个人的信息保密，不得以任何形式泄露。

任何组织、个人有权举报、投诉违反社会保险法律、法规的行为。

社会保险行政部门、卫生行政部门、社会保险经办机构、社会保险费征收机构和财政部门、审计机关对于属于本部门、本机构职责范围的举报、投诉，应当依法处理；对于不属于本部门、本机构职责范围的举报、投诉，应当书面通知并移交有权处理的部门、机构处理。有权处理的部门、机构应当及时处理，不得推诿。

用人单位或者个人认为社会保险费征收机构的行为侵害自己合法权益的，可以依法申请行政复议，或者提起行政诉讼。

用人单位没有按时足额缴纳社会保险费的，由社会保险费征收机构责令限期缴纳或者补足，并自欠缴之日起按日加收万分之五的滞纳金；逾期仍然不缴纳的，由有关行政部门处欠缴数额1倍以上3倍以下罚款。

社会保险费征收机构擅自更改社会保险费缴费基数、费率，导致少收或者多收社会保险费的，由有关行政部门责令其追缴应当缴纳的社会保险费，或者退还不应当缴纳的社会保险费，依法处分直接负责的主管人员和其他直接责任人员。

社会保险行政部门和其他有关行政部门、社会保险经办机构、社会保险费征收机构及其工作人员泄露用人单位、个人信息的，依法处分直接负责的主管人员和其他直接责任人员；给用人单位、个人造成损失的，应当承担赔偿责任。

国家工作人员在社会保险管理、监督工作中滥用职权、玩忽职守、徇私舞弊的，依法给予处分。

违反社会保险法规定，构成犯罪的，依法追究刑事责任。

6. 什么是废弃电器电子产品处理基金？怎样计算缴纳？

废弃电器电子产品处理基金是中国政府为了促进废弃电器、电子产品回收处理而开征的一种政府性基金。根据国务院的规定，电器、电子产品生产者缴纳的基金由国家税务局征收，进口电器电子产品的收货人或者其代理人缴纳的基金由海关征收，上缴中央国库，纳入中央政府性基金预算管理，专款专用。

一、缴纳单位

废弃电器电子产品处理基金的缴纳单位包括中国境内电器、电子产品的生产者，进口电器、电子产品的收货人或者其代理人。

二、计征依据、征收标准

废弃电器电子产品处理基金以缴纳单位销售、进口的电器、电子产品数量为计征依据，根据不同的产品采用不同的征收标准：电视机每台 13 元，电冰箱每台 12 元，微型计算机每台 10 元，洗衣机、房间空调器每台 7 元。

三、计算方法

应纳废弃电器电子产品处理基金计算公式：

应纳废弃电器电子产品处理基金=计征依据×适用征收标准

例：某电视机制造企业本季度销售电视机 30 万台，该企业本季度应纳废弃电器电子产品处理基金的计算方法为：

应纳废弃电器电子产品处理基金=30 万台×13 元/台

=390 万元

四、免征、减征

电器、电子产品生产者生产用于出口的电器、电子产品，可以免征废弃电器电子产品处理基金；采用有利于资源综合利用和无害化处理的设计方案以及使用环保和便于回收利用材料生产的电器、电子产品，可以减征废弃电器电子产品处理基金。纳税人可以将废弃电器电子产品处理基金计入生产、经营成本，在计算应纳税所得额的时候扣除。

二十、税收征收管理制度

中国税收征收管理的基本法律依据是1992年9月4日第七届全国人民代表大会常务委员会第二十七次会议通过，1995年2月28日第八届全国人民代表大会常务委员会第十二次会议修改，2001年4月28日第九届全国人民代表大会常务委员会第二十一次会议修订、自当年5月1日起施行的《中华人民共和国税收征收管理法》；国务院2002年9月7日公布，2012年11月9日修改，自2013年1月1日起施行的《中华人民共和国税收征收管理法实施细则》；1979年7月1日第五届全国人民代表大会第二次会议通过、1997年3月14日第八届全国人民代表大会第五次会议修订、后经全国人民代表大会常务委员会多次修正的《中华人民共和国刑法》等法律、行政法规，其宗旨是加强税收征收管理，规范税收征收和缴纳行为，保障国家税收收入，维护纳税人的合法权益，促进经济和社会发展。

税收的开征、停征、减税、免税、退税和补税，按照法律执行；法律授权国务院规定的，按照国务院制定的行政法规执行。税务机关有权拒绝执行与税收法律、行政法规相抵触的决定。

任何机关、单位和个人不得违反法律、行政法规，擅自作出税收开征、停征、减税、免税、退税、补税和其他与税收法律、行政法规相抵触的决定。任何部门、单位和个人作出的与税收法律、行政法规相抵触的决定一律无效，税务机关不得执行，并应当向上级税务机关报告。

1．中国法律对纳税人、扣缴义务人是怎样规定的？

中国法律对纳税人、扣缴义务人的基本规定如下：

一、法律、行政法规规定负有纳税义务的单位、个人为纳税人。

二、法律、行政法规规定负有代扣代缴、代收代缴税款义务的单位、个人为扣缴义务人。

三、纳税人、扣缴义务人应当按照法律、行政法规缴纳税款、代扣代缴税款、代收代缴税款，也可以委托税务代理人代为办理税务事宜。

四、纳税人应当按照税收法律、行政法规履行纳税义务。纳税人签订的合同、协议等与税收法律、行政法规相抵触的，一律无效。

五、纳税人、扣缴义务人和其他有关单位应当按照国家的有关规定，如实向税务机关提供与纳税和代扣代缴、代收代缴税款有关的信息。

六、纳税人、扣缴义务人有权向税务机关了解国家税收法律、行政法规和与纳税程序有关的情况。

七、纳税人、扣缴义务人有权要求税务机关为纳税人、扣缴义务人的情况（指商业秘密和个人隐私，不包括税收违法行为）保密，税务机关应当为纳税人、扣缴义务人的情况保密。

八、纳税人依法享有申请减税、免税和退税的权利。

九、纳税人、扣缴义务人对税务机关所作出的决定，享有陈述权、申辩权，依法享有申请行政复议、提起行政诉讼和请求国家赔偿等权利。

十、纳税人、扣缴义务人有权控告和检举税务机关、税务人员的违法违纪行为。

十一、任何单位、个人都有权检举违反税收法律、行政法规的行为。税务机关应当为检举人保密，并按照举报人的贡献大小给予相应的奖励。

十二、纳税人有权要求海关对其商业秘密予以保密，但是不得以商业秘密为理由拒绝向海关提供有关资料，海关应当依法为纳税人保密。海关对检举、协助查获违反进出口关税条例行为的单位、个人，应当按照规定给予奖励，并负责保密。

2. 中国法律对税务机关、税务人员是怎样规定的？

中国法律对税务机关、税务人员的基本规定如下：

一、国务院税务主管部门主管全国税收征收管理工作，各地国家税务局和地方税务局应当按照国务院规定的税收的征收管理范围分别进行征收管理。

二、地方各级人民政府应当依法加强对于本行政区域内税收征收管理工作的领导或者协调，支持税务机关依法执行职务，依照法定税率计算税额，依法征收税款。

三、各有关部门、单位应当支持、协助税务机关、海关依法执行职务，任何单位、个人不得阻挠。

四、税务机关应当广泛宣传税收法律、行政法规，普及知识，无偿地为纳税人提供纳税咨询服务。

五、税务机关应当加强队伍建设，提高税务人员的政治素质和业务素质。

税务机关、税务人员必须秉公执法，忠于职守，清正廉洁，礼貌待人，文明服务，尊重和保护纳税人、扣缴义务人的权利，依法接受监督。

税务人员不得索贿受贿，徇私舞弊，玩忽职守，不征、少征应征税款；不得滥用职权多征税款，刁难纳税人、扣缴义务人。

六、各级税务机关应当建立、健全内部制约和监督管理制度。

上级税务机关应当依法监督下级税务机关的执法活动。上级税务机关发现下级税务机关的税收违法行为，应当及时纠正；下级税务机关应当按照上级税务机关的决定及时改正。

下级税务机关发现上级税务机关的税收违法行为，应当向上级税务机关或者有关部门报告。

各级税务机关应当监督检查其工作人员执行法律、行政法规和廉洁自律准则的情况。

七、税务机关负责征收、管理、稽查和行政复议的人员的职责应当明确，并相互分离、相互制约。

八、税务人员征收税款和查处税收违法案件，与纳税人、扣缴义务人和税收违法案件有利害关系的，应当回避。

税务人员在核定应纳税额、调整税收定额、实施税务检查、实施税务行政处罚和办理税务行政复议的时候，与纳税人、扣缴义务人或者其法定代表人、直接责任人有下列关系之一的，应当回避：夫妻关系、直系血亲关系、三代以内旁系血亲关系、近姻亲关系和可能影响公正执法的其他利害关系。

九、海关及其工作人员应当依照法定职权、法定程序履行关税征管职责，维护国家利益，保护纳税人合法权益，依法接受监督。

3. 什么是税务登记?

税务登记是税务机关对纳税人的经济活动进行登记，并据此对纳税人实施税务管理的一项法定制度。

企业，企业在外地设立的分支机构和从事生产、经营的场所，个体工商户和从事生产、经营的事业单位，都应当依法办理税务登记。其他纳税人，除了国家机关、个人和无固定生产、经营场所的流动性农村小商贩以外，也应当依法办理税务登记。

依法负有扣缴税款义务的扣缴义务人（不包括国家机关），应当依法办理扣缴税款登记。

县以上国家税务局（分局）、地方税务局（分局）是税务登记的主管机关，负责税务登记的设立登记、变更登记、注销登记和税务登记证验证、换证以及非正常户处理、报验登记等有关事项。

国家税务局（分局）、地方税务局（分局）按照国务院规定的税收征收管理范围，实施属地管理，采取联合登记或者分别登记的方式办理税务登记。在有条件的城市，国家税务局（分局）和地方税务局（分局）可以按照各区分散受理、全市集中处理的原则办理税务登记。

国家税务局（分局）、地方税务局（分局）执行统一的税务登记代码。税务登记代码由省级国家税务局和地方税务局联合编制，统一下发各地执行。

已经领取组织机构代码的纳税人税务登记代码为：区域码+国家技术监督部门设定的组织机构代码；个体工商户税务登记代码为其居民身份证号码；从事生产、经营的外国人和香港、澳门、台湾居民税务登记代码为：区域码+相应的有效证件（如护照、港澳居民往来内地通行证、台湾居民往来大陆通行证等）号码。

纳税人在开立银行账户和领购发票的时候必须提供税务登记证件，在办理其他税务事项的时候应当出示税务登记证件。

4. 怎样办理设立登记？

企业，企业在外地设立的分支机构和从事生产、经营的场所，个体工商户和从事生产、经营的事业单位（以下统称从事生产、经营的纳税人），应当向生产、经营所在地税务机关申报办理税务登记。

一、从事生产、经营的纳税人领取工商营业执照（包括临时工商营业执照）的，应当自领取工商营业执照之日起30天以内申报办理税务登记，税务机关核发税务登记证及副本（纳税人领取临时工商营业执照的，税务机关核发临时税务登记证及副本）。

二、从事生产、经营的纳税人没有办理工商营业执照，经有关部门批准设立的，应当自有关部门批准设立之日起30天以内申报办理税务登记，税务机关核发税务登记证及副本。

三、从事生产、经营的纳税人没有办理工商营业执照，也没有经有关部门批准设立的，应当自纳税义务发生之日起30天以内申报办理税务登记，税务机关核发临时税务登记证及副本。

四、有独立的生产经营权、在财务上独立核算并定期向发包人、出租人上交承包费、租金的承包承租人，应当自承包承租合同签订之日起 30 天以内，向其承包承租业务发生地税务机关申报办理税务登记，税务机关核发临时税务登记证及副本，临时税务登记的期限为承包承租期。

五、从事生产、经营的纳税人外出经营，自其在同一县（市）实际经营、提供劳务之日起，在连续的 12 个月以内累计超过 180 天的，应当自期满之日起 30 天以内，向生产、经营所在地税务机关申报办理税务登记，税务机关核发临时税务登记证及副本。

六、中国境外的企业在中国境内承包建筑、安装、装配、勘探工程和提供劳务的，应当自项目合同（协议）签订之日起 30 天以内，向项目所在地税务机关申报办理税务登记，税务机关核发临时税务登记证及副本，临时税务登记的期限为合同规定的承包期。

其他纳税人，除了国家机关、个人和无固定生产、经营场所的流动性农村小商贩以外，都应当自纳税义务发生之日起 30 天以内，向纳税义务发生地税务机关申报办理税务登记，税务机关核发税务登记证及副本。

纳税人在申报办理税务登记的时候，应当根据不同情况向税务机关提供工商营业执照或者其他核准执业证件，有关合同、章程和协议书，组织机构统一代码证书，法定代表人或者负责人、业主的居民身份证、护照或者其他合法证件。其他需要提供的有关证件、资料，由省级税务机关确定。

纳税人在申报办理税务登记的时候，应当填写税务登记表。税务登记表的主要内容包括：单位名称，法定代表人或者业主姓名及其居民身份证、护照或者其他合法证件的号码，住所、经营地点，登记类型，核算方式，生产、经营方式，生产、经营范围，注册资金（资本）、投资总额，生产、经营期限，财务负责人、联系电话，国家税务总局确定的其他有关事项。

纳税人提交的证件、资料齐全且税务登记表的填写内容符合规定的，税务机关应当及时发放税务登记证件。纳税人提交的证件、资料不齐全或者税务登记表的填写内容不符合规定的，税务机关应当当场通知其补正或者重新填报。纳税人提交的证件、资料明显有疑点的，税务机关应当实地调查，核实以后发放税务登记证件。

税务登记证件的主要内容包括：纳税人名称，税务登记代码，法定代表人或者负责人，生产、经营地址，登记类型，核算方式，生产、经营范围（主营、兼营），发证日期，证件有效期等。

已经办理税务登记的扣缴义务人应当自扣缴税款义务发生之日起30天以内，向税务登记地税务机关申报办理扣缴税款登记。税务机关在其税务登记证件上登记扣缴税款事项，税务机关不再发给扣缴税款登记证件。

取得临时税务登记证的纳税人，可以凭临时税务登记证及其副本办理相关涉税事项。

办理临时税务登记的纳税人领取营业执照的，应当自领取营业执照之日起30天以内，向税务机关申报转办为正式税务登记。

临时税务登记证件到期的纳税人，经过税务机关审核以后，应当继续办理临时税务登记。

依法可以不办理税务登记的扣缴义务人，应当自扣缴税款义务发生之日起30天以内，向机构所在地税务机关申报办理扣缴税款登记。税务机关核发扣缴税款登记证件（临时发生扣缴义务的扣缴义务人不发此证）。

5. 怎样办理变更登记？

纳税人税务登记内容发生变化的，应当向原税务登记机关申报办理变更税务登记。

一、纳税人已经在工商行政管理机关办理变更登记的，应当自工商行政管理机关变更登记之日起30天以内，向原税务登记机关提供工商登记变更表和工商营业执照、纳税人变更登记内容的有关证明文件、税务机关发放的原税务登记证件和其他有关资料，申报办理变更税务登记。

二、纳税人按照规定不需要在工商行政管理机关办理变更登记，或者其变更登记的内容与工商登记内容无关的，应当自税务登记内容实际发生变化之日起30天以内，或者自有关机关批准、宣布变更之日起30天以内，持纳税人变更登记内容的有关证明文件、税务机关发放的原税务登记证件和其他有关资料，到原税务登记机关申报办理变更税务登记。

纳税人提交的有关变更登记的证件、资料齐全的，填写税务登记变更表，经税务机关审核符合规定的，税务机关应当受理；不符合规定的，税务机关应当通知其补正。

税务机关应当自受理之日起30天以内审核办理变更税务登记。纳税人税务登记表和税务登记证中的内容都发生变更的，税务机关按照变更以后的内容重新核发税务登记证件；纳税人税务登记表的内容发生变更而税务登记证中的内容没有发生变更的，税务机关不重新核发税务登记证件。

6. 怎样办理停业、复业登记？

实行定期定额征收方式的个体工商户需要停业的，应当在停业以前向税务机关申报办理停业登记。纳税人停业没有按照规定向税务机关申请停业登记的，视为没有停止生产、经营。纳税人的停业期限不得超过1年。

纳税人在申报办理停业登记的时候，应当填写停业申请登记表，说明停业理由、停业期限、停业以前的纳税情况和发票的领、用、存情况，并结清应纳税款、滞纳金和罚款。税务机关应当收存其税务登记证件及副本、发票领购簿、没有使用完的发票和其他税务证件。

纳税人在停业期间发生纳税义务的，应当按照规定依法申报纳税。

纳税人应当在恢复生产、经营以前向税务机关申报办理复业登记，填写《停、复业报告书》，领回并启用税务机关收存的税务登记证件、发票领购簿及其停业以前领购的发票。

纳税人停业期满以后不能及时恢复生产、经营的，应当在停业期满以前向税务机关提出延长停业登记申请，并填写《停、复业报告书》。

纳税人停业没有按照规定向税务机关申请停业登记的，应当视为没有停止生产、经营；纳税人停业期满没有按期复业，又不申请延长停业的，应当视为已经恢复生产、经营。

7. 怎样办理注销登记？

纳税人发生解散、破产、撤销和其他情形，依法终止纳税义务的，应当在向工商行政管理机关和其他机关办理注销登记以前，持有关证件、资料向原税务登记机关申报办理注销税务登记；按照规定不需要在工商行政管理机关和其他机关办理注册登记的，应当自有关机关批准、宣告终止之日起15天以内，持有关证件和资料向原税务登记机关申报办理注销税务登记。

纳税人被工商行政管理机关吊销营业执照、被其他机关撤销登记的，应当自吊销营业执照、被撤销登记之日起15天以内，向原税务登记机关申报办理注销税务登记。

纳税人由于住所、经营地点变动，涉及改变税务登记机关的，应当在向工商行政管理机关和其他机关申请办理变更、注销登记以前，或者住所、经营地点变动以前，持有关证件、资料，向原税务登记机关申报办理注销税务登记，并自注销税务登记之日起30天以内，向迁达地税务机关申报办理税务登记。

中国境外的企业在中国境内承包建筑、安装、装配、勘探工程和提供劳务的，应当在项目完工、离开中国以前15天以内，持有关证件、资料，向原税务登记机关申报办理注销税务登记。

纳税人办理注销税务登记以前，应当向税务机关提交相关证明文件、资料，结清应纳税款、多退（免）税款、滞纳金和罚款，缴销发票、税务登记证件和其他税务证件，经税务机关核准以后，办理注销税务登记手续。

8. 怎样办理外出经营报验登记？

纳税人到外县（市）临时从事生产、经营活动的，应当在外出生产、经营以前，持税务登记证向税务机关申请开具《外出经营活动税收管理证明》（以下简称证明）。

税务机关按照一地一证的原则，核发证明，一份证明的有效期限一般为30天，最长不得超过180天。

纳税人应当自证明签发之日起30天以内，在证明注明地开始生产、经营以前向当地税务机关报验登记，并提交证明和税务登记证件副本。纳税人在证明注明地销售货物的，除了提交以上证明、证件以外，还应当填写《外出经营货物报验单》，申报查验货物。

纳税人外出经营活动结束，应当向经营地税务机关填报《外出经营活动情况申报表》，并结清税款，缴销发票。

纳税人应当在证明有效期届满之后10天以内，持证明回原税务登记地税务机关办理证明缴销手续。

9. 怎样处理非正常户？

已经办理税务登记的纳税人没有按照规定的期限申报纳税，在税务机关责令其限期改正以后，逾期不改正的，税务机关应当派员实地检查，查无下落并且无法强制其履行纳税义务的，由检查人员制作非正常户认定书，存入纳税人档案，税务机关暂停其税务登记证件、发票领购簿和发票的使用。

税务机关应当在非正常户认定的次月，在办税场所或者广播、电视、报刊和网络等媒体上公告非正常户。纳税人为企业、单位的，公告企业、单位的名称、纳税人识别号、法定代表人或者负责人姓名、有效身份证件号码和经营地点；纳税人为个体工商户的，公告业户名称、业主姓名、纳税人识别号、有效身份证件号码和经营地点。

纳税人被列入非正常户超过3个月的，税务机关可以宣布其税务登记证件失效，其应纳税款的追征仍然按照税收征收管理法及其实施细则的规定执行。

没有欠税且没有未缴销发票的纳税人，认定为非正常户超过2年的，税务机关可以注销其税务登记证件。

非正常户纳税人的法定代表人或者经营者申报办理新的税务登记的，税务机关核发临时税务登记证及其副本，限量供应发票。税务机关发现纳税人的法定代表人或者经营者在异地为非正常户的法定代表人或者经营者的，应当通知其回原税务机关办理相关涉税事宜，办结以后才能申报转办正式的税务登记。

10. 怎样管理税务登记证件?

税务机关应当加强税务登记证件的管理，采取实地调查和上门验证等方法，或者结合税务部门和工商部门之间，国家税务局（分局）和地方税务局（分局）之间的信息交换比对进行税务登记证件的管理，并根据纳税人的条件要求其亮证经营。

税务登记证式样改变，需统一换发税务登记证的，由国家税务总局确定。

纳税人、扣缴义务人应当妥善保管并按照规定使用税务登记证件。遗失税务登记证件的，应当自遗失税务登记证件之日起15天以内，书面报告税务机关，填写《税务登记证件遗失报告表》，并将纳税人的名称、税务登记证件名称、税务登记证件号码、税务登记证件有效期和发证机关名称在税务机关认可的报刊上发表遗失声明，凭报刊上刊登的遗失声明向税务机关申请补办税务登记证件。

11. 怎样联合办理税务登记?

联合办理税务登记，指纳税人只向一个税务机关申报办理税务登记，由受理税务机关核发一份代表国家税务局和地方税务局共同进行税务登记管理的税务登记证件。

联合办理税务登记的工作范围包括国家税务局与地方税务局共同管辖的纳税人新办税务登记、变更税务登记、注销税务登记、税务登记违章处理和其他税务登记管理工作。

联合办理税务登记工作的基本规程如下：

一、设立登记。纳税人填报税务登记表并提交附报资料齐全的，受理税务机关审核以后，对于符合规定的，应当赋予纳税人识别号，打印、发放加盖国家税务局、地方税务局印章的税务登记证件。受理发证税务机关应当于当天或者不迟于第二天将纳税人税务登记表和附报资料一份传递到另一个税务机关。

二、变更登记。纳税人税务登记内容发生变更的，应当向发证税务机关申报办理变更登记，由发证税务机关审核以后办理变更登记手续，并将有关信息传递到另一个税务机关。

三、注销登记。办理注销税务登记的纳税人应当向发证税务机关申报办理，由发证税务机关将有关信息传递到另一个税务机关，两个税务机关共同办理。

四、违章处理。如果纳税人违反了税务登记管理方面的有关规定，应当由发现其违章行为的税务机关处理，并通知另一个税务机关，另一个税务机关不再处理。

12. 账户管理有哪些规定？

从事生产、经营的纳税人应当按照国家的有关规定，持税务登记证件，在银行和其他金融机构开立基本存款账户和其他存款账户，并自开立账户之日起15天以内向税务机关书面报告其全部账号；开立的账户发生变化的，应当自变化之日起15天以内向税务机关书面报告。

银行和其他金融机构应当在从事生产、经营的纳税人的账户中登录税务登记证件号码，并在税务登记证件中登录从事生产、经营的纳税人的账户账号。

在税务机关依法查询从事生产、经营的纳税人开立账户情况的时候，有关银行和其他金融机构应当予以协助。

13. 什么是账簿、凭证？

账簿，又称账册，指具有一定格式并且相互联系的账页组成的用以记录各项经济活动业务的簿籍，它是编制财务报表的依据。账簿按照用途可以分为日记账、总账、明细账等；按照形式可以分为订本账、活页账、卡片账等。

税法中所说的凭证通常指会计凭证。会计凭证是记载经济业务的发生，明确经济责任，作为记账依据的书面证明，可以分为原始凭证和记账凭证。

原始凭证是经济业务发生时取得或者填制的凭证，是发生会计事项唯一合法的书面证明，是会计核算工作的起点和基础。合法的原始凭证，包括套印税务机关发票监制章的发票、经税务机关批准可以不套印发票监制章的专用性质票据和财政部门管理的行政性收费收据以及经财政、税务部门认可的其他凭证。

记账凭证是由会计人员根据审核无误的原始凭证，按照其内容、应用会计科目和记账方法加以归类整理，并据以确定会计分录和登记账簿的凭证。记账凭证可以根据每一件原始凭证填制，也可以根据同类原始凭证汇总表填制。按照所反映经济业务的内容不同，记账凭证可以分为收款凭证和付款凭证。

14. 账簿、凭证管理有哪些规定？

纳税人、扣缴义务人应当按照有关法律、行政法规和财政部、国家税务总局的规定设置账簿，根据合法、有效凭证记账、核算。

一、从事生产、经营的纳税人应当自领取营业执照或者发生纳税义务之日起15天以内，按照国家的有关规定设置账簿（包括总账、明细账、日记账和其他辅助性账簿）。

二、达到建账标准的个体工商户，应当按照规定建立账簿。达不到建账标准而采用定期定额征收方式征收税款的个体工商户，应当建立收支凭证粘贴簿、进销货登记簿。在税控装置推广使用范围以内的纳税人，必须按照规定安装、使用税控装置。

三、从事生产、经营的纳税人的财务、会计制度或者财务、会计处理办法，应当自领取税务登记证件之日起15天以内，报送税务机关备案。

纳税人使用计算机记账的，应当在使用以前将会计电算化系统的会计核算软件、使用说明书和有关资料报送税务机关备案。

纳税人建立的会计电算化系统应当符合国家的有关规定，并能够正确、完整地核算其收入和所得。

四、扣缴义务人应当自税收法律、行政法规规定的扣缴义务发生之日起10天以内，按照所代扣、代收的税种分别设置代扣代缴、代收代缴税款账簿。

五、纳税人、扣缴义务人会计制度健全，能够通过计算机正确、完整地核算其收入、所得或者代扣代缴、代收代缴税款情况的，其计算机输出的完整的书面会计记录可以视同会计账簿。纳税人、扣缴义务人会计制度不健全，不能通过计算机正确、完整地核算其收入和所得或者代扣代缴、代收代缴税款情况的，应当建立总账和与纳税或者代扣代缴、代收代缴税款有关的其他账簿。

六、纳税人、扣缴义务人的财务、会计制度或者财务、会计处理办法与国务院或者财政部、国家税务总局有关税收的规定抵触的，应当按照国务院或者财政部、国家税务总局有关税收的规定计算应纳税款、代扣代缴税款和代收代缴税款。

七、账簿、会计凭证和报表应当使用中文，民族自治地方可以同时使用当地通用的一种民族文字，外商投资企业、外国企业可以同时使用一种外国文字。

八、纳税人应当按照税务机关的规定安装、使用税控装置（目前已经推行的此类装置主要有税控收款机、税控加油机和税控出租车计价器等），并报送有关资料，不得毁损和擅自改动税控装置。

九、纳税人、扣缴义务人应当按照财政部、国家税务总局规定的保管期限保管账簿，记账凭证，完税凭证（包括专用和通用完税证、专用和通用缴款书、汇总缴款书）和其他有关资料。账簿、记账凭证、报表、完税凭证、发票、出口凭证和其他有关涉税资料应当合法、真实、完整，一般规定保存期为10年。

十、账簿、记账凭证、完税凭证和其他有关资料不得伪造、变造和擅自损毁。

15. 个体工商户建账管理有哪些专门规定?

对于个体工商户的建账管理有下列专门规定：

一、符合下列情形之一的个体工商户，应当设置复式账：

（一）注册资金在20万元以上的。

（二）销售增值税应税劳务的纳税人或者营业税纳税人月销售（营业）额在4万元以上，从事货物生产的增值税纳税人月销售额在6万元以上；从事货物批发或者零售的增值税纳税人月销售额在8万元以上的。

（三）省级税务机关确定应当设置复式账的其他情形。

二、符合下列情形之一的个体工商户，应当设置简易账，并积极创造条件设置复式账：

（一）注册资金在10万元以上20万元以下的。

（二）销售增值税应税劳务的纳税人或者营业税纳税人月销售（营业）额在15 000元至4万元，从事货物生产的增值税纳税人月销售额在3万元至6万元，从事货物批发或者零售的增值税纳税人月销售额在4万元至8万元的。

（三）省级税务机关确定应当设置简易账的其他情形。

上述所称纳税人月销售额、月营业额，指个体工商户上一个纳税年度月平均销售额、营业额，新办的个体工商户为业户预估的当年度经营期月平均销售额、营业额。

达不到上述建账标准的个体工商户，经县级以上税务机关批准，可以建立收支凭证粘贴簿、进货销货登记簿或者使用税控装置。

达到建账标准的个体工商户，应当根据自身生产、经营情况和税务机关规定的设置账簿的条件，对照选择设置复式账或者简易账，报税务机关备案，并且在一个纳税年度以内不得变更。

达到建账标准的个体工商户，应当自领取营业执照或者发生纳税义务之日起15天以内，依法设置账簿并办理账务。

设置复式账的个体工商户，应当按照财政部、国家税务总局制定的《个体工商户会计制度（试行）》的规定设置总分类账、明细分类账和日记账等，进行财务会计核算，如实记载财务收支情况；成本、费用列支和其他财务核算按照财政部、国家税务总局制定的《个体工商户个人所得税计税办法（试行）》的规定办理。

设置简易账的个体工商户应当设置经营收入账、经营费用账、商品（材料）购进账、库存商品（材料）盘点表和利润表，以收支方式记录、反映生产、经营情况并进行简易会计核算。

复式账簿中现金日记账，银行存款日记账和总分类账必须使用订本式，其他账簿可以根据业务的实际发生情况选用活页账簿。简易账簿都应当采用订本式。

账簿、凭证应当按照发生的时间顺序填写，装订或者粘贴。

建账户对各种账簿、记账凭证、报表、完税凭证和其他有关涉税资料应当保存10年。

设置复式账的个体工商户在办理纳税申报的时候，应当按照规定向税务机关报送财务会计报表和有关纳税资料。月度会计报表应当在月份终了后10天以内报出，年度会计报表应当在年度终了后30天以内报出。

个体工商户可以聘请经批准从事会计代理记账业务的专业机构或者具备资质的财会人员代为建账和办理账务。

按照税务机关规定的要求使用税控收款机的个体工商户，其税控收款机输出的完整的书面记录可以视同经营收入账。

税务机关对建账户采用查账征收方式征收税款。建账初期，也可以采用查账征收与定期定额征收相结合的方式征收税款。

以缴纳增值税、消费税为主的个体工商户，由国家税务局负责督促建账和管理；以缴纳营业税为主的个体工商户，由地方税务局负责督促建账和管理。

16. 什么是发票？

发票指在购销货物、提供或者接受劳务和其他经营活动中开具、收取的收付款凭证。中国现行的《中华人民共和国发票管理办法》是国务院1993年12月12日批准，当年12月23日由财政部发布；2010年12月20日国务院修改并公布，自2011年2月1日起施行的。凡在中国境内印制、领购、开具、取得、保管、缴销发票的单位和个人（以下称印制、使用发票的单位和个人），都应当遵守该办法。

国家税务总局统一负责全国的发票管理工作，规定发票的种类、联次、内容和使用范围。该局还可以根据增值税专用发票管理的特殊需要，制定该种发票的具体管理办法；可以根据有关行业特殊的经营方式和业务需求，会同国务院有关主管部门制定该行业的发票管理办法。

各省、自治区和直辖市国家税务局、地方税务局（以下统称省级税务机关）根据各自的职责，共同做好本行政区域的发票管理工作。

财政、审计、工商行政管理和公安等有关部门在各自的职责范围内，配合税务机关做好发票管理工作。

对违反发票管理法规的行为，任何单位和个人可以举报。税务机关应当为检举人保密，并酌情奖励。

17. 发票的基本联次是怎样规定的？

发票的基本联次为三联。其中，第一联为存根联，开票方留存备查；第二联为发票联，收执方作为付款或者收款原始凭证；第三联为记账联，开票方作为记账原始凭证。

增值税专用发票的基本联次还应当包括抵扣联，收执方作为抵扣税款的凭证。

除了增值税专用发票以外，县级以上税务机关可以根据需要适当增加或者减少发票的联次，并确定其用途。

18. 发票的基本内容是怎样规定的？

发票的基本内容包括：发票的名称、字轨号码、联次和用途，客户名称，开户银行和账号，商品名称或者经营项目，计量单位、数量、单价和金额，开票人，开票日期，开票单位名称等。

有代扣、代收、委托代征税款的，发票内容还应当包括代扣、代收、委托代征税种的税率和代扣、代收、委托代征税额。

增值税专用发票的内容还应当包括购货人地址和税务登记号，增值税税率和税额，供货方名称、地址和税务登记号。

在全国范围以内统一式样（包括发票所属的种类、各联用途、具体内容、版面排列、规格和使用范围等）的发票，由国家税务总局确定；在本省（自治区、直辖市）范围以内统一式样的发票，由各地省级税务机关确定。

19. 印制发票有哪些规定？

增值税专用发票，由国家税务总局确定的企业印制；其他发票，按照国家税务总局的规定，由省级税务机关确定的企业印制。禁止私自印制、伪造和变造发票。

印制发票的企业应当具备下列条件：取得印刷经营许可证和营业执照，设备、技术水平能够满足印制发票的需要，有健全的财务制度和严格的质量监督、安全管理、保密制度。

税务机关应当以招标方式确定印制发票的企业，并发给发票准印证。

印制发票应当使用国家税务总局确定的全国统一的发票防伪专用品。禁止非法制造发票防伪专用品。

发票应当套印全国统一发票监制章。全国统一发票监制章的式样和发票版面印刷的要求由国家税务总局规定。发票监制章由省级税务机关制作。禁止伪造发票监制章。

发票实行不定期换版制度。

印制发票的企业按照税务机关的统一规定，建立发票印制管理制度和保管措施。

发票监制章和发票防伪专用品的使用和管理实行专人负责制度。

印制发票的企业必须按照税务机关批准的式样和数量印制发票。

印制发票应当使用中文。民族自治地方的发票，可以加印当地一种通用的民族文字。有实际需要的，可以同时使用中外两种文字印制。

各省、自治区和直辖市辖区以内的单位和个人使用的发票，除了增值税专用发票以外，应当在本省（自治区、直辖市）印制；确有必要到外省（自治区、直辖市）印制的，应当由当地省级税务机关商印制地省级税务机关同意，由印制地省级税务机关确定的企业印制。禁止在中国境外印制发票。

20. 怎样领购发票？

需要领购发票的单位和个人，应当持税务登记证件、经办人身份证明和按照国家税务总局规定式样制作的发票专用章的印模，向税务机关办理发票领购手续。税务机关根据领购单位、个人的经营范围和规模，确认领购发票的种类、数量和领购方式，在5个工作日以内发给发票领购簿。

单位和个人领购发票时，应当按照税务机关的规定报告发票使用情况，税务机关应当按照规定查验。

需要临时使用发票的单位和个人，可以凭购销货物、提供或者接受劳务、从事其他经营活动的书面证明和经办人身份证明，直接向经营地税务机关申请代开发票。按照税收法律、行政法规规定应当缴纳税款的，税务机关应当先征收税款，再开具发票。税务机关根据发票管理的需要，可以按照国家税务总局的规定委托其他单位代开发票。

禁止非法代开发票。

临时到本省（自治区、直辖市）以外从事经营活动的单位和个人，应当凭所在地税务机关的证明，向经营地税务机关领购经营地的发票。

临时在本省（自治区、直辖市）以内跨市、县从事经营活动领购发票的办法，由省级税务机关规定。

税务机关对外省（自治区、直辖市）来本省（自治区、直辖市）从事临时经营活动的单位和个人领购发票的，可以要求其提供保证人，或者根据所领购发票的票面限额和数量交纳不超过1万元的保证金，并限期缴销发票。税务机关收取保证金应当开具资金往来结算票据。

按期缴销发票的，解除保证人的担保义务，或者退还保证金；未按期缴销发票的，由保证人承担法律责任，或者以保证金承担法律责任。

21. 怎样开具、保管发票？

销售货物、提供劳务和从事其他经营活动的单位、个人，对外发生经营业务收取款项，收款方应当向付款方开具发票；特殊情况下（如收购单位、扣缴义务人向个人支付款项），由付款方向收款方开具发票。

所有单位和从事生产、经营活动的个人在购买货物、接受劳务和从事其他经营活动支付款项，应当向收款方取得发票。取得发票时，不得要求变更品名和金额。

不符合规定的发票，不得作为财务报销凭证，任何单位和个人有权拒收。

开具发票应当按照规定的时限、顺序和栏目，全部联次一次性如实开具，并加盖发票专用章。

任何单位和个人不得有下列虚开发票行为：为他人、为自己开具与实际经营业务情况不符的发票，让他人为自己开具与实际经营业务情况不符的发票，介绍他人开具与实际经营业务情况不符的发票。

安装税控装置的单位和个人，应当按照规定使用税控装置开具发票，并按期向税务机关报送开具发票的数据。

使用非税控电子器具开具发票的，应当将非税控电子器具使用的软件程序说明资料报税务机关备案，并按照规定保存和报送开具发票的数据。

国家推广使用网络发票管理系统开具发票，具体管理办法由国家税务总局制定。

任何单位和个人应当按照发票管理规定使用发票，不得有下列行为：转借、转让、介绍他人转让发票、发票监制章和发票防伪专用品，知道或者应当知道是私自印制、伪造、变造、非法取得或者废止的发票而受让、开具、存放、携带、邮寄和运输上述发票，拆本使用发票，扩大发票使用范围，以其他凭证代替发票使用。

税务机关应当提供查询发票真伪的便捷渠道。

除了国家税务总局规定的特殊情形以外，发票限于领购单位和个人在本省（自治区、直辖市）辖区以内开具。

省级税务机关可以规定跨市、县开具发票的办法。

除了国家税务总局规定的特殊情形以外，任何单位和个人不得跨规定的使用区域携带、邮寄和运输空白发票。

禁止携带、邮寄和运输空白发票出入中国国境。

开具发票的单位和个人应当建立发票使用登记制度，设置发票登记簿，并定期向税务机关报告发票使用情况。

开具发票的单位和个人应当在办理变更或者注销税务登记的同时，办理发票和发票领购簿的变更、缴销手续。

开具发票的单位和个人应当按照税务机关的规定存放和保管发票，不得擅自损毁。已经开具的发票存根联和发票登记簿，应当保存5年。保存期满，报税务机关查验以后销毁。

22. 怎样实施发票检查？

税务机关在发票管理中有权实施下列检查：检查印制、领购、开具、取得、保管和缴销发票的情况；调出发票查验；查阅、复制与发票有关的凭证、资料；向当事各方询问与发票有关的问题；在查处发票案件的时候，对于与案件有关的情况和资料，可以记录、录音、录像、照相和复制。

印制、使用发票的单位和个人，必须接受税务机关依法检查，如实反映情况，提供有关资料，不得拒绝和隐瞒。

税务人员实施发票检查的时候，应当出示税务检查证。

税务机关需要将已经开具的发票调出查验的时候，应当向被查验的单位和个人开具发票换票证。发票换票证与调出查验的发票具有同等效力，被调出查验发票的单位和个人不得拒绝接受。

税务机关需要将空白发票调出查验的时候，应当开具收据。经查无问题的，应当及时退还。

单位和个人从中国境外取得的与纳税有关的发票和其他凭证，税务机关在纳税审查的时候有疑义的，可以要求其提供中国境外公证机构或者注册会计师的确认证明，经税务机关审核认可以后才能作为记账和核算的凭证。

税务机关在发票检查中需要核对发票存根联与发票联填写情况的时候，可以向持有发票或者发票存根联的单位发出发票填写情况核对卡，有关单位应当如实填写，按期报回。

23. 什么是纳税申报？

纳税申报是纳税人、扣缴义务人依法向税务机关提交有关纳税事项书面报告的一项制度。

下列纳税人、扣缴义务人需要办理纳税申报：从事生产、经营并实行独立经济核算的企业和其他单位；经工商行政管理部门批准营业的个体工商户；国家机关、部队、社会团体和事业单位等，从事生产、经营，负有纳税义务的；其他单位、个人，如应当缴纳房产税的单位、个人；负有代扣代缴税款、代收代缴税款义务的单位、个人。

纳税申报的主要方式是直接申报、邮寄申报和电子申报，纳税人也可以委托他人代理纳税申报。

纳税申报的期限因各种税的征税对象、征收环节等不同而不尽一致；即使是同一个税种，每个纳税人的纳税申报期限也不尽一致，中国现行税收法律、行政法规对此都作了原则的规定。例如，增值税暂行条例中规定：纳税人以 1 个月、1 个季度为 1 个纳税期的，自期满之日起 15 天以内申报纳税。

24. 怎样办理纳税申报？

纳税申报的基本规定如下：

一、纳税人应当按照法律、行政法规或者税务机关按照法律、行政法规确定的申报期限和申报内容，如实办理纳税申报，向税务机关报送纳税申报表、财务会计报表和税务机关根据实际需要要求纳税人报送的其他纳税资料（如财务会计报表及其说明材料，与纳税有关的合同、协议书和凭证，税控装置的电子报税资料，外出经营活动税收管理证明和异地完税凭证，公证机构出具的有关证明等）。

扣缴义务人应当按照法律、行政法规或者税务机关按照法律、行政法规确定的申报期限和申报内容，如实向税务机关报送代扣代缴、代收代缴税款报告表，代扣代缴、代收代缴税款的合法凭证，以及税务机关根据实际需要要求扣缴义务人报送的其他有关资料（如与代扣代缴、代收代缴税款有关的经济合同等）。

二、纳税人、扣缴义务人可以直接到税务机关办理纳税申报或者报送代扣代缴、代收代缴税款报告表；经过税务机关批准，纳税人、扣缴义务人也可以按照规定采取邮寄、数据电文（指税务机关确定的电话语音、电子数据交换和网络传输等电子方式）和其他方式（如委托他人代理）办理上述事宜。

纳税人、扣缴义务人采取数据电文方式办理纳税申报的，其申报日期以税务机关计算机网络系统收到该数据电文的时间为准，与数据电文相对应的纸质申报资料的报送期限由税务机关确定。

纳税人采取邮寄方式办理纳税申报的，应当使用统一的纳税申报专用信封，并以邮政部门的收据作为申报凭据，以寄出的邮戳为实际申报日期。

三、实行定期定额缴纳税款的纳税人，可以实行简易申报、简并征期等申报纳税方式。

简易申报，指实行定期定额缴纳税款的纳税人在法律、行政法规规定的期限或者在税务机关按照法律、行政法规的规定确定的期限以内缴纳税款的，可以视同申报。

简并征期，指实行定期定额缴纳税款的纳税人，经过税务机关批准，可以采取将纳税期限合并为按季、半年、年的方式缴纳税款，具体期限由各地省级税务机关根据具体情况确定。

四、纳税人在纳税期内没有应纳税款的，也应当按照规定办理纳税申报。

纳税人享受免税、减税待遇的，在免税、减税期间也应当按照规定办理纳税申报。

五、纳税人、扣缴义务人的纳税申报或者代扣代缴、代收代缴税款报告表的主要内容包括：税种、税目，应纳税项目或者应代扣代缴、代收代缴税款项目，计税依据，扣除项目及其标准，适用税率、税额标准，应退税项目及其税额，应减免税项目及其税额，应纳税额或者应代扣代缴、代收代缴税额，税款所属期限，延期缴纳税款、欠税和滞纳金等。

25. 怎样办理关税申报？

关税申报的基本规定是：

一、进口货物的纳税人应当自运输工具申报进境之日起 14 天以内；出口货物的纳税人除了海关特准的以外，应当在货物运抵海关监管区以后、装货的 24 小时以前，向货物的进出境地海关申报。

纳税人在货物实际进出口以前，可以按照有关规定向海关申请对进出口货物进行商品预归类、价格预审核和原产地预确定。海关审核确定以后，应当书面通知纳税人，并在货物实际进出口时认可。

二、纳税人应当依法如实向海关申报，并按照海关的规定提供有关确定完税价格、商品归类、确定原产地和采取反倾销、反补贴、保障措施等所需的资料。必要时，海关可以要求纳税人补充申报，纳税人也可以主动要求补充申报。

三、纳税人应当按照进出口税则规定的目录条文和归类总规则、类注、章注、子目注释和其他归类注释，对其申报的进出口货物进行商品归类，并归入相应的税则号列。海关应当依法审核确定该货物的商品归类，并可以要求纳税人提供确定商品归类所需的有关资料。

四、海关应当按照法律、行政法规和海关规章，对纳税人申报的进出口货物商品名称、规格型号、税则号列、原产地、价格、成交条件和数量等进行审核。

海关为审核确定进出口货物的商品归类、完税价格和原产地等，可以对进出口货物进行查验，组织化验、检验和对相关企业进行核查，并将海关认定的化验、检验结果作为商品归类的依据。

经审核，海关发现纳税人申报的进出口货物税则号列有误的，应当按照商品归类的有关规则、规定重新确定。

经审核，海关发现纳税人申报的进出口货物价格不符合成交价格条件，或者成交价格不能确定的，应当按照审定进出口货物完税价格的有关规定另行估价。

经审核，海关发现纳税人申报的进出口货物原产地有误的，应当通过审核纳税人提供的原产地证明、实际查验货物和审核其他相关单证等方法，按照海关原产地管理的有关规定确定。

经审核，海关发现纳税人提交的减税、免税申请和申报的内容不符合有关减税、免税规定的，应当按照规定计征税款。

纳税人违反海关规定，涉嫌伪报、瞒报的，应当按照规定移交海关调查部门或者缉私部门处理。

五、海关为审查申报价格的真实性和准确性，可以查阅、复制与进出口货物有关的合同、发票、账册、结付汇凭证、单据、业务函电、录音录像制品和其他反映买卖双方关系及交易活动的资料。

海关对纳税人申报的价格有怀疑并且所涉关税数额较大的，经过直属海关关长或者其授权的隶属海关关长批准，凭海关总署统一格式的协助查询账户通知书和有关工作人员的工作证件，可以查询纳税人在银行和其他金融机构开立的单位账户的资金往来情况，并向银行业监督管理机构通报有关情况。

六、海关对纳税人申报的价格有怀疑的，应当将怀疑的理由书面告知纳税人，要求其在规定的期限以内书面作出说明，提供有关资料。

纳税人在规定的期限以内没有作出说明、提供有关资料的，或者海关仍然有理由怀疑申报价格的真实性、准确性的，海关可以不接受纳税人申报的价格，并按照规定估定完税价格。

七、海关审查确定进出口货物的完税价格以后，纳税人可以以书面形式要求海关就如何确定其进出口货物的完税价格作出书面说明，海关应当向纳税人作出书面说明。

26. 不能按期办理纳税申报怎么办？

纳税人、扣缴义务人按照规定的期限办理纳税申报或者报送代扣代缴、代收代缴税款报告表确有困难（如受到不可抗力的影响和财务会计处理上有特殊情况等），需要延期的，应当在规定的期限以内向税务机关书面申请延期；经过税务机关核准，可以在核准的期限（一般不超过3个月）以内办理。

经过核准延期办理上述申报和报送事项的，应当在纳税期以内按照上期实际缴纳的税额或者税务机关核定的税额预缴税款，并在核准的延期内办理税款结算。结算的时候，预缴税额大于应纳税额的，税务机关退还多缴的税款，但是不支付利息；预缴税额小于应纳税额的，税务机关补征少缴的税款，但是不加收滞纳金。

纳税人、扣缴义务人由于不可抗力，不能按期办理纳税申报或者报送代扣代缴、代收代缴税款报告表的，可以延期办理。但是，应当在不可抗力情形消除以后立即向税务机关报告。税务机关应当查明事实，予以核准。

27. 税款怎样征收、缴纳？

税务机关应当按照法律、行政法规征收税款，不得违反法律、行政法规开征、停征、多征、少征、提前征收、延缓征收和摊派税款。

税务机关可以采取查账征收、定期定额征收、核定征收、代扣代缴和代收代缴等方式征收税款，还可以根据有利于税收控管和方便纳税的原则，按照国家的有关规定委托有关单位、人员代征零星分散和异地缴纳的税收。

对于建账的个体工商户，应当以查账征收的方式征税；但是在建账初期，也可以用查账征收与定期定额征收相结合的方式征税。

国家税务局、地方税务局应当按照国家规定的税收征收管理范围、税款入库预算科目和预算级次将征收的各项税款、滞纳金和罚款及时缴入国库，不得占压、挪用和截留，不得缴入国库以外和国家规定的税款账户以外的任何账户。

对于审计机关和财政机关依法查出的税收违法行为，税务机关应当根据有关机关的决定、意见书，依法将应收的税款和滞纳金按照规定的税收征管范围和税款入库预算级次缴入国库，并自收到有关机关的决定、意见书之日起30天以内将执行情况书面回复有关机关。

有关机关不得将其履行职责过程中发现的税款、滞纳金自行征收入库，或者以其他款项的名义自行处理、占压。

除了税务机关、税务人员和经税务机关按照法律、行政法规委托的单位、人员以外，任何单位和个人不得从事税款征收活动。

纳税人、扣缴义务人应当分别按照法律、行政法规或者税务机关按照法律、行政法规确定的期限，缴纳或者解缴税款。

税务机关在征收税款的时候，必须给纳税人开具完税凭证（包括各种完税证、缴款书、印花税票、扣税凭证和收税凭证等）。纳税人通过银行缴纳税款的，税务机关可以委托银行开具完税凭证。

税务机关开具的完税凭证上的应纳税额和滞纳金为 1 元以下的，应纳税额和滞纳金为零。

未经税务机关指定，任何单位、个人不得印制完税凭证。完税凭证不得转借、倒卖、变造和伪造。

扣缴义务人在代扣、代收税款的时候，纳税人要求扣缴义务人开具代扣、代收税款凭证的，扣缴义务人应当开具。

纳税人遗失完税凭证以后，经纳税人申请，税务机关核实税款已经缴纳的，可以向其提供原完税凭证的复印件；也可以为其补开完税凭证，并在补开的完税凭证上注明原完税凭证遗失作废。

纳税人缴纳关税以后遗失税款缴款书的，可以自缴纳关税之日起 1 年以内向填发海关提出确认其已经缴清税款的书面申请。海关经审查核实以后应当确认，但是不补发税款缴款书。

28. 什么是查账征收?

查账征收是纳税人依法报送纳税资料，经税务机关审核以后缴纳税款的一种征税方式。其做法是：纳税人在税务机关规定的纳税期限以内，根据自己的生产、经营情况，填写纳税申报表、财务会计报表和其他有关资料，向税务机关办理纳税申报；税务机关对上述资料审核以后合格的，填开税收缴款书交纳税人；纳税人持税收缴款书向国库缴纳税款。这是中国广泛采用的一种征税方式。在实行这种征税方式的时候，要求纳税人的会计核算资料齐全、真实、准确，纳税人的法制观念比较强，有专门的办税人员，并经过税务机关审查批准。

29. 什么是核定征收?

核定征收是由税务机关审核确定纳税人的应纳税额或者收入额、所得率等，据以征收税款的一种方式。核定征收主要包括定额征收、核定应税所得率征收、核定收入额征收等征收方式。

定额征收指税务机关按照一定的标准、程序和方法，直接核定纳税人的应纳税额，由纳税人按照规定申报纳税的一种征收方式。

核定应税所得率征收指税务机关按照一定的标准、程序和方法，预先核定纳税人的应税所得率，由纳税人根据纳税年度内的收入总额或者成本、费用等项目的实际发生额，按照预先核定的应税所得率计算缴纳所得税的一种征收方式。

核定收入额征收指税务机关按照一定的标准、程序和方法，直接核定纳税人的销售（营业）额，据以征税的一种征收方式。

30. 什么是定期定额征收?

定期定额征收是税务机关按照法律、法规，按照规定程序，核定纳税人在一定经营地点、一定经营时期、一定经营范围以内的应纳税经营额（经营数量）或者所得额，并以此为计税依据，确定其应纳税额的一种征收方式。这种征收方式适用于经税务机关认定和县以上税务机关批准的生产、经营规模小，达不到国家税务总局发布的《个体工商户建账管理暂行办法》规定设置账簿标准的个体工商户（以下简称定期定额户），个人独资企业可以参照办理。虽然设立账簿，但是账目混乱，或者成本资料、收入和费用凭证残缺不全，难以查账的个体工商户，也可以实行这种征收办法。

国家税务局、地方税务局应当按照国务院规定的税收征收管理范围，分别核定各自管辖税种的定额。同时，应当加强协调、配合，共同制定联系制度，保证信息渠道畅通。

税务机关应当将定期定额户分类，在年度内按照行业、区域选择一定数量并具有代表性的定期定额户，对其经营、所得情况开展典型调查，作出分析。典型调查户数应当占该行业、区域总户数的5%以上，具体比例由省级税务机关确定。

定额执行期的具体期限由省级税务机关确定，但最长不得超过1年。定额执行期，指税务机关核定以后执行的第一个纳税期至最后一个纳税期。

31．税务机关怎样核定定额？

税务机关应当根据定期定额户的经营规模、经营区域、经营内容、行业特点、管理水平等因素核定定额，可以采用下列一种或者多种方法核定：

一、按照耗用的原材料、燃料、动力等推算或者测算核定；

二、按照成本加合理的费用和利润的方法核定；

三、按照盘点库存情况推算或者测算核定；

四、按照发票和相关凭据核定；

五、按照银行经营账户资金往来情况测算核定；

六、参照同类行业或者类似行业中同规模、同区域纳税人的生产、经营情况核定；

七、按照其他合理方法核定。

税务机关应当运用现代信息技术手段核定定额，增强核定工作的规范性和合理性。

税务机关核定定额的程序如下：

一、自行申报。定期定额户应当按照税务机关规定的申报期限、申报内容向税务机关申报，填写有关申报文书。申报内容应当包括经营行业、营业面积、雇佣人数和预估的每月经营额、所得额和税务机关需要的其他申报项目。没有按照规定期限自行申报的，税务机关可以按照规定直接核定其定额。

二、核定定额。税务机关根据定期定额户自行申报情况，参考典型调查结果，采取规定的核定方法核定定额，并据此计算应纳税额。税务机关可以到定期定额户的生产、经营场所，核实其自行申报的内容。运用个体工商户定额核定管理系统的，在采集有关数据的时候，应当由2名以上税务人员参加。

三、定额公示。税务机关应当将核定定额的初步结果公示，公示期限为5个工作日。公示地点、范围、形式应当按照便于定期定额户和社会各界了解、监督的原则，由税务机关确定。

四、上级核准。负责核定定额的税务机关根据公示意见结果修改定额，并将核定情况报县以上税务机关审核批准，然后填制《核定定额通知书》。

五、下达定额。将《核定定额通知书》送达定期定额户执行。新开业的个体工商户在接到上述通知书以前，应当按月向税务机关申报纳税。

六、公布定额。税务机关将最终确定的定额和应纳税额情况在原公示范围以内公布。

税务机关应当严格执行核定定额程序，遵守回避制度。税务人员个人不得擅自确定或者更改定额。

定期定额户对税务机关核定的定额有争议的，可以自接到《核定定额通知书》之日起30天以内向税务机关提出重新核定定额申请，并提供足以说明其生产、经营真实情况的证据，税务机关应当从接到申请之日起30天以内书面答复。

定期定额户也可以按照法律、行政法规的规定，直接向上一级税务机关申请行政复议；对行政复议决定不服的，可以依法向人民法院提起行政诉讼。

定期定额户在接到重新核定定额通知、行政复议决定书或者人民法院判决书以前，仍然应当按照原定额缴纳税款。

32. 定期定额户的税收管理有哪些专门规定？

定期定额户应当建立收支凭证粘贴簿、进销货登记簿，完整保存有关纳税资料，并接受税务机关的检查。

按照法律、行政法规，定期定额户负有纳税申报义务。实行简易申报的定期定额户，应当在税务机关规定的期限以内，按照法律、行政法规缴清应纳税款，当期（指纳税期，下同）可以不办理申报手续。采用数据电文申报、邮寄申报、简易申报等方式的，经税务机关认可以后方可执行。经确定的纳税申报方式在定额执行期以内不予更改。

定期定额户可以委托经税务机关认定的银行和其他金融机构办理税款划缴。凡委托银行和其他金融机构办理税款划缴的定期定额户，应当向税务机关书面报告开户银行和账号。其账户内存款应当足以按期缴纳当期税款。其存款余额低于当期应纳税款，致使当期税款不能按期入库的，税务机关按照逾期缴纳税款处理；实行简易申报的，按照逾期办理纳税申报和逾期缴纳税款处理。

定期定额户发生下列情形，应当向税务机关办理相关纳税事宜：定额与发票开具金额或者税控收款记录数据比对以后，超过定额的经营额、所得额所应当缴纳的税款；在税务机关核定定额的经营地点以外从事经营活动所应当缴纳的税款。

税务机关可以根据保证国家税款及时足额入库、方便纳税人、降低税收成本的原则，采用简化的税款征收方式，具体方式由省级税务机关确定。

县以上税务机关可以根据当地实际情况，依法委托有关单位代征税款。税务机关与代征单位必须签订委托代征协议，明确双方的权利、义务和应当承担的责任，并向代征单位颁发委托代征证书。

定期定额户经营地点偏远、缴纳税款数额较小，或者税务机关征收税款有困难的，税务机关可以按照法律、行政法规的规定简并征期，但是简并征期最长不得超过一个定额执行期。简并征期的税款征收时间为最后一个纳税期。简并征期结束以后，应当办理分月汇总申报。

通过银行和其他金融机构划缴税款的，其完税凭证可以到税务机关领取，也可以到税务机关委托的银行和其他金融机构领取；税务机关也可以根据当地实际情况采取邮寄送达，或者委托有关单位送达。

定期定额户在定额执行期结束以后，应当将该期每月实际发生的经营额、所得额向税务机关申报。申报额超过定额的，按照申报额缴纳税款；申报额低于定额的，按照定额缴纳税款。具体申报期限由省级税务机关确定。

定期定额户当期发生的经营额、所得额超过定额一定幅度的，应当在法律、行政法规规定的申报期限以内向税务机关申报并缴清税款。具体幅度由省级税务机关确定。

定期定额户的经营额、所得额连续纳税期超过或者低于税务机关核定的定额一定幅度的，应当提请税务机关重新核定定额，税务机关应当根据规定的核定方法和程序重新核定定额。具体期限、幅度由省级税务机关确定。

经税务机关检查发现定期定额户在以前定额执行期发生的经营额、所得额超过定额，或者当期发生的经营额、所得额超过定额一定幅度而未向税务机关进行纳税申报和结清应纳税款的，税务机关应当追缴税款，加收滞纳金，并按照法律、行政法规的规定处理。其经营额、所得额连续纳税期超过定额，税务机关应当按照规定重新核定其定额。

定期定额户发生停业的，应当在停业以前向税务机关书面提出停业报告；提前恢复经营的，应当在恢复经营以前向税务机关书面提出复业报告；需延长停业时间的，应当在停业期满以前向税务机关提出书面的延长停业报告。停业时是否分月汇总申报，由税务机关确定。

税务机关停止定期定额户实行定期定额征收方式，应当书面通知定期定额户。

对于没有达起征点的定期定额户，税务机关应当送达《未达起征点通知书》。没有达起征点的定期定额户达到起征点以后，应当在纳税期限以内申报纳税。没有达起征点的定期定额户连续3个月达到起征点的，应当向税务机关申报，提请重新核定定额。

定期定额户注销税务登记，应当向税务机关进行分月汇总申报，并缴清税款。

33. 什么是代扣代缴、代收代缴和委托代征？

代扣代缴是法定负有扣缴税款义务的单位和个人，按照税法代税务机关从支付给纳税人的收入中扣除其应纳税款，并将代扣的税款解缴税务机关的一种征税方式。例如，个人所得税法中规定：个人所得税以所得人为纳税人，以支付所得的单位和个人为扣缴义务人。

代收代缴是法定负有代收代缴税款义务的单位和个人，按照税法代税务机关向纳税人收取其应纳税款，并将代收的税款解缴税务机关的一种征税方式。

委托代征是税务机关委托有关单位和个人，按照税法和代征协议规定的范围、权限，代税务机关征收税款的一种征税方式。

税务机关应当对负有代扣代缴、代收代缴义务的扣缴义务人办理扣缴税款登记，核发扣缴税款登记证件。扣缴义务人应当按照法律、行政法规的规定履行代扣、代收税款的义务。对法律、行政法规没有规定负有代扣代缴、代收代缴税款义务的单位、个人，税务机关不得要求履行代扣代缴、代收代缴税款义务。

负有代扣代缴义务的单位、个人，应当在支付款项的时候，依法将取得款项的纳税人应当缴纳的税款代为扣缴。纳税人拒绝扣缴税款的，扣缴义务人应当暂停支付相当于纳税人应纳税款的款项，并在1天以内报告税务机关。

负有代收代缴义务的单位、个人，应当在收取款项的时候，依法将支付款项的纳税人应当缴纳的税款代为收缴。纳税人拒绝给付的，扣缴义务人应当在1天以内报告税务机关。

税务机关在委托代征税款的时候，应当对代征单位、个人进行资格审定。其必备条件，一是财务制度健全、便于税收控管和方便纳税、能够独立承担民事责任，有熟悉税收政策的专门办税人员，并具有承担税收代征条件的单位；二是责任心强、具有高中以上文化、熟悉税收政策，能够独立承担民事责任，没有不良记录的个人。

税务机关委托单位、个人代征税款应当签订委托代征协议书，明确双方的权利和义务、职责与责任，核发委托代征证书。税务机关应当监督代征单位、个人按照法律、法规和税务机关的规定代征税款，解缴票款。

代征单位、个人按照代征证书的要求，以税务机关的名义依法征收税款，纳税人不得拒绝；纳税人拒绝的，受托单位、人员应当及时报告税务机关。

税务机关应当对代扣代缴、代收代缴、委托代征税款的单位和个人支付手续费，具体比例如下：

一、法律、行政法规规定的代扣代缴、代收代缴税款，按照代扣、代收税款的2%支付。

二、委托金融机构、邮政部门代征个人、个体工商户和实行核定征收税款的小型企业的税收，按照不超过代征税款的1%支付。

三、委托单位、个人代征农贸市场、专业市场的税收，按照不超过代征税款的5%支付。

四、委托单位、个人代征交通、房地产、屠宰等特殊行业的税款，按照不超过代征税款的5%支付。

五、委托证券交易所和证券登记结算机构代征证券交易印花税，按照代征税款的0.3%支付；委托有关单位代征代售印花税票，按照代售金额的5%支付。

六、委托单位、个人代征其他零散、异地缴纳的税收，按照不超过代征税款的5%支付。

实行代扣代缴、代收代缴和委托代征制度，有利于加强税务机关与有关部门、单位和个人的配合，强化税源控管，保证国家税收；也有利于简化征收手续，方便纳税人纳税，降低征税成本，提高工作效率。

34. 纳税人、扣缴义务人不能按期纳税怎么办?

纳税人没有按照规定期限缴纳税款的（不包括纳税人善意取得虚开的增值税专用发票被依法追缴已经抵扣税款的情形），扣缴义务人没有按照规定期限解缴税款的，由税务机关发出《限期纳税通知书》，责令其限期（最多以5天为限）缴纳或者解缴税款，并自规定的税款缴纳期限届满次日起至纳税人、扣缴义务人实际缴纳或者解缴税款之日止，按日加收滞纳税款0.5‰的滞纳金。

如果纳税人有特殊困难，不能按期缴纳税款，应当在规定的缴纳期限以内向税务机关书面申请延期纳税，并提供有关资料和证明。经过当地省级税务机关批准，可以延期缴纳税款，并免缴滞纳金，但是最长不得超过3个月。

上述特殊困难包括以下两种情况：一是因不可抗力，导致纳税人发生较大损失，正常的生产、经营活动受到较大影响的；二是纳税人当期的货币资金（不包括法律、行政法规规定企业不可动用的资金）在扣除当期计提的应付职工工资和社会保险费以后不足以缴纳税款的。

纳税人需要延期缴纳税款的，应当在缴纳税款期限届满以前向税务机关提出申请，并报送申请延期缴纳税款报告、当期货币资金余额和所有银行存款账户的对账单、资产负债表、应付职工工资和社会保险费等税务机关要求提供的支出预算。

税务机关应当从收到纳税人提交的申请延期缴纳税款报告之日起20天以内，作出批准或者不予批准的决定；不予批准的，应当自缴纳税款期限届满次日起加收滞纳金。

关税的纳税人因不可抗力和国家税收政策调整不能按期缴纳税款的，应当在货物进出口以前向办理进出口申报纳税手续的海关所在的直属海关提出延期缴纳税款的书面申请，并随附相关材料，同时提供缴税计划。

直属海关应当自接到纳税人延期缴纳税款的申请之日起10天以内审核情况是否属实。情况属实的，应当立即将有关申请材料报送海关总署。海关总署接到申请材料以后，应当在20天以内作出是否同意延期缴纳税款的决定和延期缴纳税款的期限，并通知报送申请材料的直属海关。由于特殊情况在20天以内不能作出决定的，可以延长10天。

延期缴纳税款的期限，自货物放行之日起最长不超过6个月。

经海关总署审核没有批准延期缴纳税款的，直属海关应当自接到海关总署未批准延期缴纳税款的决定之日起3个工作日以内通知纳税人，并填发税款缴款书。

货物实际进出口时，纳税人要求海关先放行货物的，应当向海关提供税款担保。

纳税人逾期缴纳关税和进口环节增值税、消费税的，自规定的税款缴纳期限届满之日起至纳税人缴清税款之日止，按日加收滞纳税款0.5‰的滞纳金（起征点为50元）。

35. 纳税人、扣缴义务人在纳税问题上同税务机关有争议怎么办?

纳税人、扣缴义务人和纳税担保人对税务机关确定纳税主体、征税对象、征税范围、免税、减税、退税、适用税率、计税依据、纳税环节、纳税期限、纳税地点和税款征收方式等具体行政行为有异议而与税务机关发生争议的，应当先按照税务机关的纳税决定缴纳或者解缴税款和滞纳金，或者提供相应的担保，然后可以依法申请行政复议。对行政复议决定不服的，可以依法向人民法院起诉。

36. 税务机关在什么情况下可以核定纳税人的应纳税额?

纳税人有下列情形之一的，税务机关有权核定其应纳税额：

一、按照法律、行政法规可以不设置账簿的；

二、按照法律、行政法规应当设置账簿，但是没有设置账簿的；

三、擅自销毁账簿，拒不提供纳税资料的；

四、虽然设置账簿，但是账目混乱或者成本资料、收入凭证、费用凭证残缺不全，难以查账的；

五、发生纳税义务，没有按照规定的期限办理纳税申报，经过税务机关责令限期申报，逾期仍然不申报的；

六、纳税人申报的计税依据明显偏低，又无正当理由的；

七、没有按照规定办理税务登记的从事生产、经营的纳税人，临时从事经营的纳税人。

37. 税务机关用什么方法核定纳税人的应纳税额？

税务机关在核定纳税人的应纳税额的时候，可以参照当地同行业或者类似行业中经营规模和收入水平相近的纳税人的税负水平核定，按照营业收入或者成本加合理的费用和利润的方法核定，按照耗用的原材料、燃料和动力等推测核定，或者按照其他合理方式核定。如果采用一种方法不能正确地核定应纳税额，可以同时采用两种以上的方法核定。

纳税人对税务机关采取上述方法核定的应纳税额有异议的，应当提供相关的证据，经过税务机关认定以后，调整应纳税额。

38. 税务机关怎样核定关联企业的应纳税额？

关联企业指有下列关系之一的企业和其他经济组织：

一、在资金、经营和购销等方面存在着直接或者间接的拥有或者控制关系；

二、直接或者间接地为第三者拥有或者控制；

三、其他在利益上具有相关联的关系。

中国企业和外国企业在中国境内设立的从事生产、经营的机构、场所与其关联企业之间的业务往来，应当按照独立企业之间的业务往来（即无关联关系的企业之间按照公平成交价格和营业常规所进行的业务往来）收取或者支付价款、费用。不按照独立企业之间的业务往来收取或者支付价款、费用，从而减少其应纳税的收入或者所得额的，税务机关可以作出合理的调整。

纳税人可以向税务机关提出与其关联企业之间的业务往来的定价原则和计算方法，税务机关审核、批准以后，与纳税人预先约定有关定价事项，监督纳税人执行。

纳税人与其关联企业之间的业务往来有下列情形之一的，税务机关可以调整其应纳税额：

一、购销业务没有按照独立企业之间的业务往来作价；

二、融通资金所支付的利息超过或者收取的利息低于没有关联关系的企业之间所能同意的数额，或者利率超过或者低于同类业务的正常利率；

三、提供劳务没有按照独立企业之间的业务往来收取或者支付费用；

四、转让财产、提供财产使用权等业务往来没有按照独立企业之间的业务往来作价或者收取、支付费用；

五、没有按照独立企业之间的业务往来作价的其他情形。

纳税人与其关联企业之间的业务往来有上述情形之一的，税务机关可以按照下列方法调整其计税收入、所得额：

一、按照独立企业之间进行相同或者类似业务活动的价格；

二、按照再销售给无关联关系的第三者的价格应当取得的收入和利润水平；

三、按照成本加合理的费用和利润；

四、按照其他合理方法。

纳税人与其关联企业之间的业务往来没有按照独立企业之间的业务往来支付价款、费用的，税务机关可以从该业务往来发生的纳税年度起 3 年以内调整。纳税人在以前年度与其关联企业之间的业务往来累计达到 10 万元以上的；经过税务机关案头审计分析，纳税人在以前年度与其关联企业之间的业务往来，预计需要调增其应纳税收入或者所得额达到 50 万元以上的；纳税人在以前年度与设在避税地的关联企业有业务往来的；纳税人在以前年度没有按照规定进行关联企业之间业务往来年度申报，或者经过税务机关审查核实，关联企业之间业务往来年度申报内容不实，不履行提供有关价格、费用标准等资料义务的，可以从该业务往来发生的纳税年度起10年以内调整。

纳税人有义务就其与关联企业之间的业务往来情况向当地税务机关提供有关的价格、费用标准等资料。

39. 税务机关对未办理税务登记的纳税人怎样征税？

对于没有按照规定办理税务登记的从事生产、经营的纳税人（包括到外县、市从事生产、经营而没有向经营地税务机关报验登记的纳税人）和从事临时经营的纳税人，由税务机关核定其应纳税额，责令缴纳。不缴纳的，税务机关可以扣押其价值相当于应纳税款的商品、货物。扣押以后缴纳应纳税款的，税务机关应当立即解除扣押，并归还所扣押的商品、货物。扣押以后仍然不缴纳应纳税款的（以15天为限），经过县级以上税务局局长批准，依法拍卖或者变卖所扣押的商品、货物，以拍卖或者变卖所得抵缴税款。对于扣押的鲜活、容易腐烂变质和失效的商品、货物，可以缩短扣押期限。

40. 什么是税收保全措施？税务机关在什么情况下可以采取这种措施？

税收保全措施，是税务机关为了维护国家的税收权益，针对由于纳税人的行为或者某些客观原因造成的应征税款不能保证的情况，采取的确保税款完整的行政措施。

税务机关有根据认为从事生产、经营的纳税人有逃避纳税义务行为的，可以在规定的纳税期以前，责令纳税人限期缴纳应纳税款。在限期以内发现纳税人有明显的转移、隐匿其应纳税的商品、货物和其他财产（包括纳税人的房地产、现金、有价证券等不动产和动产，下同）或者应纳税的收入的迹象的，税务机关可以责成纳税人提供纳税担保（包括经税务机关认可的纳税保证人为纳税人提供的纳税保证、纳税人和第三人以其没有设置或者没有全部设置担保物权的财产提供的担保）。如果纳税人不能提供纳税担保，经过县级以上税务局局长批准，税务机关可以采取下列税收保全措施：

一、书面通知纳税人开户银行和其他金融机构冻结纳税人的金额相当于应纳税款的存款。

二、扣押、查封纳税人的价值相当于应纳税款的商品、货物和其他财产。税务机关在采取这项措施的时候，应当由两名以上税务人员执行，并通知被执行人。被执行人是自然人的，应当通知被执行人本人或者其成年家属到场；被执行人是法人和其他组织的，应当通知其法定代表人或者主要负责人到场；拒不到场的，不影响执行。税务机关在扣押商品、货物和其他财产的时候，应当开付收据；在查封商品、货物和其他财产的时候，应当开付清单。

纳税人在税务机关采取税收保全措施以后按照规定的限期缴纳税款的，税务机关应当自收到税款或者银行转回的完税凭证之日起1天以内解除税收保全措施。限期期满仍然没有缴纳税款的，经过县级以上税务局局长批准，税务机关可以书面通知纳税人开户银行和其他金融机构从其冻结的存款中扣缴税款，或者依法拍卖、变卖所扣押、查封的商品、货物和其他财产，以拍卖或者变卖所得抵缴税款。

个人及其所扶养家属维持生活必需的住房和用品（不包括机动车辆、金银饰品、古玩字画、豪华住宅和一处以外的住房，下同），不在税收保全措施的范围以内。

税务机关采取税收保全措施的期限一般不得超过6个月；遇有重大案件，需要延长税收保全措施期限的，应当报国家税务总局批准。

在税收保全期以内，已经采取税收保全措施的财物有下列情形之一的，税务机关可以通知纳税人及时协助处理：鲜活、易腐烂变质和易失效的商品、货物，商品保质期临近届满的商品、货物，季节性的商品、货物，价格有可能急速下降的商品、货物，保管困难和需要保管费用过大的商品、货物，其他不宜长期保存的商品、货物。纳税人没有按规定期限协助处理的，经县级以上税务局局长批准，税务机关通知纳税人以后，可以参照抵税财物拍卖、变卖的程序和方式拍卖、变卖。拍卖、变卖所得由税务机关保存价款，继续实施税收保全措施，并通知纳税人。税务机关依法作出税务处理决定以后，应当及时办理税款、滞纳金和罚款的入库手续。拍卖、变卖所得抵缴税款、滞纳金和罚款以后有余额的，税务机关应当自办理入库手续之日起3个工作日以内退还纳税人。拍卖、变卖所得不足抵缴税款、滞纳金和罚款的，税务机关应当继续追缴。

41. 怎样办理纳税担保?

纳税担保包括经税务机关认可的纳税担保人为纳税人提供的纳税担保、纳税人或者第三人以其没有设置或者没有全部设置担保物权的财产提供的担保。

纳税担保人包括在中国境内具有纳税担保能力的自然人、法人和其他经济组织。法律、行政法规规定的没有担保资格的单位和个人不得作为纳税担保人。

纳税担保人同意为纳税人提供纳税担保的，应当填写纳税担保书，写明担保对象、担保范围、担保期限、担保责任和其他有关事项。纳税担保书须经纳税人、纳税担保人签字盖章，并经税务机关同意，方为有效。

纳税人或者第三人以其财产提供纳税担保的，应当填写财产清单，并写明财产价值和其他有关事项。纳税担保财产清单须经纳税人或者第三人签字盖章，并经税务机关确认，方为有效。

42. 海关在什么情况下可以采取税收保全措施?

进出口货物关税的纳税人在规定的纳税限期以内有明显的转移、

隐匿其应税货物和其他财产的迹象的，海关可以责令纳税人提供纳税担保；纳税人不能提供纳税担保的，经过海关总署直属海关关长或其授权的隶属海关关长批准，海关可以采取下列税收保全措施：

一、书面通知纳税人开户银行和其他金融机构冻结纳税人的金额相当于应纳税款的存款。

二、扣留纳税人价值相当于应纳税款的货物和其他财产。

纳税人在规定的期限以内缴纳税款的，海关必须立即解除税收保全措施；期限届满仍然没有缴纳税款的，经过海关总署直属海关关长或其授权的隶属海关关长批准，海关可以书面通知纳税人开户银行和其他金融机构从其冻结的存款中扣缴税款；或者依法变卖所扣留的货物和其他财产，以变卖所得抵缴税款。

有下列情形之一，纳税人要求海关先放行货物的，应当按照海关初步确定的应缴税款向海关提供足额税款担保：海关尚未确定商品归类、完税价格和原产地等征税要件的；正在海关办理减免税审批手续的；申请延期缴纳税款的；暂时进出境的；进境修理、出境加工的，按照保税货物管理的除外；由于残损、品质不良和规格不符，纳税人申报进口、出口无代价抵偿货物时，原进口货物尚未退运出境或者尚未放弃交由海关处理的，原出口货物尚未退运进境的；其他按照有关规定需要提供税款担保的。在一般情况下，海关应当对上述货物收取全额税款保证金或者金融机构保函以后放行。应企业申请，海关可以先根据企业申报征收税款，同时按照海关认定的应征税款和已征税款的差额部分收取税款担保以后放行。

税款担保期限一般不超过6个月，特殊情况经直属海关关长或者其授权人批准可以酌情延长。

税款担保一般应为保证金、银行和非银行金融机构的保函。银行、非银行金融机构的税款保函，其保证方式应当是连带责任保证。税款保函明确规定保证期间的，保证期间应当不短于海关批准的担保期限。

在海关批准的担保期限以内，纳税人履行纳税义务的，海关应当自纳税人履行纳税义务之日起5个工作日以内办结解除税款担保的相关手续。纳税人未履行纳税义务，收取税款保证金的，海关应当自担保期限届满之日起5个工作日以内完成保证金转为税款的相关手续；银行、非银行金融机构提供税款保函的，海关应当自担保期限届满之日起6个月以内，或者在税款保函规定的保证期间，要求担保人履行相应的纳税义务。

43. 税务机关、海关查封、扣押涉案财物的程序是怎样规定的?

税务机关、海关（以下简称行政机关）依法决定查封、扣押的，应当履行法定程序，制作并当场交付查封、扣押决定书和清单。

法定基本程序如下：实施以前必须向行政机关负责人报告并经批准；由2名以上行政执法人员实施；出示执法身份证件；通知当事人到场；当场告知当事人查封、扣押的理由、依据和当事人依法享有的权利、救济途径；听取当事人的陈述和申辩；制作现场笔录；现场笔录由当事人和行政执法人员签名或者盖章，当事人拒绝的，在笔录中注明；当事人不到场的，邀请见证人到场，由见证人和行政执法人员在现场笔录上签名或者盖章。

查封、扣押决定书应当载明下列事项：当事人的姓名或者名称、地址；查封、扣押的理由、依据和期限；查封、扣押财物的名称、数量等；申请行政复议或者提起行政诉讼的途径和期限；行政机关的名称、印章和日期。

查封、扣押清单一式二份，由当事人和行政机关分别保存。

44. 税务机关、海关冻结存款的程序是怎样规定的?

税务机关、海关依法决定冻结存款的，应当履行法定程序，并向金融机构交付冻结通知书。

法定基本程序如下：实施以前必须向行政机关负责人报告并经批准，由2名以上行政执法人员实施，出示执法身份证件，制作现场笔录。

依法决定冻结存款的行政机关应当在3天以内向当事人交付冻结决定书。冻结决定书应当载明下列事项：当事人的姓名或者名称、地址，冻结的理由、依据和期限，冻结的账号和金额；申请行政复议或者提起行政诉讼的途径和期限，行政机关的名称、印章和日期。

金融机构接到行政机关依法作出的冻结通知书以后，应当立即冻结，不得拖延，不得在冻结以前向当事人泄露信息。

45. 什么是税收强制执行措施？税务机关在什么情况下可以采取这种措施？

税收强制执行措施，是税务机关为了维护国家的税收权益，依法对纳税人不按照规定履行纳税义务的行为和扣缴义务人不按照规定履行扣缴税款义务的行为，所采取的强制其履行纳税义务、扣缴税款义务的行政措施。

从事生产、经营的纳税人、扣缴义务人没有按照规定的期限缴纳或者解缴税款，纳税担保人没有按照规定的期限缴纳所担保的税款，由税务机关发出限期缴纳税款通知书，责令缴纳或者解缴税款的最长期限不得超过15天。逾期仍然没有缴纳的，经过县级以上税务局局长批准，税务机关可以采取下列税收强制执行措施：

一、书面通知纳税人、扣缴义务人、纳税担保人的开户银行和其他金融机构从纳税人、扣缴义务人、纳税担保人的存款中扣缴税款。如果纳税人、扣缴义务人、纳税担保人在银行和其他金融机构的存款不足以同时支付税款和贷款，应当先扣缴税款，后扣收贷款。有关银行和其他金融机构在规定的期限以内无法实现扣缴税款的，应当书面通知税务机关，以便税务机关采取其他强制执行措施。

二、依法扣押、查封、拍卖、变卖纳税人、扣缴义务人和纳税担保人的价值相当于应纳税款的商品、货物和其他财产，以拍卖、变卖所得抵缴税款。税务机关将依法扣押、查封的商品、货物和其他财产变价抵缴税款的时候，应当交由依法成立的拍卖机构拍卖；

无法委托拍卖或者不适于拍卖的，可以交由当地商业企业代为销售，也可以责令纳税人限期处理；无法委托商业企业销售，纳税人也无法处理的，可以由税务机关变价处理。国家禁止自由买卖的物品，应当交由有关单位按照国家规定的价格收购。

对于价值超过应纳税额且不可分割的商品、货物和其他财产，税务机关在纳税人、扣缴义务人和纳税担保人没有其他可供强制执行的财产的情况下，可以整体扣押、查封和拍卖。

税务机关在采取税收强制执行措施的时候，对纳税人、扣缴义务人和纳税担保人没有缴纳的滞纳金同时强制执行。

拍卖、变卖所得抵缴税款、滞纳金、罚款和拍卖、变卖等费用以后，剩余部分应当在3天以内退还被执行人。

个人及其所扶养家属维持生活必需的住房和用品，不在税收强制执行措施的范围以内。

上述采取税收保全措施、强制执行措施的权力，不得由法定的税务机关以外的单位、个人行使。

税务机关滥用职权，违法采取税收保全措施、强制执行措施，或者采取税收保全措施和强制执行措施不当，使纳税人、扣缴义务人和纳税担保人的合法权益遭受损失的，应当依法承担赔偿责任。

当事人对税务机关采取的税收保全措施、强制执行措施不服的，可以依法申请行政复议，或者向人民法院起诉。

46. 税务机关扣押、查封纳税人财产的时候怎样计算其价值？

税务机关在依法扣押、查封纳税人的价值相当于应纳税款的商品、货物和其他财产的时候，参照同类商品的市场价、出厂价和评估价估算，并应当包括应纳税款的滞纳金和拍卖、变卖有关商品、货物和其他财产的时候发生的费用。

税务机关在依法实施上述扣押、查封措施的时候，对于有产权证件的动产和不动产，可以责令当事人将有关产权证件交税务机关保管，同时向有关机关发出协助执行通知，有关机关在税务机关扣押、查封期间不再办理有关财产的过户手续。

对于被查封的商品、货物和其他财产，税务机关可以指令被执行人负责保管，保管责任由被执行人承担。

继续使用被查封的财产不会减少其价值的，税务机关可以允许被执行人继续使用；由于被执行人保管和使用的过错造成的损失，由被执行人承担。

47. 海关在什么情况下可以采取税收强制措施？

进出口货物关税的纳税人、担保人逾期3个月没有按照规定纳税的，经过海关总署直属海关关长或者其授权的隶属海关关长批准，海关可以采取下列税收强制措施：

一、书面通知纳税人、担保人的开户银行和其他金融机构从纳税人、担保人的存款中扣缴税款。

二、将应税货物依法变卖，以变卖所得抵缴税款。

三、扣留并依法变卖纳税人、担保人的价值相当于应纳税款的货物和其他财产，以变卖所得抵缴税款。

海关在采取税收强制措施的时候，对纳税人、担保人没有缴纳的滞纳金同时强制执行。

48. 怎样处理欠税？

欠税指纳税人、扣缴义务人超过税收法律、法规规定或税务机关依照税收法律、法规规定的纳税期限，未缴、少缴税款的行为。

税务机关征收税款，税收优先于无担保债权，法律另有规定的除外。纳税人欠缴的税款发生在纳税人以其财产设定抵押、质押和纳税人的财产被留置以前，税收应当先于抵押权、质权和留置权执行。

纳税人欠缴税款，同时被行政机关决定处以罚款和没收违法所得的，税收优先于罚款和没收违法所得。

县级以上各级税务机关应当定期将纳税人欠缴税款的情况在办

税场所或者广播、电视、报刊和网络等新闻媒体上予以公告。海关也可以对关税纳税人欠缴税款的情况予以公告。

纳税人有欠税情形而以其财产设定抵押和质押的，应当向抵押权人和质权人说明其欠税情况。抵押权人和质权人可以请求税务机关提供有关的欠税情况。

纳税人有合并和分立情形的，应当向税务机关报告，并依法缴清税款。纳税人在合并的时候没有缴清税款的，应当由合并以后的纳税人继续履行没有履行的纳税义务。纳税人在分立的时候没有缴清税款的，分立以后的纳税人对于没有履行的纳税义务应当承担连带责任。

欠缴税款5万元以上的纳税人在处分其不动产和大额资产以前，应当向税务机关报告。

欠缴税款的纳税人由于怠于行使到期债权，放弃到期债权，无偿转让财产，以明显不合理的低价转让财产而受让人知道该情形，对于国家税收造成损害的，税务机关可以按照合同法的有关规定行使代位权、撤销权。税务机关依法行使上述权力的，不免除欠缴税款的纳税人尚未履行的纳税义务和应当承担的法律责任。

纳税人有解散、撤销和破产情形的，在清算以前应当报告税务机关；没有结清税款的，由税务机关参加清算。

欠缴关税的纳税人有合并、分立情形的，应当在合并、分立以前报告海关，依法缴清税款。纳税人在合并的时候没有缴清税款的，应当由合并以后的法人和其他组织继续履行没有履行的纳税义务。纳税人在分立的时候没有缴清税款的，分立以后的法人和其他组织应当对没有履行的纳税义务承担连带责任。

关税的纳税人在减免税货物、保税货物监管期间有合并、分立和其他资产重组情形的，应当报告海关。按照规定需要缴税的，应当依法缴清税款；按照规定可以继续享受减免税、保税待遇的，应当到海关办理变更纳税人的手续。

关税的纳税人欠税或者在减免税货物、保税货物监管期间有撤销、解散、破产和其他依法终止经营情形的，应当在清算以前报告海关，海关应当依法对纳税人的应缴税款予以清缴。

49. 欠税者需要出境的时候怎样处理?

欠缴税款的纳税人或者其代表人需要出境的时候，应当在出境以前向税务机关结清应纳税款和滞纳金，或者提供纳税担保。

经过税务机关调查核实，欠税人没有按照规定结清税款和滞纳金，又没有提供纳税担保，且准备出境的，税务机关应当首先依法向欠税人申明不准出境。对于已经取得出境证件，执意出境的，税务机关可以按照规定函请公安机关阻止其出境。

欠税人为个人的，阻止出境对象为当事人本人；欠税人为法人的，阻止出境对象为其法定代表人；欠税人为其他经济组织的，阻止出境对象为其负责人。法定代表人或者负责人变更的时候，以变更之后的法定代表人或者负责人为阻止出境对象；法定代表人不在我国境内的，以其在华的主要负责人为阻止出境对象。

对于已经结清阻止出境时欠缴的全部税款，或者已经向税务机关提供相当全部欠缴税款的纳税担保，或者欠税企业已经依法宣告破产并且按照破产法规定的程序清偿终结者，税务机关必须按照规定函请公安机关撤控放行，允许其出境。

纳税人以其拥有的没有设置抵押权的财产作为纳税担保的，应当就担保财产的监督和处分权等事项在中国境内委托代理人，并将担保财产的清单和委托代理协议书的副本交税务机关。

已经移送法院审理的欠税人，由法院依法处理。

50. 纳税人多缴、少缴的税款怎样处理?

纳税人超过应纳税额缴纳的税款，税务机关应当自发现之日起10 天以内办理退还手续。纳税人自结算缴纳税款之日起 3 年以内发现的，可以向税务机关要求退还多缴的税款，并加算银行同期存款利息。税务机关应当自接到纳税人提交的退税申请之日起 30 天以内查实，并办理退还手续，退税利息按照税务机关办理退税手续当天中国人民银行规定的活期存款利率计算。上述多缴的税款不包括依法预缴税款而形成的结算退税、出口退税和免税、减税退税。

如果纳税人既有应退税款，又有欠缴税款，税务机关可以先从应退税款及其利息中抵扣欠缴税款；抵扣以后有余额的，应当退还纳税人。

由于税务机关适用税收法律、行政法规不当，或者执法行为违法，致使纳税人、扣缴义务人未缴、少缴税款的，税务机关在 3 年以内可以要求纳税人、扣缴义务人补缴税款，但是不得加收滞纳金。

由于纳税人、扣缴义务人计算错误等失误，未缴或者少缴、未扣或者少扣、未收或者少收税款的，税务机关在 3 年以内可以追征税款、滞纳金。纳税人、扣缴义务人由于计算错误等失误，未缴或者少缴、未扣或者少扣、未收或者少收税款累计数额在 10 万元以上的，追征期可以延长到 5 年。纳税人不进行纳税申报造成不缴或者少缴税款的，也按此处理。

对于偷税、抗税和骗税的，税务机关追征其未缴、少缴的税款和滞纳金和骗取的税款，不受上述规定期限的限制。

补缴和追征税款、滞纳金的期限，自纳税人、扣缴义务人应缴未缴或者少缴税款之日起计算。

海关发现多征税款的，应当立即通知纳税人办理退还手续。纳税人应当自收到海关通知之日起 3 个月以内办理有关退税手续。纳税人发现多缴税款的，自缴纳税款之日起 1 年以内，可以以书面形式要求海关退还多缴的税款，并加算银行同期活期存款利息。应退利息按照海关填发收入退还书之日中国人民银行规定的活期储蓄存款利率计算，计算应退利息的期限自纳税人缴纳税款之日起至海关填发收入退还书之日止。海关应当自受理纳税人提交的退税申请之日起 30 天以内查实，并通知纳税人办理退还手续。纳税人应当自收到通知之日起 3 个月以内办理有关退税手续。

进出口货物放行以后，海关发现少征、漏征税款的，应当自缴纳税款或者货物放行之日起1年以内向纳税人补征。由于纳税人违反规定而造成少征或者漏征税款的，海关可以自缴纳税款或者货物放行之日起3年以内追征，并自缴纳税款或者货物放行之日起按日加收少征、漏征税款的滞纳金。

由于纳税人违反规定而造成海关监管货物少征、漏征税款的，海关应当自纳税人应当缴纳税款之日起3年以内追征税款，并自应当缴纳税款之日起至海关发现纳税人的违规行为之日止，按日加收少征、漏征税款的滞纳金。上述应缴纳税款之日，指纳税人违反规定的行为发生之日；该行为发生之日不能确定的，应当以海关发现该行为之日作为应缴纳税款之日。

海关补征、追征税款，应当制发《海关补征税款告知书》，纳税人应当自收到该告知书之日起15天以内到海关办理补缴税款的手续。纳税人没有在上述规定期限以内办理补税手续的，海关应当在规定期限届满之日填发税款缴款书。

51. 免税、减税的分类和审批权限是怎样规定的？

纳税人可以按照法律、行政法规的规定向税务机关申请免税、减税。

免税、减税分为报批类免税、减税和备案类免税、减税。报批类免税、减税，指应当由税务机关审批的免税、减税项目；备案类免税、减税，指取消审批手续的免税、减税项目和不需税务机关审批的免税、减税项目。

纳税人享受报批类免税、减税，应当提出免税、减税申请，并报送有关资料，经过具有审批权限的税务机关批准以后执行。纳税人享受备案类免税、减税，应当提请税务机关备案，从税务机关备案之日起执行。

纳税人同时从事免税、减税项目和非免税、减税项目的，应当分别核算。不能分别核算的，不能免税、减税。核算不清的，由税务机关按照合理方法核定。

纳税人依法可以享受免税、减税待遇，但是没有享受，从而多缴税款的，无明确规定需要经过税务机关审批的，没有规定申请免税、减税期限的，纳税人可以在3年以内申请免税、减税，要求退还多缴的税款，但是不加算银行同期存款利息。

免税、减税的申请应当由法律、行政法规规定的免税、减税审查批准机关审批。地方各级人民政府、各级人民政府主管部门、单位和个人违反法律、行政法规规定擅自作出的免税、减税决定无效，税务机关不得执行，并应当向上级税务机关报告。

免税、减税审批机关由税收法律、法规和规章设定。凡规定应当由国家税务总局审批的，由各省、自治区、直辖市和计划单列市税务机关报送国家税务总局审批。凡规定应当由省级以下税务机关审批的，由各省级税务机关审批或者确定审批权限，原则上由纳税人所在地的县级税务机关审批。对于免税、减税金额比较大或者免税、减税条件复杂的项目，省级税务机关可以根据效能与便民、监督与责任的原则适当划分审批权限。

52．怎样申请、审批免税、减税?

纳税人申请报批类免税、减税的，应当在规定的免税、减税期限以内向税务机关提出书面申请，并报送免税、减税申请报告、财务会计报表、纳税申报表、有关部门出具的证明和税务机关要求提供的其他资料。

纳税人可以向主管税务机关申请免税、减税，也可以直接向具有审批权限的税务机关申请免税、减税。

由纳税人所在地主管税务机关受理、应当由上级税务机关审批的免税、减税申请，纳税人所在地主管税务机关应当自受理申请之日起10个工作日以内直接上报具有审批权限的上级税务机关。

税务机关对于纳税人提出的免税、减税申请，应当根据具体情况分别作出处理：

一、申请的免税、减税项目依法不需要经过税务机关审查的，应当告知纳税人不受理。

二、报送的材料不详或者存在错误的，应当告知纳税人更正。

三、报送的材料不齐全或者不符合法定形式的，应当在5个工作日以内一次告知纳税人需要补正的全部内容。

四、报送的材料齐全、符合法定形式的，或者纳税人按照税务机关的要求提交全部补正材料的，应当受理纳税人的申请。

税务机关需要对纳税人报送的材料实地核实的，应当指派2名以上工作人员按照规定程序实地核查。实地核查工作量大、耗时长的，上级税务机关可以委托纳税人所在地的县级税务机关组织核查。

免税、减税期限超过一个纳税年度的，应当一次性审批。

县级税务机关负责审批的免税、减税，必须在20个工作日以内作出审批决定；地（市）级税务机关负责审批的免税、减税，必须在30个工作日以内作出审批决定；省级税务机关负责审批的免税、减税，必须在60个工作日以内作出审批决定。在规定期限以内不能作出审批决定的，经本级税务机关负责人批准，可以延长10个工作日，并将延长期限的理由告知纳税人。

免税、减税申请符合法定条件的，具有审批权限的税务机关应当在规定的期限以内作出准予免税、减税的书面决定，并自作出决定之日起10个工作日以内将该决定送达纳税人。在税务机关的免税、减税批复下达以前，纳税人应当按照规定申报纳税。依法不予免税、减税的，税务机关应当说明理由，并告知纳税人享有依法申请行政复议和提起行政诉讼的权利。

纳税人在执行备案类免税、减税以前，必须向税务机关申报免税、减税规定的执行情况和税务机关要求提供的有关资料备案。税务机关应当在受理纳税人免税、减税备案以后7个工作日以内完成登记备案工作，并告知纳税人执行。

纳税人享受免税、减税的条件发生变化的，应当自发生变化之日起15个工作日以内向税务机关报告；不再符合免税、减税条件的，应当依法履行纳税义务；没有依法纳税的，税务机关应当追缴应纳税款。

53. 免税、减税的监督管理是怎样规定的?

纳税人已经享受免税、减税的，应当纳入正常申报，进行免税、减税申报。纳税人享受免税、减税到期的，应当申报缴纳税款。税务机关应当对纳税人已经享受免税、减税的情况加强管理和监督。

税务机关应当结合纳税检查、执法检查和其他专项检查，每年定期清查、清理纳税人的免税、减税事项，加强监督，主要内容包括：纳税人是否符合免税、减税的条件，是否以隐瞒有关情况和提供虚假材料等手段骗取免税、减税；纳税人享受免税、减税的条件发生变化的时候，是否根据变化的情况经税务机关重新审查以后办理免税、减税；免征、减征的税款有规定用途的，纳税人是否按照规定用途使用；免税、减税有规定期限的，是否到期恢复纳税；是否存在纳税人未经税务机关批准自行享受免税、减税的情况；已经享受免税、减税是否申报。

免税、减税的审批采取谁审批谁负责的制度，各级税务机关应当将免税、减税审批纳入岗位责任制考核体系中，建立税收行政执法责任追究制度。

税务机关应当按照规定的时间和程序，公正、透明、廉洁、高效和方便纳税人的原则，及时受理、审批纳税人申请的免税、减税事项。非由于客观原因没有及时受理、审批的，或者没有按照规定程序审批、核实造成审批错误的，应当依法追究责任。

纳税人的实际经营情况不符合免税、减税条件的，采用欺骗手段获取免税、减税的，享受免税、减税的条件发生变化以后没有及时向税务机关报告的，没有按照规定的程序报批而自行免税、减税的；因税务机关的责任审批、核实错误，造成企业未缴、少缴税款的；税务机关越权免税、减税的，应当按照税收征收管理法的有关规定处理。

税务机关应当按照实质重于形式的原则对企业的经营情况实施

事后检查。检查中发现有关专业技术部门、经济鉴证部门认定失误的，应当及时与有关部门沟通，提请纠正，及时取消有关纳税人的优惠资格，督促追究有关责任人的法律责任。有关部门非法提供证明，导致未缴或者少缴税款的，应当按照税收征管法实施细则的有关规定处理。

54. 怎样申请、审批进出口货物的免税、减税？

进出口货物免征、减征关税、进口环节海关代征税（以下简称免税、减税）事务，除了法律、行政法规另有规定的以外，海关按照《中华人民共和国海关进出口货物减免税管理办法》实施管理。

进出口货物免税、减税申请人（以下简称减免税申请人）应当向其所在地海关申请办理免税、减税备案、审批手续，特殊情况除外。投资项目所在地海关与减免税申请人所在地海关不是同一海关的，减免税申请人应当向投资项目所在地海关申请办理上述手续。投资项目所在地涉及多个海关的，减免税申请人可以向其所在地海关或者有关海关的共同上级海关申请办理上述手续，有关海关的共同上级海关可以指定相关海关办理。投资项目由投资项目单位所属非法人分支机构实施的，在获得投资项目单位的授权并经投资项目所在地海关审核同意以后，该非法人分支机构可以向投资项目所在地海关申请办理上述手续。

减免税申请人可以自行向海关申请办理免税、减税备案，审批，税款担保和后续管理业务等相关手续，也可以委托他人办理上述手续。委托他人办理的，应当由被委托人持减免税申请人出具的《减免税手续办理委托书》和其他相关材料向海关申请，海关审核同意以后被委托人即可以办理。已经在海关办理注册登记并取得报关注册登记证书的报关企业和进出口货物收发货人可以接受减免税申请人委托，代为办理免税、减税相关事宜。

海关总署对重大免税、减税事项实施备案管理。

55. 怎样办理进出口货物免税、减税备案？

减免税申请人按照规定申请进出口货物免税、减税，海关需要事先对减免税申请人的资格或者投资项目等情况确认的，减免税申请人应当在申请办理免税、减税审批手续以前向海关申请办理免税、减税备案手续，并按照规定提交有关材料。

海关收到减免税申请人的免税、减税备案申请以后，应当审查确认提交的申请材料是否齐全、有效，填报是否规范。上述材料符合规定的，海关应当予以受理，海关收到申请材料之日为受理之日；上述材料不齐全或者不符合规定的，海关应当一次性告知减免税申请人需要补正的有关材料，海关收到全部补正的申请材料之日为受理之日。不能按照规定向海关提交齐全、有效材料的，海关不予受理。

海关受理减免税申请人的免税、减税备案申请以后，应当审核其主体资格和投资项目等情况。经审核符合规定的，应当准予备案；经审核不予备案的，应当书面通知减免税申请人。海关应当自受理之日起10个工作日以内作出是否准予备案的决定。由于政策规定不明确，或者涉及其他部门管理职责，需要与相关部门协商、核实有关情况等原因，在10个工作日以内不能作出决定的，海关应当书面向减免税申请人说明理由，并自上述情形消除之日起15个工作日以内作出是否准予备案的决定。

减免税申请人要求变更、撤销免税、减税备案的，应当向海关递交申请。经审核符合规定的，海关应当予以办理。变更、撤销免税、减税备案应当由项目审批部门出具意见的，减免税申请人应当在申请变更、撤销的时候一并提供。

56. 怎样办理进出口货物免税、减税审批？

减免税申请人应当在货物申报进出口以前向海关申请办理进出口货物免税、减税审批手续，并按照规定提交有关材料。

海关收到减免税申请人的上述申请以后，应当审核确认提交的申请材料是否齐全、有效，填报是否规范；应当办理免税、减税备案手续的，还应当审核是否已经按照规定办理上述手续。

减免税申请人提交的申请材料符合规定的，海关应当予以受理，海关收到申请材料之日为受理之日；减免税申请人提交的申请材料不齐全或者不符合规定的，海关应当一次性告知减免税申请人需要补正的有关材料，海关收到全部补正的申请材料之日为受理之日。不能按照规定向海关提交齐全、有效材料，或者没有按照规定办理免税、减税备案手续的，海关不予受理。

海关受理减免税申请人的免税、减税审批申请以后，应当审核进出口货物相关情况是否符合有关进出口税收优惠规定、进出口货物的金额和数量等是否在免税、减税额度以内等情况；应当办理免税、减税备案的，还需要审核减免税申请人、进出口货物等是否符合备案情况。

经审核符合规定的，应当作出进出口货物征税、免税或者减税的决定，并签发《中华人民共和国海关进出口货物征免税证明》（以下简称征免税证明）。

海关应当自受理免税、减税审批申请之日起10个工作日以内作出是否准予免税、减税的决定。

有下列情形之一，不能在上述期限以内作出决定的，海关应当书面向减免税申请人说明理由，并自有关情形消除之日起15个工作日以内作出是否准予免税、减税的决定：

一、政策规定不明确，或者涉及其他部门的管理职责，需要与相关部门协商、核实有关情况的。

二、需要对货物进行化验、鉴定以确定是否符合免税、减税规定的。

三、由于其他合理原因不能在上述期限以内作出决定的。

减免税申请人申请变更、撤销已经签发的征免税证明的，应当在征免税证明有效期以内向海关提出申请，说明理由，并提交相关材料。经审核符合规定的，海关准予变更、撤销。准予变更的，海关应当在变更完成以后签发新的征免税证明，并收回旧的征免税证明；准予撤销的，海关应当收回已经签发的征免税证明。

减免税申请人应当在征免税证明有效期以内办理有关进出口货物通关手续。不能在有效期内办理，需要延期的，应当在征免税证明有效期以内向海关提出延期申请。经海关审核同意，准予办理延长征免税证明有效期手续。征免税证明可以延期一次，延期时间自有效期届满之日起算，延长期限不得超过6个月，海关总署批准的特殊情况除外。

除了国家政策调整等原因并经海关总署批准以外，减免税申请人在货物征税放行以后申请补办免税、减税审批手续的，海关不予受理。

57. 怎样办理免税、减税进出口货物税款担保?

有下列情形之一的，减免税申请人可以向海关申请凭税款担保先予办理进出口货物放行手续：

一、海关按照规定已经受理免税、减税备案或者审批申请，没有办理完毕的；

二、有关进出口税收优惠政策已经国务院批准，实施措施没有明确，海关总署已经确认减免税申请人属于享受该政策范围的；

三、其他经海关总署核准的情况。

减免税申请人需要办理税款担保手续的，应当在货物申报进出口以前向海关提出申请，并按照规定提交相关材料。

海关应当自受理申请之日起7个工作日以内作出是否准予担保的决定。准予担保的，应当出具《中华人民共和国海关准予办理减免税货物税款担保证明》（以下简称准予担保证明），进出口地海关据此办理货物的税款担保和验放手续；不准予担保的，应当出具《中华人民共和国海关不准予办理减免税货物税款担保决定》。

国家对进出口货物有限制性规定，应当提供许可证件而不能提供的，法律、行政法规规定不得担保的其他情形，进出口地海关不得办理免税、减税货物凭税款担保放行手续。

税款担保期限不超过6个月；经直属海关关长或者其授权人批准可以予以延期，延期时间自税款担保期限届满之日起算，延长期限不超过6个月；特殊情况仍然需要延期的，应当经海关总署批准。

海关按照规定延长免税、减税备案和审批手续办理时限的，免税、减税货物税款担保时限可以相应延长，海关应当及时通知减免税申请人向海关申请办理免税、减税货物税款担保延期的手续。

减免税申请人在免税、减税货物税款担保期限届满以前没有取得征免税证明，申请延长税款担保期限的，应当在准予担保证明规定期限届满的10个工作日以前向海关提出申请。海关应当在受理上述申请以后7个工作日以内作出是否准予延长担保期限的决定。准予延长的，应当出具《中华人民共和国海关准予办理减免税货物税款担保延期证明》（以下简称准予延期证明），进出口地海关据此办理免税、减税货物税款担保延期手续；不准予延长的，应当出具《中华人民共和国海关不准予办理减免税货物税款担保延期决定》。减免税申请人按照海关要求申请延长免税、减税货物税款担保期限的，比照上述规定办理。

减免税申请人在免税、减税货物税款担保期限届满以前取得征免税证明的，海关应当解除税款担保，办理征免税进出口手续。担保期限届满，减免税申请人没有按照规定申请办理免税、减税货物税款担保延期手续的，海关应当要求担保人履行相应的担保责任，或者将税款保证金转为税款。

58. 怎样处置免税、减税进口货物?

在进口免税、减税货物的海关监管年限以内，未经海关许可，减免税申请人不得擅自将免税、减税货物转让、抵押、质押、移作他用和进行其他处置。

按照规定在进口的时候免予提交许可证件的进口免税、减税货物，减免税申请人向海关申请转让、抵押、质押、移作他用和进行其他处置的时候，按照规定需要补办许可证件的，应当补办有关许可证件。

在海关监管年限以内，减免税申请人将进口免税、减税货物转让给进口同一货物享受同等免税、减税待遇的其他单位的，应当按照下列规定办理减免税货物结转手续：免税、减税货物的转出申请人持有关单证向转出地海关提出申请，转出地海关审核同意以后，通知转入地海关；免税、减税货物的转入申请人向转入地海关申请办理免税、减税审批手续，转入地海关审核无误以后签发征免税证明；转出、转入免税、减税货物的申请人应当分别向各自的主管海关申请办理免税、减税货物的出口、进口报关手续，转出地海关办理转出免税、减税货物的解除监管手续，结转免税、减税货物的监管年限应当连续计算，转入地海关在剩余监管年限以内对结转免税、减税货物继续监管。

在海关监管年限以内，减免税申请人将进口免税、减税货物转让给不享受进口税收优惠待遇和进口同一货物不享受同等优惠待遇的其他单位的，应当事先向减免税申请人主管海关申请办理免税、减税货物补缴税款和解除监管手续。

在海关监管年限以内，减免税申请人需要将免税、减税货物移作他用的，应当事先向海关提出申请。经海关批准，减免税申请人可以按照海关批准的使用地区、用途和企业将免税、减税货物移作他用。

除了海关总署另有规定者以外，按照上述规定将免税、减税货物移作他用的，减免税申请人还应当按照移作他用的时间补缴相应税款；移作他用时间不能确定的，应当提交相应的税款担保，税款担保不得低于剩余监管年限应当补缴税款总额。

在海关监管年限以内，减免税申请人要求以免税、减税货物向金融机构办理贷款抵押的，应当向海关提出书面申请。经审核符合规定的，海关可以批准其办理贷款抵押手续。减免税申请人不得以免税、减税货物向金融机构以外的公民、法人和其他组织办理贷款抵押。

减免税申请人以免税、减税货物向中国境内金融机构办理贷款抵押的，应当向海关提供下列形式的担保：与货物应缴税款等值的保证金；中国境内金融机构提供的相当于货物应缴税款的保函；减免税申请人、中国境内金融机构共同向海关提交《进口减免税货物贷款抵押承诺保证书》，书面承诺当减免税申请人抵押贷款无法清偿，需要以抵押物抵偿的时候，抵押人或者抵押权人先补缴海关税款，或者从抵押物的折价、变价款中优先偿付海关税款。减免税申请人以免税、减税货物向中国境外金融机构办理贷款抵押的，应当向海关提交上述第一种或者第二种形式的担保。

海关在收到贷款抵押申请材料以后，应当审核申请材料是否齐全、有效，必要的时候可以实地核查免税、减税货物情况，了解减免税申请人经营状况。经审核同意的，海关应当出具《中华人民共和国海关准予进口减免税货物贷款抵押通知》。

海关同意以进口免税、减税货物办理贷款抵押的，减免税申请人应当自正式签订抵押合同、贷款合同之日起30天以内将抵押合同、贷款合同正本或者复印件交海关备案。抵押合同、贷款合同的签订日期不是同一天的，按照后签订的日期计算备案时限。贷款抵押需要延期的，减免税申请人应当在贷款期限届满之前20天以内向海关申请办理贷款抵押的延期手续。经审核同意的，海关签发准予延期通知，并出具《中华人民共和国海关准予办理进口减免税货物贷款抵押延期通知》。

59. 怎样管理免税、减税进口货物？

除了海关总署另有规定者以外，在海关监管年限以内，减免税申请人应当按照海关规定保管、使用进口免税、减税货物，并依法接受海关监管。进口免税、减税货物的监管年限为：船舶、飞机，8年；机动车辆，6年；其他货物，5年。监管年限自货物进口放行之日起计算。

在海关监管年限以内，减免税申请人应当自进口免税、减税货物放行之日起，在每年的第一季度向海关递交《减免税货物使用状况报告书》，报告减免税货物使用状况。减免税申请人没有执行上述规定，向海关申请办理免税、减税备案和审批手续的，海关不予受理。

在海关监管年限以内，减免税货物应当在海关核准的地点使用。需要变更使用地点的，减免税申请人应当向海关提出申请，说明理由，经海关批准以后方可变更使用地点。

免税、减税货物需要移出主管海关管辖地使用的，减免税申请人应当事先持有关单证和需要异地使用的说明材料向主管海关申请办理异地监管手续，经主管海关审核同意并通知转入地海关以后，减免税申请人可以将免税、减税货物运至转入地海关管辖地，转入地海关确认免税、减税货物情况以后进行异地监管。免税、减税货物在异地使用结束以后，减免税申请人应当及时向转入地海关申请办结异地监管手续，经转入地海关审核同意并通知主管海关以后，减免税申请人应当将免税、减税货物运回主管海关管辖地。

在海关监管年限以内，减免税申请人发生分立、合并、股东变更和改制等情形的，权利义务承受人（以下简称承受人）应当自营业执照颁发之日起30天以内，向原减免税申请人的主管海关报告主体变更情况和原减免税申请人进口免税、减税货物的情况。经海关审核，需要补征税款的，承受人应当向原减免税申请人主管海关办理补税手续；可以继续享受免税、减税待遇的，承受人应当按照规定申请办理免税、减税备案变更或者免税、减税货物结转手续。

在海关监管年限以内，由于破产、改制和其他情形导致减免税申请人终止，没有承受人的，原减免税申请人和其他依法应当承担纳税义务的主体应当自资产清算之日起30天以内向海关申请办理免税、减税货物的补缴税款和解除监管手续。

在海关监管年限以内，减免税申请人要求将进口免税、减税货物退运出境或者出口的，应当报海关核准。免税、减税货物退运出境或者出口以后，减免税申请人应当持出口报关单向海关办理原进口免税、减税货物的解除监管手续。免税、减税货物退运出境或者出口的，海关不再对上述货物补征相关税款。

免税、减税货物海关监管年限届满的，自动解除监管。

在海关监管年限以内的进口减免税货物，减免税申请人书面申请提前解除监管的，应当向海关申请办理补缴税款和解除监管手续。按照规定在进口的时候免予提交许可证件的进口免税、减税货物，减免税申请人还应当补交有关许可证件。

在海关监管年限和其后的3年以内，海关依照海关法和海关稽查条例对减免税申请人进口和使用免税、减税货物情况实施稽查。

免税、减税货物转让给进口同一货物享受同等税收优惠待遇的其他单位的，不恢复免税、减税货物转出申请人的免税、减税额度，免税、减税货物转入申请人的免税、减税额度按照海关审定的货物结转时的价格、数量或者应缴税款扣减。

免税、减税货物由于品质、规格原因原状退运出境，减免税申请人以无代价抵偿方式进口同类货物的，不恢复其免税、减税额度；没有以无代价抵偿方式进口同类货物的，减免税申请人在原免税、减税货物退运出境之日起3个月以内向海关提出申请，经批准，可以恢复其免税、减税额度。

免税、减税货物由于转让和其他原因需要补征税款的，补税的完税价格以海关审定的货物原进口时的价格为基础，按照免税、减税货物进口时间与监管年限的比例折旧，其计算公式如下：

$$\frac{\text{补税的}}{\text{完税价格}} = \frac{\text{海关审定的货物}}{\text{原进口时的价格}} \times \left(1-\frac{\text{减免税货物已进口时间}}{\text{监管年限}\times 12}\right)$$

免税、减税货物进口时间自免税、减税货物放行之日起按月计算，不超过15天的不计，超过15天的按1个月计算。

按照上述规定计算免税、减税货物补征税款的，进口时间的截止日期按照下列规定确定：转让免税、减税货物的，为海关接受减免税申请人申请办理补税手续之日；减免税申请人没有经过海关批准，擅自转让免税、减税货物的，为货物实际转让之日，转让之日不能确定则为海关发现之日；在海关监管年限以内，减免税申请人发生破产、撤销、解散和其他依法终止经营情形的，为减免税申请人破产清算之日或者被依法认定终止生产、经营活动的日期。

减免税申请人将免税、减税货物移作他用，应当补缴税款的，税款的计算公式为：

$$补缴税款=\frac{海关审定的货物原}{进口时的价格}\times 税率\times(\frac{需补缴税款的时间}{监管年限\times 12\times 30})$$

上述计算公式中的税率，按照关税条例采用相应的适用税率；需补缴税款的时间，指免税、减税货物移作他用的实际时间，按日计算，无论每日实际生产是否超过8小时。

海关在办理免税、减税货物异地监管、结转、主体变更、退运出口、解除监管、贷款抵押等后续管理事务的时候，应当自受理申请之日起10个工作日以内作出是否同意的决定。由于特殊情形不能在10个工作日以内作出决定的，海关应当书面向申请人说明理由。

60．税务机关有权实施哪些税务检查？

税务检查是税务机关依法对纳税人、扣缴义务人的税务事项实施的检查。税务机关有权实施下列税务检查：

一、检查纳税人的账簿、记账凭证、报表和有关资料，检查扣缴义务人代扣代缴、代收代缴税款账簿、记账凭证和有关资料。此项检查可以在纳税人、扣缴义务人的业务场所进行；必要的时候，经过县级以上税务局局长批准，可以将纳税人、扣缴义务人以前会计年度的账簿、记账凭证、报表和其他有关资料调回税务机关检查，但是税务机关必须向纳税人、扣缴义务人开付清单，并在3个月以内完整退还；有特殊情况的（指涉及增值税专用发票检查的，纳税人涉嫌税收违法行为情节严重的，纳税人和其他当事人可能毁灭、藏匿、转移账簿等证据资料等），经过设区的市、自治州、盟、地区和直辖市的区以上税务局局长批准，税务机关可以将纳税人、扣缴义务人当年的账簿、记账凭证、报表和其他有关资料调回税务机关检查，但是必须在30天以内退还。

二、到纳税人的生产、经营场所和货物存放地检查纳税人应纳税的商品、货物和其他财产，检查扣缴义务人与代扣代缴、代收代缴税款有关的经营情况。

三、责成纳税人、扣缴义务人提供与纳税或者代扣代缴、代收代缴税款有关的文件、证明材料和有关资料。

四、询问纳税人、扣缴义务人与纳税或者代扣代缴、代收代缴税款有关的问题和情况。

五、到车站、码头、机场、邮政企业及其分支机构检查纳税人托运、邮寄应纳税商品、货物和其他财产的有关单据、凭证和有关资料。

六、经过县级以上税务局局长批准，指定专人负责，凭全国统一格式的检查存款账户许可证明，查询纳税人、扣缴义务人在银行和其他金融机构的存款账户余额和资金往来情况。税务机关在调查税收违法案件的时候，经过设区的市、自治州、盟、地区和直辖市的区以上税务局局长批准，可以查询案件涉嫌人员的储蓄存款。税务机关查询所获得的资料，不得用于税收以外的用途。

七、对于采用电算化会计系统的纳税人，税务机关有权查验其会计电算化系统；对于纳税人会计电算化系统处理、储存的会计记录和其他有关的纳税资料，税务机关有权进入其电算化系统检查，并复制与纳税有关的电子数据作为证据。检查时，税务机关有责任保证纳税人会计电算化系统的安全性，并保守纳税人的商业秘密。

税务机关派出的人员实施税务检查的时候，应当出示税务检查证和税务检查通知书（否则被检查人有权拒绝检查），并有责任为被检查人保守秘密。

税务机关对于从事生产、经营的纳税人以前纳税期的纳税情况依法检查的时候，发现纳税人有逃避纳税义务行为，并有明显的转移、隐匿其应纳税的商品、货物和其他财产或者应纳税的收入的迹象的，可以依法采取税收保全措施或者强制执行措施。

纳税人、扣缴义务人应当接受税务机关依法实施的税务检查，如实反映情况，提供有关资料，不得拒绝、隐瞒。

税务机关在依法实施税务检查的时候，有权向有关单位、个人调查纳税人、扣缴义务人和其他当事人与纳税或者代扣代缴税款、代收代缴税款有关的情况，有关单位、个人有义务向税务机关如实提供有关资料和证明材料（如工商行政管理机关可以提供有关纳税人办理营业执照、法定代表人、经营地点、经营方式和经营范围等方面的信息，银行可以提供有关纳税人开设账户和资金往来等方面的信息，运输部门可以提供有关纳税人运输货物等方面的信息，与纳税发生购销关系的单位、个人可以提供有关纳税人购销货物和劳务等方面的信息）。

61. 海关可以行使哪些权力?

海关可以行使下列权力：

一、检查进出境运输工具，查验进出境货物、物品；对违反海关法和其他有关法律、行政法规的，可以扣留。

二、查阅进出境人员的证件；查问违反海关法和其他有关法律、行政法规的嫌疑人，调查其违法行为。

三、查阅、复制与进出境运输工具、货物、物品有关的合同、发票、账册、单据、记录、文件、业务函电、录音录像制品和其他资料；对其中与违反海关法规和其他有关法律、行政法规的进出境运输工具、货物和物品有牵连的，可以扣留。

四、在海关监管区和海关附近沿海沿边规定地区，检查有走私嫌疑的运输工具和有藏匿走私货物、物品嫌疑的场所，检查走私嫌疑人的身体；对有走私嫌疑的运输工具、货物、物品和走私犯罪嫌疑人，经过海关总署直属海关关长或者其授权的隶属海关关长批准，可以扣留；对走私犯罪嫌疑人，扣留时间不超过24小时，在特殊情况下可以延长至48小时。

在海关监管和海关附近沿海沿边规定地区以外，海关在调查走私案件的时候，对有走私嫌疑的运输工具和除了公民住处以外的有藏匿走私货物、物品嫌疑的场所，经过海关总署直属海关关长或者其授权的隶属海关关长批准，可以进行检查，有关当事人应当到场；当事人没有到场的，在有见证人在场的情况下，可以径行检查；对其中有证据证明有走私嫌疑的运输工具、货物和物品，可以扣留。

五、在调查走私案件的时候，经过海关总署直属海关关长或者其授权的隶属海关关长批准，可以查询案件涉嫌单位和涉嫌人员在金融机构、邮政企业的存款、汇款。

六、进出境运输工具和个人违抗海关监管逃逸的，海关可以连续追至海关监管区和海关附近沿海沿边规定地区以外，将其带回处理。

七、海关为履行职责，可以配备武器。

八、法律、行政法规规定由海关行使的其他权力。

62. 什么是税务稽查?

税务稽查指税务机关的稽查部门依法对纳税人、扣缴义务人和其他涉税当事人履行纳税义务、扣缴义务情况和涉税事项进行检查处理及相关工作。税务稽查的基本任务是：依法查处税收违法行为，保障税收收入，维护税收秩序，促进依法纳税。

为此，税务稽查应当以事实为根据，以法律为准绳，坚持公平、公开、公正、效率的原则，依靠人民群众，加强与有关部门、单位的联系和配合。

税务稽查由税务局稽查局依法实施，稽查局在所属税务局领导下开展税务稽查工作。上级稽查局对下级稽查局的稽查业务进行管理、指导、考核和监督，对执法办案进行指挥和协调。各级国家税务局稽查局、地方税务局稽查局应当加强联系和协作，对同一被查对象尽量实施联合检查，分别处理。

稽查局查处税收违法案件时，实行选案、检查、审理、执行分工制约原则。税务稽查人员应当依法为纳税人、扣缴义务人的商业秘密、个人隐私保密，但是纳税人、扣缴义务人的税收违法行为不属于保密范围。

税务稽查人员有规定回避情形的，应当回避。被查对象要求税务稽查人员回避的，税务稽查人员自己提出回避的，由稽查局局长依法决定是否回避。稽查局局长发现税务稽查人员有规定回避情形的，应当要求其回避。稽查局局长的回避，由所属税务局领导依法审查决定。

税务稽查人员应当遵守工作纪律，恪守职业道德，不得有下列行为：违反法定程序，超越权限行使职权；利用职权为自己和他人谋取利益；玩忽职守，不履行法定义务；泄露国家秘密、工作秘密，向被查对象泄露案情；弄虚作假，夸大或者隐瞒案情；接受被查对象的请客送礼；未经批准私自会见被查对象；其他违法乱纪行为。

税务稽查人员在执法办案中滥用职权、玩忽职守、徇私舞弊的，按照有关规定严肃处理；涉嫌犯罪的，依法移送司法机关处理。

63. 税务稽查的管辖是怎样规定的?

稽查局应当在所属税务局的征收管理范围以内实施税务稽查。上述规定以外的税收违法行为，由违法行为发生地或者发现地的稽查局查处。税收法律、行政法规和国家税务总局对税务稽查管辖另有规定的，从其规定。税务稽查管辖有争议的，由争议各方本着有利于案件查处的原则逐级协商解决；不能协商一致的，报请共同的上级税务机关协调或者决定。

省、自治区、直辖市和计划单列市国家税务局稽查局、地方税务局稽查局可以充分利用税源管理和税收违法情况分析成果，结合本地实际，按照下列标准在管辖区域范围以内实施分级分类稽查：纳税人生产、经营规模，纳税规模；分地区、分行业、分税种的税负水平；税收违法行为发生频度和轻重程度；税收违法案件复杂程度；纳税人产权状况、组织体系构成；其他合理的分类标准。

分级分类稽查应当结合税收违法案件查处、税收专项检查、税收专项整治等相关工作统筹确定。

上级稽查局可以根据税收违法案件性质、复杂程度、查处难度和社会影响等，组织查处或者直接查处管辖区域以内发生的税收违法案件；下级稽查局查处重大税收违法案件有困难的，可以报请上级稽查局查处。

64. 税务稽查的选案是怎样规定的？

稽查局应当通过多种渠道获取案源信息，集体研究，合理、准确地选择和确定稽查对象。选案部门负责稽查对象的选取，并跟踪管理税收违法案件查处情况。

稽查局必须有计划地实施稽查，严格控制对纳税人、扣缴义务人的税务检查次数。稽查局应当在年度终了以前制订下一年度的稽查工作计划，经所属税务局领导批准以后实施，并报上一级稽查局备案。年度稽查工作计划中的税收专项检查内容，应当根据上级税务机关税收专项检查安排，结合工作实际确定。经所属税务局领导批准，年度稽查工作计划可以适当调整。

选案部门应当建立案源信息档案，对所获取的案源信息实行分类管理。案源信息主要包括：财务指标、税收征管资料、稽查资料、情报交换和协查线索，上级税务机关交办的税收违法案件，上级税务机关安排的税收专项检查，税务局相关部门移交的税收违法信息，检举的涉税违法信息，其他部门和单位转来的涉税违法信息，社会公共信息，其他相关信息。

国家税务总局和各级国家税务局、地方税务局在稽查局设立税收违法案件举报中心，负责受理单位和个人对税收违法行为的检举。单位和个人实名检举税收违法行为并经查实，为国家挽回税收损失的，根据其贡献大小，按照国家税务总局的规定给予相应的奖励。

税收违法案件举报中心应当对检举信息分析筛选，区分不同情形，经稽查局局长批准以后分别处理：线索清楚，涉嫌偷税、逃避追缴欠税、骗税、虚开发票、制售假发票和其他严重税收违法行为的，由选案部门列入案源信息；检举内容不详，无明确线索和内容重复的，暂存待办；属于税务机关其他部门职责范围的，转交相关部门处理；不属于自己受理范围的检举，将检举材料转送有处理权的单位。

选案部门对案源信息采取计算机分析、人工分析、人机结合分析等方法筛选，发现有税收违法嫌疑的，应当确定为待查对象。待查对象确定以后，填制《税务稽查立案审批表》，附有关资料，经稽查局局长批准以后立案检查。税务机关相关部门移交的税收违法信息，稽查局经筛选未立案检查的，应当及时告知移交信息的部门；移交信息的部门仍然认为需要立案检查的，经所属税务局领导批准以后，由稽查局立案检查。上级税务机关指定和税收专项检查安排的检查对象，应当立案检查。

经批准立案检查的，由选案部门制作《税务稽查任务通知书》，连同有关资料一并移交检查部门。

选案部门应当建立案件管理台账，跟踪案件查处进展情况，并及时报告稽查局局长。

65. 税务稽查的检查是怎样规定的？

检查部门接到《税务稽查任务通知书》以后，应当及时安排人员实施检查。

检查人员实施检查以前，应当查阅被查对象纳税档案，了解被查对象的生产、经营情况，所属行业特点，财务、会计制度和会计核算软件，熟悉相关税收政策，确定相应的检查方法。同时，应当告知被查对象检查时间、需要准备的资料等，但是预先通知有碍检查者除外。

检查应当由 2 名以上检查人员共同实施，并向被查对象出示税务检查证和《税务检查通知书》。国家税务局稽查局、地方税务局稽查局联合检查的，应当出示各自的税务检查证和《税务检查通知书》。检查应当自实施检查之日起 60 天以内完成；确需延长检查时间的，应当经稽查局局长批准。

实施检查的时候，按照法定权限和程序，可以采取实地检查、调取账簿资料、询问、查询存款账户和储蓄存款、异地协查等方法。

对采用电子信息系统管理和核算的被查对象，可以要求其打开该电子信息系统，或者提供与原始电子数据、电子信息系统技术资料一致的复制件。被查对象拒不打开上述系统或者拒不提供上述复制件的，经稽查局局长批准，可以采用适当的技术手段直接检查上述系统，或者提取、复制电子数据检查，但是所采用的技术手段不得破坏上述系统原始电子数据或者影响上述系统正常运行。

实施检查的时候，应当按照法定权限和程序收集能够证明案件事实的证据材料。收集的证据材料应当真实，并与所证明的事项相关联。

调查取证的时候，不得违反法定程序收集证据材料；不得以偷拍、偷录、窃听等手段获取侵害他人合法权益的证据材料；不得以利诱、欺诈、胁迫、暴力等不正当手段获取证据材料。

调取账簿、记账凭证、报表和其他有关资料的时候，应当向被查对象出具《调取账簿资料通知书》，并填写《调取账簿资料清单》，交其核对以后签章确认。

调取纳税人、扣缴义务人以前会计年度的账簿、记账凭证、报表和其他有关资料的，应当经所属税务局局长批准，并在 3 个月以内退还；调取纳税人、扣缴义务人当年的账簿、记账凭证、报表和其他有关资料的，应当经所属设区的市、自治州以上税务局局长批准，并在 30 天以内退还。

需要提取证据材料原件的，应当向当事人出具《提取证据专用收据》，由当事人核对以后签章确认。对需要归还的证据材料原件，检查结束以后应当及时归还，并履行相关签收手续。需要将已经开具的发票调出查验的时候，应当向被查验的单位和个人开具《发票换票证》；需要将空白发票调出查验的时候，应当向被查验的单位和个人开具《调验空白发票收据》，经查无问题的，应当及时退还。提取证据材料复制件的，应当由原件保存单位和个人在复制件上注明“与原件核对无误，原件存于我处”，并由提供人签章。

询问应当由2名以上检查人员实施。除了在被查对象生产、经营场所询问以外，应当向被询问人送达《询问通知书》。询问的时候应当告知被询问人如实回答问题。询问笔录应当交被询问人核对或者向其宣读；询问笔录有修改的，应当由被询问人在改动处捺指印；核对无误以后，由被询问人在尾页结束处写明“以上笔录我看过（或者向我宣读过），与我说的相符”，并逐页签章、捺指印。被询问人拒绝在询问笔录上签章、捺指印的，检查人员应当在笔录上注明。

当事人、证人可以采取书面和口头方式陈述或者提供证言。当事人、证人口头陈述或者提供证言的，检查人员可以笔录、录音、录像。笔录应当使用能够长期保持字迹的书写工具书写，也可以使用计算机记录并打印，陈述或者证言应当由陈述人或者证人逐页签章、捺指印。当事人、证人口头提出变更陈述或者证言的，检查人员应当就变更部分重新制作笔录，注明原因，由当事人、证人逐页签章、捺指印。当事人、证人变更书面陈述或者证言的，不退回原件。

制作录音、录像等视听资料的，应当注明制作方法、制作时间、制作人和证明对象等内容。调取视听资料的时候，应当调取有关资料的原始载体；难以调取原始载体的，可以调取复制件，但事应当说明复制方法、人员、时间和原件存放处等事项。声音资料应当附有该声音内容的文字记录，图像资料应当附有必要的文字说明。

以电子数据的内容证明案件事实的，应当要求当事人将电子数据打印成纸质资料，在纸质资料上注明数据出处、打印场所，注明“与电子数据核对无误”，并由当事人签章。需要以有形载体形式固定电子数据的，应当与提供电子数据的个人、单位的法定代表人或者财务负责人一起将电子数据复制到存储介质上并封存，同时在封存包装物上注明制作方法、制作时间、制作人、文件格式和长度等，注明“与原始载体记载的电子数据核对无误”，并由电子数据提供人签章。

检查人员实地调查取证的时候，可以制作现场笔录、勘验笔录，对实地检查情况予以记录或者说明。制作现场笔录、勘验笔录，应当注明时间、地点和事件等内容，并由检查人员签名和当事人签章。当事人拒绝在现场笔录、勘验笔录上签章的，检查人员应当在笔录上注明原因；如有其他人员在场，可以由其签章证明。

需要异地调查取证的，可以发函委托相关稽查局调查取证；必要时可以派人参与受托地稽查局的调查取证。受托地稽查局应当根据协查请求，按照法定权限和程序调查，取得的证据材料应当连同相关文书一并作为协查案卷立卷存档，同时根据委托地稽查局协查函委托的事项，将相关证据材料和文书复制，注明“与原件核对无误”，注明原件存放处，并加盖本单位印章，一并移交委托地稽查局。需要取得中国境外资料的，稽查局可以提请国际税收管理部门按照税收协定情报交换程序获取，或者通过中国驻外机构收集有关信息。

查询从事生产、经营的纳税人、扣缴义务人存款账户的，应当经所属税务局局长批准，凭《检查存款账户许可证明》向相关银行和其他金融机构查询。查询案件涉嫌人员储蓄存款的，应当经所属设区的市、自治州以上税务局局长批准，凭《检查存款账户许可证明》向相关银行和其他金融机构查询。

检查从事生产、经营的纳税人以前纳税期的纳税情况时，发现纳税人有逃避纳税义务行为，并有明显的转移、隐匿其应纳税的商品、货物和其他财产或者应纳税收入迹象的，经所属税务局局长批准，可以依法采取税收保全措施。

稽查局在采取税收保全措施的时候，应当向纳税人送达《税收保全措施决定书》，告知对其采取税收保全措施的内容、理由、依据和其申请行政复议、提起行政诉讼的权利。

在冻结纳税人在开户银行和其他金融机构存款的时候，应当向纳税人开户银行和其他金融机构送达《冻结存款通知书》，冻结其相当于应纳税款的存款。在查封纳税人的商品、货物和其他财产的时候，应当填写《查封商品、货物或者其他财产清单》，由纳税人核对以后签章。在扣押纳税人的商品、货物和其他财产的时候，应当出具《扣押商品、货物或者其他财产专用收据》，由纳税人核对以后签章。在查封、扣押纳税人的有产权证件的动产和不动产的时候，应当依法向有关单位送达《税务协助执行通知书》，通知其在查封、扣押期间不再办理被查封、扣押动产和不动产的过户手续。

有下列情形之一的，稽查局应当依法及时解除税收保全措施：纳税人已经按照履行期限缴纳税款的，税收保全措施被复议机关决定撤销的，税收保全措施被人民法院裁决撤销的，其他法定应当解除税收保全措施的。

在解除税收保全措施的时候，应当向纳税人送达《解除税收保全措施通知书》，告知其解除税收保全措施的时间、内容和依据，并通知其在限定时间内办理解除税收保全措施的有关事宜：冻结纳税人存款的，应当向冻结存款的纳税人开户银行和其他金融机构送达《解除冻结存款通知书》，解除冻结；查封纳税人商品、货物和其他财产的，应当解除查封并收回《查封商品、货物或者其他财产清单》；扣押纳税人商品、货物和其他财产的，应当返还被扣押的财产，收回《扣押商品、货物或者其他财产专用收据》；税收保全措施涉及协助执行单位的，应当向协助执行单位送达《税务协助执行通知书》，通知解除税收保全措施相关事项。

采取税收保全措施的期限一般不得超过6个月；在查处重大税收违法案件的时候，有下列情形之一，需要延长税收保全期限的，应当逐级报请国家税务总局批准：案情复杂，在税收保全期限以内难以查明案件事实的；被查对象转移、隐匿、销毁账簿、记账凭证和其他证据材料的；被查对象拒不提供相关情况和以其他方式拒绝、阻挠检查的；解除税收保全措施可能使纳税人转移、隐匿、损毁和违法处置财产，从而导致税款无法追缴的。

被查对象有下列情形之一的，按照税收征管法及其实施细则有关逃避、拒绝和以其他方式阻挠税务检查的规定处理：提供虚假资料和拒绝提供有关资料，拒绝、阻止检查人员记录、录音、录像、照相、复制与税收违法案件有关资料，在检查期间转移、隐匿、损毁和丢弃有关资料，其他不依法接受税务检查的行为。

在检查过程中，检查人员应当制作《税务稽查工作底稿》，记录案件事实，归集相关证据材料，并签字、注明日期。在检查结束以前，检查人员可以将发现的税收违法事实和依据告知被查对象；必要时可以向被查对象发出《税务事项通知书》，要求其在限期以内书面说明，并提供有关资料；被查对象口头说明的，检查人员应当制作笔录，由当事人签章。在检查结束的时候，应当根据《税务稽查工作底稿》和有关资料制作《税务稽查报告》，由检查部门负责人审核。

经检查发现有税收违法事实的，《税务稽查报告》应当包括以下主要内容：案件来源，被查对象的基本情况；检查时间和检查所属期间，检查方式、方法和检查过程中采取的措施，查明的税收违法事实和性质、手段；被查对象是否有拒绝、阻挠检查的情形，被查对象对调查事实的意见，税务处理、处罚建议和依据，其他应当说明的事项，检查人员签名和报告时间。

经检查没有发现税收违法事实的，应当在《税务稽查报告》中说明检查内容、过程和事实。

检查完毕，检查部门应当在 5 个工作日以内将《税务稽查报告》和有关资料移交审理部门，并办理交接手续。

有下列情形之一，致使检查暂时无法实施的，检查部门可以填制《税收违法案件中止检查审批表》，附相关证据材料，经稽查局局长批准以后中止检查：当事人被有关机关依法限制人身自由；账簿、记账凭证和有关资料被其他国家机关依法调取，尚未归还；法定的其他情形。中止检查的情形消失以后，应当及时填制《税收违法案件解除中止检查审批表》，经稽查局局长批准以后恢复检查。

有下列情形之一，致使检查无法实施的，检查部门可以填制《税收违法案件终结检查审批表》，附相关证据材料，移交审理部门审核，经稽查局局长批准以后终结检查：被查对象死亡或者被依法宣告死亡、依法注销，且无财产可以抵缴税款，无法定税收义务承担主体；被查对象税收违法行为已经超过法定追究期限；法定的其他情形。

66. 税务稽查的审理是怎样规定的？

审理部门接到检查部门移交的《税务稽查报告》和有关资料以后，应当及时安排人员审理。审理人员应当依法审核检查部门移交的《税务稽查报告》和相关材料，提出书面审理意见，提交审理部门负责人审核。案情复杂的，稽查局应当集体审理；案情重大的，稽查局应当按照国家税务总局的规定报请所属税务局集体审理。

对《税务稽查报告》和有关资料，审理人员应当着重审核下列内容：被查对象是否准确；税收违法事实是否清楚、证据是否充分、数据是否准确、资料是否齐全；适用法规是否适当，定性是否正确；是否符合法定程序；是否超越和滥用职权；税务处理、处罚建议是否适当；其他应当审核确认的事项和问题。

有下列情形之一的，审理部门可以将《税务稽查报告》和有关资料退回检查部门补正和补充调查：被查对象认定错误，税收违法事实不清、证据不足，不符合法定程序，税务文书不规范、不完整，其他需要退回补正和补充调查的情形。

《税务稽查报告》认定的税收违法事实清楚、证据充分，但是适用法规错误，提出的税务处理、处罚建议错误、不当的，审理部门应当另行提出税务处理、处罚意见。

审理意见应当在接到检查部门移交的《税务稽查报告》和有关

资料之后15天以内提出，但是检查人员补充调查的时间和向上级机关请示、向相关部门征询政策问题的时间不计算在内。案情复杂，需要延长审理时间的，经稽查局局长批准以后可以适当延长。

拟对被查对象和其他涉税当事人作出税务行政处罚的，向其送达《税务行政处罚事项告知书》，告知其依法享有陈述、申辩和要求听证的权利。《税务行政处罚事项告知书》应当包括下列内容：认定的税收违法事实和性质，适用的法规，拟作出的税务行政处罚，当事人依法享有的权利，告知书的文号、制作日期、税务机关名称和印章，其他相关事项。

对被查对象和其他涉税当事人的陈述、申辩意见，审理人员应当认真对待，提出判断意见。当事人的口头陈述、申辩意见，审理人员应当制作《陈述申辩笔录》，如实记录，由陈述人、申辩人签章。被查对象和其他涉税当事人要求听证的，应当依法组织听证，听证主持人由审理人员担任。

审理结束以后，审理人员应当制作《税务稽查审理报告》，提交审理部门负责人审核。《税务稽查审理报告》应当包括下列主要内容：审理基本情况，检查人员查明的事实和相关证据，被查对象和其他涉税当事人的陈述、申辩情况，经审理认定的事实和相关证据，税务处理、处罚意见和依据，审理人员和审理日期。

审理部门根据下列情形分别处理：认为有税收违法行为，应当进行税务处理的，拟制《税务处理决定书》；认为有税收违法行为，应当进行税务行政处罚的，拟制《税务行政处罚决定书》；认为税收违法行为轻微，依法可以不予税务行政处罚的，拟制《不予税务行政处罚决定书》；认为没有税收违法行为的，拟制《税务稽查结论》。《税务处理决定书》、《税务行政处罚决定书》、《不予税务行政处罚决定书》和《税务稽查结论》经稽查局局长或者所属税务局领导批准以后由执行部门送达执行。

《税务处理决定书》应当包括下列主要内容：被查对象姓名（名称）和地址，检查范围和内容，税收违法事实和所属期间，处理决定和依据，税款金额、缴纳期限和地点，税款滞纳时间、滞纳金计算方法、缴纳期限和地点，被查对象不按期履行处理决定应当承担的责任，申请行政复议、提起行政诉讼的途径和期限，决定书的文号、制作日期、税务机关名称和印章。

《税务行政处罚决定书》应当包括下列主要内容：被查对象和其他涉税当事人姓名（名称）和地址，检查范围和内容，税收违法事实和所属期间，行政处罚种类和依据，行政处罚履行方式、期限和地点，当事人不按期履行行政处罚决定应当承担的责任，申请行政复议、提起行政诉讼的途径和期限；决定书的文号、制作日期、税务机关名称和印章。

《不予税务行政处罚决定书》应当包括下列主要内容：被查对象和其他涉税当事人姓名（名称）和地址，检查范围和内容，税收违法事实和所属期间，不予税务行政处罚的理由和依据，申请行政复议、提起行政诉讼的途径和期限，决定书的文号、制作日期、税务机关名称和印章。

《税务稽查结论》应当包括下列主要内容：被查对象姓名（名称）和地址，检查范围和内容，检查时间和检查所属期间，检查结论，结论的文号、制作日期、税务机关名称和印章。

税收违法行为涉嫌犯罪的，填制《涉嫌犯罪案件移送书》，经所属税务局局长批准以后依法移送公安机关，并附送下列资料：《涉嫌犯罪案件情况的调查报告》，《税务处理决定书》、《税务行政处罚决定书》的复印件，涉嫌犯罪的主要证据材料复印件，补缴应纳税款、缴纳滞纳金、已受行政处罚情况明细表和凭据复印件。

67. 税务稽查的执行是怎样规定的？

执行部门接到《税务处理决定书》、《税务行政处罚决定书》、《不予税务行政处罚决定书》和《税务稽查结论》等税务文书以后，应当依法及时将税务文书送达被执行人。

被执行人没有按照《税务处理决定书》确定的期限缴纳、解缴税款的，稽查局经所属税务局局长批准，可以依法采取强制执行措施，或者依法申请人民法院强制执行。经稽查局确认的纳税担保人没有按照确定的期限缴纳所担保的税款、滞纳金的，责令其限期缴纳；逾期仍然没有缴纳的，经所属税务局局长批准，可以依法采取强制执行措施。

被执行人对《税务行政处罚决定书》确定的行政处罚事项，逾期不申请行政复议，也不向人民法院起诉，又不履行的，稽查局经所属税务局局长批准，可以依法采取强制执行措施，或者依法申请人民法院强制执行。

稽查局对被执行人采取强制执行措施的时候，应当向被执行人送达《税收强制执行决定书》，告知其采取强制执行措施的内容、理由、依据和依法申请行政复议、提起行政诉讼的权利。

稽查局从被执行人开户银行和其他金融机构的存款中扣缴税款、滞纳金和罚款的时候，应当向被执行人开户银行和其他金融机构送达《扣缴税收款项通知书》，依法扣缴税款、滞纳金和罚款，并及时将有关完税凭证送交被执行人。

稽查局拍卖、变卖被执行人的商品、货物和其他财产，以拍卖、变卖所得抵缴税款、滞纳金和罚款的，在拍卖、变卖以前应当依法查封、扣押。

稽查局在拍卖、变卖被执行人的商品、货物和其他财产以前，应当拟制《拍卖/变卖抵税财物决定书》，经所属税务局局长批准以后送达被执行人。拍卖、变卖实现以后，应当在结算并收取价款之后3个工作日以内办理税款、滞纳金和罚款的入库手续，并拟制《拍卖/变卖结果通知书》，附《拍卖/变卖扣押、查封的商品、货物或者其他财产清单》，经稽查局局长审核以后送达被执行人。

以拍卖、变卖所得抵缴税款、滞纳金、罚款和拍卖、变卖费用以后，还有剩余的财产和无法拍卖、变卖财产的，应当拟制《返还商品、货物或者其他财产通知书》，附《返还商品、货物或者其他财产清单》，送达被执行人，并自办理税款、滞纳金和罚款入库手续之日起3个工作日以内退还被执行人。

被执行人在规定限期以内缴清税款、滞纳金和罚款或者稽查局依法采取强制执行措施追缴税款、滞纳金和罚款以后，执行部门应当制作《税务稽查执行报告》，记明执行过程和结果、采取的执行措施和使用的税务文书等内容，由执行人员签名并注明日期，连同执行环节的其他税务文书、资料一并移交审理部门归档。

执行过程中发现涉嫌犯罪的，执行部门应当及时将执行情况通知审理部门，并提出向公安机关移送的建议。

执行过程中发现有下列情形之一的，由执行部门填制《税收违法案件中止执行审批表》，附有关证据材料，经稽查局局长批准以后中止执行：被执行人死亡或者被依法宣告死亡，没有确定可执行财产的；被执行人进入破产清算程序没有终结的；可执行财产被司法机关或者其他国家机关依法查封、扣押、冻结，致使执行暂时无法实施的；其他法定可以中止执行的情形。

中止执行情形消失以后，应当及时填制《税收违法案件解除中止执行审批表》，经稽查局局长批准以后恢复执行。

被执行人没有财产抵缴税款，按照破产清算程序无法清缴税款，或者有其他法定终结执行情形的，稽查局可以填制《税收违法案件终结执行审批表》，按照国家税务总局规定的权限和程序，经税务局相关部门审核并报所属税务局局长批准以后终结执行。

68. 海关稽查是怎样规定的?

自进出口货物放行之日起3年以内，在保税货物、减免税进口货物的海关监管期以内及其后的3年以内，海关可以对与进出口货物直接有关的企业、单位的会计账簿、会计凭证、报关单证以及其他有关资料和有关进口货物实施稽查。

69. 什么是税收违法行为检举?

税收违法行为检举，指单位、个人采用书信、互联网、传真、电话和来访等形式，向税务机关提供纳税人、扣缴义务人税收违法行为线索的行为。上述检举税收违法行为的单位、个人称检举人，被检举的纳税人、扣缴义务人称被检举人。

检举人使用与其营业执照、身份证等符合法律、行政法规和国家有关规定的身份证件上一致的名称、姓名检举的，为实名检举，否则为匿名检举。

检举管理工作坚持依法行政、统一领导、分级负责、属地管理和严格保密的原则。

市（地）以上税务机关稽查局设立税收违法案件举报中心（以下简称举报中心），其工作人员由所在机关根据工作需要配备；没有设立举报中心的县（区）税务机关稽查局应当指定专门部门负责税收违法行为检举管理工作，并可以挂举报中心牌子。税收违法行为的检举材料，由举报中心统一管理。税务机关其他部门收到的检举材料，应当及时移交举报中心。

上述举报中心的主要职责是：受理、处理和管理检举材料，转办、交办、督办和催办检举案件，跟踪、了解和掌握检举案件的查办情况，上报、通报举报中心工作开展情况和检举事项的查办情况，统计、分析检举管理工作的数据，指导、监督和检查下级税务机关举报中心的工作，负责本级检举奖金的发放和答复检举人的工作。

税务机关应当向社会公布举报中心的电话（传真）号码、电子信箱、通讯地址和邮政编码，设立检举箱和检举接待室，并以适当方式公布与检举工作有关的法律、行政法规、规章和检举事项处理程序。

税务机关应当与公安、信访、纪检、监察等机关加强联系和合作，税务系统内部应当加强沟通和协调，共同做好检举管理工作。

检举税收违法行为是单位、个人的自愿行为。单位、个人由于上述行为而发生的费用应当自行负担。

检举事项经查证属实，为国家挽回或者减少损失的，应当按照财政部和国家税务总局的有关规定，对于实名检举人给予相应的奖励。

70. 举报中心怎样受理检举事项？

举报中心受理检举事项的范围是：涉嫌偷税，逃避追缴欠税，骗税，虚开、伪造、非法提供和非法取得发票，其他税收违法行为。

实名检举和匿名检举都必须受理。检举人不愿提供自己的姓名、身份、单位、地址、联系方式和不愿公开检举行为的，税务机关应当予以尊重和保密。

检举人在检举税收违法行为的时候，应当实事求是，至少应当提供被检举人的名称（姓名）、地址、税收违法行为线索等资料。

举报中心受理实名检举，应当应检举人的要求向检举人出具书面回执。

鼓励检举人尽可能提供书面检举材料。受理口头检举，应当准确记录检举事项，交检举人阅读，或者向检举人宣读，经确认无误以后由检举人签名或者盖章。检举人不愿签名或者盖章的，由受理检举的税务人员记录在案。受理电话检举，应当细心接听，询问清楚，准确记录。受理电话、口头检举，经检举人同意，可以录音或者录像。

举报中心必须严格管理检举材料，逐件登记检举事项的主要内容、办理情况和检举人、被检举人的基本情况。税务机关不得将收到的检举材料退还检举人。

举报中心工作人员与检举事项或者检举人、被检举人有直接利害关系的，应当回避。

检举人有正当理由并且有证据证明举报中心工作人员应当回避的，经本级税务机关稽查局负责人批准以后，予以回避。

涉及两个以上税务机关管辖的检举事项，由所涉及的税务机关协商受理；所涉及的税务机关就此有争议的，由其共同的上一级税务机关决定受理机关。

不属于举报中心受理范围的检举事项，举报中心应当告知检举人向有处理权的单位反映，或者将检举事项登记以后按照分类处理的规定处理。

71. 举报中心怎样处理检举事项？

举报中心将检举事项登记以后，应当按照下列方式分类处理：

一、检举内容详细、税收违法行为线索清楚、案情重大、涉及范围广的，作为重大检举案件，经本级税务机关稽查局或者本级税务机关负责人批准，由本级税务机关稽查局直接查处，或者转下级税务机关稽查局查处并督办，必要时可以向上级税务机关稽查局申请督办。上级税务机关批示督办并指定查办单位的案件，原则上不得再下转处理。

二、检举内容提供了一定的线索，有可能存在税收违法行为的，作为一般案件，经本级税务机关稽查局负责人批准，由本级税务机关稽查局直接查处，或者转下级税务机关稽查局查处。

三、检举事项不完整或者内容不清、线索不明的，经本级税务机关稽查局负责人批准，可以暂存待查，待检举人将情况补充完整以后处理。暂存待查的检举材料，2 年以内没有收到有价值的补充材料，经本级税务机关稽查局负责人批准以后，可以销毁。

四、不属于稽查局职责范围的检举事项，经本级税务机关稽查局负责人批准，移交有处理权的单位或者部门。

上级税务机关举报中心对下级税务机关申请督办的重大检举案件，应当及时审查，提出办理意见，报该级税务机关稽查局负责人批准以后督办。

检举事项的处理，应当在接到检举以后的 15 个工作日以内办理，特殊情况除外；情况紧急的，应当立即办理。

经本级税务机关稽查局或者本级税务机关负责人批准，举报中心可以代表稽查局或者以自己的名义向下级税务机关督办、交办或者向有关单位转办检举事项。

对于上级税务机关稽查局及其举报中心督办的检举案件，除了有特定时限者以外，承办部门应当在收到纸质督办函以后3个月之内上报查办结果；案情复杂，无法在限期以内查结的，报经督办部门批准，可以延期上报查办结果，并定期上报阶段性的查办情况。上级不要求上报查办结果的交办案件，应当定期汇总上报办理情况。

本级税务机关稽查局直接查办的检举案件，除了有特定时限者以外，承办部门应当在收到纸质交办单以后3个月之内将查办结果报告本级税务机关稽查局负责人，并回复举报中心；案情复杂，无法在限期以内查结的，报经本级税务机关稽查局负责人批准，时限可以适当延长，同时将阶段性的查办情况报告本级税务机关稽查局负责人，并回复举报中心。

已经受理、尚未查结的检举案件，再次检举的，可以作为重复案件，并案处理。

已经结案的检举案件，检举人就同一事项再次检举，没有提供新的线索、资料；或者提供了新的线索、资料，经审查没有价值的，税务机关可以不再检查。

对于实名检举案件，举报中心收到承办部门回复的查办结果以后，可以应检举人的要求，将与检举线索有关的查办结果简要告知检举人；检举案件查结以前，不得向检举人透露案件查处情况。

向检举人告知查办结果的时候，不得告知其检举线索以外的税收违法行为的查处情况，不得提供税务处理（处罚）决定书和有关案情资料。

上级税务机关稽查局对下级税务机关稽查局报告的督办案件处理结果，应当认真审查。对于事实不清、处理不当的，应当通知下级税务机关稽查局补充调查，或者重新调查，依法处理。

税务机关工作人员在检举管理工作中必须严格遵守下列保密规定：

一、检举事项的受理、登记、处理和检查、审理、执行等各个环节，应当按照国家有关法律、法规严格保密，并建立健全工作责任制，不得私自摘抄、复制、扣压和销毁检举材料。

二、严禁泄露检举人的姓名、身份、单位、地址、联系方式等情况和将检举情况透露给被检举人及与案件查处无关的人员。

三、调查核实情况的时候不得出示检举信原件及其复印件，不得暴露检举人的有关信息；对匿名的检举书信和材料，除了特殊情况以外，不得鉴定笔迹。

四、宣传报道和奖励检举有功人员，未经检举人书面同意，不得公开检举人的姓名、身份、单位、地址和联系方式等情况。

72. 税务机关怎样奖励检举人？

对于检举税收违法行为者，税务机关可以根据下列三类情况依法给予奖励：

一、检举的税收违法行为经税务机关立案查实处理并依法将税款收缴入库以后，可以根据本案检举时效、检举材料中提供的线索和证据详实程度、检举内容与查实内容相符程度以及收缴入库的税款数额，按照下列标准对本案检举人计发奖金：收缴入库税款在100万元以下的，给予5 000元以下的奖金；收缴入库税款在100万元以上不足500万元的，给予1万元以下的奖金；收缴入库税款在500万元以上不足1 000万元的，给予2万元以下的奖金；收缴入库税款在1 000万元以上不足5 000万元的，给予4万元以下的奖金；收缴入库税款在5 000万元以上不足1亿元的，给予6万元以下的奖金；收缴入库税款在1亿元以上的，给予10万元以下的奖金。

被检举人以增值税留抵税额或者多缴、应退的其他税款抵缴被查处的应纳税款，视同税款已经收缴入库。

检举的税收违法行为经查实处理以后没有应纳税款的，按照收缴入库罚款数额和上述标准计发奖金。

由于被检举人破产或者存有符合法律、行政法规规定终止执行的条件，致使无法将税款或者罚款全额收缴入库的，按照已经收缴入库税款或者罚款数额和上述标准计发奖金。

检举虚开增值税专用发票和其他可以用于骗取出口退税、抵扣税款发票行为的，根据立案查实虚开发票填开的税额和上述标准计发奖金。

被检举人的税收违法行为同时被国家税务局、地方税务局查处的，应当合计国家税务局、地方税务局收缴入库的税款数额，按照上述标准计算奖金总额，由国家税务局、地方税务局根据各自收缴入库的税款比例分担奖金，分别兑付，但是合计数额不得超过10万元。

二、检举伪造、变造、倒卖、盗窃、骗取增值税专用发票和可以用于骗取出口退税、抵扣税款的其他发票行为的，可以按照下列标准对本案检举人计发奖金：查获伪造、变造、倒卖、盗窃、骗取上述发票不足100份的，给予5 000元以下的奖金；查获伪造、变造、倒卖、盗窃、骗取上述发票100份以上不足1 000份的，给予1万元以下的奖金；查获伪造、变造、倒卖、盗窃、骗取上述发票1 000份以上不足3 000份的，给予2万元以下的奖金；查获伪造、变造、倒卖、盗窃、骗取上述发票3 000份以上不足6 000份的，给予4万元以下的奖金；查获伪造、变造、倒卖、盗窃、骗取上述发票6 000份以上不足1万份的，给予6万元以下的奖金；查获伪造、变造、倒卖、盗窃、骗取上述发票1万份以上的，给予10万元以下的奖金。

查获伪造、变造、倒卖、盗窃、骗取上述发票以外的其他发票的，对本案检举人可以计发5万元以下的奖金，奖金的具体数额标准和批准权限由各省、自治区、直辖市、计划单列市税务机关根据国家税务总局的有关规定和本地的实际情况确定。

三、检举非法印制、转借、倒卖、变造或者伪造完税凭证行为的，可以按照下列标准对检举人计发奖金：查获非法印制、转借、倒卖、变造或者伪造完税凭证不足50份或者票面填开税款金额20万元以下的，给予2 000元以下的奖金；查获非法印制、转借、倒卖、变造或者伪造完税凭证50份以上不足100份或者票面填开税款金额20万元以上不足50万元的，给予5 000元以下的奖金；查获非法印制、转借、倒卖、变造或者伪造完税凭证100份以上或者票面填开税款金额50万元以上的，给予1万元以下的奖金。

同一案件具有适用多种奖励标准情形的，应当分别计算奖金数额，但是合计数额不得超过10万元。

同一税收违法行为被多个检举人分别检举的，奖励符合规定的最先检举人。检举次序以负责查处本案的税务机关受理检举的登记时间为准。最先检举人以外的其他检举人提供的证据对查明税收违法行为有直接作用的，可以酌情给予奖励。对上述两类检举人计发的奖金合计数额不得超过10万元。

税收违法行为检举人可以向税务机关申请检举奖金，检举奖金由负责查处税收违法行为的税务机关支付。

税务机关对检举的税收违法行为经立案查实处理并依法将税款或者罚款收缴入库以后，由举报中心根据检举人书面申请及其贡献大小，制作《检举纳税人税收违法行为奖励审批表》，提出奖励对象和奖励金额建议，按照规定权限和程序审批以后，向检举人发出《检举纳税人税收违法行为领奖通知书》。《检举纳税人税收违法行为奖励审批表》由举报中心作为密件存档。

检举人应当自接到领奖通知书之日起90天以内，持本人身份证或者其他有效证件，到指定地点领取奖金。检举人逾期不领取奖金，视同放弃奖金。联名检举同一税收违法行为的，奖金由第一署名人领取，并与其他署名人协商分配。

检举人或者联名检举的第一署名人不能到税务机关指定的地点领取奖金的，可以委托他人代为领取。代领人应当持委托人的授权委托书、身份证或者其他有效证件和代领人的身份证或者其他有效证件办理领取奖金的手续。

检举人是单位的，可以委托本单位的工作人员代为领取奖金，代领人应当持委托人的授权委托书和代领人的身份证、工作证到税务机关指定的地点办理领取奖金的手续。

举报中心发放在检举奖金的时候，可以应检举人的要求，简要告知其所检举的税收违法行为的查处情况，但是不得告知其检举线索以外的税收违法行为查处情况，不得提供税务处理（处罚）决定书和有关案情材料。检举的税收违法行为查结以前，税务机关不得将具体查处情况告知检举人。

税务机关支付检举奖金的时候，应当严格审核。对玩忽职守、徇私舞弊致使奖金被骗取的，除了应当追缴被骗取的奖金以外，还应当依法追究有关人员的责任。

对于有特别突出贡献的检举人，税务机关除了给予物质奖励以外，可以给予相应的精神奖励，但是公开表彰、宣传应当事先征得检举人的书面同意。

有下列情形之一的，不予奖励：匿名检举税收违法行为，或者检举人无法证实其真实身份的；检举人不能提供税收违法行为线索，或者采取盗窃、欺诈和法律、行政法规禁止的其他手段获取税收违法行为证据的；检举内容含糊不清、缺乏事实根据的；检举人提供的线索与税务机关查处的税收违法行为无关的；检举的税收违法行为税务机关已经发现或者正在查处的；有税收违法行为的单位和个人在被检举以前已经向税务机关报告其税收违法行为的；国家机关工作人员利用工作便利获取信息用以检举税收违法行为的；检举人从国家机关或者国家机关工作人员处获取税收违法行为信息检举的；国家税务总局规定不予奖励的其他情形。

73. 外国企业常驻代表机构税收管理有什么特殊规定？

国家税务总局2010年2月20日发布的《外国企业常驻代表机构税收管理暂行办法》（以下简称管理办法）中所称的外国企业常驻代表机构，指按照国务院的规定，在工商行政管理部门登记，或者经有关部门批准，在中国境内设立的外国企业（包括香港、澳门和台湾企业）和其他组织的常驻代表机构（以下简称代表机构）。代表机构应当按照中国税法就其归属所得申报缴纳企业所得税，就其应税收入申报缴纳营业税和增值税。

一、税务登记

代表机构应当自领取工商登记证件或者有关部门批准之日起30天以内，持下列资料向其所在地税务机关申报办理税务登记：

（一）工商营业执照副本或者主管部门批准文件的原件及其复印件。

（二）组织机构代码证书副本原件及其复印件。

（三）注册地址、经营地址证明（产权证、租赁协议）原件及其复印件；如为自有房产，应当提供产权证或者买卖契约等合法的产权证明原件及其复印件；如为租赁的场所，应当提供租赁协议原件及其复印件，出租人为自然人的还应当提供产权证明的原件及其复印件。

（四）首席代表（负责人）的护照或者其他合法身份证件的原件及其复印件。

（五）外国企业设立代表机构的相关决议文件和在中国境内设立的其他代表机构名单（包括名称、地址、联系方式和首席代表姓名等）。

（六）税务机关要求提供的其他资料。

代表机构税务登记内容发生变化或者驻在期届满、提前终止业务活动的，应当依法向税务机关申报办理变更登记或者注销登记；代表机构应当在办理注销登记以前就其清算所得向税务机关申报并依法缴纳企业所得税。

二、申报纳税

代表机构应当按照中国有关法律、行政法规和财政部、国家税务总局的规定设置账簿，根据合法、有效凭证记账，核算，并按照实际履行的功能和承担的风险相配比的原则，准确计算其应税收入和应纳税所得额，在季度终了之日起15日以内向税务机关申报缴纳企业所得税、营业税，并按照增值税暂行条例及其实施细则规定的纳税期限向税务机关申报缴纳增值税。

代表机构需要享受税收协定待遇的，应当按照税收协定和国家税务总局制定的《非居民享受税收协定待遇管理办法（试行）》办理。

三、核定应纳税所得额

对账簿不健全，不能准确核算收入、成本和费用的代表机构，无法按照上述规定据实申报纳税的代表机构，税务机关有权采取规定的方式核定其应纳税所得额（参见本书第七部分《企业所得税》第78问）。

二十一、税收法律责任

1. 什么是税收违法行为？怎样处罚？

税收违法行为是违反税收法律、法规和规章的行为。税收违法的法律责任应当由违反税收法律、法规和规章的主体——征纳双方当事人（包括税务机关、税务人员、纳税人、扣缴义务人和其他公民、组织）承担，以行政处罚、行政处分和刑事处罚制裁。

税收行政处罚指依法享有税收行政处罚权的税务机关对于违反税法，尚未构成犯罪的纳税人、扣缴义务人和其他当事人给予行政制裁的具体行政行为。税收行政处罚必须以税收法律、法规为依据，并以被处罚对象违反税法为前提，处罚的目的是维护国家的税收法制和财政收入。税收行政处罚权一般由税务机关行使，被处罚对象是违反税法的纳税人、扣缴义务人和其他当事人。税收行政处罚由税法规定并由税务机关作出，处罚的基本形式是罚款；处罚的种类主要有财产处罚（如罚款），能力处罚（如停止办理出口退税），申诫处罚（如责令限期改正或缴纳），经济处罚（如没收违法所得），自由处罚（如对未依法缴清税款者限制其出境）等。

税收行政处分指税务机关按照行政隶属关系，对于有轻微违反税法失职行为，尚不够刑事处罚的税务人员的行政制裁，其主要方式有警告、记过、记大过、降级、撤职和开除6种。

税收刑事处罚是司法机关对于违反税法并构成犯罪的税收法律关系主体按照刑法的规定实施的刑事制裁。这是最为严厉的一种税收法律责任形式。税收刑事处罚的目的是：通过惩罚与教育、改造相结合，改造罪犯，预防犯罪。中国税收刑事处罚的种类由刑法规定，目前有5种主刑（包括死刑、无期徒刑、有期徒刑、拘役和管制），3种附加刑（包括罚金、剥夺政治权利和没收财产），具体适用种类由人民法院作出判决。对于自然人的税收犯罪可以采用上述各种处罚形式，而对于法人的税收犯罪只能采用罚金和没收财产的附加刑形式，但是对其责任人可以采用上述各类主刑予以处罚。

2. 纳税人有未依法办理税务登记，设置、保管账簿和凭证，报送财会制度，使用税务登记证等行为的，怎样处罚?

纳税人有下列行为之一的，由税务机关责令限期改正，可以处2 000元以下罚款；情节严重的，处2 000元以上1万元以下罚款：

一、没有按照法定期限申报办理税务登记、变更登记和注销登记的，停业期满不向税务机关申报办理复业登记而复业的，没有按照规定办理税务登记证件验证和换证手续的，没有依法办理出口货物退（免）税认定、变更和注销认定手续的。

二、没有依法设置、保管账簿和保管记账凭证及有关资料的。

隐匿或者故意销毁依法应当保存的会计凭证、会计账簿和财务会计报告，情节严重的，处5年以下有期徒刑或者拘役，并处或者单处2万元以上20万元以下罚金。单位犯此罪的，对单位判处罚金，并对其直接负责的主管人员和其他直接责任人员按照上述规定处罚。

三、没有依法将财务、会计制度或者财务、会计处理办法和会计核算软件报送税务机关备查的。

四、没有依法将全部银行账号向税务机关报告的。

五、没有依法安装、使用税控装置，损毁、擅自改动税控装置的。

纳税人不办理税务登记的，由税务机关责令限期改正；逾期不改正的，由税务机关提请工商行政管理机关吊销其营业执照。

纳税人没有依法使用税务登记证件，转借、涂改、损毁、买卖和伪造税务登记证件的，处2000元以上1万元以下罚款；情节严重的，处1万元以上5万元以下罚款。

纳税人通过提供虚假的证明资料等手段骗取税务登记证的，处2000元以下罚款；情节严重的，处2000元以上1万元以下罚款。

纳税人、扣缴义务人违反税务登记管理办法的规定，拒不接受税务机关处理的，税务机关可以收缴其发票，或者停止向其发售发票。

3. 扣缴义务人未依法办理登记，设置、保管账簿和凭证的，怎样处罚？

扣缴义务人没有依法办理扣缴税款登记的，税务机关应当自发现之日起3天以内责令其限期改正，可以处2000元以下罚款。

扣缴义务人没有依法设置、保管代扣代缴、代收代缴税款账簿和保管代扣代缴、代收代缴税款记账凭证及有关资料的，由税务机关责令限期改正，可以处2000元以下罚款；情节严重的，处2000元以上5000元以下罚款。

4. 违反发票管理法规，未构成犯罪的，怎样处理？

违反发票管理法规，未构成犯罪的，按照下列规定处理：

一、纳税人违反发票管理办法，有下列情形之一的，由税务机关责令改正，可以处1万元以下罚款；有违法所得的，没收违法所得：

（一）应当开具而没有开具发票；或者没有按照规定的时限、顺序、栏目，全部联次一次性开具发票；或者没有加盖发票专用章的。

（二）使用税控装置开具发票，没有按期向税务机关报送开具发票的数据的。

（三）使用非税控电子器具开具发票，没有将非税控电子器具使用的软件程序说明资料报税务机关备案，或者没有按照规定保存、报送开具发票的数据的。

（四）拆本使用发票的。

（五）扩大发票使用范围的。

（六）以其他凭证代替发票使用的。

（七）跨规定区域开具发票的。

（八）没有依法缴销、存放和保管发票的。

二、跨规定的使用区域携带、邮寄和运输空白发票，携带、邮寄或者运输空白发票出入中国国境的，由税务机关责令改正，可以处1万元以下罚款；情节严重的，处1万元以上3万元以下的罚款；有违法所得的，没收违法所得。丢失发票或者擅自损毁发票的，按照上述规定处罚。

三、违反发票管理办法的规定虚开发票的，由税务机关没收违法所得；虚开金额在1万元以下的，可以并处5万元以下罚款；虚开金额超过1万元的，并处5万元以上50万元以下的罚款；构成犯罪的，依法追究刑事责任。非法代开发票的，按照上述规定处罚。

四、私自印制、伪造和变造发票，非法制造发票防伪专用品，伪造发票监制章的，由税务机关没收违法所得，没收、销毁作案工具和非法物品，并处1万元以上5万元以下罚款；情节严重的，并处5万元以上50万元以下的罚款；对于印制发票的企业，可以并处吊销发票准印证；构成犯罪的，依法追究刑事责任。

五、有下列情形之一的，由税务机关处1万元以上5万元以下罚款；情节严重的，处5万元以上50万元以下的罚款；有违法所得的，没收违法所得：转借、转让、介绍他人转让发票、发票监制章和发票防伪专用品的，知道或者应当知道是私自印制、伪造、变造、非法取得或者废止的发票而受让、开具、存放、携带、邮寄、运输的。

六、对于违反发票管理规定两次以上或者情节严重的单位和个人，税务机关可以向社会公告。

七、违反发票管理法规，导致其他单位、个人未缴、少缴或者骗取税款的，由税务机关没收违法所得，可以并处未缴、少缴或者骗取的税款1倍以下罚款。

5. 犯虚开增值税专用发票和用于骗取国家出口退税、抵扣税款的其他发票罪的，怎样处罚？

虚开增值税专用发票和用于骗取国家出口退税、抵扣税款的其他发票（指增值税专用发票以外的，具有出口退税、抵扣税款功能的收付款凭证和完税凭证，如海关代征增值税专用缴款书、运输发票和农业产品收购发票等，下同），指有为他人虚开、为自己虚开、让他人为自己虚开和介绍他人虚开行为之一的。

个人犯此罪的，处3年以下有期徒刑或者拘役，并处2万元以上20万元以下罚金；虚开的税款数额较大或者有其他严重情节的，处3年以上10年以下有期徒刑，并处5万元以上50万元以下罚金；虚开的税款数额巨大或者有其他特别严重情节的，处10年以上有期徒刑或者无期徒刑，并处5万元以上50万元以下罚金或者没收财产。

单位犯此罪的，对单位判处罚金，并对其直接负责的主管人员和其他直接责任人员处3年以下有期徒刑或者拘役；虚开的税款数额较大或者有其他严重情节的，处3年以上10年以下有期徒刑；虚开的税款数额巨大或者有其他特别严重情节的，处10年以上有期徒刑或者无期徒刑。

个人虚开上述规定以外的其他发票，情节严重的，处2年以下有期徒刑、拘役或者管制，并处罚金；情节特别严重的，处2年以上7年以下有期徒刑，并处罚金。

单位犯此罪的，对单位判处罚金，并按照上述规定处罚其直接负责的主管人员和其他直接责任人员。

6. 犯伪造、出售伪造的增值税专用发票罪的，怎样处罚?

个人犯伪造或者出售伪造的增值税专用发票罪的，处3年以下有期徒刑、拘役或者管制，并处2万元以上20万元以下罚金；数量较大或者有其他严重情节的，处3年以上10年以下有期徒刑，并处5万元以上50万元以下罚金；数量巨大或者有其他特别严重情节的，处10年以上有期徒刑或者无期徒刑，并处5万元以上50万元以下罚金或者没收财产。

单位犯此罪的，对单位判处罚金，并对其直接负责的主管人员和其他直接责任人员处3年以下有期徒刑、拘役或者管制；数量较大或者有其他严重情节的，处3年以上10年以下有期徒刑；数量巨大或者有其他特别严重情节的，处10年以上有期徒刑或者无期徒刑。

7. 犯非法出售增值税专用发票罪的，怎样处罚?

个人犯非法出售增值税专用发票罪的，处3年以下有期徒刑、拘役或者管制，并处2万元以上20万元以下罚金；数量较大的，处3年以上10年以下有期徒刑，并处5万元以上50万元以下罚金；数量巨大的，处10年以上有期徒刑或者无期徒刑，并处5万元以上50万元以下罚金或者没收财产。

单位犯此罪的，对单位判处罚金，并按照上述规定处罚其直接负责的主管人员和其他直接责任人员。

8. 犯非法购买增值税专用发票罪的，怎样处罚?

个人犯非法购买增值税专用发票或者购买伪造的增值税专用发票罪的，处5年以下有期徒刑或者拘役，并处或者单处2万元以上20万元以下罚金。

个人非法购买增值税专用发票或者伪造的增值税专用发票又虚开或者出售的，分别按照虚开增值税专用发票、出售伪造的增值税专用发票和非法出售增值税专用发票定罪处罚。

单位犯上述罪的，对单位判处罚金，并按照上述规定处罚其直接负责的主管人员和其他直接责任人员。

9. 犯伪造、擅自制造和出售伪造、擅自制造的可以用于骗取国家出口退税、抵扣税款的其他发票罪的，怎样处罚？

个人犯伪造、擅自制造和出售伪造、擅自制造的可以用于骗取国家出口退税、抵扣税款的其他发票，非法出售可以用于骗取出口退税、抵扣税款的其他发票罪的，处3年以下有期徒刑、拘役或者管制，并处2万元以上20万元以下罚金；数额巨大的，处3年以上7年以下有期徒刑，并处5万元以上50万元以下罚金；数额特别巨大的，处7年以上有期徒刑，并处5万元以上50万元以下罚金或者没收财产。

个人犯伪造、擅自制造和出售伪造、擅自制造的上述规定以外的其他发票，非法出售上述规定以外的其他发票罪的，处2年以下有期徒刑、拘役或者管制，并处或者单处1万元以上5万元以下罚金；情节严重的，处2年以上7年以下有期徒刑，并处5万元以上50万元以下罚金。

单位犯上述罪的，对单位判处罚金，并按照上述规定处罚其直接负责的主管人员和其他直接责任人员。

10. 犯盗窃增值税专用发票和可以用于骗取国家出口退税、抵扣税款的其他发票罪的，怎样处罚？

盗窃增值税专用发票和可以用于骗取国家出口退税、抵扣税款的其他发票，数额较大的，或者多次盗窃、入户盗窃、携带凶器盗窃、扒窃的，处3年以下有期徒刑、拘役或者管制，并处或者单处罚金；数额巨大或者有其他严重情节的，处3年以上10年以下有期徒刑，并处罚金；数额特别巨大或者有其他特别严重情节的，处10年以上有期徒刑或者无期徒刑，并处罚金或者没收财产。

11. 犯骗取增值税专用发票和可以用于骗取国家出口退税、抵扣税款的其他发票罪的，怎样处罚?

使用欺骗手段骗取增值税专用发票和可以用于骗取国家出口退税、抵扣税款的其他发票，数额较大的，处 3 年以下有期徒刑、拘役或者管制，并处或者单处罚金；数额巨大或者有其他严重情节的，处 3 年以上 10 年以下有期徒刑，并处罚金；数额特别巨大或者有其他特别严重情节的，处 10 年以上有期徒刑或者无期徒刑，并处罚金或者没收财产。

12. 犯持有伪造发票罪的，怎样处罚?

个人明知是伪造的发票而持有，数量较大的，处 2 年以下有期徒刑、拘役或者管制，并处罚金；数量巨大的，处 2 年以上 7 年以下有期徒刑，并处罚金。

单位犯此罪的，对单位判处罚金，并按照上述规定处罚其直接负责的主管人员和其他直接责任人员。

13. 纳税人未依法办理纳税申报，扣缴义务人未依法报送有关报表的，怎样处罚?

纳税人没有按照法定期限办理纳税申报和报送纳税资料的，扣缴义务人没有按照法定期限向税务机关报送代扣代缴税款、代收代缴税款报告表和有关资料的，由税务机关责令限期改正，可以处 2 000 元以下罚款；情节严重的，可以处 2 000 元以上 1 万元以下罚款。

进出口货物的品名、税则号列、数量、规格、价格和贸易方式等应当向海关申报的项目，没有申报或者申报不实，影响税款征收的，处漏缴税款 30% 以上 1 倍以下罚款；影响出口退税管理的，处申报价格 10% 以上 50% 以下罚款；有违法所得的，没收违法所得。

报关企业出让其名义，供他人办理进出口货物报关事宜的，责令改正，给予警告，可以暂停其 6 个月以内从事有关业务。

个人携带、邮寄超过合理数量的自用物品进出境，没有依法向海关申报的，责令补缴关税，可以处以罚款。

14. 纳税人、扣缴义务人经税务机关责令限期纳税，仍不缴纳的，怎样处罚？

纳税人、扣缴义务人在法定期限以内不缴、少缴应纳或者应解缴的税款，经过税务机关责令限期缴纳，逾期仍然没有缴纳的，税务机关除了按照税收征管法采取强制执行措施追缴其不缴、少缴的税款以外，可以处不缴、少缴税款50%以上5倍以下罚款。

纳税人拒绝代扣、代收税款的，扣缴义务人应当向税务机关报告，由税务机关直接向纳税人追缴税款和滞纳金；纳税人拒不缴纳的，税务机关除了依法采取强制执行措施追缴其不缴、少缴的税款以外，可以处不缴、少缴税款50%以上5倍以下罚款。

扣缴义务人应扣未扣、应收未收税款的，由税务机关向纳税人追缴税款，责成扣缴义务人限期补扣、补收应扣未扣、应收未收的税款，对扣缴义务人处应扣未扣、应收未收税款50%以上3倍以下罚款。

15. 纳税人、扣缴义务人逃避、拒绝税务机关检查的，怎样处罚？

纳税人、扣缴义务人逃避、拒绝和以其他方式阻挠税务机关检查的，由税务机关责令改正。不如实反映情况，提供虚假资料，拒绝提供有关资料的；拒绝、阻止税务机关记录、录音、录像、照相、复制与案件有关的情况、资料的；在税务检查期间转移、隐匿和销毁有关资料的；有不依法接受税务检查的其他情形的，可以处1万元以下罚款；情节严重的，可以处1万元以上5万元以下罚款。

16. 非法印制、转借、倒卖、变造和伪造完税凭证的，怎样处罚？

非法印制、转借、倒卖、变造和伪造完税凭证的，由税务机关责令改正，处2 000元以上1万元以下罚款；情节严重的，处1万元以上5万元以下罚款；构成犯罪的，依法追究刑事责任。

伪造、变造和买卖海关单证的，处5万元以上50万元以下罚款，没收违法所得；构成犯罪的，依法追究刑事责任。

17. 什么是偷税？怎样处罚？

纳税人伪造、变造、隐匿、擅自销毁账簿和记账凭证，在账簿上多列支出或者不列、少列收入，经税务机关通知申报而拒不申报，或者进行虚假的纳税申报，不缴、少缴应纳税款的，是偷税。对于偷税的纳税人，由税务机关追缴其偷税款、滞纳金，并处偷税数额50%以上1倍以下罚款。

扣缴义务人采取上述手段，不缴、少缴已扣、已收税款的，由税务机关追缴其不缴、少缴的税款、滞纳金，并处不缴、少缴的税款50%以上1倍以下罚款。

纳税人采取欺骗、隐瞒手段进行虚假纳税申报或者不申报，逃避缴纳税款数额较大并且占应纳税额10%以上的，除了由税务机关追缴其逃避缴纳的税款、滞纳金以外，处3年以下有期徒刑或者拘役，并处罚金；数额巨大并且占应纳税额30%以上的，处3年以上7年以下有期徒刑，并处罚金。

有上述行为，税务机关依法下达追缴通知以后，补缴应纳税款，缴纳滞纳金，已经接受行政处罚的，不予追究刑事责任；但是，5年以内由于逃避缴纳税款受过刑事处罚或者被税务机关给予两次以上行政处罚的除外。

扣缴义务人采取上述手段，不缴或者少缴已扣、已收税款，数额较大的，按照上述规定处罚。

对多次实施上述行为，未经处理的，按照累计数额计算。

纳税人、扣缴义务人因同一逃避缴纳税款犯罪行为受到行政处罚，又被移送起诉的，人民法院应当依法受理。依法定罪并判处罚金的，行政罚款折抵罚金。

纳税人、扣缴义务人编造虚假计税依据的，由税务机关责令限期改正，并处5万元以下罚款。

纳税人不进行纳税申报，不缴、少缴应纳税款的，由税务机关追缴其不缴、少缴的税款和滞纳金，并处不缴、少缴的税款50%以上1倍以下罚款。

18. 什么是抗税？怎样处罚？

以暴力、威胁方法拒不缴纳税款的，是抗税。对于抗税者，除了由税务机关追缴其拒缴的税款、滞纳金以外，处3年以下有期徒刑或者拘役，并处拒缴税款1倍以上5倍以下罚金。情节严重的，处3年以上7年以下有期徒刑，并处拒缴税款1倍以上5倍以下罚金。情节轻微，未构成犯罪的，由税务机关追缴其拒缴的税款和滞纳金，并处拒缴税款1倍罚款。

实施抗税行为具有下列情形之一的，属于刑法规定的“情节严重”：聚众抗税的首要分子，抗税数额在10万元以上的，多次抗税的，故意伤害致人轻伤的，具有其他严重情节的。

实施抗税行为，构成故意伤害罪的，除了刑法另有规定的以外，致人重伤的，处3年以上10年以下有期徒刑；致人死亡或者以特别残忍手段致人重伤造成严重残疾的，处10年以上有期徒刑、无期徒刑或者死刑。构成故意杀人罪的，处死刑、无期徒刑或者10年以上有期徒刑；情节较轻的，处3年以上10年以下有期徒刑。

与纳税人、扣缴义务人共同实施抗税行为的，以抗税罪的共犯依法处罚。

19. 以转移、隐匿财产的手段妨碍税务机关追缴欠税的，怎样处罚？

纳税人欠缴应纳税款，采取转移、隐匿财产的手段，妨碍税务机关追缴欠缴的税款的，由税务机关追缴欠缴的税款和滞纳金，并处欠缴税款50%以上1倍以下罚款。致使税务机关无法追缴欠缴的税款，数额在1万元以上不满10万元的，除了由税务机关追缴欠缴的税款和滞纳金以外，处3年以下有期徒刑或者拘役，并处或者单处欠缴税款1倍以上5倍以下罚金；数额在10万元以上的，处3年以上7年以下有期徒刑，并处欠缴税款1倍以上5倍以下罚金。

报关企业和海关准予从事海关监管货物的运输、储存、加工、装配、寄售和展示等业务的企业，拖欠税款、不履行纳税义务的；损坏、丢失海关监管货物，不能提供正当理由的，责令改正，给予警告，可以暂停其6个月以内从事有关业务。

20. 骗取国家出口退税的，怎样处罚？

以假报出口和其他欺骗手段，骗取国家出口退税，由税务机关追缴其骗取的退税款，并处骗取退税款1倍罚款。骗取退税款数额较大的，除了由税务机关追缴其骗取的退税款以外，处5年以下有期徒刑或者拘役，并处骗取税款1倍以上5倍以下罚金；数额巨大或者有其他严重情节的，处5年以上10年以下有期徒刑，并处骗取税款1倍以上5倍以下罚金；数额特别巨大或者有其他特别严重情节的，处10年以上有期徒刑或者无期徒刑，并处骗取税款1倍以上5倍以下罚金或者没收财产。国家工作人员参与实施骗取出口退税犯罪活动的，按照上述规定从重处罚。

上述假报出口，指以虚构已税货物出口事实为目的，具有下列情形之一的行为：伪造或者签订虚假的买卖合同，以伪造、变造和其他非法手段取得出口货物报关单、出口收汇核销单和出口货物专用缴款书等有关出口退税单据、凭证，虚开、伪造、非法购买增值税专用发票和其他可以用于出口退税的发票，其他虚构已税货物出口事实的行为。

具有下列情形之一的，应当认定为上述其他欺骗手段：骗取出口货物退税资格的；将未纳税和免税货物作为已税货物出口的；虽然有货物出口，但是虚构该出口货物的品名、数量和单价等要素，骗取未实际纳税部分出口退税的；以其他手段骗取出口退税的。

骗取国家出口退税5万元以上的，为数额较大；骗取国家出口退税50万元以上的，为数额巨大；骗取国家出口退税250万元以上的，为数额特别巨大。

具有下列情形之一的，属于上述其他严重情节：造成国家税款损失30万元以上，并且在一审判决宣告以前无法追回的；因骗取国家出口退税行为受过行政处罚，2年以内又骗取国家出口退税，数额在30万元以上的；情节严重的其他情形。

具有下列情形之一的，属于上述其他特别严重情节：造成国家税款损失150万元以上，并且在一审判决宣告以前无法追回的；因骗取国家出口退税行为受过行政处罚，2年以内又骗取国家出口退税，数额在150万元以上的；情节特别严重的其他情形。

纳税人缴纳税款以后，采取上述欺骗手段，骗取所缴纳的税款的，按照偷税处罚；骗取税款超过所缴纳的税款的部分，按照上述规定处罚。

有进出口经营权的公司、企业，明知他人意欲骗取国家出口退税，仍然违反国家有关进出口经营的规定，允许他人自带客户、自带货源、自带汇票并自行报关，骗取国家出口退税的，按照上述规定和单位犯罪的有关规定定罪处罚。

实施骗取国家出口退税行为，没有实际取得出口退税款的，可以比照既遂犯从轻或者减轻处罚。

实施骗取出口退税犯罪，同时构成虚开增值税专用发票罪等其他犯罪的，依照刑法处罚较重的规定定罪处罚。

21. 税务机关怎样停止为骗取国家出口退税的企业办理出口退税?

出口企业骗取国家出口退税的，经所在省（自治区、直辖市、计划单列市）国家税务局批准，按照下列规定处理：

一、骗取国家出口退税不满5万元的，可以停止为其办理出口退税半年以上1年以下。

二、骗取国家出口退税5万元以上不满50万元的，可以停止为其办理出口退税1年以上1年半以下。

三、骗取国家出口退税50万元以上不满250万元，或者由于骗取出口退税受过行政处罚、2年以内又骗取国家出口退税30万元以上不满150万元的，可以停止为其办理出口退税1年半以上2年以下。

四、骗取国家出口退税250万元以上，或者由于骗取出口退税受过行政处罚、2年以内又骗取国家出口退税150万元以上的，可以停止为其办理出口退税2年以上3年以下。

出口企业违反国家有关进出口经营的规定，以自营名义出口货物，实质上依靠非法出售、购买权益牟利，情节严重的，税务机关可以比照上述规定，在一定期限以内停止为其办理出口退税。

22. 单位犯逃避缴纳税款、妨碍税务机关追缴欠税、骗取国家出口退税和非法买卖增值税专用发票等罪的，怎样处罚?

单位逃避缴纳税款；以转移或者隐匿财产的手段妨碍税务机关追缴欠税；骗取国家出口退税；非法出售增值税专用发票和其他发票；非法购买增值税专用发票（包括伪造的增值税专用发票，下同)；非法购买增值税专用发票又虚开或者出售；伪造、擅自制造或者出售伪造、擅自制造的增值税专用发票以外的其他发票，构成犯罪的，除了由税务机关追缴其不缴、少缴和骗取的税款以外，对单位判处罚金，并对其直接负责的主管人员和其他直接责任人员，分别按照刑法的有关规定处罚。

23. 怎样依法追缴涉税犯罪的税款?

犯逃避缴纳税款，抗税，逃避追缴欠税，骗取国家出口退税，虚开增值税专用发票、用于骗取国家出口退税或者抵扣税款的其他发票等罪，被判处罚金、没收财产的，在执行以前，应当先由税务机关追缴应纳的有关税款和骗取的出口退税款。公安机关、人民检察院、人民法院在办理涉税刑事案件中追缴的税款、滞纳金，都应当及时交由税务机关办理上缴国库的手续。税务机关移送公安机关处理的涉税刑事案件，移送以前可以先依法追缴有关税款，并将收款证明随案移送公安机关。公安机关侦结向人民检察院移送审查起诉，人民检察院向人民法院提起公诉，都应当将税务机关已收税款的证明随案移送。案件经人民法院判决应当予以追缴或者退回的税款，判决生效以后，由税务机关依据判决书收缴或者退回，被告人、其他当事人和有关单位拒绝依据判决书缴纳或者划拨税款的，由人民法院强制执行。

24. 有关单位不配合税务机关的有关工作的，怎样处罚？

纳税人、扣缴义务人的开户银行和其他金融机构没有依法在从事生产、经营的纳税人的账户中登录税务登记证件号码，没有依法在从事生产、经营的纳税人的税务登记证件中登录账户账号的，由税务机关责令其限期改正，处2000元以上2万元以下罚款；情节严重的，处2万元以上5万元以下罚款。

纳税人、扣缴义务人的开户银行和其他金融机构拒绝接受税务机关依法检查纳税人、扣缴义务人的存款账户，拒绝执行税务机关作出的冻结存款、扣缴税款的决定，或者在接到税务机关的书面通知以后帮助纳税人、扣缴义务人转移存款，造成税款流失的，由税务机关处10万元以上50万元以下罚款，对直接负责的主管人员和其他直接责任人员处1000元以上1万元以下罚款。

税务机关依法到车站、码头、机场和邮政企业及其分支机构检查纳税人有关情况的时候，有关单位拒绝的，由税务机关责令改正，可以处1万元以下罚款；情节严重的，处1万元以上5万元以下罚款。

25. 为他人提供方便，导致未缴、少缴税款和骗取国家出口退税的，怎样处罚？

为纳税人、扣缴义务人非法提供银行账户、发票、证明和其他方便，导致未缴、少缴税款和骗取国家出口退税的，税务机关除了没收其违法所得以外，并可以处未缴、少缴和骗取的税款1倍以下罚款。

26. 税务代理人违反税法，造成纳税人未缴、少缴税款的，怎样处罚？

税务代理人超越代理权限、违反税收法规，造成纳税人未缴、少缴税款的，除了由纳税人缴纳、补缴应纳税款和滞纳金以外，对税务代理人处纳税人未缴、少缴税款50%以上1倍以下罚款。

27. 税务行政处罚怎样实施？

公民、法人和其他组织违反税收管理秩序的行为，依法应当给予行政处罚的，税务机关应当在查明事实以后予以处罚。

税务机关在作出行政处罚决定以前，应当告知当事人税务机关对其作出行政处罚决定的事实、理由和依据，并告知当事人依法享有的权利（如陈述、申辩）。

违法事实确凿并有法定依据，对公民处以50元以下、对法人和其他组织处以1 000元以下罚款的，税务执法人员可以当场作出处罚决定。除此以外，税务机关必须在调查（在必要的时候还可以检查）以后才能处理。

税务机关对公民作出2000元以上罚款、对法人和其他组织作出1万元以上罚款的行政处罚以前，应当告知当事人有要求举行听证的权利。当事人要求听证的，税务机关应当组织听证，并在听证以后依法作出决定。上述听证的有关费用由税务机关支付。

海关作出暂停从事有关业务，撤销海关注册登记，对公民处1万元以上罚款、对法人或者其他组织处10万元以上罚款，没收有关货物、物品、运输工具等行政处罚决定以前，应当告知当事人有要求举行听证的权利。当事人要求听证的，海关应当组织听证。

税收征收管理法规定的行政处罚，罚款金额在2000元以下的，可以由税务所决定。

税务行政处罚决定依法作出以后，当事人应当在规定的期限以内履行。当事人逾期不履行处罚决定的，税务机关可以采取下列措施：

一、到期不缴纳罚款的，每日按照罚款数额的3%加处罚款；

二、依法将查封、扣押的财物拍卖、变卖或者将冻结的存款划拨抵缴罚款；

三、申请人民法院强制执行。

当事人确有经济困难，需要延期或者分期缴纳罚款的，经过当事人申请和税务机关批准，可以暂缓或者分期缴纳。

当事人逾期不履行海关行政处罚决定的，海关也可以每日按照罚款数额的3%加处罚款；依法将扣留的货物、物品、运输工具变价抵缴，或者以当事人提供的担保抵缴；申请人民法院强制执行。当事人确有经济困难，申请延期或者分期缴纳罚款的，经过海关批准，也可以暂缓或者分期缴纳。

当事人对税务机关作出的行政处罚决定不服的，可以依法申请税务行政复议或者提起税务行政诉讼。

当事人对税务机关作出的行政处罚决定逾期不申请税务行政复议，也不提起税务行政诉讼，又不履行的，作出行政处罚决定的税务机关可以依法采取强制执行措施，或者申请人民法院强制执行。

当事人对税务机关、海关实施查封、扣押财物，冻结存款，加处罚款、滞纳金，拍卖或者依法处理查封、扣押的财物等行政强制，享有陈述权、申辩权；有权依法申请行政复议或者提起行政诉讼；由于上述机关违法实施行政强制受到损害的，有权依法要求赔偿。

当事人由于人民法院在强制执行中有违法行为或者扩大强制执行范围受到损害的，有权依法要求赔偿。

税务机关对纳税人、扣缴义务人和其他当事人处罚款或者没收违法所得的时候，应当开付罚没凭证，否则纳税人、扣缴义务人和其他当事人有权拒绝给付。

税务机关和司法机关的涉税罚没收入，应当按照税款入库预算级次上缴国库。

税务机关以公告文体和其他形式公告已经生效的税务违法案件行政处理决定，接受社会监督。上述决定一般由省、地（市）、县（市）级税务稽查局或者其主管税务局在办公场所设立的专栏内张贴公告；重大案件和其他具有典型意义的案件可以通过印发新闻通稿或者召开新闻发布会的形式公告。

违反税收法律、行政法规，应当给予行政处罚的行为，在5年以内未被发现的，不再给予行政处罚。

28. 税务文书的送达是怎样规定的？

税务文书包括税务事项通知书、责令限期改正通知书、税收保全措施决定书、税收强制执行决定书、税务检查通知书、税务处理决定书、税务行政处罚决定书、行政复议决定书和其他税务文书。

税务机关送达税务文书，应当直接送交受送达人。受送达人是自然人的，应当由本人直接签收；本人不在的，交其同住成年家属签收。受送达人是法人或者其他组织的，应当由法人的法定代表人、其他组织的主要负责人或者该法人、组织的财务负责人、负责收件的人签收。受送达人有代理人的，可以由其代理人签收。

送达税务文书必须有送达回证，并由受送达人或者规定的其他签收人在送达回证上记明收到日期，签名或者盖章，即为送达。

受送达人或者规定的其他签收人拒绝签收税务文书的，送达人应当在送达回证上记明拒收理由和日期，并由送达人和见证人签名或者盖章，将税务文书留在受送达人处，即视为送达。

直接送达税务文书有困难的，可以委托有关机关或者其他单位代为送达，或者邮寄送达。

直接或者委托送达税务文书的，以签收人或者见证人在送达回证上的签收或者注明的收件日期为送达日期；邮寄送达的，以挂号函件回执上注明的收件日期为送达日期，并视为已经送达。

同一送达事项的受送达人众多，或者用上述送达方式无法送达的，税务机关可以公告送达税务文书。自公告之日起满 30 天，即视为送达。

29. 税务机关、海关工作人员在工作中违法的，怎样处罚？

税务机关的工作人员徇私舞弊，对于依法应当移交司法机关追究刑事责任的不移交，情节严重的，处 3 年以下有期徒刑或者拘役；造成严重后果的，处 3 年以上 7 年以下有期徒刑。

税务机关、税务人员查封、扣押纳税人个人及其所扶养家属维持生活必需的住房和用品的，责令退还，依法给予行政处分；构成犯罪的，依法追究刑事责任。

税务机关的工作人员私分所扣押、查封的商品、货物和其他财产的，必须退回，并依法给予行政处分；构成犯罪的，依法追究刑事责任。

税务机关的工作人员与纳税人、扣缴义务人勾结，唆使、协助纳税人、扣缴义务人犯逃避缴纳税款和骗取国家出口退税罪的，依法追究刑事责任；未构成犯罪的，依法给予行政处分。

税务机关的工作人员利用职务上的便利，收受、索取纳税人、扣缴义务人的财物，或者谋取其他不正当的利益，构成犯罪的，依法追究刑事责任；未构成犯罪的，依法给予行政处分。其中，个人受贿数额在 10 万元以上的，处 10 年以上有期徒刑或者无期徒刑，可以并处没收财产；情节特别严重的，处死刑，并处没收财产。个人受贿数额在 5 万元以上不满 10 万元的，处 5 年以上有期徒刑，可以并处没收财产；情节特别严重的，处无期徒刑，并处没收财产。个人受贿数额在 5000 元以上不满 5 万元的，处 1 年以上 7 年以下有期徒刑；情节严重的，处 7 年以上 10 年以下有期徒刑。个人受贿数额不满5000元，情节较重的，处2年以下有期徒刑或者拘役；情节较轻的，由其所在单位或者上级主管机关酌情给予行政处分。索贿的，从重处罚。

税务机关的工作人员滥用职权，致使国家、人民利益遭受重大损失的；玩忽职守，不征、少征应征税款，致使国家税收遭受重大损失的，处3年以下有期徒刑或者拘役；情节特别严重的，处3年以上7年以下有期徒刑；未构成犯罪的，依法给予行政处分。

税务机关的工作人员徇私舞弊，滥用职权，玩忽职守，致使国家、人民利益遭受重大损失的，处5年以下有期徒刑或者拘役；情节特别严重的，处5年以上10年以下有期徒刑。

税务机关的工作人员徇私舞弊，不征、少征应征税款，致使国家税收遭受重大损失的，处5年以下有期徒刑或者拘役；造成特别重大损失的，处5年以上有期徒刑；未构成犯罪的，依法给予行政处分。

税务机关的工作人员违反法律、行政法规，在办理发售发票、抵扣税款和出口退税工作中徇私舞弊，致使国家利益遭受重大损失的，处5年以下有期徒刑或者拘役；致使国家利益遭受特别重大损失的，处5年以上有期徒刑；未构成犯罪的，依法给予行政处分。

税务机关的工作人员滥用职权，刁难纳税人、扣缴义务人的，调离税收工作岗位，并依法给予行政处分。

税务人员利用职权之便，刁难印制、使用发票的单位和个人，或者违反发票管理法规，依法给予处分；构成犯罪的，依法追究刑事责任。

税务机关的工作人员打击报复控告、检举税收违法违纪行为的纳税人、扣缴义务人和其他人员的，依法给予行政处分；构成犯罪的，依法追究刑事责任。

税务机关的工作人员在征收税款和查处税收违法案件的时候没有依法回避的，对直接负责的主管人员和其他直接责任人员依法给予行政处分。

没有依法为纳税人、扣缴义务人和检举人保密的，对直接负责的主管人员和其他直接责任人员，由所在单位或者有关单位依法给予行政处分。

海关的工作人员必须秉公执法，廉洁自律，忠于职守，文明服务，不得有下列行为：包庇、纵容走私和与他人串通走私；非法限制他人人身自由，非法检查他人身体、住所或者场所，非法检查、扣留进出境运输工具、货物和物品；利用职权为自己和他人谋取私利；索取、收受贿赂；泄露国家秘密、商业秘密和海关工作秘密；滥用职权，刁难，拖延监管、查验；购买、私分和占用没收的走私货物、物品；参与或者变相参与营利性经营活动；违反法定程序、超越权限执行职务；其他违法行为。海关的工作人员有上述行为之一的，依法给予行政处分；有违法所得的，依法没收违法所得；构成犯罪的，依法追究刑事责任。

30. 违反税法，擅自决定税收征免的，怎样处理？

违反法律、行政法规，擅自作出税收的开征、停征、减税、免税、退税、补税的决定和其他与税收法律、行政法规相抵触的决定的，除了依法撤销其擅自作出的决定以外，补征应征未征税款，退还不应征收而征收的税款，并由上级机关追究直接负责的主管人员和其他直接责任人员的行政责任；构成犯罪的，依法追究刑事责任。

违反法律、行政法规提前征收、延缓征收和摊派税款的，由其上级机关或者行政监察机关责令改正，对直接负责的主管人员和其他直接责任人员依法给予行政处分。

税务机关违反规定擅自改变税收征收管理范围和税款入库预算级次的，责令限期改正，对直接负责的主管人员和其他直接责任人员依法给予降级或者撤职的行政处分。

未经税务机关依法委托征收税款的，责令退还收取的财物，依法给予行政处分或者行政处罚；致使他人合法权益受到损失的，依法承担赔偿责任；构成犯罪的，依法追究刑事责任。

31. 什么是走私行为？对这种行为怎样处罚？

违反海关法和其他有关法律、行政法规，逃避海关监管，偷逃应纳税款，逃避国家有关进出境的禁止性、限制性管理，有下列情形之一的，是走私行为：

一、运输、携带、邮寄国家禁止、限制进出境货物、物品或者依法应当纳税的货物、物品进出境的；

二、没有经过海关许可并且没有缴纳应纳税款、交验有关许可证件，擅自将保税货物、特定免税、减税货物和其他海关监管货物、物品及进境的境外运输工具在境内出售的；

三、有逃避海关监管，构成走私的其他行为的。

此外，直接向走私人非法收购走私进口的货物、物品的；在内海、领海、界河、界湖，船舶和所载人员运输、收购、贩卖国家禁止或者限制进出境的货物、物品，或者运输、收购、贩卖依法应当纳税的货物，没有合法证明的，按照走私行为论处。

有上述走私行为，没有构成犯罪的，由海关没收走私货物、物品和违法所得，可以并处罚款。专门或者多次用于掩护走私的货物、物品，专门或者多次用于走私的运输工具，予以没收；藏匿走私货物、物品的特制设备，责令拆毁或者没收。构成犯罪的，依法追究刑事责任。

由于走私被判处刑罚或者被海关行政处罚以后在2年以内又实施走私行为的，从重处罚。

伪造、变造、买卖海关单证，与走私人通谋为走私人提供贷款、资金、账号、发票、证明、海关单证，与走私人通谋为走私人提供运输、保管、邮寄和其他方便，构成犯罪的，依法追究刑事责任；没有构成犯罪的，由海关没收违法所得，并处罚款。

32. 对走私偷逃税收者怎样处罚？

走私武器、淫秽物品、毒品和国家禁止出口的文物、黄金、珍贵动物和珍稀植物等物品以外的货物、物品，构成犯罪的，分别按照下列规定处罚：

一、走私货物、物品偷逃应缴税额较大，或者1年以内曾因走私被给予2次行政处罚以后再次走私的，处3年以下有期徒刑或者拘役，并处偷逃应缴税额1倍以上5倍以下罚金。

二、走私货物、物品偷逃应缴税额巨大或者有其他严重情节的，处3年以上10年以下有期徒刑，并处偷逃应缴税额1倍以上5倍以下罚金。

三、走私货物、物品偷逃应缴税额特别巨大或者有其他特别严重情节的，处10年以上有期徒刑或者无期徒刑，并处偷逃应缴税额1倍以上5倍以下罚金，或者没收财产。

单位犯上述罪的，对单位判处罚金，并对其直接负责的主管人员和其他直接责任人员处3年以下有期徒刑或者拘役；情节严重的，处3年以上10年以下有期徒刑，情节特别严重的，处10年以上有期徒刑。

对于多次走私未经处理的，按照累计走私货物、物品的偷逃应缴税额处罚。

此外，没有经过海关许可并且没有补缴应缴税额，擅自将批准进口的来料加工、来件装配、补偿贸易的原材料、零件、制成品、设备等保税货物，特定减税、免税进口的货物、物品，在中国境内销售牟利，构成犯罪的，也按照上述规定处罚。

对于有上述违法行为，但是数额不大的，由海关没收走私货物、物品、违法所得、运输工具和特制设备，可以并处罚款，其中对于偷逃应纳税款的可以并处应纳税款1倍以下罚款。

人民法院判决没收和海关决定没收的走私货物、物品、违法所得、运输工具和特制设备，由海关依法统一处理，所得价款和海关收缴的罚款全部上缴中央国库。

二十二、税务行政复议

1. 什么是税务行政复议？

税务行政复议是中国行政复议制度的一个组成部分，具体指纳税人和其他当事人认为税务机关的具体行政行为侵犯其合法权益，依法向上一级税务机关或者本级人民政府提出复查该具体行政行为的申请，由复议机关审查该具体行政行为的合法性和适当性，并作出裁决或者调解的制度。

为了发挥行政复议解决税务行政争议的作用，保护公民、法人和其他组织（以下简称申请人）的合法权益，监督和保障税务机关依法行使职权，国家税务总局根据《中华人民共和国行政复议法》及其实施条例、《中华人民共和国税收征收管理法》，于2010年2月10日公布《税务行政复议规则》，自当年4月1日起施行。申请人向税务行政复议机关（指依法受理行政复议申请，审查具体行政行为，并作出行政复议决定的税务机关，以下简称行政复议机关）申请行政复议，行政复议机关办理行政复议事项，外国人、无国籍人和外国组织在中国境内向税务机关申请行政复议，都按照上述规则办理。

2. 税务行政复议机构、人员是怎样规定的？

各级行政复议机关负责法制工作的机构（以下简称行政复议机构）依法办理行政复议事项，履行下列职责：

一、受理行政复议申请；

二、向有关组织和人员调查取证，查阅文件和资料；

三、审查申请行政复议的具体行政行为是否合法和适当，起草行政复议决定；

四、处理或者转送对有关规定的审查申请；

五、对被申请人违反行政复议法及其实施条例和税务行政复议规则的行为，按照规定的权限和程序向相关部门提出处理建议；

六、研究行政复议工作中发现的问题，及时向有关机关或者部门提出改进建议，重大问题及时向行政复议机关报告；

七、指导和监督下级税务机关的行政复议工作；

八、办理或者组织办理行政诉讼案件应诉事项；

九、办理行政复议案件的赔偿事项；

十、办理行政复议、诉讼、赔偿等案件的统计、报告、归档工作和重大行政复议决定备案事项；

十一、其他与行政复议工作有关的事项。

各级行政复议机关可以成立行政复议委员会，研究重大、疑难案件，提出处理建议。行政复议委员会可以邀请本机关以外的具有相关专业知识的人员参加。

行政复议工作人员应当具备与履行行政复议职责相适应的品行、专业知识和业务能力，并取得行政复议法实施条例规定的资格。

3. 税务行政复议的范围是怎样规定的？

行政复议机关受理申请人对税务机关下列具体行政行为不服提出的行政复议申请：

一、征税行为，包括确认纳税主体、征税对象、征税范围、减税、免税、退税、抵扣税款、适用税率、计税依据、纳税环节、纳税期限、纳税地点和税款征收方式等具体行政行为，征收税款，加收滞纳金，扣缴义务人、受税务机关委托的单位和个人作出的代扣代缴、代收代缴和代征行为等；

二、行政许可和行政审批行为；

三、发票管理行为，包括发售、收缴和代开发票等；

四、税收保全措施和强制执行措施；

五、行政处罚行为，包括罚款、没收财物和违法所得、停止出口退税权；

六、不依法履行下列职责的行为：颁发税务登记，开具、出具完税凭证、外出经营活动税收管理证明，行政赔偿，行政奖励，其他不依法履行职责的行为；

七、资格认定行为；

八、不依法确认纳税担保行为；

九、政府信息公开工作中的具体行政行为；

十、纳税信用等级评定行为；

十一、通知出入境管理机关阻止出境行为；

十二、其他具体行政行为。

申请人认为税务机关的具体行政行为所依据的各级税务机关、国务院其他部门、地方各级人民政府及其工作部门的规定（不包括规章）不合法，对具体行政行为申请行政复议的时候，可以一并向行政复议机关提出对有关规定的审查申请；申请人对具体行政行为提出行政复议申请的时候不知道该具体行政行为所依据的规定的，可以在行政复议机关作出行政复议决定以前提出对该规定的审查申请。

4．税务行政复议的管辖是怎样规定的？

对各级国家税务局的具体行政行为不服的，向其上一级国家税务局申请行政复议。

对各级地方税务局的具体行政行为不服的，可以选择向其上一级地方税务局或者该税务局的本级人民政府申请行政复议。

省、自治区和直辖市人民代表大会及其常务委员会、人民政府对于地方税务局的行政复议管辖另有规定的，从其规定。

对国家税务总局的具体行政行为不服的，向国家税务总局申请行政复议。对行政复议决定不服的，申请人可以向人民法院提起行政诉讼，也可以向国务院申请裁决。国务院的裁决为最终裁决。

有关特殊情况的规定如下：

一、对计划单列市税务局的具体行政行为不服的，向省税务局申请行政复议。

二、对税务所（分局）、各级税务局的稽查局的具体行政行为不服的，向其所属税务局申请行政复议。

三、对2个以上税务机关共同作出的具体行政行为不服的，向其共同上一级税务机关申请行政复议；对税务机关与其他行政机关共同作出的具体行政行为不服的，向其共同上一级行政机关申请行政复议。

四、对被撤销的税务机关在撤销以前作出的具体行政行为不服的，向继续行使其职权的税务机关的上一级税务机关申请行政复议。

五、对税务机关作出逾期不缴纳罚款加处罚款的决定不服的，向作出行政处罚决定的税务机关申请行政复议。对已处罚款和加处罚款都不服的，一并向作出行政处罚决定的税务机关的上一级税务机关申请行政复议。

有上述第二项至第五项所列情形之一的，申请人也可以向具体行政行为发生地的县级地方人民政府提交行政复议申请，由接受申请的县级地方人民政府依法转送。

5. 税务行政复议的申请人是怎样规定的？

合伙企业申请行政复议的，应当以工商行政管理机关核准登记的企业为申请人，由执行合伙事务的合伙人代表该企业参加行政复议；其他合伙组织申请行政复议的，由合伙人共同申请行政复议。

其他不具备法人资格的其他组织申请行政复议的，由该组织的主要负责人代表该组织参加行政复议；没有主要负责人的，由共同推选的人员代表该组织参加行政复议。

股份制企业的股东大会、股东代表大会、董事会认为税务具体行政行为侵犯企业合法权益的，可以以企业的名义申请行政复议。

有权申请行政复议的公民死亡的，其近亲属可以申请行政复议；有权申请行政复议的公民为无行为能力人或者限制行为能力人的，其法定代理人可以代理申请行政复议。

有权申请行政复议的法人和其他组织发生合并、分立和终止的，承受其权利义务的法人和其他组织可以申请行政复议。

行政复议期间，行政复议机关认为申请人以外的公民、法人和其他组织与被审查的具体行政行为有利害关系的，可以通知其作为第三人参加行政复议。

行政复议期间，申请人以外的公民、法人和其他组织与被审查的税务具体行政行为有利害关系的，可以向行政复议机关申请作为第三人参加行政复议。

第三人不参加行政复议，不影响行政复议案件的审理。

非具体行政行为的行政管理相对人，但其权利直接被该具体行政行为所剥夺、限制或者被赋予义务的公民、法人和其他组织，在行政管理相对人没有申请行政复议的时候，可以单独申请行政复议。

同一行政复议案件申请人超过5人的，应当推选1至5名代表参加行政复议。

申请人、第三人可以委托1至2名代理人参加行政复议。申请人、第三人委托代理人的，应当向行政复议机构提交授权委托书。授权委托书应当载明委托事项、权限和期限。公民在特殊情况下无法书面委托的，可以口头委托。口头委托的，行政复议机构应当核实并记录在卷。申请人、第三人解除或者变更委托的，应当书面告知行政复议机构。

6. 税务行政复议的被申请人是怎样规定的?

申请人对具体行政行为不服申请行政复议的，作出该具体行政行为的税务机关为被申请人。

申请人对扣缴义务人的扣缴税款行为不服的，主管该扣缴义务人的税务机关为被申请人；对税务机关委托的单位和个人的代征行为不服的，委托税务机关为被申请人。

税务机关与法律、法规授权的组织以共同的名义作出具体行政行为的，税务机关和法律、法规授权的组织为共同被申请人。

税务机关与其他组织以共同名义作出具体行政行为的，税务机关为被申请人。

税务机关按照法律、法规和规章，经上级税务机关批准作出具体行政行为的，批准机关为被申请人。

申请人对经重大税务案件审理程序作出的决定不服的，审理委员会所在税务机关为被申请人。

税务机关设立的派出机构、内设机构和其他组织，没有经过法律、法规授权，以自己名义对外作出具体行政行为的，设立上述组织的税务机关为被申请人。

被申请人不得委托本机关以外的人员参加行政复议。

7. 怎样申请税务行政复议？

申请人可以自知道税务机关作出具体行政行为之日起60天以内提出行政复议申请。上述行政复议申请期限的计算，按照下列规定办理：

一、当场作出具体行政行为的，自具体行政行为作出之日起计算。

二、载明具体行政行为的法律文书直接送达的，自受送达人签收之日起计算。

三、载明具体行政行为的法律文书邮寄送达的，自受送达人在邮件签收单上签收之日起计算；没有邮件签收单的，自受送达人在送达回执上签名之日起计算。

四、具体行政行为依法通过公告形式告知受送达人的，自公告规定的期限届满之日起计算。

五、税务机关作出具体行政行为的时候没有告知申请人，事后补充告知的，自该申请人收到税务机关补充告知的通知之日起计算。

六、被申请人能够证明申请人知道具体行政行为的，自证据材料证明其知道具体行政行为之日起计算。

税务机关作出具体行政行为，依法应当向申请人送达法律文书而没有送达的，视为该申请人不知道该具体行政行为。

因不可抗力和被申请人设置障碍等原因耽误法定申请期限的，申请期限的计算应当扣除被耽误时间。

申请人对确认纳税主体、征税对象、征税范围、减税、免税、退税、抵扣税款、适用税率、计税依据、纳税环节、纳税期限、纳税地点和税款征收方式，征收税款，加收滞纳金，扣缴义务人、受税务机关委托的单位和个人作出的代扣代缴、代收代缴、代征等征税行为不服的，应当先向行政复议机关申请行政复议；对行政复议决定不服的，可以向人民法院提起行政诉讼。

申请人按照上述规定申请行政复议的，必须按照税务机关根据法律、法规确定的税额、期限，先行缴纳或者解缴税款，或者提供相应的担保，才可以在缴清税款以后或者自提供的担保得到作出具体行政行为的税务机关确认之日起60天以内提出行政复议申请。

申请人提供担保的方式包括保证、抵押和质押。作出具体行政行为的税务机关应当审查保证人的资格和资信，对不具备法定资格或者没有能力保证的，有权拒绝。作出具体行政行为的税务机关应当审查抵押人、出质人提供的抵押担保和质押担保，对不合法的抵押担保和质押担保，不予确认。

申请人对征税行为以外的具体行政行为不服，可以申请行政复议，也可以直接向人民法院提起行政诉讼。

申请人对税务机关作出逾期不缴纳罚款加处罚款的决定不服的，应当先缴纳罚款和加处罚款，再申请行政复议。

申请人申请税务机关履行审批、登记等法定职责，税务机关没有履行的，行政复议申请期限按照下列规定计算：

一、有履行期限规定的，自履行期限届满之日起计算；

二、没有履行期限规定的，自税务机关收到申请满 60 天起计算。

税务机关作出的具体行政行为对申请人的权利、义务可能产生不利影响的，应当告知其申请行政复议的权利、行政复议机关和行政复议申请期限。

申请人书面申请行政复议的，可以采取当面递交、邮寄和传真等方式提出行政复议申请。有条件的行政复议机关可以接受以电子邮件形式提出的行政复议申请。以传真和电子邮件形式提出行政复议申请的，行政复议机关应当审核确认申请人的身份和复议事项。

申请人书面申请行政复议的，应当在行政复议申请书中载明下列事项：

一、申请人的基本情况，包括公民的姓名、性别、出生年月、身份证件号码、工作单位、住所、邮政编码、联系电话；法人或者其他组织的名称、住所、邮政编码、联系电话、法定代表人或者主要负责人的姓名和职务。

二、被申请人的名称。

三、行政复议请求、申请行政复议的主要事实和理由。

四、申请人的签名或者盖章。

五、申请行政复议的日期。

申请人口头申请行政复议的，行政复议机构应当就申请人的基本情况、被申请人的名称、行政复议请求、申请行政复议的主要事实和理由、申请行政复议的日期等事项，当场制作行政复议申请笔录，交申请人核对，或者向申请人宣读，并由申请人确认。

有下列情形之一的，申请人应当提供证明材料：

一、认为被申请人不履行法定职责的，提供要求被申请人履行法定职责而被申请人没有履行的证明材料；

二、申请行政复议的时候一并提出行政赔偿请求的，提供受具体行政行为侵害而造成损害的证明材料；

三、法律、法规规定需要申请人提供证据材料的其他情形。

申请人提出行政复议申请的时候错列被申请人的，行政复议机关应当告知申请人变更被申请人。申请人不变更被申请人的，行政复议机关不予受理，或者驳回行政复议申请。

申请人向行政复议机关申请行政复议，行政复议机关已经受理的，在法定行政复议期限以内，申请人不得向人民法院提起行政诉讼；申请人向人民法院提起行政诉讼，人民法院已经依法受理的，不得申请行政复议。

8. 怎样受理税务行政复议申请?

行政复议申请符合下列规定的，行政复议机关应当受理：

一、属于税务行政复议规则规定的行政复议范围。

二、在法定申请期限以内提出。

三、有明确的申请人和符合规定的被申请人。

四、申请人与具体行政行为有利害关系。

五、有具体的行政复议请求和理由。

六、申请人对税务机关的征税行为不服申请行政复议的，已经缴清税款和滞纳金，或者所提供的担保已经得到作出具体行政行为的税务机关确认；申请人对税务机关作出逾期不缴纳罚款加处罚款的决定不服的申请行政复议，已经缴纳罚款和加处罚款。

七、属于收到行政复议申请的行政复议机关的职责范围。

八、其他行政复议机关还没有受理同一行政复议申请，人民法院还没有受理同一主体就同一事实提起的行政诉讼。

行政复议机关收到行政复议申请以后，应当在5天以内审查，决定是否受理。对于不符合税务行政复议规则的行政复议申请，决定不予受理，并书面告知申请人。

对于不属于本机关受理的行政复议申请，应当告知申请人向有关行政复议机关提出。

行政复议机关收到行政复议申请以后没有按照上述规定期限审查并作出不予受理决定的，视为受理。

对于符合规定的行政复议申请，自行政复议机构收到之日起即为受理。受理行政复议申请，应当书面告知申请人。

行政复议申请材料不齐全、表述不清楚的，行政复议机构可以自收到该行政复议申请之日起5天以内书面通知申请人补正。补正通知应当载明需要补正的事项和合理的补正期限，补正申请材料所用时间不计入行政复议审理期限。申请人无正当理由逾期不补正的，视为放弃行政复议申请。

上级税务机关认为行政复议机关不予受理行政复议申请的理由不成立的，可以督促其受理；经过督促仍然不受理的，责令其限期受理。

上级税务机关认为行政复议申请不符合法定受理条件的，应当告知申请人。

上级税务机关认为有必要的，可以直接受理或者提审由下级税务机关管辖的行政复议案件。

对于应当先向行政复议机关申请行政复议，对行政复议决定不服再向人民法院提起行政诉讼的具体行政行为，行政复议机关决定不予受理或者受理以后超过行政复议期限不作答复的，申请人可以自收到不予受理决定书之日起或者行政复议期满之日起15天以内，依法向人民法院提起行政诉讼。

情况复杂，经过批准，延长行政复议期限的，以延长以后的时间为行政复议期满时间。

行政复议期间，具体行政行为不停止执行；但是有下列情形之一的，可以停止执行：

一、被申请人认为需要停止执行的；

二、行政复议机关认为需要停止执行的；

三、申请人申请停止执行，行政复议机关认为其要求合理，决定停止执行的；

四、法律规定停止执行的。

行政复议机关受理行政复议申请，不得向申请人收取任何费用。

9. 税务行政复议的证据是怎样规定的?

行政复议的证据包括下列类别：书证，物证，视听资料，证人证言，当事人陈述，鉴定结论，勘验笔录、现场笔录。

在行政复议中，被申请人对其作出的具体行政行为负有举证责任。

行政复议机关应当依法全面审查相关证据。行政复议机关审查行政复议案件，应当以证据证明的案件事实为依据。定案证据应当具有合法性、真实性和关联性。

行政复议机关应当根据案件的具体情况，从下列方面审查证据的合法性：证据是否符合法定形式，证据的取得是否符合法律、法规、规章和司法解释，是否有影响证据效力的其他违法情形。

行政复议机关应当根据案件的具体情况，从下列方面审查证据的真实性：证据形成的原因；发现证据时的环境；证据是否为原件、原物，复制件、复制品与原件、原物是否相符；提供证据的人或者证人与行政复议参加人是否具有利害关系；影响证据真实性的其他因素。

行政复议机关应当根据案件的具体情况，从下列方面审查证据的关联性：证据与待证事实是否具有证明关系，证据与待证事实的关联程度，影响证据关联性的其他因素。

下列证据材料不得作为定案依据：违反法定程序收集的证据材料；以偷拍、偷录和窃听等手段获取侵害他人合法权益的证据材料；以利诱、欺诈、胁迫和暴力等不正当手段获取的证据材料；无正当事由超出举证期限提供的证据材料；无正当理由拒不提供原件、原物，又无其他证据印证，且对方不予认可的证据的复制件、复制品；无法辨明真伪的证据材料；不能正确表达意志的证人提供的证言；不具备合法性、真实性的其他证据材料。

行政复议机构根据工作职责向有关组织和人员调查取证，查阅文件和资料的时候所取得的有关材料，不得作为支持被申请人具体行政行为的证据。

在行政复议过程中，被申请人不得自行向申请人和其他有关组织、个人收集证据。

行政复议机构认为必要的时候，可以调查取证。行政复议工作人员向有关组织和人员调查取证的时候，可以查阅、复制和调取有关文件和资料，向有关人员询问。调查取证的时候，行政复议工作人员不得少于2人，并应当向当事人和有关人员出示证件。被调查单位和人员应当配合行政复议工作人员的工作，不得拒绝、阻挠。

需要现场勘验的，现场勘验所用时间不计入行政复议审理期限。

申请人和第三人可以查阅被申请人提出的书面答复、作出具体行政行为的证据、依据和其他有关材料，行政复议机关不得拒绝，涉及国家秘密、商业秘密和个人隐私者除外。

10. 税务行政复议的审查是怎样规定的？

行政复议机构应当自受理行政复议申请之日起7天以内，将行政复议申请书副本或者行政复议申请笔录复印件发送被申请人。被申请人应当自收到申请书副本或者申请笔录复印件之日起10天以内提出书面答复，并提交当初作出具体行政行为的证据、依据和其他有关材料。

对于国家税务总局的具体行政行为不服申请行政复议的案件，由原承办具体行政行为的相关机构向行政复议机构提出书面答复，并提交当初作出具体行政行为的证据、依据和其他有关材料。

行政复议机构审理行政复议案件，应当由2名以上行政复议工作人员参加。

行政复议原则上采用书面审查的办法，但是申请人提出要求或者行政复议机构认为有必要的时候，应当听取申请人、被申请人和第三人的意见，并可以向有关组织和人员调查了解情况。

对于重大、复杂的案件，申请人提出要求或者行政复议机构认为必要的时候，可以采取听证的方式审理。行政复议机构决定举行听证的，应当将举行听证的时间、地点和具体要求等事项通知申请人、被申请人和第三人。第三人不参加听证的，不影响听证的举行。

听证应当公开举行，但是涉及国家秘密、商业秘密和个人隐私的除外。行政复议听证人员不得少于2人，听证主持人由行政复议机构指定。听证应当制作笔录。申请人、被申请人和第三人应当确认听证笔录内容。行政复议听证笔录应当附卷，作为行政复议机构审理案件的依据之一。

行政复议机关应当全面审查被申请人的具体行政行为所依据的事实证据、法律程序、法律依据和设定的权利义务内容的合法性、适当性。

申请人在行政复议决定作出以前撤回行政复议申请的，经行政复议机构同意，可以撤回。申请人撤回行政复议申请的，不得再以同一事实和理由提出行政复议申请。但是，申请人能够证明撤回行政复议申请违背其真实意思表示的除外。

行政复议期间被申请人改变原具体行政行为的，不影响行政复议案件的审理。但是，申请人依法撤回行政复议申请的除外。

申请人在申请行政复议的时候，一并提出对各级税务机关、国务院其他部门、地方人民政府及其工作部门有关规定的审查申请的，行政复议机关对该规定有权处理的，应当在30天以内依法处理；无权处理的，应当在7日以内按照法定程序逐级转送有权处理的行政机关，有权处理的行政机关应当在60天以内依法处理。处理期间，中止对具体行政行为的审查。

行政复议机关审查被申请人的具体行政行为的时候，认为其依据不合法，本机关有权处理的，应当在30天以内依法处理；无权处理的，应当在7天以内按照法定程序逐级转送有权处理的国家机关。处理期间，中止对具体行政行为的审查。

11．税务行政复议的决定是怎样规定的？

行政复议机构应当对被申请人的具体行政行为提出审查意见，

经行政复议机关负责人批准，按照下列规定作出行政复议决定：

一、具体行政行为认定事实清楚，证据确凿，适用依据正确，程序合法，内容适当的，决定维持。

二、被申请人不履行法定职责的，决定其在一定期限以内履行。

三、具体行政行为有下列情形之一的，决定撤销、变更或者确认该具体行政行为违法；决定撤销或者确认该具体行政行为违法的，可以责令被申请人在一定期限以内重新作出具体行政行为：主要事实不清、证据不足的，适用依据错误的，违反法定程序的，超越职权或者滥用职权的，具体行政行为明显不当的。

四、被申请人不按照规定提出书面答复，提交当初作出具体行政行为的证据、依据和其他有关材料的，视为该具体行政行为没有证据、依据，决定撤销该具体行政行为。

行政复议机关责令被申请人重新作出具体行政行为的，被申请人不得以同一事实和理由作出与原具体行政行为相同或者基本相同的具体行政行为；但是行政复议机关以原具体行政行为违反法定程序决定撤销的，被申请人重新作出具体行政行为的除外。

行政复议机关责令被申请人重新作出具体行政行为的，被申请人不得作出对申请人更为不利的决定；但是行政复议机关以原具体行政行为主要事实不清、证据不足和适用依据错误决定撤销的，被申请人重新作出具体行政行为的除外。

有下列情形之一的，行政复议机关可以决定变更：

一、认定事实清楚，证据确凿，程序合法，但是明显不当或者适用依据错误的；

二、认定事实不清，证据不足，但是经行政复议机关审理，查明事实清楚，证据确凿的。

有下列情形之一的，行政复议机关应当决定驳回行政复议申请：

一、申请人认为税务机关不履行法定职责，申请行政复议，行政复议机关受理以后发现该税务机关没有相应法定职责，或者在受理以前已经履行法定职责的；

二、受理行政复议申请以后，发现该行政复议申请不符合法定的受理条件的。

上级税务机关认为行政复议机关驳回行政复议申请的理由不成立的，应当责令限期恢复受理。行政复议机关审理行政复议申请期限的计算应当扣除因驳回耽误的时间。

行政复议期间，有下列情形之一的，行政复议中止：

一、作为申请人的公民死亡，其近亲属还没有确定是否参加行政复议的；

二、作为申请人的公民丧失参加行政复议的能力，还没有确定法定代理人参加行政复议的；

三、作为申请人的法人和其他组织终止，还没有确定权利义务承受人的；

四、作为申请人的公民下落不明或者被宣告失踪的；

五、申请人、被申请人因不可抗力，不能参加行政复议的；

六、行政复议机关因不可抗力原因暂时不能履行工作职责的；

七、案件涉及法律适用问题，需要有权机关作出解释或者确认的；

八、案件审理需要以其他案件的审理结果为依据，而其他案件还没有审结的；

九、其他需要中止行政复议的情形。

行政复议中止的原因消除以后，应当及时恢复行政复议案件的审理。

行政复议机构中止、恢复行政复议案件的审理，应当告知申请人、被申请人和第三人。

行政复议期间，有下列情形之一的，行政复议终止：

一、申请人要求撤回行政复议申请，行政复议机构准予撤回的；

二、作为申请人的公民死亡，没有近亲属，或者其近亲属放弃行政复议权利的；

三、作为申请人的法人和其他组织终止，其权利义务的承受人放弃行政复议权利的；

四、经行政复议机构准许，申请人与被申请人按照规定达成和解的；

五、行政复议申请受理以后，发现其他行政复议机关已经先于本机关受理，或者人民法院已经受理的。

由于作为申请人的公民死亡，其近亲属还没有确定是否参加行政复议；作为申请人的公民丧失参加行政复议的能力，还没有确定法定代理人参加行政复议；作为申请人的法人和其他组织终止，还没有确定权利义务承受人，中止行政复议，满 60 天上述原因没有消除的，行政复议终止。

行政复议机关责令被申请人重新作出具体行政行为的，被申请人应当在 60 天以内重新作出具体行政行为；情况复杂，不能在规定期限以内重新作出具体行政行为的，经过行政复议机关批准，可以适当延期，但是延期不得超过 30 天。

公民、法人和其他组织对被申请人重新作出的具体行政行为不服，可以依法申请行政复议，或者提起行政诉讼。

申请人在申请行政复议的时候，可以一并提出行政赔偿请求。行政复议机关对符合国家赔偿法，应当赔偿的，在决定撤销、变更具体行政行为或者确认具体行政行为违法的时候，应当同时决定被申请人依法赔偿。

申请人在申请行政复议的时候没有提出行政赔偿请求的，行政复议机关在依法决定撤销、变更原具体行政行为确定的税款、滞纳金、罚款和对财产的扣押、查封等强制措施的时候，应当同时责令被申请人退还税款、滞纳金和罚款，解除对财产的扣押、查封等强制措施，或者赔偿相应的价款。

行政复议机关应当自受理申请之日起 60 天以内作出行政复议决定。情况复杂，不能在规定期限以内作出行政复议决定的，经过行政复议机关负责人批准，可以适当延期，并告知申请人和被申请人；但是延期不得超过 30 天。

行政复议机关作出行政复议决定，应当制作行政复议决定书，并加盖行政复议机关印章。行政复议决定书一经送达，即发生法律效力。

被申请人应当履行行政复议决定。被申请人不履行、无正当理由拖延履行行政复议决定的，行政复议机关或者有关上级税务机关应当责令其限期履行。

申请人、第三人逾期不起诉又不履行行政复议决定的，或者不履行最终裁决的行政复议决定的，按照下列规定处理：

一、维持具体行政行为的行政复议决定，由作出具体行政行为的税务机关依法强制执行，或者申请人民法院强制执行。

二、变更具体行政行为的行政复议决定，由行政复议机关依法强制执行，或者申请人民法院强制执行。

12. 税务行政复议的和解、调解是怎样规定的？

下列行政复议事项，按照自愿、合法的原则，申请人和被申请人在行政复议机关作出行政复议决定以前可以达成和解，行政复议机关也可以调解：

一、行使自由裁量权作出的具体行政行为，如行政处罚、核定税额和确定应税所得率等；

二、行政赔偿；

三、行政奖励；

四、存在其他合理性问题的具体行政行为。

申请人和被申请人达成和解的，应当向行政复议机构提交书面和解协议。和解内容不损害社会公共利益和他人合法权益的，行政复议机构应当准许。经行政复议机构准许和解终止行政复议的，申请人不得以同一事实和理由再次申请行政复议。

调解应当符合下列要求：尊重申请人和被申请人的意愿，以查明案件事实为基础，遵循客观、公正和合理原则，不得损害社会公共利益和他人合法权益。

行政复议机关按照下列程序调解：

一、征得申请人和被申请人的同意；

二、听取申请人和被申请人的意见；

三、提出调解方案；

四、达成调解协议；

五、制作行政复议调解书。

行政复议调解书应当载明行政复议请求、事实、理由和调解结果，并加盖行政复议机关印章。行政复议调解书经双方当事人签字即具有法律效力。申请人不履行行政复议调解书的，由被申请人依法强制执行，或者申请人民法院强制执行。

调解没有达成协议，或者行政复议调解书不生效的，行政复议机关应当及时作出行政复议决定。

13．海关行政复议是怎样规定的？

纳税人、担保人对于海关确定纳税人、完税价格、商品归类、原产地、适用税率、计征汇率、免税、减税、补税、退税、征收滞纳金、计征方式和纳税地点有异议的，应当按照海关作出的行政决定缴纳税款，并可以依法向上一级海关申请行政复议。对行政复议决定不服的，可以依法向人民法院提起诉讼。

对于按照反倾销条例作出的是否征收反倾销税的决定、追溯征收、退税和对新出口经营者征税的决定不服的，对于是否继续征收反倾销税作出的复审决定不服的；对于按照反补贴条例作出的是否征收反补贴税的决定、追溯征收的决定不服的，对于是否继续征收反补贴税作出的复审决定不服的，可以依法申请行政复议，也可以依法向人民法院提起诉讼。

二十三、财政、税务、海关组织机构和税收征收管理范围划分

1. 财政部及其税政司、关税司是怎样的机构?

财政部是中国国务院主管财政工作的部门。该部主要职责中与税收直接相关的内容包括：拟订财税发展战略、规划、政策和改革方案，并组织实施；分析预测宏观经济形势，参与制定各项宏观经济政策，提出运用财税政策实施宏观调控和综合平衡社会财力的建议；拟订中央与地方、国家与企业的分配政策；完善鼓励公益事业发展的财税政策；负责组织起草税收法律、行政法规草案及其实施细则和税收政策调整方案，参加涉外税收谈判，签订涉外税收协议、协定草案，制定国际税收协议和协定范本，研究提出关税和进口税收政策，拟订关税谈判方案，参加有关关税谈判，研究提出征收特别关税的建议，承担国务院关税税则委员会的具体工作。该部的部长由国家主席任命，副部长由国务院任命。

税政司是财政部内主管税收业务的职能部门。该司的主要职责是：研究提出税种增减，税目、税率调整，减免税等建议；组织起草税收法律、行政法规草案及其实施细则；研究提出税收政策调整方案；承担涉外税收谈判和签订涉外税收协议、协定草案的有关工作；拟订国际税收协议和协定范本；开展税源调查分析。

关税司是财政部内主管关税业务的职能部门。该司的主要职责

是：研究提出关税和进口税收政策建议；拟订关税谈判方案，承担有关关税谈判工作；研究提出征收特别关税的建议；承办国务院关税税则委员会的具体工作。

2. 国家税务总局是一个怎样的机构？

中国的最高税务机构是国家税务总局。该局是国务院主管税收工作的部级直属机构，其主要职责是：

一、具体起草税收法律、法规草案及其实施细则，并提出税收政策建议，并与财政部共同上报和下发、制订贯彻落实的措施。负责解释税收法律、法规执行过程中的征管和一般性税政问题，事后向财政部备案。

二、组织实施中央税、中央与地方共享税、法律和法规规定的基金（费）的征收管理责任，力争税款应收尽收。

三、参与研究宏观经济政策、中央与地方的税权划分，并提出完善分税制的建议；研究税负总水平，并提出运用税收手段进行宏观调控的建议。

四、组织实施税收征收管理体制改革；起草税收征收管理法律、法规草案，并制定实施细则；制定和监督执行税收业务、征收管理的规章制度，监督、检查税收法律、法规和政策的贯彻执行；指导和监督地方税务工作。

五、规划和组织实施纳税服务体系建设，制定纳税服务管理制度，规范纳税服务行为，制定和监督执行纳税人权益保障制度，保护纳税人的合法权益，履行提供便捷、优质、高效纳税服务的义务，组织实施税法宣传，拟订注册税务师管理政策并监督实施。

六、组织实施纳税人分类管理和专业化服务，以及对大企业的纳税服务和税源管理。

七、编报税收收入中长期规划和年度计划，开展税源调查，加强税收收入的分析和预测，组织办理税收减免等具体事项。

八、制定税收管理信息化制度，拟订税收管理信息化建设中长期规划，组织实施金税工程建设。

九、开展税收领域的国际交流与合作，参加国家（地区）间税收关系谈判，草签和执行有关的协议、协定。

十、办理进出口货物的增值税、消费税征收和退税业务。

十一、对全国国家税务局系统实行垂直管理，协同省级人民政府对省级地方税务局实行双重领导，对省级地方税务局局长任免提出意见。

十二、承办国务院交办的其他事项。

国家税务总局局长和4名副局长均由国务院任命，另有总经济师、总会计师和总审计师各1名。

3．国家税务总局的内部机构是怎样设置的？

国家税务总局局内设有下列14个司级行政职能部门：

一、办公厅。该厅是国家税务总局主管日常公务、文秘和总局机关行政管理事务的综合职能部门，主要职责是负责机关文电、机要、会务、档案、信访、保密和保卫等工作，承担税收宣传、政务公开和新闻发布工作，管理机关财务和其他行政事务，下设局长办公室、办公室、文秘处、督办处、综合调研处、新闻宣传办公室（政府信息公开办公室）、电子政务处、财务处、信访处和文印中心10个处级单位。

二、政策法规司。该司是国家税务总局主管税收政策和税收法制工作的综合职能部门，主要职责是起草税收法律、法规草案，部门规章和规范性文件；研究提出税制改革建议；拟订税收业务的规章制度；研究、承办涉及世界贸易组织的有关税收事项；承办重大税收案件的审理和行政处罚工作；承担总局有关规范性文件的合法性审核工作；承办税务行政复议、行政应讼工作，下设综合处、税制改革处、法制处、复议应诉处（重大税收案件审理委员会办公室）、世贸税收办公室、备案审查处和重大税收案件审理处7个处级单位。

三、货物和劳务税司。该司是国家税务总局主管增值税、消费税、营业税、车辆购置税、进出口税收、文化事业建设费政策和征收管理的职能部门，主要职责是组织实施增值税、消费税、营业税和车辆购置税（不含海关代征部分）征收管理工作，拟订具体征收管理政策和办法；解释和处理有关法律、法规执行中的一般性问题；组织实施出口退税管理工作，下设综合处、增值税处、消费税处、进出口税收处、营业税处、车辆购置税处、申报评估处、税控稽核处和出口退税管理处 9 个处。

四、所得税司。该司是国家税务总局主管企业所得税、个人所得税、法定的基金（费）政策和征收管理的职能部门，主要职责是组织实施企业所得税、个人所得税和法定的基金（费）等征收管理工作，拟订具体征收管理政策和办法；对有关法律、法规执行中的一般性问题进行解释和处理，下设综合处、企业所得税一处、企业所得税二处、企业所得税三处、个人所得税一处、个人所得税二处和社会保险费征收管理处 7 个处。

五、财产和行为税司。该司是国家税务总局主管财产和行为各税政策、指导和监督财产和行为各税征收管理工作的职能部门，主要职责是组织实施房产税、城镇土地使用税、城市维护建设税、印花税、资源税、土地增值税、车船税、烟叶税、契税、耕地占用税和教育费附加的业务管理，拟订具体征收管理政策和办法；解释和处理有关法律、法规执行中的一般性问题；指导财产和行为各税种及教育费附加的征管业务，下设综合处、财产和行为税一处、财产和行为税二处、财产和行为税三处、财产和行为税四处、财产和行为税五处 6 个处。

六、国际税务司（港澳台办公室）。该司是国家税务总局主管国际税收、国际税务合作交流和外事工作的职能部门，主要职责是研究拟订国家（地区）间反避税措施，组织实施反避税调查；参加国家（地区）间税收协议、协定谈判，承办草签和执行有关协议、协定等工作；承办与国际机构、国家（地区）间税务机关的合作和交流业务；管理国家税务局系统的外事工作，下设综合处、国际税收协定处、反避税处、非居民税收管理处、国际税收征管协作处、外事处、台港澳处和国际合作处8个处。

七、收入规划核算司。该司是国家税务总局主管组织税收收入、税款缴纳入库、税收分析预测、重点税源监控、税收会计和统计核算、税收数据管理应用工作的综合职能部门，主要职责是编制税收收入中长期规划，编制年度税收任务、出口退税指标；参与起草税款征缴退库制度，监督检查税款缴、退库情况；承办税收收入的分析、预测和重点税源监控管理工作；拟订税收收入规划和税收会计、统计等相关制度；管理税收数据；组织实施税收统计工作，下设综合处、规划处、会计处、统计处、宏观分析处和数据管理处6个处。

八、纳税服务司。该司是国家税务总局主管纳税服务工作的综合职能部门，主要职责是组织实施纳税服务体系建设；拟订纳税服务工作规范和操作规程；组织协调、实施纳税辅导、咨询服务和税收法律救济等工作，受理纳税人投诉；组织实施税收信用体系建设；指导税收争议的调解；起草注册税务师管理政策，并监督实施，下设综合处、制度处、税法宣传处、办税服务处、纳税人权益保护处和纳税信用管理处6个处。

九、征管和科技发展司。该司是国家税务总局主管税收征收管理和税收管理信息化建设的综合职能部门，主要职责是起草综合性税收征管规范性文件；拟订税收征收管理的长期规划和综合性方案；管理税收发票和票证；拟订和组织实施税收管理信息化的总体规划和实施方案，承办税收管理信息化建设中业务需求整合和流程优化的综合管理工作，下设综合处、征管制度处、征管质量监控处、发票管理处、需求与标准管理处、规划设计处、项目管理处、工程一处和工程二处9个处。

十、大企业税收管理司。该司是国家税务总局主管大企业税收管理和服务的职能部门，主要职责是承担对大型企业提供纳税服务工作，实施税源监控和管理，开展纳税评估，组织实施反避税调查与审计；指导海洋石油税收业务，下设综合处、管理一处、管理二处、管理三处、管理四处（海洋石油税收管理处）和管理五处6个处。

十一、稽查局。该局是国家税务总局主管税务稽查工作的职能部门，主要职责是起草税务稽查法律、法规草案，部门规章和规范性文件；办理重大税收案件的立案、调查的有关事项，并提出处理意见；指导、协调税务系统的稽查工作，下设综合处、制度处、系统工作处、举报中心（案源管理处）、稽查一处、稽查二处、稽查三处、稽查四处、稽查五处（协查处）和稽查六处10个处级单位。

十二、财务管理司。该司是国家税务总局主管国家税务局系统经费、装备、固定资产和基本建设的职能部门，主要职责是拟订国家税务局系统的财务和基本建设管理办法，管理国家税务局系统的经费、财务、装备和固定资产，审核汇编国家税务局系统的财务预算和决算，办理各项经费的领拨，下设综合处、预算管理处、支出管理处、资产管理处、基本建设管理处和国库集中支付处6个处。

十三、督察内审司。该司是国家税务总局主管税收执法监督检查、内部财务审计和领导干部经济责任审计的职能部门，主要职责是组织实施税收法律、法规、部门规章、规范性文件执行情况的监督和检查；承办国家税务局系统的财务、基本建设、大宗物品采购审计和领导干部经济责任审计工作，下设综合处、督察一处、督察二处、督察三处、审计一处、审计二处和审计三处7个处。

十四、人事司。该司是国家税务总局主管人事、机构编制工作的职能部门，主要职责是拟订国家税务局系统的人事制度并组织实施；管理国家税务局系统的人事和机构编制工作，对省级地方税务局局长的任免提出意见；组织实施税务系统的思想政治工作和精神文明建设，下设综合处、机关人事处、系统人事处、事业单位人事管理处、调配处、基层工作处、工资福利处、干部监督处、公务员管理处和巡视工作办公室10个处级单位。

此外，国家税务总局设有离退休干部办公室，直属事业单位设有教育中心、机关服务中心、电子税务管理中心、集中采购中心、税收科学研究所、注册税务师管理中心、中国税务杂志社、中国税务报社和扬州税务干部进修学院，中国税务出版社由国家税务总局主管、主办。中共中央纪律检查委员会在国家税务总局派驻纪律检查组，监察部在国家税务总局派驻监察局，两个机构合署办公。

4. 中国省以下的税务机构是怎样设置的？

根据实行分税制财政管理体制的需要，中国省以下税务机构分为国家税务局和地方税务局两个系统。

国家税务总局对国家税务局系统实行机构、编制、干部、经费的垂直管理，协同省级人民政府对省级地方税务局实行双重领导。

到2011年底，全国共有省级税务局61个，副省级城市税务局30个，市（区、地区、州、盟）税务局1073个，县（市、区、旗）税务局5 492个，税务分局、税务所26 965个。全国税务系统共有86.7万人，其中国家税务局系统46.3万人，占53.4%；地方税务局系统40.4万人，占46.6%。

5. 国家税务局系统的机构是怎样设置的？

国家税务局系统包括省、自治区、直辖市国家税务局，地区、地级市（区）、自治州、盟国家税务局，县、县级市（区）、旗国家税务局，征收分局、税务所。征收分局、税务所是县级税务局的派出机构，可以按照经济区划设置，也可以按照行政区划设置。

省级国家税务局是国家税务总局直属的正厅（局）级行政机构，是本地区主管国家税收工作的职能部门，负责贯彻执行国家的有关税收法律、法规、规章和规范性文件，并结合本地的实际情况制定具体的实施办法。局长、副局长均由国家税务总局任命。省级国家税务局的内设机构有办公室、政策法规处、货物和劳务税处、所得税处、收入规划核算处、纳税服务处、征管和科技发展处、财务管理处、督察内审处、人事处、巡视工作办公室、教育处、监察室、进出口税收管理处、大企业和国际税务管理处、机关党委办公室和离退休干部处，直属机构有稽查局和车辆购置税征收管理分局，事业单位有信息中心、机关服务中心、税收科学研究所、注册税务师管理中心、集中采购中心和税务干部学校。

6. 地方税务局系统的机构是怎样设置的？

地方税务局系统包括省、自治区、直辖市地方税务局，地区、地级市（区）、自治州、盟地方税务局，县、县级市（区）、旗地方税务局，征收分局、税务所。

省级地方税务局是省级人民政府所属的主管本地区地方税收工作的职能部门，为正厅（局）级行政机构，实行地方政府和国家税务总局双重领导，以地方政府领导为主的管理体制，局长、副局长均由省级人民政府任命，局内通常设有办公室、政策法规处、营业税处、所得税处、财产和行为税处、收入规划核算处、纳税服务处、征收管理处、财务管理处、人事处等行政处（室）和信息中心、机关服务中心等事业单位。

国家税务总局对省级地方税务局的领导，主要体现在税收政策、业务的指导和协调，对国家统一的税收制度、政策执行情况的监督，组织经验交流等方面。省级地方税务局的局长人选由省级人民政府征求国家税务总局意见以后任免。

省以下地方税务局实行上级税务机关和同级政府双重领导，以上级税务机关垂直领导为主的管理体制，即地区（市、区、州、盟）和县（市、区、旗）地方税务局的机构设置、干部管理、人员编制和经费开支均由所在省（自治区、直辖市）地方税务局垂直管理。

7. 海关总署及其关税征管司是怎样的机构？

海关总署是中国国务院主管全国海关工作的部级直属机构，其主要职责中与税收直接相关的内容包括：参与拟订与海关工作相关的税收政策；承担进出口关税和其他税费征收管理的责任，拟订征管制度；制定进出口商品分类目录，并组织实施和解释；组织拟订进出口商品原产地规则，并负责有关的组织实施工作；牵头开展多边双原产地规则对外谈判；依法执行反倾销措施、反补贴措施、保障措施和其他关税措施；负责关税立法调研和起草工作，开展关税税政调研工作，对关税法律、法规执法问题作出具体工作解释。该署的署长和副署长均由国务院任命。

关税征管司是海关总署内主管关税征管业务的职能部门，其主要职责是：承担关税税政和立法的有关工作，参与研究进出口税收政策、税则税率的调整和相关的对外谈判，拟订进出口关税和其他税费征管规定并组织实施，承办进出口商品分类目录和原产地规则的有关工作，承担多双边原产地规则对外谈判工作，组织实施关税和进口环节税减免，组织实施反倾销措施、反补贴措施、保障措施和其他关税措施。

海关系统实行垂直领导体制。海关总署下设广东分署，天津、上海特派员办事处，41 个直属海关，600 个隶属海关和办事处，通关监管点近 4000 个，并在欧盟、俄罗斯和美国派驻海关机构，现有关员（包括海关缉私警察）约 5 万人。

8. 国务院关税税则委员会是一个怎样的机构?

国务院关税税则委员会是国务院的议事协调机构，其主要职责是：负责《中华人民共和国进出口税则》、《中华人民共和国进境物品进口税税率表》的税目、税则号列、税率的调整和解释，报国务院批准以后执行；决定实行暂定税率的货物、税率和期限；决定关税配额税率；决定征收反倾销税、反补贴税、保障措施关税、报复性关税和决定实施其他关税措施；批准有关国家、地区适用税则优惠税率的方案；审议上报国务院的重大关税政策和对外谈判方案；决定特殊情况下税率的适用，履行国务院规定的其他职责。

国务院关税税则委员会主任由财政部部长担任，副主任和委员由国务院办公厅、国家发展和改革委员会、工业和信息化部、财政部、国土资源部、农业部、商务部、海关总署、国家税务总局、国家质量监督检验检疫总局和国务院法制办公室的负责人担任，该委员会的具体工作由财政部承担。

9. 中国的税收征收管理范围是怎样划分的？

根据国务院的规定，国家税务局系统、地方税务局系统和海关系统的税收征收管理范围划分如下：

一、国家税务局系统负责征收和管理的项目：增值税、消费税（其中进口环节的增值税、消费税由海关负责代征），车辆购置税，铁道部门、各银行总行、各保险公司总公司集中缴纳的营业税、企业所得税和城市维护建设税，中央企业缴纳的企业所得税，中央与地方所属企业、事业单位组成的联营企业、股份制企业缴纳的企业所得税，地方银行、非银行金融企业缴纳的企业所得税，海洋石油企业缴纳的企业所得税、资源税，2002 年至 2008 年期间注册的企业、事业单位缴纳的企业所得税，对储蓄存款利息征收的个人所得税（目前暂免征收），对股票交易征收的印花税。

自 2009 年起，企业所得税的征收管理范围按照下列规定调整：

（一）下列新增企业的企业所得税由国家税务局系统负责征收和管理：应当缴纳增值税的企业，企业所得税全额为中央收入的企业，在国家税务局缴纳营业税的企业，银行（信用社）、保险公司，外商投资企业和外国企业常驻代表机构，在中国境内设立机构、场所的其他非居民企业。

应当缴纳营业税的新增企业，其企业所得税由地方税务局系统负责征收和管理。

（二）非居民企业没有在中国境内设立机构、场所，而有来源于中国境内的所得；或者虽然在中国境内设立机构、场所，但是取得的来源于中国境内的所得与其在中国境内所设机构、场所没有实际联系，中国境内的单位、个人向非居民企业支付上述所得的，该项所得应当扣缴的企业所得税的征收管理，分别由主管支付该项所得的中国境内单位、个人所得税的国家税务局或者地方税务局负责（其中不缴纳企业所得税的单位由国家税务局负责）。

（三）2008 年以前已经成立的跨区经营汇总纳税企业，2009 年以后新设立的分支机构，其企业所得税的征收管理机关应当与其总机构企业所得税的征收管理机关一致。2009 年以后新增跨区经营汇总纳税企业，其总机构企业所得税的征收管理机关按照上述第一条规定的原则确定，其分支机构企业所得税的征收管理机关也应当与总机构企业所得税的征收管理机关一致。

（四）依法免缴增值税、营业税的企业，按照其免缴的上述税种确定企业所得税的征收管理机关。既不缴纳增值税，也不缴纳营业税的企业，其企业所得税暂由地方税务局系统负责征收和管理。

（五）既缴纳增值税，又缴纳营业税的企业，原则上按照其税务登记的时候自行申报的主营业务应当缴纳的上述税种确定企业所得税的征收管理机关。企业办理税务登记的时候无法确定主营业务的，一般以工商登记注明的第一项业务为准。企业所得税的征收管理机关一经确定，原则上不再调整。

二、地方税务局系统负责征收和管理的项目：营业税、企业所得税、个人所得税、资源税、印花税和城市维护建设税（不包括由国家税务局系统负责征收管理的部分），房产税，城镇土地使用税，耕地占用税，契税，土地增值税，车船税，烟叶税。

到 2011 年底，在国家税务局和地方税务局办理税务登记的纳税人，已经分别达到 2 066. 7 万户和 2 993 万户。

为了加强税收征收管理，降低征收成本，避免工作交叉，简化征收手续，方便纳税人，在某些情况下，国家税务局和地方税务局可以相互委托对方代征某些税收。

西藏自治区只设立国家税务局，征收和管理税务系统负责的所有项目，但是暂时没有开征房产税和契税。

三、海关系统负责征收和管理的项目：关税、船舶吨税。此外，负责代征进口环节的增值税、消费税。

10. 中国的税收收入在中央政府、地方政府之间是怎样划分的？

根据国务院关于实行分税制财政管理体制的规定，中国的税收收入分为中央政府固定收入、地方政府固定收入和中央政府与地方政府共享收入。

一、中央政府固定收入包括：消费税、车辆购置税、关税和船舶吨税。

二、地方政府固定收入包括：房产税、城市房地产税、城镇土地使用税、耕地占用税、契税、土地增值税、车船税和烟叶税。

三、中央政府与地方政府共享收入包括：

（一）增值税：海关代征的部分归中央政府；其余部分中央政府分享75%，地方政府分享25%。在营业税改征增值税试点地区，原来归地方政府的营业税收入，改征增值税以后收入归属暂时不变。

（二）营业税：各银行总行、各保险公司总公司集中缴纳的部分等归中央政府，其余部分归地方政府。

（三）企业所得税：国有邮政企业、中国工商银行股份有限公司、中国农业银行股份有限公司、中国银行股份有限公司、中国建设银行股份有限公司、国家开发银行股份有限公司、中国农业发展银行、中国进出口银行、中国投资有限责任公司、中国建银投资有限责任公司、中国信达资产管理股份有限公司、中国石油天然气股份有限公司、中国石油化工股份有限公司、海洋石油天然气企业和中国长江电力股份有限公司等企业总分机构缴纳的部分归中央政府；其余部分中央政府分享60%，地方政府分享40%。

（四）个人所得税：中央政府分享60%，地方政府分享40%。

（五）资源税：海洋石油企业缴纳的部分归中央政府，其余部分归地方政府。

（六）印花税：股票交易印花税收入的97%归中央政府，其余的3%和其他印花税收入归地方政府。

（七）城市维护建设税：各银行总行、各保险公司总公司集中缴纳的部分归中央政府，其余部分归地方政府。

此外，在西藏自治区，除了关税和进口环节的增值税、消费税以外，在该自治区征收的其他税收全部留给该自治区。

主要资料来源

1. 全国人民代表大会常务委员会、国务院、财政部、国家税务总局和海关总署网站。

2. 《中华人民共和国税收基本法规（2012年版）》，中国税务出版社2012年出版。

3. 《国家税务总局公报》，国家税务总局编辑、出版。

4. 《中国统计年鉴》、《中国财政年鉴》、《中国税务年鉴》、《中国税务》（月刊）、《中国财经报》和《中国税务报》等报刊。

资料截止日期：2012年12月1日。